读国学·诵经典

传习录全解

（明）王阳明◎著　墨非◎编译

中国華僑出版社

图书在版编目（CIP）数据

传习录全解 /（明）王阳明著；墨非编译. —北京：中国华侨出版社，2016.7

ISBN 978-7-5113-6178-3

Ⅰ. ①传… Ⅱ. ①王… ②墨… Ⅲ. ①心学—中国—明代②《传习录》—注释③《传习录》—译文 Ⅳ. ①B248.24

中国版本图书馆 CIP 数据核字（2016）第 177572 号

传习录全解

编　　著 /（明）王阳明著　墨非编译
责任编辑 / 文　喆
责任校对 / 高晓华
装帧设计 / 环球互动
经　　销 / 新华书店
开　　本 / 730 毫米×1030 毫米　1/16　印张 /22.5　字数 /379 千字
印　　刷 / 北京柯蓝博泰印务有限公司
版　　次 / 2016 年 10 月第 1 版　2016 年 10 月第 1 次印刷
书　　号 / ISBN 978-7-5113-6178-3
定　　价 / 45.00 元

中国华侨出版社　北京市朝阳区静安里 26 号通成达大厦 3 层　邮编：100028
法律顾问：陈鹰律师事务所　编辑部：（010）64443056　64443979
发行部：（010）64443051　传　真：（010）64439708
网　址：www.oveaschin.com　E-mail：oveaschin@sina.com

前言

王守仁，字伯安，号阳明，明代著名的政治家、哲学家、军事家、教育家，心学的集大成者，被后人视为儒家的“圣人”，常与孔子、孟子、朱熹等人并称。《传习录》一书便是阳明先生语录、书信的简集，其中囊括了先生对儒家各经典的解读、对宇宙人生的理解、做人处世理念以及教人传道的方法等。它相当于王门之中的《论语》，是了解、学习先生思想的捷径，是打开阳明心学宝库的钥匙。

先生出生于成化年间，此时距明英宗土木堡被俘还不久远，很小的时候他听到长辈讲述朝廷屈辱求和经历时便嗟叹不已，于是立志要做一个有为的人，为国效忠。他曾想学好兵法，做一个优秀的将领；曾想参加科举，做一个忠直的大臣，但随着年龄的增长，先生发现这些都并非第一等紧要之事。尤其，在其年长做官以后，感受到整个朝廷的陈朽气息，看到朝政腐败、义军四起的现状，先生觉得当下最迫切的事就是改变整个社会的思想，对逐渐走入误区的圣贤之道进行拨乱反正、正本清源。

当时，统治社会的主流思想便是程朱理学，自南宋以后世人便尊崇程颐、朱熹的学说，将他们对经典的阐释奉为金科玉律。但随着时间的进展，理学的学风逐渐滞固起来，学者只知道追求朱子的“格物穷理”，“务外遗内，博而寡要”，皓首穷经，却不得要领，满腹经纶，却愈加迷惑。以至于社会上充斥着满口仁义者不行仁义，言必忠信者寡廉鲜耻，士人君子沦为禽兽之行而不自知的现象。先生痛惜世风如此，感伤圣学正道不彰，在多年苦思之后，恍然开悟，提出“致良知”、“知行合一”、“心即是理”等振聋发聩的观点。

先生的拔本塞源之论，自是针对当时社会弊端的苦口良药，但自古世上讳疾忌医者多，指责、非议、诽谤、打击，纷至沓来。在正德、嘉靖年间，先生于宦海备受排挤，屡沉屡浮，但这些挫折并未打消先生救世弘道的崇高理想，反而使其“困于心，衡于虑，而后作”，使他的学说越来越成熟，越来越完备。世上也有越来越多的学者了解了先生和他的学说，很多人投入先生的门下，向他请教、听他讲学，先生的学说遂光大于世。

阳明先生去世以后，弟子们分流各地，为了防止先生之学埋没沦晦，亦为了继承先师弘道的大志，于是便有了这本《传习录》。《传习录》全书分上、中、下三卷，主要是各个门生所记载先生育人的语录集，以及先生与友人、弟子往来的重要书信。先生在世的时候，《传习录》就已经开始刊刻，正德十三年（1518 年），门人薛侃刊刻《初刻传习录》于江西赣州，这便是本书的上卷。嘉靖三年（1524 年），门人南大吉又命其弟刻《续刻传习录》于绍兴，增加部分即本书的中卷。先生去世以后，门人钱德洪又刊刻了《传习录续》，即为本书下卷。嘉靖三十五年（1556 年）钱德洪将前三次刊刻发行的内容，统合在一起，这便是《传习录》一书的初始规模。

自先生创学立论以来，对阳明心学的褒贬就存在两个不同的极端，有人称赞其为“圣学真血脉”，有人斥其为“异端邪说”。如黄宗羲便称阳明先生“自孔孟以来，未有若此深切著明者也。”曾国藩更是赞道：“王阳明矫正旧风气，开出新风气，功不在禹下。”而顾炎武、王夫之等先儒则多有微词，认为先生学说“以释乱儒”、“近乎空谈”。孔子说：“知我者，其惟《春秋》乎！罪我者，其惟《春秋》乎！”先生之学说思想，尽在《传习录》之中，阳明心学是非对错、长短功过，所有的褒扬贬抑，读者若能仔细阅读，必然会在心中有个自己的判断。

时间虽然流转了数百年，但先生的思想却没有丝毫的褪色，“知行合一”、“致良知”的主张，以及对“格物”、“诚意”、“精一”、“动静”等概念的看法，无一不是对当今学者的真切指导，值得我们当代人去了解、学习、践行。更何况先生当年所痛心、叹息的那些修身、为学弊端，在当今社会、当今人身上并不少见，而且充斥在方方面面，所以无论处于什么层次、从事什么职业、身份地位如何，都应该好好读读《传习录》这本书，向阳明先生学学做人、修身之道，学学处世、安身之道，学学为官、治学之道……

本书对《传习录》原书进行了完整的收录，并对原文进行了现代文注释、翻译，使读者可以更容易地阅读、理解。在翻译之后，编者还加了简短的“经典解读”部分，希望这些文字能起到抛砖引玉的作用，对读者思考阳明先生的思想观点有所裨益。

由于编者水平有限，书中疏漏在所难免，敬请读者批评指正。

目 录

上卷

原文

先生于《大学》"格物"诸说，悉以旧本[②]为正，盖先儒[③]所谓误本者也。爱始闻而骇，既而疑，已而殚精竭思，参互错综，以质于先生，然后知先生之说若水之寒，若火之热，断断乎"百世以俟圣人而不惑"者也。先生明睿天授，然和乐坦易，不事边幅。人见其少时豪迈不羁，又尝泛滥于词章[④]，出入二氏之学[⑤]，骤闻是说，皆目以为立异好奇，漫不省究。不知先生居夷三载[⑥]，处困养静，精一之功[⑦]固已超入圣域，粹然大中至正之归矣。

爱朝夕炙门下，但见先生之道，即之若易，而仰之愈高；见之若粗，而探之愈精；就之若近，而造之愈益无穷。十余年来，竟未能窥其藩篱。世之君子，或与先生仅交一面，或犹未闻其謦欬[⑧]，或先怀忽易忿激之心，而遽欲于立谈之间，传闻之说，臆断悬度。如之何其可得也？从游之士，闻先生之教，往往得一而遗二，见其牝牡骊黄，而弃其所谓千里者。故爱备录平日之所闻，私以示夫同志，相与考正之，庶无负先生之教云。

门人徐爱[①]书。

注释

①徐爱：字曰仁，号横山，阳明先生最得意的门生，被誉为"王门颜回"。

②旧本：朱熹修订之前的《大学》版本，由郑玄作注，孔颖达疏解。

③先儒：指二程、朱熹等宋代儒家先贤。

④泛滥于词章：指追求文章辞藻的浮华。

⑤二氏之学：指佛道两家的学说。

⑥居夷三载：阳明先生在正德元年（公元 1506 年）因上疏抗辩而获罪，被贬谪到贵州龙场，在僻远荒蛮的环境中度过三年时间。

⑦精一之功：《尚书·大禹谟》中有“人心惟危，道心惟危，惟精惟一，允执厥中”之语。精一就是用功专精，而内心至诚，达到独一无二。

⑧謦欬（qǐngkài）：咳嗽声，引申为言笑。

译文

先生对于《大学》之中的“格物”等观点，均以郑玄、孔颖达注疏的旧本为准，也就是朱子等先儒所谓的误本。我初始听闻的时候感到十分惊讶，以至于对先生的学说产生了怀疑，后来通过殚精竭虑的思索，前后对比参详，又向先生亲身请教，最终才体会到先生的学说就如水性寒冷、火性炎热一样正确，正如《中庸》所言“即便是百世以后出现的圣人，也不会对其产生疑惑”。先生天性聪明睿智，且中和坦荡、平易近人、不修边幅，世人见其年少时豪迈不羁，又一度追逐诗词文章的浮华，研习过道家、佛家的经典，乍一听他的学说，都将其视为标新立异、荒诞无理之论。殊不知先生在僻远蛮荒之地居处三年，从困境中静修思虑，道德学问上的功夫早就精纯专一，达到超凡入圣的境界，纯粹中正而无所偏颇了。

我在先生门下朝夕闻听教诲，只觉得先生的学说起初接受会让人觉得十分浅易，但越是深入研究就会越觉得它高深莫测；乍一见似乎十分粗糙，但细细探究就会发现它精妙无穷；刚接触时觉得甚是浅显，但深入探求后才知道它精深博大而没有穷尽。十余年来，我感觉自己还未触及它的边缘。而现在的学者，有的与先生只有一面之缘，有的从未听闻先生的言谈，有的刚开始就带着轻视、偏激的态度，还没有谈上几句就根据传闻臆说妄加揣度，这样怎么可能真正体悟先生的学说呢？跟随先生的学生们，对于先生的教诲，也是得到的少而遗漏的多，就像选择千里马只关注色彩、性别等表面因素而忽略其能否驰骋千里的内在品质一样。为此，我将平日在先生门下的受教见闻记录下来，供诸同道传阅，以便相互参详校正，以免辜负了先生的教诲之恩。

学生　徐爱书

经典解读

本节为开篇之首，由阳明先生的高徒徐爱对先生为人、学说做了一个大的概括，以及叙述汇编《传习录》的缘由。

自南宋以后，学者多以程朱理学为宗，但阳明先生却独辟蹊径，摆脱理学禁锢，提出“致良知”、“心即理”等观点，继承、发展了陆九渊的心学学说。很多学者对先生的学说不了解，甚至存在误解，徐爱起初也是如此，但他经过勤学苦思、亲身求教以后，终于悟到了，先生的道才是真正的大道，即便是百世之后的圣人也不会对其产生疑惑。为了消除世人对先生学说的误解，为了将先生的大道发扬光大，也为了同学之间相互学习参详，所以阳明先生的弟子们才汇编了《传习录》一书。

从徐爱的叙述中，我们可以看到阳明先生一个博学厚德的先儒形象：他同前代的大贤一样聪明睿智、温和坦荡、平易近人，但又不修边幅、不拘小节；他少年豪迈不羁，成年又能静虑修身；他追逐过词章的浮华，却能脱离浮华；他浸习佛道空虚之说，又能出于佛道的空虚，回归于中和；他的道德学问达到炉火纯青、超凡入圣的境界，让弟子们心悦诚服，生出仰之弥高、钻之弥坚的仰慕之情……

阳明先生的人格如此之高，道学如此之深，世人又怎能对其学说心怀疑惑、视而不见呢？所以，我们都要好好读一读先生的学说，怀着虚心敬畏的态度去品味先生的言论，从中努力汲取做人、做事、研究学问的营养，使自己成为一个德才兼备、有识有志的君子。这是徐爱等先贤汇编《传习录》对后人最大的期盼，也是当今之人对自己的负责。

原文

爱问："'在亲民'①，朱子谓当作'新民'，后章'作新民'之文似亦有据。先生以为宜从旧本作'亲民'，亦有所据否？"

先生曰："'作新民'之'新'，是自新之民，与'在新民'之'新'不同，此岂足为据？'作'字却与'亲'字相对，然非'新'字义。下面'治国平天下'处，皆于'新'字无发明。如云'君子贤其贤而亲其亲，小人乐其乐而利其利''如保赤子''民之所好好之，民之所恶恶之，此之谓民之父母'之类，皆是'亲'字意。'亲民'犹《孟子》'亲亲仁民'②之谓，'亲之'即'仁之'也。'百姓不亲'，舜使契为司徒，'敬敷五教'③，所以亲之也。《尧典》'克明峻德'便是'明明德'，'以亲九族'至'平章''协和'④，便是'亲民'，便是'明明德于天下'。又如孔子言'修己以安百姓'⑤，'修己'便是'明明德'，'安百姓'便是'亲民'。说'亲民'便是兼教养意，说'新民'便觉偏了。"

注释

①在亲民：《大学》开篇首句："大学之道在明明德，在亲民，在止于至善。"

②亲亲仁民：出自《孟子·尽心上》："亲亲而仁民，仁民而爱物。"

③敬敷五教：谨敬地施行、推广五种伦理道德，即父义、母慈、兄友、弟恭、子孝。

④"平章""协和"：出自《尚书·尧典》："克明俊德，以亲九族。九族既睦，平章百姓。百姓昭明，协和万邦。黎民于变时雍。"

⑤修己以安百姓：出自《论语·宪问》："修己以安百姓，尧舜其犹病诸！"

译 文

徐爱问："《大学》之中的'在亲民'，朱子认为应当作'新民'，后文之中也有'作新民'与之对应，似乎可以作为凭据。先生认为应该遵从旧本作'亲民'，是否也有什么依据呢？"

先生说："后文'作新民'中的'新'，是强调人要自新，与'在新民'的'新'不同，这怎么可以作为凭据呢？'作'字与'亲'字是相对应的，然而并非和'亲'字同义。后文中论述'治国平天下'诸处，在'新'的意义上都没有进一步敷衍。而比如'君子贤其贤而亲其亲，小人乐其乐而利其利''如保赤子''民之所好好之，民之所恶恶之，此之谓民之父母'等文字，都是在谈一个'亲'字。《大学》中的'亲民'其实就是《孟子》中的'亲亲仁民'，亲近就是仁爱。百姓彼此不相亲爱，舜帝便任命契为司徒，让他谨敬地推行伦理教化，让它们相互亲近。《尧典》中所说的'克明峻德'便是'明明德'，从'以亲九族'到'平章百姓'、'协和万邦'等都是再讲'亲民'，也就是'明明德于天下'。又如孔子说的'修己以安百姓'，'修己'就是'明明德'，'安百姓'就是'亲民'。说'亲民'就包含了教化涵养百姓之意，如果说'新民'就有些偏颇了。"

经典解读

朱子在注解《大学》时说："新者，革其旧之谓也，言既自明其明德，又当推以及人，使之亦有以去其旧染之污也。"他认为"在亲民"就是自新德行，又能教化百姓、改变人民，"亲"应该为"新"。但王阳明却认为"亲"字就包涵了"新"的意思，无须改变旧本。

阳明先生首先从词性上进行解释，"在亲民"中的"亲"明显是表达目的、动作的，和"作新民"中的"作"相对应，而不是形容性的"新"，所以，认为"在新民"在后文有对应是说不通的。相反，《大学》后文篇幅大部分都在讲如何以仁治民，如何教化人们相互亲近，这更加侧重的是"亲爱"之义，而不是"改变，更新"。

其实，朱子所说的“新民”和阳明先生所说的“亲民”在具体行为上并没有太大的区别，都是教化百姓，使百姓摆脱旧染之污，回归本体之明，但他们侧重点却大不同。“新民”强调于外，更侧重于客观结果；而“亲民”不仅要有改变的结果，还强调这种行为是要发自内心的，看重于主观意愿。

“新”是结果，“亲”是初心，一个求之于外，一个求之于内；一个在百姓身上验证，一个在自己内心验证；一个强调客观事实，一个强调主管意愿。虽然仅仅是一字之差，一个偏旁部首的区别，却反映出了程朱理学和阳明心学的根本不同。

原　文

爱问：“‘知止而后有定’，朱子以为‘事事物物皆有定理’，似与先生之说相戾①？”

先生曰：“于事事物物上求至善，却是义外②也。至善是心之本体，只是‘明明德’到至精至一处便是，然亦未尝离却事物。本注③所谓‘尽夫天理之极，而无一毫人欲之私’者得之。”

爱问：“至善只求诸心，恐于天下事理，有不能尽。”先生曰：“心即理也，天下又有心外之事、心外之理乎？”

注　释

①相戾：相互抵触。

②义外：认为义存在于内心之外的观点。《孟子·告子上》中告子说：“食色，性也。仁，内也，非外也；义，外也，非内也。”孟子对其进行了驳斥。

③本注：即朱子所注的《大学章句》。

译　文

徐爱问：“关于《大学》中的‘知止而后有定’，朱子认为世间万事万物都有定理，这似乎和先生您的学说相互抵触?”

先生说：“到具体的事物之上去寻求至善，就是将‘义’看成是外在的了。至善乃是心的本体，只需要‘明明德’到至精至一的程度便是。当然，至善并未与具体的事物相互脱离。《大学章句》中所谓的‘尽夫天理之极，而无一毫人欲之私’的人，就达到了至善的境界。”

徐爱问：“如果只在心中追求至善的境界，对于万事万物的道理，恐怕不能完全明察吧。”先生说：“心就是理啊！天下难道有独立于人心之外的事情、道理吗？”

经典解读

朱子在谈“知止而后有定”时说：“须是事事物物都理会得尽，而后有定。若只理会得一事一物，明日别有一件，便理会不得。”又说，“定，是见得事事物物上千头百绪皆有定理。”可见他看重的是一个“理”字，要求人们在探究事理的基础之上，去追求内心的安定、宁静。而阳明先生却认为，不应追求琐屑的道理，而要直接观照自己的内心，内心找到了定止之处，行为自然会符合道理，也就“无可无不可”了。

二者追求的都是内心的精诚专一，只不过途径不同罢了。万事万理皆明，凡事都知道该如何做，内心自然至诚了；反之，内心至诚，也自然会通达聪明，行事也就都合乎道理，不会逾越规矩了。正如《中庸》中所说的：“诚则明矣，明则诚矣。”由内心推知事理，由事理返回内心；在研究事理中内心有所感悟，在反省自心中体会行事道理，这都是进德修业的途径，并无高低对错之别。

“心即理”，心当是至精至诚的良心，理当是主宰万物的大道，这时心和理才是没有差别的，求心就是求理。如果将世俗的私心私欲当成是阳明先生所说的“心”，将事情的琐屑末节当成是朱子所说的“理”，自然会觉得求心与求理不同，相互抵触了。人学习先贤之道，不能咬文嚼字读死书，而要领悟先贤所传达出的主旨。

原文

爱曰：“如事父之孝，事君之忠，交友之信，治民之仁，其间有许多理在，恐亦不可不察。”

先生叹曰：“此说之蔽久矣。岂一语所能悟？今姑就所问者言之。且如事父，不成去父上求个孝的理；事君，不成去君上求个忠的理；交友、治民，不成去友上、民上求个信与仁的理。都只在此心，心即理也。此心无私欲之蔽，即是天理，不须外面添一分。以此纯乎天理之心，发之事父便是孝，发之事君便是忠，发之交友、治民便是信与仁。只在此心去人欲、存天理上用功便是。”

爱曰：“闻先生如此说，爱已觉有省悟处。但旧说缠于胸中，尚有未脱然者。如事父一事，其间温清定省[①]之类，有许多节目，不亦须讲求否？”

先生曰："如何不讲求？只是有个头脑。只是就此心去人欲、存天理上讲求。就如讲求冬温，也只是要尽此心之孝，恐怕有一毫人欲间杂。讲求夏清，也只是要尽此心之孝，恐怕有一毫人欲间杂。只是讲求得此心。此心若无人欲，纯是天理，是个诚于孝亲的心，冬时自然思量父母的寒，便自要求个温的道理；夏时自然思量父母的热，便自要求个清的道理。这都是那诚孝的心发出来的条件。却是须有这诚孝的心，然后有这条件发出来。譬之树木，这诚孝的心便是根，许多条件便是枝叶。须先有根，然后有枝叶。不是先寻了枝叶，然后去种根。《礼记》言：'孝子之有深爱者，必有和气；有和气者，必有愉色；有愉色者，必有婉容。'须是有个深爱做根，便自然如此。"

注 释

①温清定省：出自《礼记·曲礼上》。温，冬天确保父母温暖；清，夏天确保父母凉快；定，夜里让父母睡得安稳；省，晨起向父母请安问好。

译 文

徐爱说："比如侍奉父亲的孝道、辅佐君主的忠义、交往朋友的诚信、治理百姓的仁德，这些中蕴含着很多道理，恐怕不能不去仔细究察吧？"

先生感叹道："这种观点蒙蔽世人已经很久了，不是一两句话能说得清楚的。如今姑且就你所问的这几点具体来谈谈。侍奉父亲，不应去父亲的身上寻求孝的道理；辅佐君主不应到君主的身上寻求忠的道理；与朋友交往、治理百姓也不该到朋友、百姓的身上寻求诚信、仁德的道理。忠、孝、仁、信之理都存在自心之中。心就是理。自己的良心不被私欲所蒙蔽，这便是合乎天理，不需自外面添加一分一毫。凭借着自己合乎天理的心，用心侍奉父亲便是孝，用心辅佐君王便是忠，用心与朋友交往、治理百姓便是信和仁。只要在自心上摒除私欲、存养天理就可以了。"

徐爱说："听了先生的这番教诲，我已经有所体悟了。但从前的学说还纠缠于胸中，尚且不能完全摆脱。如侍奉父亲一事，其中有温清定省等诸多细节，难道这些规矩道理也无须讲求吗？"

先生说："怎么不讲求呢？只是得有个主旨，就是要在内心摒除私欲、存养天理的基础上讲求。比如，让父母冬天暖和，只是要尽一尽自己单纯的孝心，唯恐有一丝的私欲夹在里面；让父母夏季清凉，也只是单纯地想尽尽孝心，唯恐有一丝的私欲夹杂在里面。所要讲求的仅仅是自己的心而已。自心如果没有任何私欲，纯然出自天理，是一颗虔诚孝顺的心，冬天时自然会思量父母的寒冷，便会自己去求个温暖父母的道理；夏季时也自然会思量父母的炎热，便会自己去求个清凉的道理，这都是由自己那颗诚孝的心发出来的。必须有这诚孝的心，然后才会去讲求具体的道理，这些道理都是由心而发。就像树木一样，这诚孝的心便是根，具体的道理便是枝叶。须先有根，然后才能有枝叶。不是先寻了枝叶，然后去种根。《礼记》中说：‘深爱父母的孝子，对父母一定有和悦之气；有了和悦之气，定会有愉悦的神色；有了愉悦的神色，必然也有美好的表情。’只须有个深爱的心作为根基，具体的道理就自然如此了。”

经典解读

大树根基稳固，然后枝枝叶叶才能枝繁叶茂。修德为学亦当如此，把握好最基本的根基，才能进一步去追求具体的道理，如果根基把握不好，而专注于细枝末节，就会迷惑、疑虑，无所收获。博学多闻，探究道理的确能让人懂得如何行事，提高道德修养，但最根本的还是在心中把握住一个根本。孔子就说“吾道一以贯之”，懂得“忠恕之道”，把握住“仁”这个根本，再去修习具体的礼仪、道理就不会相差太远了。如果不能掌握“仁”这个根本，盲目地去追求末节，探求具体事情如何去做，那世上有“礼仪三百，威仪三千”，一个人只怕再努力，再勤学，也不能将所有做人行事的道理研究明白，做到恰到好处。

无论做何种事、修养何种德行，都要切实地从内心出发，观照自己的良心，心中存在仁心，然后行仁德之事，才是仁；心中存在孝心，然后行孝悌之举，才是孝；心中对人友善，然后发溢于言辞、行动，才是真正的对人好。没有真诚的内心，单单追求外在的举止，一则表里不一、难以坚持，二则内心不诚、不足以动人，而且像孟子所说的“久假而不归”，永远自欺欺人，永远不能在德行上获得真正的提高。比如孝顺父母，你要真正体会父母对自己的恩情，从心里感激父母养育之恩，这样你就会真正去想对父母好，然后自然会主动去探求如何让父母睡得安稳，如何让父母冬暖夏凉，如何让父母对自己安心……那你所做的事，一定是让父母幸福、安心的，即便不去效仿别人，你也知道自己该如何去做。相反，如果你不想着父母的好，没有考虑报答父母，看到别人怎么做自己就效仿，或是心中无恭敬之意，仅想博得“孝子”的虚名，敷衍父母蒙蔽世人，那就永远也做不到真正的孝顺了，而且还会为了孝顺的虚名而行不孝的事实。这样的人，即便是懂得再多如何奉养父母的道理，也不会让父母满意，不算是真正懂得孝道。

所以说，理一定要发自内心，仁义一定要求之于内而非外，摒除私欲，反观内心，是修德求理的最好办法。

原　文

郑朝朔[1]问："至善亦须有从事物上求者？"

先生曰："至善只是此心纯乎天理之极便是，更于事物上怎生求？且试说几件看。"

朝朔曰："且如事亲，如何而为温凊之节，如何而为奉养之宜，须求个是当，方是至善，所以有学问思辨[2]之功。"

先生曰："若只是温凊之节、奉养之宜，可一日二日讲之而尽，用得甚学问思辨？唯于温凊时，也只要此心纯乎天理之极；奉养时，也只要此心纯乎天理之极。此则非有学问思辨之功，将不免于毫厘千里之谬，所以虽在圣人，犹加'精一'之训。若只是那些仪节求得是当，便谓至善，即如今扮戏子，扮得许多温凊奉养的仪节是当，亦可谓之至善矣！"

爱于是日又有省[3]。

注　释

①郑朝朔：名一初，广东揭阳人，王阳明任吏部主事时，郑朝朔为御史，曾向阳明先生请教学问。

②学问思辨：语出《中庸》："博学之，审问之，慎思之，明辨之，笃行之。"

③省：反省，收获。

译　文

郑朝朔问："要达到至善也需要从具体的事物上去探求吧？"

先生说："所谓至善就是让自己的心纯然无私合乎天理，在具体的事物之上怎么去探求呢？你不妨举几个事例来说说？"

郑朝朔说："就如孝顺亲人来说，如何做到让父母冬温夏凉，如何奉养得当，这些都需要求个恰当的好处，有个合适的标准，才算是至善。所以才会有学问思辨的功夫。"

先生说："若孝顺仅仅是让父母冬温夏凉、奉养得当，其中道理一两天时间便能说得清楚，更何须学问思辨呢？使父母冬温夏凉、奉养父母只需要保持内心纯然无私合乎天理即可。这样如果没有学问思辨的功夫，就会差之毫厘谬以千里。所以即便是圣人，也要再加以'惟精惟一'的训诫。如果只是做到那些仪节上的恰当便认为是至善，那么如今戏台上的戏子，表演出许多侍奉父母的仪节也很得当，他们也可以称为至善了！"

徐爱在这一天中又有所收获。

经典解读

郑朝朔说达到德行至善也要去探求具体的道理，先生不支持这种观点，认为凡事只需要“此心纯乎天理之极”便是至善。他举了孝的例子：发自内心的孝才是真正的孝，内无孝心即便是表面装出孝顺的行为，也仅仅是像逢场作戏的戏子一样，算不得真孝。

所有的德行都要求之于内，而不是求之于外。内心真诚，行动自然合乎规矩；内心不诚，趋骛外物都是舍本逐末，最后只能画虎类犬，贻害自身。孟子说的“由仁义行，非行仁义”，就是这个道理。心中有仁义，发溢于行动之上，这才是真正的仁义；心中没仁义，勉强自己行仁义之举，这算不得真正的有德。所以，追求德行至善一定要从心这个根本上出发，不要去细枝末节上探求，那样就是缘木求鱼了。

原　文

爱因未会先生“知行合一”之训，与宗贤、惟贤[①]往复辩论，未能决。以问于先生。

先生曰：“试举看。”

爱曰：“如今人尽有知得父当孝、兄当弟者，却不能孝，不能弟。便是知与行分明是两件。”

先生曰：“此已被私欲隔断，不是知行的本体了。未有知而不行者，知而不行只是未知。圣贤教人知行，正是要复那本体，不是着你只恁的便罢。故《大学》指个真知行与人看，说‘如好好色，如恶恶臭’[②]。见好色属知，好好色属行。只见那好色时已自好了，不是见了后又立个心去好。闻恶臭属知，恶恶臭属行。只闻那恶臭时已自恶了，不是闻了后别立个心去恶。如鼻塞人虽见恶臭在前，鼻中不曾闻得，便亦不甚恶，亦只是不曾知臭。就如称某人知孝、某人知弟，必是其人已曾行孝、行弟，方可称他知孝、知弟。不成只是晓得说些孝、弟的话，便可称为知孝、弟。又如知痛，必已自痛了方知痛；知寒，必已自寒了；知饥，必已自饥了。知行如何分得开？此便是知行的本体，不曾有私意隔断的。圣人教人必要是如此，方可谓之知。不然，只是不曾知。此却是何等紧切着实的功夫！如今苦苦定要说知行做两个，是什么意？某要说做一个，是什么意？若不知立言宗旨，只管说一个两个，亦有甚用？”

注　释

①宗贤、惟贤：黄绾，字宗贤，号文庵，浙江黄岩人；顾应祥，字惟贤，号箬溪，浙江长兴人。二人都是阳明先生的学生。

②如好好色，如恶恶臭：出自《大学》："所谓诚其意者，毋自欺也。如恶恶臭，如好好色，此之谓自谦。"

译　文

徐爱由于没有理解先生"知行合一"的主张，同宗贤、惟贤反复辩论，不能完全弄明白。于是向先生请教。

先生说："不妨举个例子来说。"

徐爱说："如今世人都知道父亲当孝顺，兄长当敬爱者，却不能孝顺，不能尊敬。由此可见知和行分明是两码事。"

先生说："这是已经被私欲隔断了的知和行，不是知行的本体了。没有知而不行的事，知而不行就是还未真知。圣贤教人知行，正是要恢复知行的本体，不是随便地告诉人要怎样去知道、怎样去做便了事。所以《大学》举了一个真正知行合一的例子，说'如好好色，如恶恶臭'。见好色是知，好好色是行。在见到好色时自然就喜欢上了，不是见到好色之后又另生个心去喜欢。闻恶臭属知，恶恶臭属行。在闻到恶臭时自然就厌恶了，不是闻到恶臭之后又另生个心去厌恶。一个人如果鼻塞，即便是恶臭在面前，鼻中不曾闻到，便不觉得特别厌恶，这也是因他未曾知臭。又如，说某人知道孝悌，一定是这人行过孝悌之举，才能称他为知道孝悌。不能仅仅是他知道说些孝悌的话，便可以称他为知道孝悌。又如，知道痛，一定是自己痛了以后才知痛；知道寒，一定是自己经历过寒冷；知道饥饿，一定是自己经历过饥饿。知和行如何分得开呢？这便是知行的本体，不曾被人的私欲所隔断的。圣人教育人一定是要如此，才可以称为知。不然，只是未曾知道。这是多么紧切实际的功夫啊！如今，世人非要将知行说成是两回事，这有什么意义呢？我要将知行说成是一件事，又有何意义呢？如果不懂得我立言的宗旨，只顾在这里争论是一件事、两件事，又有什么用处呢？"

经典解读

知行合一，不可分离。知而行之，才是真知；行不离知，才是正行。

知道应该孝顺父亲，却不去孝顺，不可以称为知孝；知道应该诚信立身，却不守诚信，不可以称为知信；知道道义知所在，却见义不为，算不上知义。听到好的道理容易，将其实践出来很难。历史上那么多读圣贤书的人之所以沦为庸人、败类，就是因为知而不行、知行不一。秦二世、隋炀帝难道不知道民为邦本、逸欲亡身的道理吗？秦桧、严嵩难道不明白误国误民，遗臭万年的道理吗？石崇、和珅难道不明白“金玉满堂，莫之能守”的道理吗？他们都知道，但就是心被私欲所蒙蔽，知行不能合一，所以算不上真正的知，行为自然也就偏离了正道。

“知而不行，只是未知。”所以，先贤最担忧的就是知不能行，《论语》中就说：“子路有闻，未之能行，唯恐有闻。”知道了好的道理，却不能去实践，还不如不知道它。世人最缺的就是这种品质，往往讲起道理来引经据典，滔滔不绝，可到了实际生活之中，立刻就将圣贤教诲抛之于脑后，追名逐利，使自己完全被私欲所操控，行不由正道，居不守节操。等到做出了难以弥补的错误，受到惩罚时再去悔恨地说，道理自己都明白，只是一时被私欲蒙蔽，就已经晚了。

原文

爱曰：“古人说知行做两个，亦是要人见个分晓。一行做知的功夫，一行做行的功夫，即功夫始有下落。”

先生曰：“此却失了古人宗旨也。某尝说，知是行的主意，行是知的功夫；知是行之始，行是知之成。若会得时，只说一个知，已自有行在；只说一个行，已自有知在。古人所以既说一个知，又说一个行者，只为世间有一种人，懵懵懂懂的任意去做，全不解思唯省察，也只是个冥行妄作，所以必说个知，方才行得是。又有一种人，茫茫荡荡，悬空去思索，全不肯着实躬行，也只是个揣摸影响，所以必说一个行，方才知得真。此是古人不得已补偏救弊的说话，若见得这个意时，即一言而足。今人却就将知行分作两件去做，以为必先知了，然后能行。我如今且去讲习讨论做知的功夫，待知得真了，方去做行的功夫，故遂终身不行，亦遂终身不知。此不是小病痛，其来已非一日矣。某今说个知行合一，正是对病的药，又不是某凿空杜撰。知行本体原是如此。今若知得宗旨时，即说两个亦不妨，亦只是一个；若不会宗旨，便说一个，亦济得甚事？只是闲说话。”

译文

徐爱说：“古人说知行是两件事，也是为了让人们能有所分别。一方面做知的功夫，一方面做行的功夫，如此功夫才会有所着落。”

先生说：“这样想反而失去了古人的宗旨。我曾说过，知是行的主意，行是知的功夫；知是行的发端，行是知的结果。如果领会了此意，只说一个知，行也就自然包含在其中了；只说一个行，知也就自然包含在其中了。古人之所以既说知，又说行，就是因为世间有一种人，只知道懵懵懂懂地任意行事，完全不知道反思省察，做什么也只是肆意妄为，所以必须说一个知，他才能行得端正。还有一种人，茫茫荡荡，只是无端地空想，完全不肯实践躬行，思什么也只是主观臆想，所以必须说一个行，他才能知得真切。知行为二是古人为了补救世人偏斜弊端不得已而说的话，如果能懂得其中真正的道理，只要一个知或行便足够了。今人却非要将知和行当作两件事去做，认为必须先知了，然后才能行。我就先讨论如何做知的功夫，若非得等到知得真切了，再去做行的功夫，最后将终身无法实践，也终身得不到真知。这不是小的错误，其由来已久。我现在说知行合一，正是对症下药，绝不是自己随意凭空杜撰的。知行的本体原本如此。现在如果知道我立论的宗旨，即使将知行说为两个也无妨，其实仍是一体；如果没领会我的宗旨，即便是说为一个，又能有什么用呢？只不过是无用闲话而已。”

经典解读

知为行之端，行为知之果，两者一体相承，互为因果。说其是一也可，说其是二也可。是一是二，仅仅是个说法而已，学者不应在这上纠缠不休，而要深刻领会先贤的主旨——知要及时践行，行要遵从良知。

先儒之所以将知行分开，是因为看到世上存在一些“知而不行”、“行而不思”的人，为了补救他们的偏颇，所以对“知而不行”的人，他们强调行，对于“行而不思”的人，他们强调知。然而后世人却不能领会先贤的主旨，生硬地将知和行分成两部分，一味追求先知而后行，只知道钻研经典，追求深奥玄妙的道理，却不去实践，这就又陷入偏颇弊端之中了。阳明先生正是看到了世人的这种错误，因此提出“知行合一”的见解，这是对症下药。先生和先儒的主旨其实是相同的，都是让世人明白知行的本体，使知不离行，行不违知。

原文

爱问：“昨闻先生‘止至善’①之教，已觉功夫有用力处，但与朱子‘格物’之训②，思之终不能合。”

先生曰：“‘格物’是‘止至善’之功，既知‘至善’，即知‘格物’矣。”

爱曰：“昨以先生之教，推之‘格物’之说，似亦见得大略。但朱子之训，其于《书》之‘精一’，《论语》之‘博约’③，《孟子》之‘尽心知性’④，皆有所证据，以是未能释然。”

先生曰："子夏笃信圣人，曾子反求诸己。笃信固亦是，然不如反求之切。今既不得于心，安可狃于旧闻，不求是当？就如朱子亦尊信程子，至其不得于心处，亦何尝苟从？'精一''博约''尽心'，本自与吾说吻合，但未之思耳。朱子'格物'之训，未免牵合附会，非其本旨。'精'是'一'之功，'博'是'约'之功。曰仁既明知行合一之说，此可一言而喻。'尽心知性知天'，是'生知安行'事；'存心养性事天'，是'学知利行'事；'夭寿不贰，修身以俟'，是'困知勉行'事。朱子错训'格物'，只为倒看了此意，以'尽心知性'为'物格知至'，要初学便去做'生知安行'事。如何做得"？

注释

①止至善：达到最高的境界。出于《大学》："大学之道，在明明德，在亲民，在止于至善。"

②'格物'之训：朱熹《大学章句集注》中注"格物"："格，至也。物，犹事也。穷至事物之理，欲其极处无不到也。"

③博约：《论语·雍也》："子曰：君子博学于文，约之以礼，亦可以弗畔矣夫!"

④尽心知性：《孟子·尽心上》："孟子曰：尽其心者，知其性也。知其性，则知天矣。"

译文

徐爱问："昨日听闻先生'止至善'的教导，已经觉得功夫有了着力之处，但深思发现先生之教和朱子'格物'的解说始终不能相合。"

先生说："'格物'为'止至善'而下的功夫，如果明白什么是'至善'，也就明白什么是'格物'了。"

徐爱说："昨日我用先生的教导，推及到'格物'之上，似乎能够理解了。但朱子的注解，在《尚书》中的'精一'，《论语》中的'博约'，《孟子》中的'尽心知性'中都能找到凭据，所以对于您的学说还不能完全接受。"

先生说："子夏笃信圣人，曾子反躬自省。虽然笃信圣人也正确，但不如反躬自省来得真切。既然不能在内心真正明白，岂能固守旧闻，勉强相信，而不去探个究竟？就如朱子本人，他尊信程子，但到了心中不明白的时候，又何曾盲目信从？'精一''博约''尽心'，这些概念本就与我的学说相互吻合，只是你还没有思考明白罢了。朱子'格物'的注解，未免有些牵强附会，恐怕并非先贤的真正宗旨。'精'是达到'一'的功夫，'博'是达到'约'的功夫。你既然已经明白了知行合一的道理，对于这个问题一句话就能讲得明白。'尽心知性知天'是'生知安行'者的做法，'存心养性事天’是‘学之利行’者的做法，‘天寿不贰，修身以俟’是‘困知勉行’者的做法。朱子错误地解释了‘格物’，只因为颠倒了其中的因果关系，认为‘尽心知性’就是‘格物知至’，要初学之人就去做‘生知安行’的事，这怎么能行呢？”

经典解读

“格物”是研究事物之中的规律，从而掌握最根本的“道”，而不是说完全穷尽万物之理，做到无所不知。把握了根本的“道”，具体的各种道理也就能够推及出来了。圣人能够知天知地，知先知后，就是因为他们能够透过世间纷繁的万物悟出最根本的规律，这就是由“精”到“一”，由“博”到“约”，就如老子所说的“为学日益，为道日损”，“学”的时候求精求博，但最终目的还是要返回内心的真诚纯一。

天下事物的道理是无穷无尽的，但都有一个主旨，那就是“道”，体现在人身上就是“德”，蕴藏于内心就是“仁义”。只要把握了这个主旨，做到内心真诚，须臾不离仁义道德，那什么事就都能做到恰到好处，为人处世、察人观物的各种道理也就都自然明白于心了。圣人为学，不务求多，而务求反之于心，抓住根本。《论语》中就有这样一段话：“子曰：‘赐也！女以予为多学而识之者与？’对曰：‘然，非与？’曰：‘非也。予一以贯之。’”可见在孔子眼中，能够“一以贯之”才是最重要的，而不是多学多识。

《大学》将“格物”放在首位，是让人通过“格物”而“致知”，然后再达到“诚意”、“正心”、“止于至善”，这是初学者应该进行的努力，而不是圣人无物不知、无理不通的那种状态。学者如果在接触了一些事物、闻知了一些道理以后，不去反观内心，追求诚一，而一味沉溺于“格物”，妄图通过学而穷尽万物之理，就是本末倒置了。

原　文

爱问：“‘尽心知性’何以为‘生知安行’？”

先生曰：“性是心之体，天是性之原，尽心即是尽性。‘惟天下至诚为能尽其性，知天地之化育。’① ‘存心’者，心有未尽也。‘知天’，如知州、知县之‘知’，是自己分上事，己与天为一。‘事天’，如子之事父、臣之事君，须是恭敬奉承，然后能无失，尚与天为二。此便是圣贤之别。至于‘夭寿不贰’其心，乃是教学者一心为善，不可以穷通夭寿之故，便把为善的心变动了，只去修身以俟命。见得穷通寿夭有个命在，我亦不必以此动心。‘事天’虽与天为二，已自见得个天在面前；‘俟命’便是未曾见面，在此等候相似。此便是初学立心之始，有个困勉的意在。今却倒做了，所以使学者无下手处。”

注 释

①惟天下至诚为能尽其性，知天地之化育：出自《中庸》。

译 文

徐爱问：“‘尽心知性’为什么便是‘生知安行’呢?”

先生说：“性是心的本体，天是性的本源，尽心就是尽性。所以《中庸》里面说‘惟天下至诚为能尽其性，知天地之化育。’所谓‘存心’，就是说还未达到尽心。‘知天’的‘知’，就如知州、知县的‘知’，将顺从天命视为自己应该做的，这就是天人合一。‘事天’，就像儿子侍奉父亲、臣子侍奉君主一样，需要恭敬奉承，然后才能没有过失，此时与天还相对为二。这就是圣人和贤者的区别。至于‘夭寿不贰’，这只是教育人们一心向善，不可因为生死富贵等缘故，便将善良的初心改变了，只需要修养自身，顺从天命罢了。当看到生死富贵都是命里注定的，自己也不会因它们而动摇了善良的初心了。‘事天’虽然与天还未合一，但已经知道有个天命在前面了；‘俟命’却还是未曾见得天命所在，只是在此等候它的到来罢了。这便是初学者立定心志的开始，有个遇到困难而后才努力自勉的意思在。朱子的观点却将它们弄颠倒了，导致后学之人感到无从着手。”

经典解读

《中庸》中说：“或生而知之，或学而知之，或困而知之，及其知之，一也。或安而行之，或利而行之，或勉强而行之，及其成功，一也。”天下的道德学问，有的人生来就能够知道，这是圣人；有的人能主动去追求，这是贤者；有的人只有遇到了困难挫折，才勉励自己去追求，这是普通人。圣人天人合一，安于天命而行事，这就是“生知安行”；贤人不能达到天人合一，但也能主动追求大道，效仿圣人顺天行事，这就是“学之利行”；至于普通人，不能察知天命知所在，但也应该勉励自己保存良心、本性，不要为了贪恋生命、追求富贵而背弃德义、违背天命，这就是“困知勉行”。

守道俟命、存心养性、尽心知性是由初学者到圣人在“知”上的一个递进过程；困而勉行、学而利行、生知安行则是初学者到圣人在“行”上的一个递进过程。“知”与“行”是合一的，懂得守道俟命就必然会困而勉行，知道存心养性就必然会学而利行，达到了尽心安性的境界，自然就是生知安行。后人往往弄错了守道俟命、存心养性、尽心知性的先后关系，读了一些先人写下的道理，未能内心精诚、知行合一，便认为自己是尽心知天知性了，所以才会在治学求道上感觉无从着手。

“知”、“行”不会分开，有什么样的“知”便会表现出什么样的“行”，内心的境界有多高尚，外部的行动便有多高尚。那些自称“尽心知天知性”，满口大道理，而行为上却卑劣不堪、违背道德的人，都不能称为真知。真能“尽心知性”，体悟圣贤大道的人，一定能安于天命，恪守良心。

原　文

爱曰：“昨闻先生之教，亦影影见得功夫须是如此。今闻此说，益无可疑。爱昨晓思，格物的‘物’字，即是‘事’字，皆从心上说。”

先生曰：“然。身之主宰便是心，心之所发便是意，意之本体便是知，意之所在便是物。如意在于事亲，即事亲便是一物；意在于事君，即事君便是一物；意在于仁民爱物，即仁民爱物便是一物；意在于视听言动，即视听言动便是一物。所以某说无心外之理，无心外之物。《中庸》言‘不诚无物’，《大学》‘明明德’之功，只是个‘诚意’。‘诚意’之功，只是个‘格物’。”

先生又曰：“‘格物’如《孟子》‘大人格君心’①之‘格’，是去其心之不正，以全其本体之正。但意念所在，即要去其不正以全其正，即无时无处不是‘存天理’，即是‘穷理’。‘天理’即是‘明德’②，‘穷理’即是‘明明德’。”

注　释

①大人格君心：《孟子·离娄上》：“唯大人唯能格君心之非。”格，纠正、端正。

②明德：崇高的德行。后文的‘明明德’指，弘扬崇高的德行。

译　文

徐爱说：“昨日听了先生的教诲，也隐约觉得下功夫就应该如此。今天又听了您的这番解释，更是疑虑尽消。我昨日早上想，‘格物’的‘物’字，就相当于‘事’字，都是从心上来讲的。”

先生说：“是这样的。全身的主宰便是心，心之触发便是意，意的本体便是知，意的所在便是物。如果意在侍奉亲人之上，那侍奉亲人便是一物；意在辅佐君主之上，那辅佐君主便是一物；意在仁民爱物之上，那仁民爱物便是一物；意在视听言动之上，视听言动便都是一物。所以我说没有独立于心外的道理，没有独立于心外的事物。这便是《中庸》里说的‘不诚无物’，《大学》中的‘明明德’的功夫，也只是诚意而已。而诚意的功夫，就只是格物。”

先生又说："'格物'中的'格'就如孟子所说的'大人格君心'中的'格'，是改变其心的不正，以保全本体的纯正。凡是意念之所在，都要除去其中不正的因素，时时处处存养天理，这便是'穷理'。'天理'便是'明德'，'穷理'便是'明明德'。"

经典解读

人都是用心去感受外界的，我们所知道的一切道理都由心而生，我们所认识的一切事物都是贮藏在意念中的一个形象，心变则物变，心不同则对事物的印象也自然不同，抛却人心而谈论万物、事理是没有任何意义的，所以说"心外无理，心外无物"。人要想穷事理、明明德，无须去外界追求，只要反观自己即可。这就是孟子所说的："万物皆备于我矣。反身而诚，乐莫大焉。"

"格物"不仅仅是认识事物，更要能端正事物，纠正其中的偏颇，使之返回于正道。认识事物容易，端正事物才难，只有内心中正的人才能正确地认识外物，就如《中庸》中所说的："人莫不饮食也，鲜能知味也。"内心不正，认识上就会存在偏颇，不能察知正确的事物、正确的道理，也就不能穷理尽性，弘扬明德。

物由心生，心不离物，"格物"就是正物，关键是正心，明白这个道理才能由"格物"而达到"明明德"。世人存在很多错误的认识，做出很多错误的行为，大多就是因为只晓得向身外求理，不知道反观自己的内心。有些人做着违背道德的事情，还觉得自己追求得很正确；做着违背良心的勾当，还觉得自己很聪明，这就是心不正。这样的人看到的再多，经历的再多，也谈不上一个"知"字。只有时时懂得反思，不断摒弃意念之中的邪僻想法，端正良心，才能保全本体的纯正，才能达到知天知性的境界。

原文

又曰："知是心之本体，心自然会知。见父自然知孝，见兄自然知弟，见孺子[①]入井自然知恻隐。此便是良知，不假外求。若良知之发，更无私意障碍，即所谓'充其恻隐之心，而仁不可胜用矣'。然在常人不能无私意障碍，所以须用'致知''格物'之功，胜私复理。即心之'良知'更无障碍，得以充塞流行，便是致其知。知致则意诚。"

注释

①孺子：小孩子。

译文

先生又说："知是心的本体，心自然能知。见到父亲自然知道孝顺，见到兄长自然知道敬爱，看到小孩子掉到井中自然知道恻隐同情。这便是良知，不需要去外面求取。若是良知扩展，又没有私欲迷惑，便是所谓的'充其恻隐之心，而仁不可胜用矣'。然而对于普通人来说不能达到不被私欲所迷惑，所以需要'致知''格物'的功夫，来克服私欲，恢复天理。如此，心中良知便再无迷惑，能够充溢于身、流行于外，这就是致其良知。致其良知则意念真诚。"

经典解读

先儒多认为"致知"便是获得完善的知识，而阳明先生却认为"致知"就是"致良知"，摒除自己心中私欲，让良心得以扩充光大。

孟子说人有四端，恻隐之心、羞恶之心、辞让之心和是非之心，这四端便是仁、义、礼、智等各种德行的起点，只要能扩充这四端，自然就能具有各种德行，达到至善的境地。常人之所以德行有缺，并不是他们的知识见闻不足，而是良心被私欲所蒙蔽。所以，要想修身"止于至善"，只许要致良知，端正自己内心，摒除私欲即可，无须假求于外。

原文

爱问："先生以'博文'为'约礼'功夫，深思之未能得，略请开示。"

先生曰："'礼'字即是'理'字。'理'之发见可见者谓之'文'，'文'之隐微不可见者谓之'理'，只是一物。'约礼'只是要此心纯是一个天理。要此心纯是天理，须就'理'之发见处用功。如发见于事亲时，就在事亲上学存此天理；发见于事君时，就在事君上学存此天理；发见于处富贵贫贱时，就在处富贵贫贱上学存此天理；发见于处患难、夷狄时，就在处患难、夷狄上学存此天理。至于作止、语默，无处不然，随他发见处，即就那上面学个存天理。这便是'博学之于文'，便是'约礼'的功夫。'博文'即是'惟精'，'约礼'即是'惟一'。"

译文

徐爱问："先生说'博文'是'约理'的功夫，我深思再三不能领会，请您不吝赐教。"

先生说："'礼'就是'理'。'理'显示可见的就称为'文'，'文'微隐不可见的就称为'理'，原本就是一个东西。'约礼'就要求己心纯然是一个天理。

要己心纯然是一个天理，就需在‘理’显示处下功夫。如理在侍奉亲人时显现，就在侍奉亲人上存此天理；理在辅佐君主时显现，就在辅佐君主上存此天理；理在处于富贵贫贱时显现，就在处于富贵贫贱上存此天理；理在处于患难、夷狄时显现，就在处于患难、夷狄上存此天理。无论作止语默，处处都是如此，理显现在哪里，就在哪里学一个存天理。这便是‘博学之于文’，便是‘约礼’的功夫。‘博文’就是‘惟精’，‘约礼’就是‘惟一’。”

经典解读

孔子说：“君子博学于文，约之以礼，亦可以弗畔矣夫!”后人多将“文”解释为文化典籍，将“礼”解释为礼仪规章，这就是向外求了。阳明先生认为“礼”就是“理”，“约礼”就是让己心纯然是一个天理；“文”和“理”本为一物，只是隐显之别，“博文”是“理”于万物上的显现、实践。

万物无穷无尽，所以理在外的体现处也无穷无尽，这就是它的博与精；但无论它在哪里显现，最终都要归于内心，在心中纯然有个天理，这就是其约与一。在各种不同的事物上学习存此天理，归根到底还是让自己的内心纯然是个天理，所以说“博文”是“约礼”的功夫，“惟精”是“惟一”的功夫。

生活中我们学习做各种事、接触不同的人、在不同的环境中锻炼自己，这就是“博文”；最终我们知道了做人做事的基本原则，修养了自己的心性，这就是“约礼”。如果不能时时反观自己的内心，做再多事情也是乱无头绪的，只有由“博”返“约”，才能提高自己的修养，最终达到至善的境界。

原文

爱问：“‘道心常为一身之主，而人心每听命’①，以先生‘精一’之训推之，此语似有弊。”

先生曰：“然。心一也，未杂于人谓之道心，杂以人伪谓之人心。人心之得其正者即道心，道心之失其正者即人心，初非有二心也。程子谓：‘人心即人欲，道心即天理。’②语若分析，而意实得之。今曰‘道心为主而人心听命’，是二心也。‘天理’‘人欲’不并立，安有‘天理’为主，‘人欲’又从而听命者？”

注释

①道心常为一身之主，而人心每听命：出自朱熹《中庸章句序》。

②人心即人欲，道心即天理：出自《河南程氏遗书》：“人心，私欲也；道

心，正心也。”

译 文

徐爱问：“朱子在《中庸章句序》中说：‘道心常为一身之主，而人心每听命’，从先生对‘精一’的解释来看，这句话似乎不妥当。”

先生说：“是的。心只有一个，没有夹杂人的私欲便称为‘道心’，夹杂了人的私欲便称为‘人心’。人心若能守正，即为道心；道心失其正位即为‘人心’，起初并没有两种心的差别。程子说：‘人心即人欲，道心即天理。’听起来像是人心、道心分开，其实还是将其看为一体。如今世人常说‘道心为主而人心听命’，就是将一颗心分为二了。‘天理’和‘人欲’不能共存，怎么会有天理为主而人欲又听从于天理的呢？”

经典解读

朱子曾说过：“此心之灵，其觉于理者，道心也；其觉于欲者，人心也。”在他看来，心觉于天理则为道心，觉于人欲则为人心，就如向两个不同的方向发展。在人的心中既存在趋向天理的一面，同时也存在着趋向人欲的一面，比如圣人也知道饥寒痛痒，这就是人心；常人也懂得恻隐、羞恶、是非、辞让，这就是道心。一个人身上可以人心、道心共存，但人心要听命于道心，就是让人们要懂得摒除人欲，追求天理。

而阳明先生却认为心只有一个，道心就是纯然天理的良心，是没有受到人欲污染的初心；如果有了人欲的间杂那就不能再称为道心，只能称为人心了。人修身就是要修被人欲污染的良心，让它返回本来纯然天理的状态。

二者的观点虽然不同，但在实际做法上却没有太大的差别，都是让人们努力摒除私欲，存乎天理，追求拥有恻隐、是非、羞恶、辞让的良心。“条条大路通罗马”，先圣的理论观点虽然各自不同，但在崇尚道德、摒除私欲、返回初心、止于至善的目标上是一致的。我们普通人没必要纠缠于是“一心”还是“二心”之上，只要懂得在生活中端正自己的内心，努力克制邪僻的私欲，不要失去最初的良心就可以了。

原 文

爱问文中子、韩退之[1]。

先生曰：“退之，文人之雄耳。文中子，贤儒也。后人徒以文词之故，推尊退之，其实退之去文中子远甚。”

爱问："何以有拟经之失？"[2]

先生曰："拟经恐未可尽非。且说后世儒者著述之意，与拟经如何？"

爱曰："世儒著述，近名之意不无，然期以明道，拟经纯若为名。"

先生曰："著述以明道，亦何所效法？"

曰："孔子删述《六经》，以明道也。"

先生曰："然则拟经独非效法孔子乎？"

爱曰："著述即于道有所发明，拟经似徒拟其迹，恐于道无补。"

先生曰："子以明道者，使其反朴还淳而见诸行事之实乎？抑将美其言辞而徒以诡诡于世也？天下之大乱，由虚文胜而实行衰也。使道明于天下则《六经》不必述，删述《六经》，孔子不得已也。自伏羲画卦，至于文王、周公，其间言《易》如《连山》《归藏》[3]之属，纷纷籍籍，不知其几，《易》道大乱。孔子以天下好文之风日盛，知其说之将无纪极[4]，于是取文王、周公之说而赞之，以为唯此为得其宗。于是纷纷之说尽废，而天下之言《易》者始一。《书》《诗》《礼》《乐》《春秋》皆然。《书》自《典》《谟》[5]以后，《诗》自《二南》[6]以降，如《九丘》《八索》[7]，一切淫哇逸荡之词，盖不知其几千百篇。《礼》《乐》之名物度数，至是亦不可胜穷，孔子皆删削而述正之，然后其说始废。如《书》《诗》《礼》《乐》中，孔子何尝加一语？今之《礼记》诸说，皆后儒附会而成，已非孔子之旧。至于《春秋》，虽称孔子作之，其实皆鲁史旧文；所谓'笔'者笔其书，所谓'削'者削其繁，是有减无增。孔子述《六经》，惧繁文之乱天下，唯简之而不得，使天下务去其文以求其实，非以文教之也。《春秋》以后，繁文益盛，天下益乱。始皇焚书得罪，是出于私意，又不合焚《六经》。若当时志在明道，其诸反经叛理之说悉取而焚之，亦正暗合删述之意。自秦汉以降，文又日盛，若欲尽去之，断不能去，只宜取法孔子，录其近是者而表章之，则其诸怪悖之说亦宜渐渐自废。不知文中子当时拟经之意如何？某切深有取于其事，以为圣人复起，不能易也。天下所以不治，只因文盛实衰。人出己见，新奇相高，以眩俗取誉，徒以乱天下之聪明，涂天下之耳目，使天下靡然，争务修饰文词以求知于世，而不复知有敦本尚实、反朴还淳之行。是皆著述者有以启之。"

注释

①文中子：王通，字仲淹，隋朝著名大儒。他在弃官归家后研习六经，以"圣人"自居，模仿孔子作《王氏六经》。韩退之：韩愈，唐朝著名文学家，推

崇儒学，以文章见长，苏轼誉其“文起八代之衰”。

②拟经之失：王通作六经，以“王孔子”自诩，世人多认为他华而不实，沽名钓誉，他的文章也很快散佚无存了。

③《连山》《归藏》：《连山》相传为夏朝的《易》，《归藏》相传为商朝的《易》，后都失传。

④无纪极：杂乱无章，目无纲纪。

⑤《典》《谟》：指《尚书》中的《尧典》《舜典》《大禹谟》《皋陶谟》和《益稷谟》，共称为二典三谟。

⑥《二南》：指《诗经》中的《周南》《召南》。

⑦《九丘》《八索》：远古书名，孔安国《古文尚书序》：“八卦之说，谓之《八索》，九州之志，谓之《九丘》。”

译文

徐爱请教如何评价文中子和韩退之。

先生说：“韩愈是文人之中英杰；王通则是一位贤能的大儒。后人单凭诗词文章的缘故而推崇韩愈，其实在修为上韩愈与王通相差甚远。”

徐爱问：“那王通为何会犯拟经的错误呢？”

先生说：“拟经之事恐怕未可完全否定。且说说后世儒者著书讲经的用意和王通拟经有何区别呢？”

徐爱说：“后世儒者著书讲经不是没有求名之意，但主要的还是期望能明道，而王通拟经则纯粹为沽名钓誉。”

先生说：“以著书讲经而明道，效仿的又是什么呢？”

徐爱说：“孔子通过删改‘六经’来明道。”

先生说：“既然如此，那么王通拟经岂不也是效仿孔子吗？”

徐爱说：“著书论经应对圣道有所阐发，王通拟经则完全是仿照经书的行事，大概对明道没有什么裨益吧。”

先生说：“你所认为的明道，是指返璞归真而使之付诸实践呢，还是追求言辞的浮华而以此取宠于世俗呢？天下纷乱，就是因为看重虚文而轻视实践。假如圣道昌明于天下，那‘六经’就没有必要删改。删改‘六经’是孔子不得已而为之的。自伏羲画八卦，到文王、周公，期间论解《易经》的纷纷籍籍，不知多少，如《连山》《归藏》等，《易经》的道理变得混乱不堪。孔子认为天下盛行文饰之风，先圣之道将变得目无纲纪，于是择取文王、周公对《易经》的论述而推崇，认为他们才得到了《易经》的宗旨。从此，其他纷杂的观点都被废弃，天下关于《易经》的阐述才始归统一。

《书》《诗》《礼》《乐》《春秋》无不如此。《尚书》自《典》《谟》以后，《诗经》自《周南》《召南》之后，出现了许多淫邪妖冶的词句，如《九丘》《八索》等，多达成百上千篇。《礼》《乐》中的名物度数同样也不计其数。孔子都对其做了删削订正，然后异端杂说才开始废止。在《书》《诗》《礼》《乐》之中，孔子未尝增加自己的一句话。现存的《礼记》等论述都是后世儒者附会之作，已经不是孔子的原本了。至于《春秋》，虽然称为是孔子所作，但实际上都出于鲁国史书的旧文。'笔'就是摘录原文，'削'就是去掉繁杂，都是有减无增的。孔子删述'六经'，就是担心虚华浮逸的文辞扰乱天下，惟求简略却难以做到。学者应致力使天下抛弃华丽的文饰而注重经典的实质，而不是用浮华的文辞来教化天下。《春秋》之后，繁文日益兴盛，天下也越来越混乱。秦始皇因焚书而获罪天下，只因为他是出于私心，又不该焚烧'六经'。如果当时始皇志在明道，把那些离经叛道的书都拿来烧掉，就正暗合了孔子删述的本意。自秦汉以来，繁文又开始兴盛起来，如果要彻底废止是不可能的，只能效法孔子的做法，摘录那些与经典原旨相近的道理加以宣扬，慢慢地其他异端杂说就自行废止了。虽然我不知道当初王通拟经是出于何种目的，但我很赞成他的做法。我认为即使圣人再世，也不会否认这种观点。天下之所以混乱不治，就是因为浮华文风兴盛而求真务实之风衰减。世人各抒己见，标新立异，相互争高，以哗众取宠，混淆大家的视听。这只能扰乱天下人的聪明，遮蔽天下人的耳目，使人们争相推崇虚文浮辞，追名逐利，而不知还有求真务实、返璞归真的切行。这都是那些推崇虚文的著书立说者所导致的。"

经典解读

《论语》中，子夏说："虽小道，必有可观者焉，致远恐泥，是以君子不为也。"任何小的技艺都有其可取之处，但过去追求这些就会纠缠其中，耽误远大的志向，所以君子不去过分追求。什么是远大的事业呢？就是修养德行，追求仁道。对于修心求仁来说，辞赋文采、曲艺书画、星相占卜之类的都是小道末节，了解一些可以，但不能过于沉溺，否则就是舍本逐末，颠倒轻重。

做人修心是根本，修身的学问做好了，心正意诚，其他的技艺也就能触类旁通了。古时的君子之所以多才多艺，诗词、文章、治国都能通达，都是建立在灵慧心德之上的。若不修心，忽略先圣切切实实的学问，而追逐小道末节，即便能够在某一方面有所成就，也只是华而不实，误人误己，李后主、宋徽宗皆是如此。

孔子说"予欲无言"，又说"述而不作"，就是不想用虚文浮华而扰乱世人的听闻，让世人能致力于实质。可惜后世的学者往往不能如此，丢掉了圣人的实质，而去追求虚浮的文采，妄图通过文饰先圣之道来沽名钓誉，这就是《荀子·非十二子》中所说的，"假今之世，饰邪说，文奸言，以枭乱天下，矞宇嵬琐，使天下混然不知是非治乱之所存者。"这样的人表面推崇先圣之道，其实是先圣的大贼，他们的学说都该被删减废止。

韩愈也说过"文以载道"，文章是为明道而下的功夫，如果丢掉了明道这个目的，将功夫都用在浮华的文辞之上，就大错特错了。古今社会之中岂不是经常有很多文采出众、诗词无双，却做着失德无耻之勾当的人？逼迫献帝、鸩杀皇子的华歆，阿谀奉承、趋炎附势的宋之问都是如此。也有很多文章、书籍，辞采华丽，情节曲折，却是教人淫秽，助长人欲的。这样的人、这样的文章对世人的害要远大于利。作为文人，一定要将良心摆正，引领社会的正能量，而不是希慕虚荣，阿谀谄媚，用异端邪说淆乱世人耳目；作为普通人，要能够在充斥着各种各样观点的书籍、文艺作品中，辨清虚实真伪，扫尽浮华，避免被一些文采斐然的邪僻之辞所蛊惑，时刻将修德之心放在最重要的位置上。

我们今日所接触的社会充斥着各种娱乐因素，无数哗众取宠、无厘头、无意义的作品都出现在了大众视野之中，人很容易沉迷在其中，而忘记了修身修德的根本。有一定的娱乐是可以的，希望多才多艺也无可厚非，但一定不要耽误了追求更高道德境界的真正大道。没有圣人再为我们删除异端邪说，我们要学会自己选择，在心中求实摒虚，恪守正道。在接受虚华的世界之前，能确保自己能成为一个有道德、有高尚人格的君子，这样才不会走入邪路，不会在灯红酒绿的社会中迷失自己。

原　文

爱曰："著述亦有不可缺者，如《春秋》一经，若无《左传》，恐亦难晓。"

先生曰："《春秋》必待《传》①而后明，是歇后谜语矣，圣人何苦为此艰深隐晦之词？《左传》多是鲁史旧文，若《春秋》须此而后明，孔子何必削之？"

爱曰："伊川亦云：'《传》是案，《经》是断。'如书弑某君，伐某国，若不明其事，恐亦难断。"

先生曰："伊川此言，恐亦是相沿世儒之说，未得圣人作经之意。如书'弑君'，即弑君便是罪，何必更问其弑君之详？征伐当自天子出，书'伐国'，即伐国便是罪，何必更问其伐国之详？圣人述《六经》，只是要正人心，只是要存天理、去人欲，于存天理、去人欲之事，则尝言之，或因人请问，各随分量而说，亦不肯多道，恐人专求之言语，故曰'予欲无言'。若是一切纵人欲、灭天理的事，又安肯详以示人？是长乱导奸也。故孟子云：'仲尼之门，无道桓、文之事者。是以后世无传焉。'②此便是孔门家法。世儒只讲得一个伯者的学问，所以要知得许多阴谋诡计，纯是一片功利的心，与圣人作经的意思正相反，如何思量得通！"因叹曰："此非达天德③者，未易与言此也！"

又曰："孔子云：'吾犹及史之阙文也。'④孟子云：'尽信书，不如无书。吾于《武成》，取二三策而已。'⑤孔子删《书》，于唐、虞、夏四五百年间，不过数篇。岂更无一事，而所述止此？圣人之意可知矣。圣人只是要删去繁文，后儒却只要添上。"

注释

①《传》：指解释春秋的传文，如《左传》《谷梁传》《公羊传》。

②出自《孟子·梁惠王上》，齐宣王向孟子请教齐桓公、晋文公称霸之事，孟子如此回答。

③天德：与天同德，德行至高。

④吾犹及史之阙文也：出自《论语·卫灵公》。

⑤尽信书……二三策而已：出自《孟子·尽心下》。

译文

徐爱问："著述有的时候也是不可或缺的，比如《春秋》一经，如果没有《左传》来解释，恐怕世人就难以读懂。"

先生说："《春秋》如果必须有《传》作为注解才能让人明白，那不和歇后语、谜语是一样的了吗，圣人何必做这样隐晦难懂的文字呢？《左传》多是鲁国史官旧闻，如果《春秋》需要它才能让人明白，孔子又何必删减它？"

徐爱问："程颐先生也说：'《传》是案，《经》是断。'如《春秋》记载弑杀某个国君，讨伐某个诸侯，如果没有《传》来说明事情的原委，恐怕也难以做出确切的判断。"

先生说："程颐先生这话，恐怕也是沿袭世俗儒者的说法，未能体悟圣人作经的深意。比如记载'弑君'，那弑君便是大罪，又何必再去问弑君的经过呢？

征伐命令当自天子发出，记载诸侯‘伐国’，那伐国便是大罪，又何必再去问伐国的详情呢？圣人传述‘六经’，就是要正人心，就是要存天理、去人欲。对于这些事，孔子或是曾经讲说过，或是因为别人的请教而根据情况做出不同程度的回答，但也是不肯多讲的，就是怕人们咬文嚼字、专务文辞，所以说‘予欲无言’。如果是那些纵人欲、灭天理的事，又怎么肯详细向后人展示呢？那是增长混乱、促进奸邪啊。所以，孟子说：‘仲尼之门，无道桓、文之事者。是以后世无传焉。’这就是孔门的家法。世俗之儒者只讲霸道的学问，所以才要知道许多阴谋诡计，纯是出于一片功利之心，和圣人作经的本意恰恰相反，他们怎么想得通呢！”随即先生感叹说：“如果不是德行至盛，通达天理者，是很难与其谈论这个问题的！”

先生接着又说：“孔子说：‘我还见过史书存疑的地方。’孟子说：‘尽信书，不如无书。我对于《武成》，只取里面的两三节罢了。’孔子删述《尚书》，于唐、虞、夏四五百年间，只不过取了数篇。难道这段时间没有别的事情吗，为何仅仅阐述这么几篇？圣人之深意由此可知矣。圣人只是要删去繁冗的虚文，而后世儒者却非要添加不必要的虚文。”

经典解读

圣人传述经典，是为了引导世人追求明德，而不是教人们学会历史上那些阴谋诡计。他们以善心忖度他人，认为人性本善，教导人们如何去保存良心，如何恰当地行事；而不是臆测人性是恶的，让人们相互提防、相互猜忌。所以，他们致力于传播光明而正确的做法，对于历史的阴暗之面，尽量不去深入提及，以免上进者产生懈怠之心，心邪者学到害人之术。

《中庸》中就说：“舜好问而好察迩言，隐恶而扬善。”对于“隐恶而扬善”朱子注解道：“于其言之未善者则隐而不宣，其善者则播而不匿，其广大光明又如此，则人孰不乐告以善哉。”圣人对于善，唯恐他人不见，而对于恶，唯恐他人见到，这是对世人的负责。为何如此说呢？那些心性不定的人，就像小孩子一样，看到善也会学，看到恶也会学，如果见识了太多的恶，就会对人性产生怀疑，很容易走上邪僻之路。现实中不是有很多崇拜强权、崇尚杀戮、喜欢研究阴谋诡计的人吗？他们就是对于恶看得太多了，迷失了自己的是非之心。

孔子说：“见善如不及，见不善如探汤。”多闻善，对人就会产生正向的熏陶，多闻恶，对人就会产生负面的影响。一个人如果整天关注着社会中的阴暗之面，他的心境也一定会越来越差。所以说，对于善，要主动接近、发扬光大，对于恶，要及时远离、尽量不谈。

在现实中，每个人都应刻意要求自己去隐恶扬善，多发现别人身上的优点，拿来学习、宣传，少关注一些邪僻诡诈的事情。尤其是从事传媒、著书立说的人，不要专门挖一些社会上阴暗的东西加以夸张渲染，来扰乱视听；也不要经常编造一些凶杀、权谋之类的文化垃圾，以带坏社会的风气。这才是对社会负责，对自己的良心负责，才算是继承了先圣删述经典的志向。

原文

爱曰："圣人作经，只是要去人欲，存天理。如五伯以下事，圣人不欲详以示人，则诚然矣，至如尧、舜以前事，如何略不少见？"

先生曰："羲、黄之世，其事阔疏，传之者鲜矣。此亦可以想见，其时全是淳庞朴素，略无文采的气象，此便是太古之治，非后世可及。"

爱曰："如《三坟》[①]之类，亦有传者，孔子何以删之？"

先生曰："纵有传者，亦于世变渐非所宜。风气益开，文采日盛，至于周末，虽欲变以夏、商之俗，已不可挽，况唐、虞乎？又况羲、黄之世乎？然其治不同，其道则一。孔子于尧、舜则祖述之，于文、武则宪章[②]之。文、武之法即是尧、舜之道，但因时致治，其设施政令已自不同。即夏、商事业施之于周，已有不合，故'周公思兼三王，其有不合，仰而思之，夜以继日'[③]，况太古之治，岂复能行？斯固圣人之所可略也。"

又曰："专事无为，不能如三王之因时致治，而必欲行以太古之俗，即是佛、老的学术；因时致治，不能如三王之一本于道，而以功利之心行之，即是伯者以下事业。后世儒者许多讲来讲去，只是讲得个伯术。"

又曰："唐、虞以上之治，后世不可复也，略之可也。三代[④]以下之治，后世不可法也，削之可也。唯三代之治可行，然而世之论三代者，不明其本而徒事其末，则亦不可复矣。"

注释

①《三坟》：上古之书，相传记载伏羲、神农、黄帝之事。

②祖述、宪章：效法、遵循。

③出自《孟子·离娄下》。三王，指夏禹、商汤、周文王。

④三代：夏、商、周三代。

译文

徐爱说："圣人著经，只是要摒除人欲，存养天理。如五霸之后的事，圣人不愿详述示人，确实如此。那么，尧、舜之前的事呢，为什么也统统省略，不得见闻呢?”

先生说:“伏羲、黄帝之时，历史久远记载不详，留传下来的自然很少。这也是可以想象的，当时民风纯然朴素，完全没有重视文采的气象。这就是上古的社会，不是后世所能比拟的。”

徐爱问:“如《三坟》之类的古籍，也有传述下来的，为何孔子要删除它们呢?”

先生说:“即便是有留传下来的，也因世事的变化而不合时宜了。风气日益开放，文采日益丰盛，到了周末，即便是想恢复夏、商之时的习俗，已经不可能了，更何况唐尧、虞舜之时呢?更别说是伏羲、皇帝之时了。然而，虽然先王治世的方法不同，但遵循的大道都是一致的。孔子遵从尧、舜，效仿文王、武王。文王、武王的治世方法正是尧、舜所遵从的道，但都依各自情况而施行，具体的政令制度已然互不相同了。因此，就是夏、商的整治措施在周代施行，亦有不适合之处，所以孟子说‘周公对三王的制度兼收并蓄，碰到不合之处，还要夜以继日地反复思量琢磨’，更何况远古之时的治世方法，岂能再度施行?这正是圣人删略它们的原因啊!”

先生又说:“但求无为而治，不能像三王那样依据时代的具体情况而进行治理，而非要施行远古的风俗，这就是佛家、道家的主张;能够依据时代具体情况而治理，却不能像三王那样以大道为根本，而根据功利行事，这就是五霸以后治世的情况。后世许多儒者翻来覆去讲了很多，都只讲了一个霸术而已。”

先生又说:“唐尧、虞舜以前的治世方法，后世不能再恢复，可以将之删略掉。三代以后的治世方法不值得效仿，也可将其削略。唯独三代的治世方法可以实行。然而，世上议论三代的学者，都不了解其根本，单求细枝末节，所以三代之治也难以恢复了!”

经典解读

圣人效仿先王，学的是先王的大道，而不是具体的细枝末节。所以，当他们著述经书，教化后人的时候，所传述的也都是合乎大道，能够去人欲、存天理的文字，那些没有意义、繁冗浮华的虚文，圣人是不会将其传下来的。

社会是不断发展的，每个时代都有自己的特点，但基本的大道是不会改变的。比如，治国以仁，修心以诚，这是任何时代的人都应该坚持的，圣贤治国、修身都是从这些基础发出，推衍出具体的政治措施、处世方法。效法先圣就是要学习先圣所掌握的那些根本大道，将其应用在自己所处的时代之中，而不是死搬先圣所采取的那些具体措施。孔子就曾批评那些自以为是、盲目复古的人，说:“愚而好自用，贱而好自专，生乎今之世，反古之道:如此者，灾及其身者也。”后世很多人，就是不知道效法先圣要把握他们的道，学习他们的仁义之心，却在具体条文、名字称谓上做文章，结果失败得很惨，两汉之间的王莽就是。

还有一些人，自己不明白先圣传道的真意所在，对先圣强调的仁义礼智、去人欲、存天理等大道不用心理解、视而不见，反而抓着一些古人在他们那个时代所采取的具体措施而进行批判，说什么孔子为统治阶级呐喊、主张愚民，说朱熹压迫人性、罪大恶极。罪大恶极的不是先贤，而是咬文嚼字、读死书、扭曲圣贤本意的后人。

总之，无论是效法先圣，还是评判先圣，都既要抓住前人的大道，又要能够适应自己的时代。不要用自己的时代环境去苛求先贤，也不要忽略自己的时代环境而盲目学习旧的制度、方法。这样才能正确地以前圣为规律，正确地为往圣继绝学。

原文

爱曰："先儒论《六经》，以《春秋》为史。史专记事，恐与《五经》①事体终或稍异。"

先生曰："以事言谓之史，以道言谓之经。事即道，道即事。《春秋》亦经，'五经'亦史。《易》是包牺氏之史，《书》是尧、舜以下史，《礼》《乐》是三代史。其事同，其道同，安有所谓异！"

注释

①五经：指《诗》《书》《礼》《乐》《易》五经。

译文

徐爱说："先儒论《六经》，将《春秋》归入史书。史书专门用于记载历史事件，恐怕和其他《五经》体例宗旨终究有所不同。"

先生说："从记事的角度讲就叫'史'，从载道的角度讲就叫'经'。事件是天理的表现，天理表现为事件。因此《春秋》也是经书，其他五经也是史书。《易》是伏羲氏时的史，《尚书》是尧、舜以后的史，《礼》《乐》是夏商周三代的史。它们记载的事情类似，遵循的天理也相同，哪里会有什么差别呢？"

经典解读

经就是史，史就是经。中华民族有文字记载的历史数千年，各种史籍浩如烟海，学者如果不能掌握先贤立言的主旨，不思其中承载的大道，而追求虚文、琐事，那书永远也读不完，学永远也成不了。

经重理，史重实；理无不由事实而得来，圣人传颂的事实也无不是为了彰显天理。学者在为学之时一定要将这两者融会贯通，在读经时要能将学得的道理，延伸到历史现实之中，看看历代贤人是如何践行大道的；在读史的时候，要时时反思这些文字记载传播了什么样的道理，前人的做法于圣人之教是否相合，应该效仿还是引以为鉴。

原文

又曰：“‘五经’亦只是史，史以明善恶、示训戒。善可为训者，特存其迹以示法。恶可为戒者，存其戒而削其事以杜奸。”

爱曰：“存其迹以示法，亦是存天理之本然。削其事以杜奸，亦是遏人欲于将萌否？”

先生曰：“圣人作经，固无非是此意，然又不必泥着文句。”

爱又问：“恶可为戒者，存其戒而削其事以杜奸，何独于《诗》而不删郑、卫？先儒谓‘恶者可以惩创人之逸志’①，然否？”

先生曰：“《诗》非孔门之旧本矣。孔子云：‘放郑声，郑声淫。’②又曰：‘恶郑声之乱雅乐也。’③‘郑卫之音，亡国之音也。’④此是孔门家法。孔子所定三百篇，皆所谓雅乐，皆可奏之郊庙、奏之乡党，皆所以宣畅和平，涵泳德性，移风易俗，安得有此？是长淫导奸矣。此必秦火之后，世儒附会，以足三百篇之数。盖淫泆之词，世俗多所喜传，如今闾巷皆然。‘恶者可以惩创人之逸志’，是求其说而不得，从而为之辞。”

注释

①恶者可以惩创人之逸志：出自朱熹《论语集注·为政篇》，意为记录历史上的邪恶丑事可以惩戒人们散逸的心志。

②放郑声，郑声淫：出自《论语·卫灵公篇》。

③恶郑声之乱雅乐也：出自《论语·阳货篇》。

④郑卫之音，亡国之音也：出自《礼记·乐记》。

译文

先生又说：“‘五经’也只是史。史是用来明辨善恶、以示训诫的。善可以用来教化人，因而特别保存善迹来让人效法。恶可以作为警戒，因此保留其事迹作为警戒，而削略具体的细节以防后人模仿。”

徐爱问："保存善迹让后人效仿，也是保存天理的本来面目。削略恶行以杜绝奸邪，也是为了将人欲遏止在萌芽的状态吗？"

先生说："圣人著经，确实含有这种意思，但是也不必局限于文句。"

徐爱又问："可以作为警戒的恶事，保留其事迹而削略具体细节来杜绝奸邪。那为什么不将《诗经》中的郑、卫之篇删除呢？先儒认为是'记录以前的恶迹可以惩戒人们散逸的心志'，这样理解可以吗？"

先生说："现在的《诗经》已经不是孔子所修订的原貌了。孔子说：'放郑声，郑声淫。'又说：'恶郑声之乱雅乐也。''郑卫之音，亡国之音也。'这就是孔门的家法。孔子所修订的《诗经》三百篇，都是雅乐，都可以用来祭祀天地祖宗，可以在乡村中演奏，都是陶冶情操、涵养性情、移风易俗的，怎么会有郑、卫之间的淫乱之音呢？这种诗是助淫导奸啊！这一定是秦始皇焚书以后，世俗儒者为了凑足三百篇之数，穿凿附会的。而淫逸之乐，世俗之间喜欢传播，现在街头巷尾也是如此。朱子所说的'记录以前的恶迹可以惩戒人们散逸的心志'，正是不能正确解释这种情况，不得已才这么说的。"

经典解读

郑、卫淫靡之音是孔子极力反对的，但却存在于《诗经》之中，这显然和孔子的本意不符，所以阳明先生推断《诗经》不是孔门原本，而是世儒附会之作。朱子的解释是对《诗经》中存在郑、卫之音的最好说法了，但阳明先生并没有盲目接受，而是推敲孔子的意志，得出了自己独到的见解。

做学问就该如此，无论对于传习了上千年的经典，还是声名卓著的先贤都不能盲目相信，不要自己心中不明白，就勉强接受前人的观点，要能辨别真伪、去伪存真。孟子就是这样主张的，他说："说诗者，不以文害辞，不以辞害志。以意逆志，是为得之。"即解说经典的人，不可因为一字而损害整句之意，不能以某个语句损害作者为文的原旨。要用自己的思想迎取作者的意志，才能得到其中的真谛。所以，有人拿一些所谓的孔子的言语、行为来询问的时候，孟子能一下子指出，这一定不是孔子所说、所为，而是齐东野人所语，好事者为之。

生活中，有的人从不考察他人的心意，就人云亦云地揣测他人，看到一些似是而非的事，就对他人产生疑惑。这样的做法其实和不去弄清《诗经》中为何有郑、卫之音，就去揣度先圣之意的做法是一样的，都是十分错误的。

原 文

爱因旧说汩没，始闻先生之教，实是骇愕不定，无入头处。其后闻之既久，渐知反身实践，然后始信先生之学为孔门嫡传，舍是皆傍蹊小径、断港绝河矣。如说“格物”是“诚意”的功夫，“明善”是“诚身”①的功夫，“穷理”是“尽性”的功夫，“道问学”是“尊德性”②的功夫，“博文”是“约礼”的功夫，“惟精”是“惟一”的功夫，诸如此类，始皆落落难合，其后思之既久，不觉手舞足蹈。

右曰仁所录。

注 释

①“明善”、“诚身”：出自《中庸》：“诚身有道，不明乎善，不诚乎身矣。”

②“道问学”、“尊德性”：出自《中庸》：“故君子尊德性而道问学；致广大而尽精微……”

译 文

徐爱因为受到旧学说的影响，初始听闻先生的教诲，实在是惊骇不已，觉得无从下手。听的时间长了，渐渐知道躬身实践，然后方信先生的学问的确是孔门嫡传，除此以外都是旁门左道、异端杂说。比如说“格物”是“诚意”的功夫，“明善”是“诚身”的功夫，“穷理”是“尽性”的功夫，“道问学”是“尊德性”的功夫，“博文”是“约礼”的功夫，“惟精”是“惟一”的功夫，等等，初始乍闻都难以想明白，后来思考的时间长了，也就心领神会，高兴得手舞足蹈起来。

右曰仁记录。

经典解读

这是徐爱叙述自己接受先生之教的经过，以及对先生学说的总结。

阳明先生的学说最大的特点就是重视向内的修养，将诚心尽性作为根本目的。如，说“格物”是“诚意”的功夫，“明善”是“诚身”的功夫，“穷理”是“尽性”的功夫，“道问学”是“尊德性”的功夫，“博文”是“约礼”的功夫，“惟精”是“惟一”的功夫，等等。无不将修心求诚、致良知作为目标，而将穷理、问学、博文等作为功夫。

原 文

陆澄①问：“主一②之功，如读书则一心在读书上，接客则一心在接客上，可以为主一乎？”

先生曰："好色则一心在好色上，好货则一心在好货上，可以为主一乎？是所谓逐物，非主一也。主一是专主一个天理。"

注释

①陆澄：字原静，又字清伯，浙江吴兴人，阳明先生的学生。

②主一：专一，专心。《二程粹言》卷上："主一之谓敬。"

译文

陆澄问："关于主一的功夫，如读书则一心在读书上，接客则一心在接客上，可以称为主一吗？"

先生说："好色则一心在好色之上，贪财则一心在贪财之上，能称为主一吗？这只是追逐物欲罢了，并不是主一。'主一'是指一心追求天理。"

经典解读

朱子在注解"敬事而信"时说："敬者主一无适之谓。"对于一件事专心致志，心无旁骛，这便叫作主一。但阳明先生指出，不是所有的专心都能称为主一，世人追逐私欲有时也会很专心，但这只是逐物，只有追求天理，才能称为主一。也就是说，专心，专的要是澄净端正的良心，而不是被物欲蒙蔽的私心；敬事，要敬的是合乎天理大道之事，而不是邪僻贪逸之事。

事无善恶，善恶在于自心。无论什么，都要反观自心，心正然后行事才无偏斜，心不正即便是效法先贤也会产生错误。尧、舜禅让，王哙、子之也禅让；禹、汤专心治国，商鞅、秦始皇也专心治国，但善与不善，仁与不仁却相差万里，这就是他们行事的心志不同，有的出自天理，有的出自人欲。所以说，无论是对于主一的功夫，还是其他别的功夫，乃至修身、治国的种种措施，都要遵从天理，反观自己的良心，这样才不会产生差错。

原文

问立志。

先生曰："只念念要存天理，即是立志。能不忘乎此，久则自然心中凝聚，犹道家所谓'结圣胎'①也。此天理之念常存，驯至于美大圣神②，亦只从此一念存养扩充去耳。"

注释

①结圣胎：练丹家认为得道者精、气、神三者在内凝聚为金丹，即为结圣

胎，喻修道有成。

②美大圣神：道德完善的几种境界。《孟子·尽心下》："可欲之为善，有诸己之谓信，充实之谓美，充实之有光辉之谓大，大而化之之谓圣，圣而不可知之之谓神。"

译　文

陆澄问如何立志。

先生说："只要念念不忘存天理，便是立志。能时刻不忘存天理，久而久之，心自然会凝聚于天理之上，就像道家所说的'结圣胎'。心中常挂念天理的念想，修养便逐步达到美、大、圣、神的境界，也都只是从这一意念存养、扩充开来的。"

经典解读

万物皆备于我心，孟子说："人能充无欲害人之心，而仁不可胜用也；人能充无穿逾之心，而义不可胜用也；人能充无受尔汝之实，无所往而不为义也。"只要能时时遵从天理，将自己的良心发扬光大，仁义礼智等美德就会凝聚在人心中，修养一定会达到美、大、圣、神之境界。到那时，孔孟的事业也就能做了，尧舜的事业也就能做了，还有什么立志比这更崇高呢？

所以说，立志无须向外求取，不用总是看着别人是怎么做的，别人取得什么成就，只要能把握住自己的良心，不离天理就足够了。

原　文

"日间功夫觉纷扰，则静坐；觉懒看书，则且看书。是亦因病而药。"

译　文

"如果白天做功夫觉得纷扰不安，就去静坐；如果觉得不想看书，就必须去看书。这都是对症下药。"

经典解读

生知安行的境界只有圣人才能达到，普通人无法自动遵从天理，消除任何私欲。这时，在个人修养之上就应该有点儿主动的精神。知道自己内心扰乱，要主动静心修养；知道自己懒惰懈怠，要主动去学习、下功夫。也就是说人要能自我控制，有一种自律的愿望，每天做点儿正确、自己却不愿做的事，来磨炼自己的心性，消除性情上的瑕疵，这便是根据自己的缺点而改进，便是因病而药。

原文

“处朋友，务相下则得益，相上则损。”

译文

“与朋友相交往，一定要彼此谦让，就会受益；如果彼此攀比，则只会受损。”

经典解读

《易》曰：“谦谦君子，卑以自牧。”懂得谦卑自守，以谦逊的姿态去和别人交往，才能发现、并学习他人身上的优点，相互受益；反之，如果骄傲自满，与人争强，则只会增长傲气，无益于德行、学识，终将受到损害。

原文

孟源[①]有自是好名之病，先生屡责之。一日，警责方已，一友自陈日来功夫请正。源从傍曰：“此方是寻着源旧时家当。”

先生曰：“尔病又发。”源色变，议拟欲有所辩。

先生曰：“尔病又发。”因喻之曰：“此是汝一生大病根。譬如方丈地内种此一大树，雨露之滋，土脉之力，只滋养得这个大根，四傍纵要种些嘉谷，上面被此树叶遮覆，下面被此树根盘结，如何生长得成？须用伐去此树，纤根勿留，方可种植嘉种，不然任汝耕耘培壅，只是滋养得此根。”

注释

①孟源：字伯生，安徽滁州人，阳明先生的学生。

译文

孟源有自以为是、喜好虚名的毛病，先生曾多次批评他。一日，先生刚刚教训了他，有位朋友谈了近日的学习情况，请先生指正。孟源从一旁说：“你学这些，只是捡到了我旧时的家当。”

先生说：“你的老毛病又犯了。”孟源变色，想要为自己辩解。

先生说：“你的老毛病又犯了！”并趁势开导说：“这是你人生中最大的缺点。就像一丈见方的地里种着一棵大树，雨露的滋润，土地的肥沃，只能滋养了这一颗大树的根，即便是想要在四周种些好的谷物，上面被树叶遮蔽，下面被树根盘结，谷物如何能够生长呢？必须将这棵大树彻底砍掉，根须不留，才能种植好的谷物。否则，任凭你如何辛勤地耕耘栽培，也只能滋养大树的根。”

经典解读

贪图虚名、自以为是乃是人生修为中最大的毛病，有了这个毛病，好的意见听不进去，自己想努力却流于追求虚名之上，人还能有什么进步呢？所以，孔子说：“如有周公之才之美，使骄且吝，其余不足观也已。”《礼记》中说“傲不可长”、“志不可满”。孟子也告诫，不要用“訑訑之声音颜色拒人于千里之外”。

原　文

问：“后世著述之多，恐亦有乱正学。”

先生曰：“人心天理浑然，圣贤笔之书，如写真传神，不过示人以形状大略，使之因此而讨求其真耳；其精神意气，言笑动止，固有所不能传也。后世著述是又将圣人所画摹仿誊写，而妄自分析加增以逞其技，其失真愈远矣。”

译　文

陆澄问：“后世之人著述太多，大概会惑乱圣人的正道吧？”

先生说：“人心天理浑然一体，圣贤将它著成书，仿佛写真传神，只是告诉人们一个总的轮廓，使人们依据轮廓而进一步探求真正的人；至于人的精神气质、言谈举止，本来就不是能够言传的。后世的许多著述，又将圣人所画的轮廓摹仿誊写，且妄自解析，添枝加叶来炫耀自己的文才，这就和其本原相差愈加远了。”

经典解读

圣人著述，本就是为了端正人心天理的，掌握这个根本才是最重要的，具体的行事方式、处世细节，对于不同的时代、不同的人都是各有差异的，也难以具体言传。世俗儒者不去抓住人心天理这个主线，而追求细枝末节，挑出圣人的一些言谈举止进行长篇大论，沉浸在经书之中咬文嚼字地解经考据，来炫耀自己的文采，这就偏离了圣人的正道，混淆了世人的视听。

原文

问："圣人应变不穷，莫亦是预先讲求否？"

先生曰："如何讲求得许多？圣人之心如明镜，只是一个明，则随感而应，无物不照，未有已往之形尚在，未照之形先具者。若后世所讲，却是如此，是以与圣人之学大背。周公制礼作乐以文天下，皆圣人所能为，尧、舜何不尽为之而待于周公？孔子删述《六经》以诏万世，亦圣人所能为，周公何不先为之，而有待于孔子？是知圣人遇此时，方有此事。只怕镜不明，不怕物来不能照。讲求事变亦是照时事，然学者却须先有个明的功夫。学者唯患此心之未能明，不患事变之不能尽。"

译文

陆澄问："圣人能够应变无穷，莫非也是事先谋划过？"

先生说："圣人哪里有精神顾及那么多？圣人的心犹如明镜，只是由于一个明，根据直觉去感应，无物不照。没有说已经过去的东西影子还在镜子里，没有照到的东西影子却提前出现在镜子里的。如果真如后人所认为的这样，圣人事先对什么事都研究过了，就与圣人的学说大相径庭了。周公制礼乐以规范天下，都是圣人所能做到的，那尧、舜何不事先都做了，非要等到周公呢？孔子删述六经来教化万世，都是圣人所能做到的，那周公为何不先做了，非要等到孔子呢？由此可知，圣人只有一定的机遇，才会做出特定的事业来。只怕镜子不够明亮，不怕照不出物来。学者讲求时势变化，就像镜子照物，必须做到'明'，才能随机应变。学者所需要担忧的只是自己的心不能明，而不必担心不能穷尽事物的变化。"

经典解读

圣人并不是什么事都事先知道，他们之所以能应变无穷，是因为其内心纯然天理，无论遇到什么事，都能由这纯然天理出发，故能时时做到恰如其分，合乎中庸之道。孔子为何能做到无可无不可呢？就是因为他时时以仁德之心观照万物，行事之时惟义所在。

圣人应变无穷，凡事皆可，但他们的事业一定要时代、自己的位置相符合。做时代最需要做的事，这就是孟子所说的"知者无不知也，当务之为急"。所以，尧舜不会去做文王、周公做的事，文王、周公也不会去做孔子做的事。做与自己所处的位置相当的事，这就是《中庸》中所说的："虽有其位，苟无其德，不敢作礼乐焉；虽有其德，苟无其位，亦不敢作礼乐焉。"不做，并不代表他们不能做，如果孔子生于周公的时代、拥有周公的位置，他也一定会像周公那样制礼乐；如果周公生于尧舜的时代，拥有尧舜的地位，他也一定会采取尧舜的治世方式。圣人行事各不同，但他们的“道”是统一的。学者要追求学习的就是这个“道”，而不是前人具体的行事方式。

每个人的身份地位、所处时代都不同，后人或许无法完成前圣所建立的事业，但这并不能说明后人的天资不如前人，后人的修身就没有价值。为道、修身贵在心诚，只要努力致良知，存天理，让自己的心明亮，那就是人生的最大收获。孔子没有尧舜、周公的地位，也不是生而知之的圣人，但他学而不厌、诲人不倦，最终成为圣人中的圣人，他的贡献又何尝少呢？“只怕镜不明，不怕物来不能照”，不怕做不出功绩事业，只怕不能好好修养自心，涵养天理。

原文

曰：“然则所谓‘冲漠无朕，而万象森然已具’[①]者，其言何如？”

曰：“是说本自好，只不善看，亦便有病痛。”

“义理无定在，无穷尽。吾与子言，不可以少有所得而遂谓止此也，再言之十年、二十年、五十年，未有止也。”

他日又曰：“圣如尧、舜，然尧、舜之上善无尽；恶如桀、纣，然桀、纣之下恶无尽。使桀、纣未死，恶宁止此乎？使善有尽时，文王何以‘望道而未之见’[②]？”

注释

①冲漠无朕，而万象森然已具：《二程遗书》卷十五：“冲漠无朕，万象森然已具，未应不是先，已应不是后。”意为在宇宙还是一片混沌时，万事万物的理已经在冥冥之中存在了。

②望道而未之见：出自《孟子·离娄下》，朱子注：道已至矣，而望之犹若未见。形容文王求道无止境。

译文

陆澄说：“然则，程颐先生所说的‘冲漠无朕，而万象森然已具’这句话，又应当怎么讲呢？”

先生说：“这句话说得本来很好，只是世人理解不对，也就有了问题。”

“义理无穷无尽，也不是一成不变的。我与你交流，不能有了一点儿收获就停止不前，就此满足。即使再学十年、二十年、五十年，也没有终止之时。”

有一天，先生又说："即使圣明如尧舜，在其上更高的善也是无止境的；即使罪恶如桀纣，在其下罪恶也是无穷尽的。倘若桀纣不死，他们的恶行难道会停止吗？假如善会有穷尽之时，文王为什么还要感叹说'望道而未之见'呢？"

经典解读

在程颐先生看来，并不是说具体的事物出现后才有了理，理存在于事物之前，事物的发生只是对理的一次展现和履行而已；就像种树一样，种子种下去之前，这棵大树会长成什么样子，树叶是圆的还是尖的，果实是有壳的还是无壳的，都已经注定了，这些理早就是客观存在的，而非是将种子种入土中，长出了树苗以后，理才被安排到树中的。

程颐先生的这种说法是让人尊重客观道理，纠正世间妄想者的过失，本没有差错。但后人往往不能正确理解它，摆脱了主观妄想，却又走入了另一个极端，就是格物穷理，想要通过穷尽世间的道理来达到圣人那样的至明至知，沉浸在记诵考究之中，不知反观自心。世间的道理又岂是通过学习、记诵可以完全穷尽的？即便再聪明的人，穷尽一生精力，通过外学所得到的也只不过是天下之理的沧海一粟罢了。

更何况世间的事物本就不能涵盖所有的道理，我们觉得尧舜是圣贤，可他们也有过错，那世上一定有比他们更高的善；我们觉得桀纣至为无道，可他们也有正常之时，那世上一定有比他们更大的恶。无论在任何领域，我们的认知都是极为有限的，所以单单去外求索，通过见闻察辨来穷理，即便我们认识了天下所有的事物，读完了天下所有的文字，也是不可能真正达到至明至诚的境界的。所以，人要观照自心，通过对良知良能的发挥、扩充去提高自己修养、见识，致力于诚意正心，而不是穷究外理。

原文

问："静时亦觉意思好，才遇事便不同，如何？"

先生曰："是徒知静养，而不用克己功夫也。如此，临事便要倾倒。人须在事上磨，方立得住，方能'静亦定，动亦定'[①]。"

注释

①静亦定，动亦定：出自《河南程氏遗书》。

译 文

陆澄问："安静的时候感觉很不错，思路清晰，但一遇到事情便乱了阵脚，这该如何？"

先生说："这是你只知道静养，却没有下克己的功夫。这样一来，碰到事情就乱了阵脚。人应该在事情上磨练自己，如此遇事才能立得住，才能'静亦定，动亦定。'"

经典解读

知行要合一，在行中下克己的功夫，才能深化知。对于道理，单单静思冥想是不够的，要在实践中不断磨炼自己，在遇事的时候克制自己的人欲，这样心性才会愈加坚定。大道理，人很容易想通，但真正能够践行、坚持的却很少，这就是克己功夫不够，没将所知切实凝固在心中。

程颢先生年轻的时候，也像大多数人一样喜欢游玩，尤爱打猎。后来，他研究儒学，决定收心养性，认为打猎杀生是有悖天理的，便不再做了。于是他自负地对朋友说："打猎的爱好我已经没有啦！"

他的老师周敦颐听说了这件事，对程颢说："千万不要说得那么容易。我看你只是将打猎的心思暂时藏了起来，说不定哪天心思萌动，就还会像以前那样。"程颢不以为然。

多年以后，程颢偶尔看到有人打猎，顿时勾起了打猎的兴趣，心痒手也痒，差点就拿起弓箭去追逐一番。多亏想到了老师的话，才硬压下欲望，回家去了。这时，他才明白认识不经过实践的考验，单单在心中静想是远远不够的。

《菜根谭》中说："淡泊之守，须从浓艳场中试来；镇定之操，还向纷纭境上勘过。不然操持未定，应用未圆，恐一临机登坛，而上品禅师又成一下品俗士矣。"现在很多人，常常对自己说，我不再抽烟了，我不再喝酒了，我不再怎么怎么样了，说的时候信誓旦旦，可一旦再次受到诱惑，就会旧欲萌发，再次去做那些发过誓不再做的事。这就是克己的功夫不够，就是不经事磨而轻下断言的毛病。

原 文

问上达[①]功夫。

先生曰："后儒教人，才涉精微，便谓'上达'，未当学，且说'下学'[②]，是分‘下学’、‘上达’为二也。夫目可得见，耳可得闻，口可得言，心可得思者，皆‘下学’也；目不可得见，耳不可得闻，口不可得言，心不可得思者，‘上达’也。如木之栽培灌溉，是‘下学’也；至于日夜之所息，条达畅茂，乃是‘上达’。人安能预其力哉？故凡可用功、可告语者皆‘下学’，‘上达’只在‘下学’里。凡圣人所说，虽极精微，俱是‘下学’。学者只从‘下学’里用功，自然‘上达’去，不必别寻个‘上达’的功夫。”

注释

①上达：出自《论语·宪问》：“君子上达，小人下达。”

②下学：出自《论语·宪问》：“不怨天，不尤人。下学而上达。知我者其天乎？”

译文

陆澄向先生请教“上达”的功夫。

先生说：“后世儒者教人，才涉及精微之处，便说是‘上达’而不便学，而只学一些‘下学’，于是将‘下学’‘上达’一分为二。凡是眼睛能看见、耳朵能听到、嘴巴能说出、心里能想到的，都是‘下学’；那些眼睛看不到、耳朵听不见、嘴巴说不出、心里想不到的，才是‘上达’。就像树木的栽培灌溉，都是‘下学’；树木昼夜生长，枝条繁茂，这才是‘上达’。人怎么能在‘上达’上干预呢？所以，凡事可以下功夫、可以言说的都是‘下学’，‘上达’包含在‘下学’之中。凡是圣人所说，即便极其精微，也都是‘下学’。学者只从‘下学’里面用功，自然可以‘上达’，没必要专门寻个‘上达’的功夫。”

经典解读

《庄子》天道中记载了“轮扁斫轮”的故事：

齐桓公在堂上读书，轮扁在堂下砍木制作车轮，问桓公：“君主所读的是什么书啊？”

齐桓公说：“是圣人之言。”

轮扁问：“圣人还在吗？”

桓公说：“已经死去了。”

轮扁说：“那么您所读的书不过是圣人留下的糟粕罢了。”

桓公大怒：“我读圣贤书，你一个做轮子的怎么敢妄加议论？说出道理就宽恕你，说不出道理就将你处死！”

轮扁说："我是从自己所做的事情上看出来的。削木为轮，轮子宽舒则滑脱不坚固；轮子紧缩则轮辐滞涩难入。只有不宽舒不紧缩，才能手心相应，制作出最好的车轮。这里面有规律，但我只能意会，不能言传。我不能告诉我的儿子，我的儿子也不能从我这里得到，所以我七十岁了还独自做车轮。古代人和他们所不能言传的东西都一起死了，那您所读的书难道不是古人留下的糟粕吗？"

庄子讲这个故事，正是让人们透过可以言传著述的'下学'，而达到'上达'。'下学'可以读于书籍，问于名师，但要想达到'上达'的境界，只有靠自己用心去体悟。这正如《论语》中子贡所说的："夫子之文章，可得而闻也；夫子之言性与天道，不可得而闻也。"但后人所要做的，就是透过夫子的文章、言语，而追求夫子在德行、天道上的境界。

原 文

"持志如心痛，一心在痛上，岂有功夫说闲话，管闲事？"

译 文

先生说："持守志向就如心痛，注意力都在痛上，哪有功夫说闲话，管闲事？"

经典解读

心痛之人，念念之间都在痛上，哪里还有时间去关注其他的事？坚守自己的心志者，如果能有这种功夫，一心都放在修心立志之上，就不会再被世俗所牵萦，被私欲所蒙蔽、驱使了。

阳明先生最初被贬龙场之时，环境异常恶劣，心中难免起伏不平。但他时刻反问自己，如果圣人身处自己的环境中会怎样做呢？如果圣人遭遇了困厄，会心中怨愤不平吗？于是，他不断静思反省，努力让自己行为合乎先圣之道。这样，外界所有的困难，生活、仕途中的所有艰难困苦都不能扰乱他的心志了，苦难生活反而成了他思想升华的契机。

人只有能坚守心志，摒弃杂思私欲，才能不断提高自己境界，做到"心不动"、"静亦定，动亦定"。

原文

问："'惟精''惟一'是如何用功？"

先生曰："'惟一'是'惟精'主意，'惟精'是'惟一'功夫，非'惟精'之外复有'惟一'也。'精'字从'米'，姑以米譬之。要得此米纯然洁白，便是'惟一'意，然非加舂簸筛拣'惟精'之工，则不能纯然洁白也。舂簸筛拣是'惟精'之功，然亦不过要此米到纯然洁白而已。博学、审问、慎思、明辨、笃行者，皆所以为'惟精'而求'惟一'也。他如'博文'者即'约礼'之功，'格物致知'者即'诚意'之功，'道问学'即'尊德性'之功，'明善'即'诚身'之功，无二说也。"

译文

陆澄问："要想达到'惟精''惟一'的境界，该如何下功夫呢？"

先生说："'惟一'是'惟精'的主意，'惟精'是'惟一'的功夫，并非在'惟精'之外另有一个'惟一'。'精'是米字旁，就拿米来譬喻吧。让大米纯净洁白，就是'惟一'，如果没有舂簸筛拣这些'惟精'的功夫，米就不可能纯净洁白。舂簸筛拣是'惟精'的功夫，其目的也不过是为了让大米纯净洁白而已。博学、审问、慎思、明辨、笃行等，都是为了达到'惟一'而进行的'惟精'的功夫。其他如'博文'是'约礼'的功夫，'格物致知'是'诚意'的功夫，'道问学'是'尊德性'的功夫，'明善'是'诚身'的功夫，都是同样的道理。"

经典解读

修身的目的就是达到至诚的境界，让此心纯然是一个天理，这就是"惟一"、"约礼"、"诚意"、"尊德性"。而要达到这目的，就要不断去除私欲、下功夫涵养天理，这个过程就是"格物致知"、"博文"、"道问学"、"明善"。有了过程才会有结果，结果不可强求，只蕴含在过程之中，它们是浑然一体、不能分离的。

行惟精，不能脱离惟一这个目的；求惟一，也不能通过外力强达。就像米一样，下一分舂簸筛拣的功夫，米就更白一分；舂簸筛拣功夫到了，米也就自然纯白了；若是，忽然没了舂簸筛拣的功夫，米就又会被灰尘所沾染，白也就消失了。米白到什么程度，都在舂簸筛拣之中。凡事只要在"惟精"之上下功夫即可，不可希求"惟一"，这就是孟子所说的："必有事焉而勿正，心勿忘，勿助长也。"

原　文

“知者行之始，行者知之成。圣学只一个功夫，知行不可分作两事。”

译　文

先生说：“知为行的开始，行为知的结果。圣学只有一个功夫，知行不能分开当作两码事。”

经典解读

“知是行的主意，行是知的工夫；知是行之始，行是知之成；只说一个知，已自有行在；只说一个行，已自有知在。”知行本来就不能分开而谈，它们本就浑然一体。

人要在内在精神上下功夫，也要在外部实践中进行磨砺，将知与行统一起来，才是上善，是圣人的大道。

原　文

“漆雕开[①]曰：‘吾斯之未能信’夫子说之。子路使子羔[②]为费宰，子曰：‘贼夫人之子。’曾点[③]言志，夫子许之。圣人之意可见矣。”

注　释

①漆雕开：孔子弟子，字子若，鲁国人。

②子羔：孔子弟子，齐国人，姓高，名柴。

③曾点：孔子弟子，字皙，是曾子的父亲。

【译文】

漆雕开说：“吾斯之未能信”，孔子听了很高兴。子路让子羔当费邑的官，孔子评价：‘贼夫人之子’。曾点自言其志，孔子表示赞许。圣人之志，由此可见。

经典解读

孔子让漆雕开去做官。他回答说：“我对做官这件事还没有信心。”孔子听了很高兴。这是因为漆雕开能将精力放在追求自身修养的提高上，而不急着去做官求名、求利。子路让子羔做费宰，孔子说：“这是在害子羔啊！”这是因为孔子认为子羔的学业还未成，就急着让他做官，是不会有好的结果的。孔子让弟子们谈论志向，其他人都立志为政，唯有曾点说自己愿意和友人、孩子，到沂河里游泳祈福，在舞雩台上乘凉，唱着歌回家。孔子对此表示赞赏，是因为曾点将精力只放在修身养性之上，不强求自己有什么作为。

前面，先生讲过“只怕镜不明，不怕照不到物”，圣人教人亦是如此。虽说“学而优则仕”，然君子只要将精力放在学上就可了，不断提高自己的道德修养，至于能否为仕，为仕为到什么程度之上，都不是自己要考虑的。圣人能治天下，是因为他们的修养境界足够高了，这便是“大德者必得其位”，当修养还不够的时候，不要盲目贪图权位、去勉强自己做圣人做的事，这就是“不患无位，患所以立”。

修身为学便是惟精的功夫，治国弘道只有达到惟一境界的圣贤才能做得。世人不下惟精的功夫，偏偏要去做圣贤的事情，就是误人误己，害国害民。

原文

问：“宁静存心时，可为‘未发之中’①否？”

先生曰：“今人存心，只定得气。当其宁静时亦只是气宁静，不可以为‘未发之中’。”

曰：“‘未’便是‘中’，莫亦是求‘中’功夫？”

曰：“只要去人欲、存天理，方是功夫。静时念念去人欲、存天理，动时念念去人欲、存天理，不管宁静不宁静。若靠那宁静，不唯渐有喜静厌动之弊，中间许多病痛只是潜伏在，终不能绝去，遇事依旧滋长。以循理为主，何尝不宁静？以宁静为主，未必能循理。”

注释

①未发之中：《中庸》：“喜怒哀乐之未发谓之中。”

译文

陆澄问：“宁心静气之时，可否称为‘未发之中’呢？”

先生说：“现在人的存心养性，也只能做到定气养神。在其宁静的时候，也只是气的宁静，不可称为‘未发之中’。”

陆澄问：“‘未’便是‘中’，宁静是求‘中’的功夫吗？”

先生说：“只要去人欲、存天理，就可称为功夫。静时念念不忘去人欲、存天理，动时念念不忘去人欲、存天理，不管宁不宁静。若去依靠宁静，不仅会渐生出喜静厌动的弊端，其中还存在很多毛病，始终难以根除，遇到事情就会滋长起来。如果以遵循天理为主，何尝不宁静？以宁静为主，未必能遵循天理。”

经典解读

不仅要做到静中定，还要能做到动中定。《菜根谭》中有句话说得很好：“学者动静殊操、喧寂异趣，还是锻炼未熟，心神混淆故耳。须是操存涵养，定云止水中，有鸢飞鱼跃的景象，风狂雨骤处，有波恬浪静的风光，才见处一化齐之妙。”修身之人无论处于静中、还是动中都要时时刻刻不忘去人欲、存天理，心性坚定了自然不会乱动心了。如果过于看重环境因素，想通过隐居、静坐、远离尘嚣等来达到心不动，那这种不动是虚假的，一旦再次经历外界诱惑，私欲就会萌发复生。这便是：“闲中演偈谈玄，言言酷似，说来虽是用时非。”

原　文

问：“孔门言志，由、求①任政事，公西赤②任礼乐，多少实用。及曾皙说来，却似耍的事，圣人却许他，是意何如?”

曰：“三子是有意必③，有意必便偏着一边，能此未必能彼。曾点这意思却无意必，便是‘素其位而行，不愿乎其外。素夷狄，行乎夷狄；素患难，行乎患难，无入而不自得’④矣。三子所谓‘汝器也’⑤，曾点便有‘不器’⑥意。然三子之才，各卓然成章，非若世之空言无实者，故夫子亦皆许之。”

注　释

①由、求：由，仲由，即子路。求，冉求，字子由。

②公西赤：姓公西，名赤，字子华。

③意必：预期、固执。

④“素其位……不自得”：出自《中庸》。素其位，安于现在的地位、条件。

⑤汝器也：出自《论语·公冶长》。器，即器具，特定的器具有特定的才能。

⑥不器：出自《论语·为政》。意为不像器具那样，作用仅仅限于某一方面。

译　文

陆澄问：“孔门弟子谈论志向，仲由、冉求想主持政事，公西赤想主管礼乐，多少还是有实用之处的。而曾皙所说的却像玩耍一样的事情，孔子却赞许他，这是什么意思呢?”

先生说：“子路、冉有、公西赤三人的志向有所预期，有所预期便会向一边偏斜，有这方面的才能就会忽略了其他方面。曾点的志向却没有预期，这便是《中庸》中说的‘素其位而行，不愿乎其外。素夷狄，行乎夷狄；素患难，行乎患难，无入而不自得’。前三个人是‘器’才，而曾皙则是‘不器’之才。但前三者的才能，也卓然有成，不像世上那些空谈无实的人，所以夫子对他们也是认可的。”

经典解读

子曰：“君子不器。”君子不应让自己成为只具有某方面才能的人，像个特定的器具一样；而要专注于提高自己的修养，修养提高了，无论在哪里都能展现自己的才能，无论从事什么能做出一番事业，造福世人。比如，舜出身贫寒，种过田，打过渔，制过陶器，做过小贩，最后被尧发现，出仕为官，成为天子。无论在他贫贱的时候，还是在他富贵的时候，他都能一心修德，将自己的本职做好，人民依附他而居住，百姓称赞他的恩德。孔子也曾做过管仓库的小吏，放牛羊的小吏，也曾做过鲁国的大司寇，管仓库的时候，便将仓库管好，放牛羊的时候，便让牛羊肥壮，做官的时候便尽力去爱护百姓……君子立志于道，践行仁义，以期止于至善、平治天下，他们不会满足于只学到一两门手艺来发财致富，不满足于在某个职业中取得一点安身养家的小成就。世俗之人往往根据在某方面的能力来判断一个人的成败，这恰恰是君子所不屑为、不在乎的。

君子素其位而行，贫贱的时候便将贫贱的事做好，富贵的时候便将富贵的事做好，时时尽心，不离天理便是。君子所要担心的只是自己的修养不如他人，而不是有没有地位、建没建立功勋。子路、冉有、公西赤三人虽然有所预期，但都是为了治民修礼，而且能在各自的领域中卓有成效，所以孔子对他们还是表现赞赏的。至于那些口中空谈大志、好高骛远、行险侥幸的人就不足论了。

原文

问：“知识不长进，如何？”

先生曰：“为学须有本原，须从本原上用力，渐渐‘盈科而进’①。仙家说婴儿亦善。譬婴儿在母腹时只是纯气，有何知识？出胎后，方始能啼，既而后能笑，又既而后能识认其父母兄弟，又既而后能立、能行、能持、能负，卒乃天下之事无不可能。皆是精气日足，则筋力日强，聪明日开。不是出胎日便讲求推寻得来，故须有个本原。圣人到‘位天地、育万物’，也只从‘喜怒哀乐未发之中’上养来。后儒不明格物之说，见圣人无不知、无不能，便欲于初下手时讲求得尽，岂有此理？”

又曰："立志用功，如种树然。方其根芽，犹未有干，及其有干，尚未有枝，枝而后叶，叶而后花实。初种根时，只管栽培灌溉，勿作枝想，勿作叶想，勿作花想，勿作实想。悬想何益？但不忘栽培之功，怕没有枝叶花实？"

注 释

①盈科而进：出自《孟子·离娄下》，泉水遇到坑洼，要充满之后才继续向前流。比喻踏实求实，循序渐进，不图虚名，不好高骛远。

译 文

陆澄问："知识不见长进，这该如何是好？"

先生说："为学必须有个根本，要从根本上下功夫，循序渐进。道家用婴儿做譬喻不失为一个好办法。譬如，婴儿在母腹中只有一股纯然之气，有什么知识？等到生出来以后，就会啼哭，既而又能笑，然后又能认识他的父母兄弟，渐渐地能够站立、行走、抓持、拿负，最后天下之事无不能为。这完全是婴儿的精气日益充足，之后筋骨日益强壮，头脑日益聪明。不是从母体分娩出来以后便能讲求推寻而得的。所以，必须有个本原。圣人到'位天地，育万物'的境界，也只是从'喜怒哀乐未发之中'上养来的。后世儒者不明白格物之说，见到圣人无不知、无不能，便要在一开始就妄想将一切讲求明白，哪有这种道理？"

先生又说："立志用功，就像种树一样。开始生根发芽，没有树干；有了树干，没有枝节；有了枝节然后有树叶，有了树叶然后开花结果。最初栽种树根时，只管栽培灌溉，不要去想生枝长叶、开花结果。预先空想有什么用呢？只要不忘精心栽培灌溉，还怕不开花结果？"

经典解读

孟子说："流水之为物也，不盈科不行；君子之志于道也，不成章不达。"求道为学不可急于求成，一心放在下功夫上，循序渐进，功夫到了，成就自然出来了。所以，《中庸》中说："好学近乎知，力行近乎仁。"又说，"人一能之己百之，人十能之己千之。果能此道矣。虽愚必明，虽柔必强。"

生活中做什么事都是如此，不要好高骛远，开始就预期着一个结果，尽心尽力即可。当你认定一个目标的时候，就要付出努力，而不是将精力放在空想那个目标之上，任何事业都是从一点一滴积累而出的，成功就蕴含在努力的过程之中。

原 文

问："看书不能明，如何？"

先生曰："此只是在文义上穿求，故不明。如此，又不如为旧时学问。他到看得多，解得去。只是他为学虽极解得明晓，亦终身无得。须于心体上用功。凡明不得，行不去，须反在自心上体当，即可通。盖四书五经，不过说这心体，这心体即所谓'道'，心体明即是道明，更无二。此是为学头脑处。"

译 文

陆澄问："看书不能明白，该如何呢？"

先生说："看书不明白，是因为只在字面上钻研。这样的话，不如去学学旧儒的学问。他们倒是看得多，解得通。只是他们为学虽然解得十分清楚明白，但也终身无得。做学问必须在心上下功夫。凡是看不明白，行不通的，必须返回自身，在自己心上体会，这样就能通。四书五经说的都不过是心体，这心体便是所谓的'道心'，心体明即是道心明，再没其他的了。这便是为学的关键之所在。"

经典解读

正如古人所说："迷方者执文泥象，知音者得意忘言。"先圣著书，是为了传播自己的"道"，真正的道必须用心去体悟，是"上达"，而非文字所能尽言。如果拘泥于文字之中，咬文嚼字，不返回自心，即便将经书解得再明白，也不会有什么成就。汉儒解经，一个字引出长篇大论，滔滔不绝，不仅于自身没有什么增益，反而扭曲了圣人的本意，将世人带入了歧路之中。

原 文

"'虚灵不昧，众理具而万事出'①心外无理，心外无事。"

或问："晦庵先生②曰：'人之所以为学者，心与理而已。'此语如何？"

曰："心即性，性即理，下一'与'字，恐未免为二。此在学者善观之。"

或曰："人皆有是心，心即理，何以有为善，有为不善？"

先生曰："恶人之心，失其本体。"

注 释

①虚灵不昧，众理具而万事出：出自朱熹《大学章句》。

②晦庵先生：即朱熹。

译 文

对于“虚灵不昧，众理具而万事出。”这句话，先生说，“心外无理，心外无事。”

有人问：“朱子讲过：‘人之所以为学者，心与理而已。’这句话正确吗？”

先生说：“心就是性，性就是理，中间加了一个‘与’字，就将‘心’与‘理’一分为二了。这需要学者善于观察和发现。”

有人问：“每个人都有心，心就是理，为何有人为善，有人为不善呢？”

先生说：“恶人之心，失去了它的本体。”

经典解读

陆九渊说：“万物森然于方寸之间，满心而发，充塞宇宙，无非此理。”宇宙之间万事万理，都存于人心，发于人心，离开了人心，空说事理没有任何意义。一个人能“致良知”，使心达到“纯然天理”、“虚灵不昧”，那么万事万理都会在心中自动显现出来，在外他才能表现出明与智。所以，说心就理，理就是心，心外无理，心外无物。一切抛开人心向外求理的，都是缘木求鱼。

世人最初，内心都是纯净善良的，都有“四端”，有的人能够保持善良的本性，所以他能为善；而有的人则浸染恶习，使心被人欲所掩蔽，失去了善良的本性，所以就会为不善。人要想成为一个有道德、受人尊重的人，就必须“存天理，去人欲”，保持自己纯然的初心，向本心里致良知。

原 文

问：“‘析之有以极其精而不乱，然后合之有以尽其大而无余’①，此言如何？”

先生曰：“恐亦未尽。此理岂容分析？又何须凑合得？圣人说‘精一’自是尽。”

注 释

①出自朱熹《大学或问》。意为：分析天理可以使它看起来精确而不混乱，然后综合它就会囊括一切而无遗漏。

译 文

陆澄问：“朱子说‘析之有以极其精而不乱，然后合之有以尽其大而无余’，这句话怎么样呢?”

先生说:“恐怕并不完全恰当。天理怎么能分隔开加以分析呢?又有什么必要去凑合起来呢?圣人所说的‘精一’便足以概括一切了。”

经典解读

朱子在《大学或问》中说:“……天下虽大,而吾心之体无不该;事物虽多,而吾心之用无不贯。盖必析之有以极其精而不乱,然后合之有以尽其大而无余。”这种观点,还是将物独立于心之外了,将心与理分为二物了,所以阳明先生认为这是不恰当的。天理只有一个,那就是人心,并非映射在不同的事物之上,便存在不同的理,它又岂能分割、它又何须合并?纷纭万物,唯此一心,君子博察万物也只是为了使自己心中纯然是个天理,这便是前面所讲“惟精”是“惟一”的功夫,所以先生说能领悟“精一”的含义就足够了。

原　文

“省察是有事时存养,存养是无事时省察。”

译　文

“省察是有事之时的存养,存养是在无事之时的省察。”

经典解读

人于意念未萌,善恶之心未生之时,需安静存养本性,使自己内心更加坚定,不被人欲所掩蔽。当在生活中遇到了事情,心中产生了喜怒哀乐情绪之时,要主动省察,克制欲望、坚守原则,用事来磨砺自己的心志。省察亦是存养,存养亦是省察,静时便叫存养,动时便叫省察,都是致良知,并无区别。故《明儒学案》云:“就性情上理会,则曰涵养;就念虑上提撕,则曰省察;就气质上销镕,则曰克治。省克得轻安,即是涵养;涵养得分明,即是省克。其实一也,皆不是落后事。”

原　文

澄尝问象山①在人情事变上做功夫之说。

先生曰:“除了人情事变,则无事矣。喜怒哀乐非人情乎?自视听言动,以至富贵、贫贱、患难、死生,皆事变也。事变亦只在人情里,其要只在‘致中和’②,‘致中和’只在‘谨独’。”

注 释

①象山：陆九渊讲学于象山书院，故人称其为“象山先生”、“陆象山”。

②致中和：出自《中庸》，指人的道德修养达到不偏不倚、十分和谐的境界。中，喜怒哀乐之未发谓之中；和，发而皆中节谓之和。

译 文

陆澄曾请教先生，象山先生在人情事变上做功夫的观点如何。

先生说：“除了人情事变，世上再没有其他别的事了。喜怒哀乐，难道不是人情吗？从看、听、说、做，到富贵、贫贱、患难、死生，这些无不是事变。事变也包含在人情之中，其关键就在‘致中和’，‘致中和’就在于‘慎独’。”

经典解读

万事万物不离人情，一个人能调整好自己的感情，端正自己的心，还有什么做不好呢？富贵时，端正自己的心，不骄傲自满；贫贱时端正自己的心，不怨愤行邪；患难中端正自己的心，守正不移；面对生死得失，端正自己的心，宠辱不惊，乐天安命……遵道守礼，慎独自处，知行一致，行乎中庸，君子对于天下也就无所疑惑了，面对各种命运也就都能进退自如了。

原 文

澄问：“仁、义、礼、智之名，因已发而有？”

曰：“然。”

他日，澄曰：“恻隐、羞恶、辞让、是非，是性之表德[①]邪？”

曰：“仁、义、礼、智也是表德。性一而已，自其形体也谓之天，主宰也谓之帝，流行也谓之命，赋于人也谓之性，主于身也谓之心。心之发也，遇父便谓之孝，遇君便谓之忠。自此以往，名至于无穷，只一性而已。犹人一而已，对父谓之子，对子谓之父，自此以往，至于无穷，只一人而已。人只要在性上用功，看得一性字分明，即万理灿然。”

注 释

①表德：表字、别号。

译 文

陆澄问：“仁、义、礼、智的名称，是从心性以发之后才有的吗？”

先生回答：“是。”

他日，陆澄又问：“恻隐、羞恶、辞让、是非，都是性的别称吗？”

先生说：“仁、义、礼、智也是性的别称。性只有一个，就形体而言称为‘天’，就主宰而言称为‘帝’，就流行而言称为‘命’，赋之于人便称为‘性’，主宰人身便称为‘心’。心发挥作用，在事父上便是孝，在事君上便是忠。以此类推，虽然名称无穷，但性只有一个。就像只有一个人一样，对于他的父亲而言便是儿子，对于他的儿子而言便是父亲，照此类推，至于身份无穷，但仅仅是一个人而已。人只要在性上下功夫，将性字看的明白透彻，万物之理就畅达贯通了。”

经典解读

百般德行，皆由心发，都是一个“性”字而已。人只要从自己心性上下功夫，存天理，去人欲，使良知充溢于内心，不必求之于外，各种德行就自然会在行为中洋溢出来。心性纯真善良，遇到父亲自然知道孝，遇到朋友自然知道信，与人交往自然知道诚，立身行事自然知道义……

此段文字十分精辟，将先生对“天”、“命”、“德”、“心”之间的关系，论述得条理清晰，生动易懂，让在修养上摸不着头脑的人一下子找到了根本，令人有醍醐灌顶之感。

原文

一日，论为学功夫。

先生曰：“教人为学，不可执一偏。初学时心猿意马，拴缚不定，其所思虑，多是人欲一边，故且教之静坐息思虑。久之，俟其心意稍定，只悬空静守，如槁木死灰，亦无用。须教他省察克治。省察克治之功，则无时而可间，如去盗贼，须有个扫除廓清之意。无事时，将好色、好货、好名等私欲逐一追究搜寻出来，定要拔去病根，永不复起，方始为快。常如猫之捕鼠，一眼看着，一耳听着，才有一念萌动，即与克去，斩钉截铁，不可姑容，与他方便，不可窝藏，不可放他出路，方是真实用功，方能扫除廓清。到得无私可克，自有端拱时在。虽曰‘何思何虑’，非初学时事。初学必须思省察克治，即是思诚，只思一个天理。到得天理纯全，便是‘何思何虑’矣。”

译文

一天，大家谈论如何做学问。

先生说：“教别人做学问，不能偏执一端。初学者心志不坚，三心二意，脑中所想多是人欲，所以暂且教其静坐，以安定思虑。久而久之，当其心志稍加坚定以后，如果还一味悬空静坐，就像槁木死灰一般，便没有用处了。需要教他做省察克己的功夫。省察克己的功夫是不能有一时间断的，除去杂念就像出去盗贼，需要有一个彻底铲除的决心。没事的时候，就把好色、贪财、慕名等私欲一一搜寻出来，定要去掉病根，使其永不复起，这才觉得痛快。就如猫捕老鼠，眼睛看着，耳朵听着，才有意念萌动，立刻动手，斩钉截铁一般，绝不姑息纵容、让它有喘息之机，不可窝藏、不可放过。如此方是真功夫，方能将心中私欲根除。等到心中再无私心可克，自然能够做到端心拱手了。虽说‘无所思虑’，但这却不是初学者所能做到的。初学时必须认真思考省察克治的功夫，也就是思诚，心中只思一个天理。达到天理完全纯正之时，也就达到‘何思何虑’了。”

经典解读

做学问要循序渐进，由简入难。初学之人意志尚不坚定，不可好高骛远，要从端正心志上下功夫，心志端正了，才能进一步去克己省察。如果心中还充满私心私欲，对为道修身没有一点意愿时就强迫去省察克己，能省察什么呢？对财富充满渴望，却非得告诉自己不要贪财；对权位充满欲望，却非得告诉自己不要恋权；私心太重，却非得告诉自己舍己为人，知行不一，怎么能够做到！所以，为学必须将端正心志放在首位，这就需要在静坐中细细思虑。心性坚定以后，不能一味沉浸在悬空静坐之中，要反观内心，用力除去自己心中的杂念私欲，那样才能得到进一步的提高。

在消除杂念私欲的时候，必须斩钉截铁，绝不姑息。很多大毛病就是由小病痛逐渐发展而得来的，很多大过错就是因为小放纵不知克制而引起的。古人云：“荧荧不灭，炎炎奈何；涓涓不壅，将成江河；绵绵不绝，将成网罗；青青不伐，将寻斧柯。”为学之人，必须时刻反思省察，将私心杂念消除于初萌之时，才能最终达到“无思无虑”，纯然是一个天理的境界。

原　文

澄问：“有人夜怕鬼者，奈何？”

先生曰：“只是平日不能‘集义’[①]而心有所慊，故怕。若素行合于神明，何怕之有？”

子莘[②]曰：“正直之鬼不须怕，恐邪鬼不管人善恶，故未免怕。”

先生曰："岂有邪鬼能迷正人乎！只此一怕即是心邪。故有迷之者，非鬼迷也，心自迷耳。如人好色即是色鬼迷，好货即是货鬼迷，怒所不当怒是怒鬼迷，惧所不当惧是惧鬼迷也。"

注释

①集义：积善，行事合乎道义。《孟子·公孙丑上》："其为气也……是集义所生者，非义袭而取之也。"

②子莘：马明衡，字子莘，福建莆田人，阳明先生的弟子。

译文

陆澄问："有人夜晚怕鬼，该如何呢？"

先生说："只是因为平日不能积善行义，而心中有所愧疚，所以才会怕；如果平日行事合于神明，又怎么会害怕呢？"

马明衡说："正直的鬼没有必要怕，恐怕有些邪恶的鬼不管人是否善恶都会伤害，所以难免害怕。"

先生说："哪有邪鬼能迷惑正人君子的！之所以害怕就说明心邪，所以才会被迷惑，不是鬼迷惑人，是人心自己迷惑。比如，有人好色，就是被色鬼迷了；有人好货，就是被货鬼迷了；有人在自己所不当愤怒的时愤怒了，这便是被怒鬼迷了，有人对不当畏惧的事畏惧了，这便是被惧鬼迷了。"

经典解读

子曰："君子坦荡荡，小人常戚戚。"一个人心中坦荡无愧、行事恪守正道，即使处于暗无星月的夜晚，心中也是澄明的；相反一个人如果有太多私欲、行事奸邪，必然时刻患得患失，担心自己罪行暴露，即便是处于光天化日之下，也会惴惴不安。

天下何来鬼神？圣人教人敬畏鬼神，不是敬畏那种虚无的神明，而是让人敬畏自己的良心，缅怀自己的先祖，不忘原则，不忘道义。小人之所以感到恐惧，也是因为自己品行上有缺憾，愧对于先祖，愧对良心。俗话说："不做亏心事，不怕鬼敲门。"要想不怕鬼，就该好好修心，好好做人。

原文

"定者，心之本体，天理也。动静，所遇之时也。"

译文

先生说："定，是心的本体，是天理。动和静的变化，是天理在不同情况下的表现。"

经典解读

人心只有一个，那就是天理。有事的时候是这个天理，无事的时候依然是这个天理，不管有事无事，动还是不动，天理都贯彻其中。天理不曾中断，人也就无须刻意去分什么动与静。

遇到事情的时候，内心要去人欲、存天理；无事的时候，内心同样还要去人欲、存天理。心是一样的，动时要有无事时的存养，静时也要有有事时的省察。这样，静才不会陷入枯寂，动才不会偏离正道。

精一的功夫到了，也就无所谓静与动了，如果静时就因无事而陷入空寂，动时就因繁忙而丢了原则，那便还是修身的功夫不到家。

原文

澄问《学》《庸》同异。

先生曰："子思括《大学》一书之义，为《中庸》首章。"

译文

陆澄询问《大学》、《中庸》的异同。

先生说："子思将《大学》一书的主旨，总结为《中庸》的首章。"

经典解读

《中庸》的第一章，也是全篇的提纲，其后各章都围绕其展开论述。先生这样说，就是指出《中庸》、《大学》虽然文字迥异，但主旨却完全一致。

正所谓"先圣后圣，其揆一也"，曾子、子思所以立言，都是让人正心、修身，择乎中道，最终达到至诚、止于至善的境界，以治国平天下、赞天地之化育。从这点上看，《大学》、《中庸》又有什么区别呢？不唯此二书，其他所有先圣撰述的著作，区别都只在叙述风格、文字结构这些末节之上，它们的主旨都是一致无二的。人如果能明白先圣的意旨，就不会在具体的细节之上寻找是非、异同了。

原文

问：“孔子正名[1]。先儒说：‘上告天子，下告方伯，废辄立郢。’[2]此意如何？”

先生曰：“恐难如此。岂有一人致敬尽礼，待我而为政，我就先去废他，岂人情天理？孔子既肯与辄为政，必已是他能倾心委国而听。圣人盛德至诚，必已感化卫辄，使知无父之不可以为人。必将痛哭奔走，往迎其父。父子之爱本于天性。辄能悔痛真切如此，蒯聩岂不感动底豫[3]？蒯聩既还，辄乃致国请戮。聩已见化于子，又有夫子至诚调和其间，当亦决不肯受，仍以命辄。群臣百姓又必欲得辄为君。辄乃自暴其罪恶，请于天子，告于方伯诸侯，而必欲致国于父。聩与群臣百姓亦皆表辄悔悟仁孝之美，请于天子，告于方伯诸侯，必欲得辄而为之君。于是集命于辄，使之复君卫国。辄不得已，乃如后世上皇故事，率群臣百姓尊聩为太公，备物致养。而始退复其位焉。则君君、臣臣、父父、子子，名正言顺，一举而可为政于天下矣。孔子正名，或是如此。”

注释

①正名：使名分恰当。《论语·子路篇》：“子路曰：‘卫君待子而为政，子将奚先？’子曰：‘必也正名乎！’”

②上告天子，下告方伯，废辄立郢：出自朱熹《论语集注》中引用的胡安国之言。卫灵公时，世子蒯聩厌恶其后母南子淫乱，计划杀死南子，失败后逃出卫国。卫国打算立公子郢，公子郢屡次推让，最后立了蒯聩的儿子辄，即卫出公，以抗拒蒯聩。胡安国认为卫出公据国以拒父，有违道义，不合人伦。要想正名，就应该“告诸天王，请于方伯，命公子郢而立之。则人伦正，天理得，名正言顺而事成矣”。

③底豫：安心，得到欢乐。

译文

陆澄问：“孔子要正名分。先儒说：‘上告天子，下告方伯，废辄立郢。’这种观点怎么样？”

先生说：“恐怕夫子不会这样。岂能别人致敬尽礼，托付我政事，我当政了就废掉他，这难道是人情天理？孔子既然肯辅佐辄为政，必是出公能倾心听从孔子教诲，将整个国家委托给孔子。圣人盛德至极，必然已经感化了辄，使他知道不敬父亲便不可以为人。辄一定会痛哭奔走，前往迎接他的父亲。父子之亲爱本于人的天性，辄能如此真切地悔悟哀痛，蒯聩岂能不快乐？蒯聩回来以后，辄再交出国家向他请罪。蒯聩已经被儿子深深感动，又有夫子在当中诚心调和，一定绝不会接受，仍让辄为君。卫国的群臣百姓也都一定要辄为君，辄于是自曝罪过，上请天子，下告诸侯，一定要将国家交给父亲。蒯聩和群臣百姓也都表奏辄的悔悟之心和仁孝之美，请于天子，告于方伯诸侯，表明一定要辄为君。于是集命于辄，让他又成为国君。辄不得已，于是就如后世太上皇的制度一样，率群臣百姓尊蒯聩为太上皇，让他需用齐备，养尊处优，然后才恢复自己的君位。这样就君君、父父、子子，名正言顺，天下大治了。孔子如果正名，大概就是这样的吧！”

经典解读

孔子为政，主张名正言顺，强调正名为先，实现君君、臣臣、父父、子子的秩序是最重要的。卫灵公以后，卫国父子、兄弟、叔侄之间相互争夺君位，这时如果夫子为政，该如何正名呢？既要合乎父子之间的人伦亲情，又要遵守国家制度、符合百姓期望，这是个很棘手的事，于是前儒认为，只有“上告天子，下告方伯，废辄立郢”才是最好的办法。但阳明先生却不认同这种看法，他认为孔子虽然要正名，但也一定不会废辄立郢，得到别人的信任，却背弃人家，这是不符合人情天理的。孔子一定能用自己的德行诚意来感化卫出公，让他知道“人不可以无父”，使其主动将国家让给自己的父亲。而蒯聩必然也能受到感化，同样会丢掉争夺国家的私欲，回归到父子亲情之上，顺从大臣百姓的期望，让儿子继续为君。

《中庸》中说，至诚能引起改变，能化育万物。圣人治国要达到自己的目的，最好的办法不是用强力的手段去改变现状，胁迫他人，而是用自己的德行来感化他人，让他人从自己的良心出发，主动归于正道。

当然，阳明先生的想法太过理想化，事实上孔子并未能在卫国执政，蒯聩和辄这对父子之间对国家的争夺也充满了阴谋诡计。要想让被私欲浸染的人能重视礼义、遵守道义、舍弃私心，是一件极为困难之事，连孔子那样的人都很难做到，更何况要让天下人都这样呢！但正是因为世上存在太多追逐私欲的人，历代贤人君子对新民、救世之理想的不懈追求才更加显得可贵，前圣那种知其不可为而为之的勇气和毅力才更加令人敬佩。

原文

澄在鸿胪寺仓居[1]，忽家信至，言儿病危，澄心甚忧闷，不能堪。

先生曰："此时正宜用功，若此时放过，闲时讲学何用？人正要在此等时磨炼。父之爱子，自是至情，然天理亦自有个中和处，过即是私意。人于此处多认作天理当忧，则一向忧苦，不知已是'有所忧患不得其正'[2]。大抵七情所感，多只是过，少不及者。才过，便非心之本体，必须调停适中始得。就如父母之丧，人子岂不欲一哭便死，方快于心？然却曰'毁不灭性'[3]。非圣人强制之也，天理本体自有分限，不可过也。人但要识得心体，自然增减分毫不得。"

注释

①鸿胪寺仓居：王阳明于正德九年（1514 年）任南京鸿胪寺卿，许多弟子随他前往。仓居，在衙舍居住。

②有所忧患不得其正：出自《大学》。

③毁不灭性：意思是孝子哀伤不能伤害性命。出自《孝经·丧亲》。

译文

陆澄在鸿胪寺居住的时候，忽然接到家信，说儿子病危，十分忧闷，难以忍受。

先生说："这正是当用功的时候，如果放过这样的机会，平时讲学还有什么用处呢？人就要在这个时候磨炼意志。父亲关爱儿子，固然感情至深，但天理也有个中和处，过分了就是私心。在这种情况下，人们多认为依照天理应该忧愁，于是一味忧苦，却不知如此就已经落入了'有所忧患不得其正'。但凡情感的表露，大多都是过分了，少有不足的。一旦过分，便已经不是心的本体，必须调节适中才可以。比如，父母去世了，做儿女的，谁不想一下哭死来减轻心中的伤痛呢？然而圣人却说'毁不灭性'。并不是圣人强制要求人们抑制情感，而是天理本身就要求适度，不能过分了。人一旦认识了心体，自然丝毫都不会增减。"

经典解读

平常学问，正要在忙时使用。整日谈静、定，一遇到事情便被私欲扰乱了心志，那做学问还有什么意义呢？越是困难的遭遇，越能考验人的心志，越能将君子磨砺得更加强大、完美。古人云："艰难困苦，玉汝于成"，金刚美玉般的人品，无不从炎炎烈火中锻炼而出，寒松青竹般的节义，没有寒风暴雪如何打磨而成？

感情不可放纵，无论遇到什么事情，喜怒哀乐之情都要适时而发，发而中节。《礼记·檀弓》中记载：子路的姐姐去世了，子路为她服丧，到了丧期还不脱下丧服。孔子便问他："为什么还不除服呢？"子路说："我的兄弟很少，所以不忍心到了日子就除服啊！"孔子说："先王制定的礼，对于正人君子来说，就是教他适当控制感情的。"子路听了，便立刻除去了丧服。父母去世，亲人有疾，固然应当悲痛，但悲痛得过了头，反而会伤害自己，这也不符合先贤之教。不唯悲伤如此，其他各种感情都是，太少不好，太过同样不好，人遇到变故一定要懂得节制欲望，不过分放纵自己的感情。

原　文

"不可谓'未发之中'常人具有。盖'体用一源'①，有是体即有是用，有'未发之中'即有'发而皆中节之和'。今人未能'有发而皆中节之和'，须知是他'未发之中'亦未能全得。"

注　释

①体用一源：《伊川易传·序》："至微者，理也；至著者，象也。体用一源，显微无间。"

译　文

先生说："不能说'未发之中'一般人都具有。因为'体用一源'，有体便有用，有'未发之中'便有'发而皆中节之和'。现在的人不能有'发而皆中节之和'，必须知道是他在'未发之中'也未能完全做到。"

经典解读

"喜怒哀乐之未发"在于心，心即是体；"发而中节"是心中感情的流露，是用。体用为一体，有体才有用，无用必无体。所以，不能"发而中节"者，定然也不能做到"未发之中"。用个形象点的譬喻，就像镜子照物一样，"未发之中"就是镜子本身明亮与否，"发而中节"就是镜子照物明亮与否，本身明亮，必然能够明白照物，不能照物者，定然是自身不明。

先生说这个问题，就是告诉人们，调整七情六欲，关键在于自心。"中"、"和"互为体用，心合乎"中"，情感自然达到"和"。

原 文

"《易》之辞是'初九，潜龙勿用'[1]六字，《易》之象是初画，《易》之变是值其画，《易》之占是用其辞。"[2]

注 释

①初九，潜龙勿用：《易经》乾卦的初九爻爻辞，以潜伏的龙，喻指事物在发展之初，应小心谨慎，待时而动。

②辞、象、变、占：《易经·系辞上》："《易》有圣人之道四焉：以言者尚其辞，以动者尚其变，以制器者尚其象，以卜筮者尚其占。"

译 文

《易经》乾卦的初爻爻辞是"初九，潜龙勿用"六字，《易经》的卦象是初爻，《易经》的变化在于出现新爻，《易经》的占是利用其卦辞、爻辞。

经典解读

《易经》有卦辞、有卦象、有变化、可占卜，它表现出不同的形式、有不同的功用，但归根到底还是同一个东西。阳明先生在这里是用《易经》来举例，说明一件东西可以表现出多方面的属性，这正是前文所讲的体用之间的关系。

原 文

"'夜气'[1]是就常人说。学者能用功，则日间有事无事，皆是此气翕聚发生处。圣人则不消说'夜气'。"

注 释

①夜气：人在夜里产生的清明和善的心气或精神状态。出自《孟子·告子上》。

译 文

"存养'夜气'是就常人而言的。为学者若能用功，不管白天有事没事，都有这种气的聚合发散。圣人修养到达了一定境界，便不用说什么'夜气'。"

经典解读

孟子认为夜深人静之时，人心无杂念，能够生出清明和善之气，有些人就是不能存养这种气，使其被白日的所作所为而消磨，故其仁义之心才日渐消亡。

所以，很多人提倡要能在静夜观心，存养心气。但阳明先生却认为，学者如果用功修身，不管是白日还是黑夜，不管是有事还是无事，都是清明和善之气生发之时，都能涵养心志。圣人的修养达到了常人所不及的程度，即便是在纷扰的白日里，他们也能保持内心的宁静，存养心气，又何必再说“夜气”呢。

原文

澄问“操存舍亡”①章。

曰：“‘出入无时，莫知其乡’，此虽就常人心说，学者亦须是知得心之本体亦元是如此，则操存功夫始没病痛。不可便谓出为亡，入为存。若论本体，元是无出无入的。若论出入，则其思虑运用是出，然主宰常昭昭在此，何出之有？既无所出，何入之有？程子所谓‘腔子’②，亦只是天理而已。虽终日应酬而不出天理，即是在腔子里。若出天理，斯谓之放，斯谓之亡。”

又曰：“出入亦只是动静，动静无端，岂有乡邪？”

注释

①操存舍亡：即上文所说的“夜气”一章。《孟子·告子上》：“孔子曰；‘操则存，舍则亡，出入无时，莫知其乡，唯心之谓欤？’”操，指保持人的善良本心。

②腔子：《河南程氏遗书》：“心要在腔子里。”

译文

陆澄向先生请教《孟子》中“操存舍亡”一章。

先生说：“‘出入无时，莫知其乡’，这句话虽然是就常人之心而说，为学者也必须知道心的本体本来就是如此，则操存的功夫才不会有差错。不能简单地认为出就是亡，入就是存。若从本体而论，心原本是无所谓出入的。若论出入，则其思虑运用便是出，然而主宰却昭然在此，何出之有？既无所出，何入之有？程子所说的‘腔子’，也只是天理而已。即使终日忙于应酬而不出天理，即是在腔子里面。若出了天理，那就叫作‘放’，这就是‘亡’了。”

先生又说：“心的出入只是动静而已，动静无常，哪里有一定的方向？”

经典解读

就本体而言，心本无所谓出入，但人的良心却有得有失。行于正道，不离天理，良心便存于胸间；行于邪路，追逐私欲，良心便离开胸间。《围炉夜话》中说：“天地生人，都有一个良心；苟丧此良心，则其去禽兽不远矣。圣贤教人，总是一条正路；若舍此正路，则常行荆棘之中矣。”圣人所说的操存功夫，就是让人保存良心，不离正路，也就是阳明先生说的不出天理，程子所说的心要在腔子里。

原文

王嘉秀[①]问：“佛以出离生死诱人入道，仙以长生久视[②]诱人入道，其心亦不是要人做不好，究其极至，亦是见得圣人上一截[③]，然非入道正路。如今仕者，有由科，有由贡，有由传奉[④]，一般做到大官，毕竟非入仕正路，君子不由也。仙、佛到极处与儒者略同。但有了上一截，遗了下一截，终不似圣人之全。然其上一截同者，不可诬也。后世儒者又只得圣人下一截，分裂失真，流而为记诵、词章、功利、训诂，亦卒不免为异端。是四家者，终身劳苦，于身心无分毫益。视彼仙、佛之徒，清心寡欲，超然于世累之外者，反若有所不及矣。今学者不必先排仙、佛，且当笃志为圣人之学。圣人之学明，则仙、佛自泯。不然则此之所学，恐彼或有不屑，而反欲其俯就，不亦难乎！鄙见如此，先生以为何如？”

先生曰：“所论大略亦是。但谓上一截、下一截，亦是人见偏了如此。若论圣人大中至正之道，彻上彻下，只是一贯，更有甚上一截、下一截？‘一阴一阳之谓道’，但‘仁者见之便谓之仁，智者见之便谓之智，百姓又日用而不知，故君子之道鲜矣。’仁、智岂可不谓之道？但见得偏了便有弊病。”

注释

①王嘉秀：字实夫，阳明先生的学生。

②长生久视：长生不老。《老子》五十九章：“有国之母，可以长久，是谓之深根固柢，长生久视之道。”

③上一截：当时一般把孔子的学问分为两部分，即上下两截。谈性与道是上一截，即“上达”；讲治国、平天下是下一截，即“下学”。阳明先生对这种分法并不认同。

④由科、由贡、由传奉：由科，指通过科举考试进入仕途；由贡，指经州县推荐到朝廷而进入仕途；由传奉，指不经选拔、推荐，由皇帝直接任命而进入仕途。

译文

王嘉秀问：“佛家用超脱生死之说来劝人信奉，仙家用长生不老之说来劝人信奉，其本意也不是教人作恶，究其根本，也都看到了圣人的上一截，然而皆不是入道的正路。就像如今做官一样，有通过科举做官的，有通过举荐做官的，有被皇帝直接任命做官的，都一样可以做到大官，但若非不是步入仕途的正路，君子是不会接纳的。佛家、道家到了极点，和儒家大致相同。但他们只注意到了圣人的上一截，遗失了圣人的下一截，终不似圣人那样全面。然而其上一截和圣道相同之处，是不能污蔑的。后世的儒者，却仅仅得到了圣人的下一截，上下分裂，失去圣人的本意，将儒学流为记诵、词章、功利、训诂之学，到底不免发展为异端。从事记诵、词章、功利、训诂之学的四种人，终身劳碌辛苦，对身心却没丝毫收益。相比于佛家、道家清心寡欲、超然世外之徒，反而有所不及。今天的学者不必急着排斥佛家、道家，且当笃志学习圣人之学。圣人之学昌明兴盛了，佛、道就自然泯灭了。不然的话，儒生们所学的东西，佛家、道家之徒尚且有所不屑，还想让他们服气，不是很难吗？这是我的愚见，先生觉得如何？”

先生说：“你说得大致正确。但是你所说的上一截、下一截，也是人们的偏颇之见。圣人之道大中至正，彻上彻下，只是连贯一气的，哪分什么上一截、下一截？‘一阴一阳谓之道’，但是‘仁者见仁，智者见智，百姓日用而不知，所以君子之道是很少有人明白的’。仁、智难道不能称作道吗？但认识偏颇了，难免会存在弊端。”

经典解读

圣人之学彻上彻下，一以贯之，修身、养心、处世、治国，都是一个道理，时时不忘致良知、时时不忘存天理即可，又何必非要给它强分成上一截、下一截呢？静思时存养本心是道；做事时坚持原则也是道；百姓每日生活，孝顺父母，亲爱朋友，是道；天子统治国家，管理万民，亦是道。道，只有一个，只是在不同地方、不同事情上展露罢了，无所谓高低，无所谓上下。所以，孔子说：“‘孝乎惟孝，友于兄弟。’施于有政，是亦为政，奚其为为政？”硬要将圣人的学说分裂开来，就会产生偏颇，专注于细枝末节，反而会失去根本。

佛、道、儒三家，都是教人向善，提高修养，净化社会的学问，但相比佛、道两家，儒家更加实际。儒者不以脱离生死、长生久视的说教来劝人向善，而要立足于现实，通过修养自身，来感化他人，引导世人恪守仁义，从而最终到达天下的和谐、大同。君子之所以奉行儒道，和佛者、道者最大的区别就是多了一份对社会、对历史的使命感。他们不仅要成就自己的德行，还要为担负起整个时代的使命而奋斗，要“亲民”，要实现“治国平天下”的政治理想，要“为天地立心，为生民立命，为往圣继绝学，为万世开太平”。这种伟大的使命感和对理想不懈的追求正是儒者最可贵之处。

儒者如果不能知行合一，时时恪守仁道，追求崇高的理想，反而将精力放在追逐功名利禄之上，甚至妄图通过诋毁其他学派的思想来为自己求得虚名，那就遗失了圣人的本意。这样的人不仅不是个合格的儒士，就连与世隔绝，淡泊隐居的佛、道之徒都不如了，又哪里有资格排斥别人呢？

原文

“蓍[①]固是《易》，龟[②]亦是《易》。”

注释

①蓍、龟：蓍，用蓍草占卜。

②龟，用龟甲占卜。

译文

“用蓍草占卜固然是《易》，用龟甲占卜同样是《易》。”

经典解读

用蓍草占卜观察其数，用龟甲占卜观察其纹，似乎完全不同，但归根结底它们都是《易经》这个主体的不同应用方式，原理是相同的，本质是一致的，将二者说成是同一个东西，也没有什么不可。世间不同的万物、圣人所做的不同事情都是如此，表面看上去大相径庭，但本质是一样的，仁与智、心与理、修身与治国、为政与为学莫不如此。

原文

问：“孔子谓武王未尽善[①]，恐亦有不满意。”

先生曰：“在武王自合如此。”

曰：“使文王未没，毕竟如何？”

曰：“文王在时，天下三分已有其二。若到武王伐商之时，文王若在，或者不致兴兵，必然这一分亦来归了。文王只善处纣，使不得纵恶而已。”

注释

①孔子谓武王未尽善：出自《论语·八佾》。子谓《韶》：“尽美矣，又尽善也。”谓《武》：“尽美矣，未尽善也。”

译文

陆澄问："孔子称武王未能尽善，恐怕是对武王有些不满意吧。"

先生说："对武王自然应该这样评价。"

陆澄问："假使文王没有去世，情况会如何呢？"

先生说："文王在世的时候，已经拥有了三分之二的天下。若武王伐商时文王还在，或许他根本不用兴兵，剩下的那三分之一也会前来归顺了。文王只要妥善处理好纣王，使其不得纵恶就可以了。"

经典解读

武王伐纣固然是因为纣王残暴失道，但以下伐上，难免有犯上之讥，战争至流血漂橹，又非仁者所愿，所以孔子对其评价为"尽美未尽善"是恰到好处。真正的仁者用德行使人心悦诚服，而不靠战争夺得天下；他们也不会对敌人赶尽杀绝，只是让他们无法作恶就得了。所以，阳明先生认为文王如果还在，定然不战而得天下，得到天下也不会杀死纣。

原文

惟乾①问孟子言"执中无权犹执一"②。

先生曰："中只是天理、只是易。随时变易，如何执得？须是因时制宜，难预先定一个规矩在。如后世儒者要将道理一一说得无罅漏，立定个格式，此正是执一。"

注释

①惟乾：冀元亨，字惟乾，武陵，阳明先生的弟子。

②执中无权犹执一：出自《孟子·尽心上》。指坚持中庸之道，应懂得随时权变，不是固执在某一点。

译文

冀元亨问孟子说的"执中无权犹执一"如何理解。

先生说："中只是天理、只是易。随时变易，如何能固执不变呢？需要因时制宜，不能预先定一个规矩在。若后世儒者要将道理一一说得天衣无缝、没有漏洞，立定个格式，这便是执一。"

经典解读

学习圣人之道，贵在学其心，学其理，而不是学固定的言辞，固定的做事标准。守得“仁义”二字，时时不离天理，遇事之时懂得随时变通，如此才恰当，才符合中庸之道。执一的弊端就是不懂得变通，非要在事事上订立死标准，这就偏离了中庸的本意。

孟子的弟子陈臻曾向他提出了这样一个问题：“以前在齐国之时，齐王送给您黄金一百镒，您不接受；到宋国的时候，宋王送给您七十镒金子，您却接受了；在薛地，薛君送给您五十镒金子，您也接受了。如果以前不接受正确，那后来的接受便是错误的；如果后来的接受正确，那以前的不接受便是错误的。老师您总有一次做错了吧。”孟子告诉他，在齐国时不接受有不接受的理由，在宋国、薛地时接受也各有接受的理由。陈臻之所以有这样的疑问，认为孟子一定有做错了，就是因为不懂权变，觉得什么事都应该有个定理。

世上有很多“执中无权”的人，他们想学习先圣的大道，却不懂变通，什么事都要看看先贤是如何做的，不敢有丝毫差别，却不考察先贤之所以那样做的用心。他们做得再好，也只不过是徒有毛皮，终将沦为刻鹄类鹜，甚至画虎类犬。

每个人所处的时代、环境、身份、地位都是不同的，如果不懂得随时变通，一味死板地效仿，是不可能合乎中庸之道的。

原文

唐诩[①]问：“立志是常存个善念，要为善去恶否？”

曰：“善念存时，即是天理。此念即善，更思何善？此念非恶，更去何恶？此念如树之根芽，立志者长立此善念而已。‘从心所欲不逾矩’[②]，只是志到熟处。”

注释

①唐诩：江西人，阳明先生的弟子。

②从心所欲不逾矩：修养达到极致，不管做什么都不会背离规矩。出自《论语·为政》。

译文

唐诩问：“立志就是长存一个善念，需要为善而去恶吗？”

先生说：“善念存在时，便是天理。这个意念就是善，还去想别的什么善呢？这个意念就不恶，还去除什么恶呢？这个意念就如树木的根芽一般，立志者永远确立这个善念就足够了。孔子所说的‘从心所欲不逾矩’也只是执守此志到了成熟的境界。”

经典解读

良心即天理，万善皆备于心中。人只要能时时不离天理就可以了，遇到事情从自己的良心出发，又何必特意去外面寻善来学；无论在什么情况下都不背天理，哪还有什么恶呢？又何必特意去除恶！凡事都抱定“天理”二字，那无论做什么都不会有差错了，所谓达到“从心所欲不逾矩”的地步，就是能时刻守得住天理。

原 文

“精神、道德、言动，大率收敛为主，发散是不得已，天、地、人、物皆然。”

译 文

“精神、道德、言语行动，大多是以收敛为主，即使发散也是迫不得已，天、地、人、物都是这样的。”

经典解读

收敛是向内、安静、柔和的方面，而发散则是向外、激扬、刚强的方面。谦虚、谨慎、辞让、不争、温和、含蓄、素位而行，这都是收敛的；而高傲自大、争强好胜、自矜自伐、夸耀好辩则都是发散的。一个人道德越淳厚，修养越高明，就越能求诸己，而非求诸人，他也越能在自己内心求得安稳、满足，而无须去外面显摆、寻求认同，这样的人就自然温良恭俭让，自然会选择处下不争，选择舍己从人。

天地之道，同样是收敛的。大地平坦湿润，便能发育万物，反之若岩石嶙峋、峻峭干旱，能生长的东西就很少了；苍天和风顺雨，日光温和便能滋长万物，反之若暴风骤雨、干旱酷热，万物就不能正常生息了。

再者，收敛不仅是一种修养境界，亦是为人处世所该有的智慧。老子云：“飘风不终日，暴雨不终朝”，过于张扬、好强，必然难以持久。智者所以宁默毋躁、宁拙毋巧、固穷处下、素位不争，就是为了防止骄奢之气发溢于身，最后害了自己的德行乃至性命。

原文

问："文中子是如何人？"

先生曰："文中子庶几'具体而微'①，惜其蚤死。"

问："如何却有续经之非？"

曰："续经亦未可尽非。"

请问。

良久曰："更觉'良工心独苦'②。"

注释

①具体而微：已经具备了圣人的基本条件，只是在各方面尚较圣人稍微逊色。出自《孟子·公孙丑上》。

②良工心独苦：优秀的工匠匠心独运，却因此而常受世俗的非议，又无法与世俗之辈沟通，所以很苦闷。出自杜甫《题李尊师松树障子歌》。

译文

陆澄问："文中子是什么样的人？"

先生说："文中子差不多可以称为'具体而微'的人了，可惜其逝世过早。"

陆澄问："那为何他却有续经的过失呢？"

先生说："续经也未可完全否定。"

陆澄请教。

先生沉思了很久，才说："更觉'良工心独苦'。"

经典解读

在大多数后人眼中，拟经的文中子王通是个自不量力、沽名钓誉之人。但阳明先生却不这样认为，他多次指出"拟经未可尽非"。在先生看来，文中子拟经并非完全出于沽名钓誉之心，也许他正是看到了世风不振、圣道消亡、世俗儒者偏执一端，而想通过拟经来弘扬大道，使其归于中正。只不过他英年早逝，未能在道学上取得更进一步的造诣，所以其学说传扬不远，被世人轻视。

阳明先生的学说因为和当时主流的程朱理学有所不同，也曾一度被视为异端，受到排挤、指责，又有几个人能真正了解他创立心学的初衷呢？也许正是因为这种亲身的遭遇，所以他才对同样不被主流学派认可的文中子生出相知相惜之感，不禁感慨"良工心独苦"。

原文

“许鲁斋[1]谓儒者以治生为先之说，亦误人。”

注释

①许鲁斋：许衡，字仲平，号鲁斋，元代大儒。他曾说过：学者治生最为先务。

译文

许鲁斋认为儒生应该以谋生为先，这个说法也误人。

经典解读

《许文正公遗书》中这样说：“为学者治生最为先务。苟生理不足，则于为学之道有所妨。”这句话是告诉人们：吃饱肚子，才能为学弘道；生理问题不解决，其他都无从谈起。这道理本来没什么错误，治生本来就是弘道的基础。但后人往往对其进行歪曲的理解，只知道治生，不知道为何治生，把所有的经历都放在了吃穿享乐之上，那就沦入下流了。阳明先生说许衡此言误人，就是由此而发。

治生是弘道的前提保障，弘道是治生的最终目的。君子要治生，但不能将其视为主要目的、视为一切事的前提。子曰：“君子谋道不谋食。”君子为道，其志不应是为了求食，而要有更高的人生理想。正如孟子训诫弟子乐正子所说：“我不意子学古之道，而以餔啜也！”

原文

问仙家元气、元神、元精。

先生曰：“只是一件，流行为气，凝聚为精，妙用为神。”

译文

陆澄请教道家所谓的元气、元神、元精都是什么。

先生说：“都是一个东西，流行时称作气，凝聚时就是精，巧妙运用叫作神。”

经典解读

这是阳明先生将体用之说，运用到了道家的精、气、神之上，认为这三者也是一个东西，只不过存在形式不同罢了。这“一件”，其实就是心，是良知。

原文

“喜、怒、哀、乐本体自是中和的，才自家着些意思，便过不及，便是私。”

问：“哭则不歌①”。

先生曰：“圣人心体自然如此。”

注释

①哭则不歌：《论语·述而》：“子于是日哭，则不歌。”

译文

“喜怒哀乐，本体原为中和，稍加些个人杂念，便会有所偏颇，这便是私。”

陆澄问：“为何孔子当日哭了，便不再歌唱。”

先生说：“圣人的心体，自然是如此的。”

经典解读

《中庸》中说：“率性之谓道。”人的本性自然就是中和的，各种感情率性而发便合乎中庸之道。“自家着些意思”便是勉强、伪饰，加入了私心杂念，也就不能称为中和了。

陆澄听了先生的教导后，心中便产生疑问，问：那《论语》中说孔子“哭则不歌”，难道不是夫子勉强自己不歌吗？

先生于是说，圣人的心体就是如此的。哭是率性而发，不歌也是率性而为，圣人只是率性而为罢了，从未将“哭则不歌”当作一种刻意的行为规范来勉强自己如何。

原文

“克己须要扫除廓清，一毫不存方是；有一毫在，则众恶相引而来。”

译文

“克己必须彻底，不存一毫私心方是；有一毫私心在，则众多的恶便会接踵而来。”

经典解读

克制私心、消除人欲必须干净彻底，使其再无残存，再不能死灰复燃。若消除不净，存有一丝私心邪念，众多罪恶就会接踵而来。《易·系辞》中说：

“善不积，不足以成名；恶不积，不足以灭身。”世上很多人的大罪、大患都是由纤毫私欲、一点小过发展而来的。比如，商纣王贪图一双象牙筷子的享乐，既而好美色、奢欲无度、不听忠言，最终导致了亡国；李斯心存一点儿对名位的欲望，为此竟发展为杀同门、害忠良，最终自己也身死家灭。《菜根谭》中说：“一念错，便觉百行皆非，防之当如渡海浮囊，勿容一针之罅漏；万善全，始得一生无愧，修之当如凌云宝树，须假众木以撑持。”修身正心，正当如此。

原文

问《律吕新书》①。

先生曰：“学者当务为急，算得此数熟，亦恐未有用。必须心中先具礼乐之本方可。且如其书说多用管以候气②。然至冬至那一刻时，管灰之飞或有先后须臾之间，焉知那管正值冬至之刻？须自心中先晓得冬至之刻始得，此便有不通处。学者须先从礼乐本原上用功。”

注释

①《律吕新书》：朱熹弟子蔡元定著，上卷《律吕本源》，下卷《律吕辨证》。

②候气：测量阴阳之气的变化。古人认为将芦苇灰放进律管里，冬至来时，阳气上升，管中的灰就会飞扬。

译文

陆澄向先生请教对《律吕新书》的看法。

先生说：“学者应以当前的事务为急，就算将律吕之数算得再熟悉，恐怕也没有什么用处。必须先在心中确定了礼乐的根本才行。就像该书里讲常用律管看节气的变化，然而到了冬至的时候，律管里灰飞扬的时间会有先后的区别，怎么能确定哪个是冬至的正点？必须自己心中先知道冬至来临的时刻方可，这便有不通之处了。因此，学者必须先从礼乐本源上下功夫。”

经典解读

《律吕新书》这本书对我国古代音律学做出过巨大贡献，但其中存在很多玄虚秘理，高深但不实用，也不准确，比如阳明先生所举的用律管测量节侯。所以，先生指出“学者当务为急”，做学问应不要总讲些幽深玄妙的大道理，要谈些现实的、实在的、社会迫切需要的。

礼用来调整社会秩序、规范人们行为，乐用来调和人们感情、使人心中和。

礼乐都是为了让社会有序、让人民崇德，这才是它们的根本目的、本源所在。学者研究礼乐，一定要从此出发，从修养自己内心开始，而非追求声色的华美，谈论玄妙的“高论”。

原文

曰仁云：“心犹镜也。圣人心如明镜，常人心如昏镜。近世格物之说，如以镜照物，照上用功，不知镜尚昏在，何能照？先生之格物，如磨镜而使之明，磨上用功，明了后亦未尝废照。”

译文

徐爱说：“心就像一面镜子。圣人的心就像明亮的镜子，一般人的心就像昏暗的镜子。近代关于格物的看法，就像用镜子照物，从照上用功，却不知镜子本身还是昏暗的，如何能照得清楚？先生的格物，就如磨镜子使其明亮，从磨上下功夫，镜子明亮了以后，是不会耽误照的。”

经典解读

先生多次用镜子譬喻人心，将自明放在照物之前，也就是主张格物在于格自心，而不是格外物。这段话虽然是徐爱所说，但无疑是受到了先生的影响。

原文

问道之精粗。

先生曰：“道无精粗，人之所见有精粗。如这一间房，人初进来，只见一个大规模如此；处久，便柱壁之类一一看得明白；再久，如柱上有些文藻，细细都看出来。然只是一间房。”

译文

陆澄就道的精粗向先生请教。

先生说：“道本身无精粗，只是人之所见有精粗之分罢了。就如这一间房间，人刚进来，只见到房间的大致轮廓；待久了，便将柱子、墙壁等看得一一明白了；再久些，柱子上的花纹等细节也都能够看清楚了。然而，这都是同一间房子。”

经典解读

道本身无精粗之分，世间的“道”都是相同的，映射在不同人的心中，才会显得有所不同。文武之道，不同于桀纣之道；孔孟之道，不同于世俗庸人之道，并非客观存在的道不同，而是他们的心不同。就如明镜照物，外物并无不同，镜子本身明暗不一罢了。

《呻吟语·谈道》中有这样一段话：“道在天地间不限于取数之多，心力勤者得多，心力衰者得少，昏弱者一无所得。假使天下皆圣人，道亦足以供其求，苟皆为盗跖，道之本体自在也，分毫无损。毕竟是世有圣人，道斯有主；道附圣人，道斯有用。”恰恰是阳明先生这个观点的注脚。

原　文

先生曰：“诸公近见时少疑问，何也？人不用功，莫不自以为已知为学，只循而行之是矣。殊不知私欲日生，如地上尘，一日不扫便又有一层。着实用功，便见道无终穷，愈探愈深，必使精白无一毫不彻方可。”

译　文

先生说：“诸位最近为什么很少提出疑问呢？人一旦不努力，就会自以为已知如何为学，只要按照知道的方法做就可以了。殊不知私欲一天天膨胀，如地上尘埃，一日不扫便会又增一层。踏踏实实地用功，便会了解道的永无止境，越究越深，一定要达到清楚明白，没有一丝不透彻才可。”

经典解读

道无止境，学如逆水行舟，不进则退。做学问的功夫，就是不停地省察克治，发现心中不明之处，发现心中的私欲杂念。如此才能愈探愈深，达到畅达通明的境界。这正如神秀禅师所作的偈子：身是菩提树，心为明镜台。时时勤拂拭，勿使惹尘埃。

原　文

问：“知至然后可以言诚意。今天理人欲知之未尽，如何用得克己功夫？”

先生曰：“人若真实切己用功不已，则于此心天理之精微日见一日，私欲之细微亦日见一日。若不用克己功夫，终日只是说话而已，天理终不自见，私欲亦终不自见。如人走路一般，走得一段，方认得一段，走到歧路处，有疑便问，问了又走，方渐能到得欲到之处。今人于已知之天理不肯存，已知之人欲不肯去，且只管愁不能尽知，只管闲讲，何益之有？且待克得自己无私可克，方愁不能尽知，亦未迟在。”

译文

陆澄问：“《大学》中说‘知至而后意诚’。现在天理、人欲还未能尽知，如何下克己功夫呢？”

先生说：“人若能认真切实地用功不止，则对此心天理微妙之处的认识将日益加深，对心中私欲细微之处也会日益清楚。若不下克己的功夫，整天只是说空话而已，天理终归不能自见，私欲也终归不能自见。就像人走路一般，走得一段，才认得一段，走到歧路处，有了疑问，问了又走，才能逐渐到达想到之处。现在的人对于已经知道的天理不肯存养，对于已经发现的人欲不肯去除，却只在那里忧愁对天理人欲不能尽知，只管讲空话，有什么益处呢？不如暂且将已知晓的私欲全部克除，再来发愁不能尽知，也并不迟。”

经典解读

知，不患少而患不能行。人应该立足当下，“真实切己用功不已”，发现了天理就要及时存养，确保它不会失去；发现了私欲就该及时去除，不让它在心中多留半分。内心端正、修养提高了，对天理人欲的认识也必然更加深刻，更加清楚。阳明先生这段话说得十分透彻，关键就是要知行合一。

原文

问：“道一而已①，古人论道往往不同，求之亦有要乎？”

先生曰：“道无方体②，不可执着。却拘滞于文义上求道，远矣。如今人只说天，其实何尝见天？谓日、月、风、雷即天，不可；谓人、物、草、木不是天，亦不可。道即是天，若识得时，何莫而非道？人但各以其一隅之见，认定以为道止如此，所以不同。若解向里寻求，见得自己心体，即无时无处不是此道，亘古亘今，无终无始，更有甚同异？心即道，道即天。知心则知道、知天。”

又曰：“诸君要实见此道，须从自己心上体认，不假外求，始得。”

注释

①道一而已：《孟子·滕文公上》："夫道，一而已矣。"

②道无方体：《易经·系辞上》："故神无方而易无体。"

译文

陆澄问："道只有一个，古人论道往往不同，求道也有什么要点吗？"

先生说："道无方向、无形体，不可执着。若局限在文义上求道，离道就更远了。如今人们谈天，其实何尝见过天？认为日、月、风、雷等便是天，是不对的；认为人、物、草、木等不是天，也是不对的。道就是天，若是能认识到这一点，有什么不是道呢？人们各自囿于自己的一隅之见，认为道就是如此而已，所以才会觉得有所不同，若向自己内心里探求，见到自己的本心，那么无时无处不是道，道从古至今，无终无始，哪里又有什么异同。心就是道，道就是天。认识自己的本心，也就认识了道和天。"

先生又说："诸位如果真想认识道，必须从自己的本心上去认识，不可向外求索，如此才可。"

经典解读

心就是道，道就是天。世人之所以论道不同，是因为他们各自的心性相异，所见有别，并不是说道本身是有不同的。日、月、风、雷都是道之一体，人、物、草、木，同样也是道之一体。它们由道所支配，在一定程度上也可以称为道，但如果将这些具体的事物就当作道，那就有失偏颇了。外物只能显示道某一方面的特质，人们通过它们可以了解道，但终究还要自己体悟，要向心内而求。

原文

问："名物度数，亦须先讲求否？"

先生曰："人只要成就自家心体，则用在其中。如养得心体果有未发之中，自然有发而中节之和，自然无施不可。苟无是心，虽预先讲得世上许多名物度数，与己原不相干，只是装缀临时，自行不去。亦不是将名物度数全然不理，只要'知所先后，则近道'。[①]"

又曰："人要随才成就，才是其所能为。如夔[②]之乐，稷[③]之种，是他资性合下便如此。成就之者，亦只是要他心体纯乎天理。其运用处皆从天理上发来，然后谓之才。到得纯乎天理处，亦能'不器'。使夔、稷易艺而为，当亦能之。"

又曰："如'素富贵，行乎富贵。素患难，行乎患难'，皆是'不器'。此唯养得心体正者能之。"

注释

①知所先后，则近道：《大学》："物有本末，事有终始。知所先后，则近道矣。"

②夔：舜时的乐官。

③稷：舜时主管农事的官。

译文

陆澄问："名物度数，也要先行研究吗？"

先生说："人只要能成就了自己的心体，则用就在其中了。假如存养心体已到了'未发之中'，自然有'发而中节'之和，自然做什么都没有问题了。如果没有这种心境，即便事先知道了世上的许多名物度数，与自己也毫不相干，只是临时的点缀罢了，做事自然做不下去。当然，也不是说对于名物度数这些完全不理，只是要'知所先后，则近道'。"

先生又说："人要根据自己的才能而有所成就，这才是他所能做到的。比如夔精通音乐、后稷善于播种，是他们天生的资质善于这样做。成就一个人，也只是让他心体纯然合乎天理。应用事理都是从天理上发出来的，然后才称为才。到了纯然天理之境界，就会成为'不器'之才。如果让夔和后稷交换他们所从事的职业，他们同样也能做到。"

先生又说："如《中庸》中所说的'素富贵，行乎富贵。素患难，行乎患难'，皆是'不器'。这只有养得心体纯正者才能做到。"

经典解读

具体的事物、道理需要学习，具体的做事方式也要学习，但一定要将修身正心放在首位。养得天理纯正，再去做事，任何职业都可以做到，心体不正，一味学习外界的事物规律，那即便学得有模有样也不会做得好。先贤之所以能够"无可无不可"，能够"素其位而行"，就是因为心体养到了家，成了不器之才。

可以举个形象的例子来说明这个问题。修心就像炼铁成钢，学习具体的事理，就如将钢铁制成器物。钢炼得纯洁了，再去用它做什么都可以，做成了兵器必然锋利无比，做成了器皿必然坚固耐用；反之如果钢炼得不纯，只是废铁一块，无论用多少功夫，让什么能工巧匠来制作，所得到的东西也不会合格。

所谓君子不器，就是让君子修身养志，成为一块能制成各种器物的优质钢材，而不是徒有其表、不堪实用的废铁。

原　文

“与其为数顷无源之塘水，不若为数尺有源之井水，生意不穷。”

时先生在塘边坐，傍有井，故以之喻学云。

译　文

“与其挖一个数顷宽却没有源泉的池塘，倒不如挖一口数尺深但有源泉的井，这样水才源源不断，不会枯竭。”

当时先生正坐在塘边，旁边有井，故用此来譬喻为学。

经典解读

心即是本，内心具有美德，行为上才有善举；内心澄净纯正，照见外物才会清晰、无穷。孟子说：“源泉混混，不舍昼夜，盈科而后进，放乎四海。有本者如是，是之取尔。苟为无本，七八月之间雨集，沟浍皆盈；其涸也，可立而待也。”为学为道都要从自己的良心天理出发，如此才是有源之水，发溢无穷，否则就会变成一潭死水，只会模仿，不能创新；变成“兴亦速，涸亦速”的雨水，来势汹汹，实则难以持久。

朱子诗：“问渠那得清如许，为有源头活水来。”说的正是这个道理。可见圣贤之见，大致相同。

原　文

问：“世道日降，太古时气象，如何复见得？”

先生曰：“一日便是一元[①]。人平旦时起坐，未与物接，此心清明景象，便如在伏羲时游一般。”

注　释

①一元：天地从形成到毁灭的过程。北宋邵雍《皇极经世》认为：天地的历史，以元、会、远、世计算。一世为三十年，一运为十二世，一会为三十运，一元为十二会。

译文

陆澄问："世风日下，上古之时的淳朴气象，何时才能再见呢？"

先生说："一日便是一元。人在早上醒来坐起身，没有与任何东西接触，此时心中清明的气象，便如处在伏羲的时代一样。"

经典解读

世间气象都来自人的内心，内心澄明无私欲，又何必忧心外物不洁。故《菜根谭》中说："拨开世上尘氛，胸中自无火炎冰兢；消却心中鄙吝，眼前时有月到风来。"只要我们将自己的心放端正了，世上便再没有什么能干扰自己，淳朴景象自然随之而出。

"一日便是一元"，对于人来说每天都是一个新的开始，不管过去看了什么、做了什么，只要能在起床坐起之后，时时不忘天理，不被世俗私欲所沾染，人生的境界自然会与日俱增。所以说，人无须哀叹过去，也无须忧愁未来，只要当下紧抓天理不放。正如古人所言：莫轻视此生，千古在此一日。

原文

问："心要逐物，如何则可？"

先生曰："人君端拱清穆，六卿分职，天下乃治。心统五官，亦要如此。今眼要视时，心便逐在色上；耳要听时，心便逐在声上。如人君要选官时，便自去坐在吏部；要调军时，便自去坐在兵部。如此，岂唯失却君体，六卿亦皆不得其职！"

译文

陆澄问："心要追逐外物，应该怎样做？"

先生说："国君端身拱手，六卿各司其职，天下就能太平。人心统领五官，也要如此。如今眼要看时，心便追逐美色；耳要听时，心便追逐美声。就像君主要选官时便去亲坐吏部，要调军时便去亲坐兵部。这样，不仅丧失了国君的身份，六卿也不能各自尽其职责了。"

经典解读

国君统领百官，但不能去干预百官的具体事物；心要统领五官，同样也不能去干预五官的功能。也就是说，心要清静端正，无所偏倚，尽量克制外欲。如此才能做到"未发之中"，才能"发而中节"。正如孟子所说："养心莫善于寡欲。其为人也寡欲，虽有不存焉者，寡矣；其为人也多欲，虽有存焉者，寡矣。”

原文

“善念发而知之，而充之；恶念发而知之，而遏之。知与充与遏者，志也，天聪明也。圣人只有此，学者当存此。”

译文

先生说：“善念萌发之时，意识到了，就要去扩充它；恶念萌发之时，意识到了，就要去遏止它。知道去扩充善念、遏止恶念，这就是志，这是上天赋予人的聪明智慧。圣人天生就有，学者当学习存养它。”

经典解读

率性而为，绝不是头脑里有了什么念头就去追逐，首先要知道起这念头时心正与否。念头出于良心，是善念，这时就该努力去追求；念头出于私心，是恶念，这时就该努力进行遏止。扩充善，而遏止恶，这便是“志”。

孟子在齐国时，齐国王子垫曾请教他：“士该从事什么事？”孟子回答：“尚志。”王子垫问：“敢问什么叫作尚志呢？”孟子回答：“仁义而已矣。杀一无罪便是不仁，非其有而取便是不义。人应该止于何处？仁；人应该行于何处？义。居仁由义，大人之事便齐备了。”阳明先生说的存志，便是孟子所谈的尚志，先生主张的扩充善念、遏止恶念，便是孟子所说的“居仁由义”。圣人天生便能主动行善止恶，但普通人没有那种境界，所以才要下功夫省察克治，用力使自己存养天理，合乎仁义。

原文

澄曰：“好色、好利、好名等心，固是私欲，如闲思杂虑，如何亦谓之私欲？”

先生曰：“毕竟从好色、好利、好名等根上起，自寻其根便见。如汝心中决知是无有做劫盗的思虑，何也？以汝元无是心也。汝若于货、色、名、利等心，一切皆如不做劫盗之心一般，都消灭了，光光只是心之本体，看有甚闲思虑？此便是‘寂然不动’，便是‘未发之中’，便是‘廓然大公’。自然‘感而遂通’，自然‘发而中节’，自然‘物来顺应’[①]。”

注 释

①寂然不动……物来顺应：《易经·系辞上》：“寂然不动，感而遂通天下之故。”意为易本身是宁静不动的，有人来问吉凶，易便会与天下之事相通，显示出吉凶祸福来。程颢《答横渠先生定性书》：“君子之学，莫若廓然大公，物来而顺应。”意为心胸宽广，大公无私，遇到事情时能坦然自如地应对。

译 文

陆澄问：“好色、好利、好名等心，固然是私欲，但平日的一些闲思杂虑，为何也称之为私欲呢？”

先生说：“闲思杂虑归根到底还是从好色、好利、好名等根上起来的，自己去寻根究底自会发现。例如，你心中绝对自知没有做盗贼的念想，为什么呢？因为你心中原本就没有这种念头。如果你对财货、美色、虚名、利禄等心思，都像你自信不做盗贼的心思一样，都消灭了，纯然只剩心之本体，看看还有没有闲思杂虑了？这便是‘寂然不动’，便是‘未发之中’，便是‘廓然大公’。自然‘感而遂通’，自然‘发而中节’，自然‘物来顺应’了。”

经典解读

陆澄所谓的好色、好利、好名等心，是清晰可见的私欲，而闲思杂念则是隐蔽不明的私心。归根到底，它们还是从好色、好利、好名之心而起，只是尚未发展到明白可察的程度，若不及时加以克制，将其扫除干净，它们必然会与日俱增。就如，华歆听到做官的鼓吹声，就想出去看个究竟，就不能沉心学习了，这便是初始时的杂念，等到他逼迫献帝、鸩杀皇子之时，好利、好权之心便暴露无遗了；再如华督，看到美女便心生希慕，一句“美而艳”的感慨并不能给他扣上好色的帽子，但就是这点儿杂念，最终使其杀人丈夫、弑君作乱。

孔子说：“非礼勿视，非礼勿听，非礼勿言，非礼勿动。”就是为了让人消除一切闲思杂念，确保事事合乎礼义，如此才能及早收心敛性，不至于使私欲膨胀到不可收拾的地步。

原 文

问“志至气次”①。

先生曰：“志之所至，气亦至焉之谓，非极至、次贰之谓。‘持其志’，则养气在其中。‘无暴其气’，则亦持其志矣。孟子救告子②之偏，故如此夹持说。”

注　释

①志至气次：《孟子·公孙丑上》："夫志，气之帅也；气，体之充也。夫志至焉，气次焉；故曰：'持其志，无暴其气。'"

译　文

陆澄向先生请教"志至气次"的含义。

先生说："这句话是说志在哪里，气就在哪里，并非志为极致，气处其次的意思。'持其志'，则养气也就在其中了。'无暴其气'，也就是坚定志向。孟子是为了纠正告子的偏颇，才这样兼顾来说的。"

经典解读

告子认为："不得于言，勿求于心；不得于心，勿求于气。"意为，在言辞上有所不通，不必去心中寻求道理；心里有所不安，不必去气上寻找原因。孟子不认同这种观点，于是提出了"志至气次"之说。在朱子看来，孟子的观点是：心是根本，气是末枝，"不得于心，勿求于气"，是"急于本而缓其末"，这是可以的；但"不得于言，勿求于心"就是"既失于外，而遂遗其内"这是不恰当的。朱子认为，志也要养，气也要养——"人固当敬守其志，然亦不可不致养其气。"

但在阳明先生眼里，志和气是一个东西，凝之于心便是志，流充于体便是志，抓住心志这个根本，气自然随之而来了，不能说既养志，又要去特意养气，朱子的说法还是将二者分割了，这未免有些不恰当。而孟子之所以那么说，仅仅是纠正告子"勿求于心"的弊端，不是特意要将志和气分割的。

原　文

问："先儒[①]曰：'圣人之道必降而自卑，贤人之言则引而自高。'如何？"

先生曰："不然。如此却乃伪也。圣人如天，无往而非天。三光[②]之上天也，九地之下亦天也，天何尝有降而自卑？此所谓'大而化之'[③]也。贤人如山岳，守其高而已。然百仞者不能引而为千仞，千仞者不能引而为万仞。是贤人未尝引而自高也，引而自高则伪矣。"

注　释

①先儒：指程颐、朱熹。

②三光：日、月、星辰。

③大而化之：《孟子·尽心下》：“充实而有光辉之谓大，大而化之之谓圣。”即心性修养达到了圣人的境界，内心充满善且光明正大地表现出来，又能融会贯通。

译文

陆澄问：“先儒说‘圣人之道必降而自卑，贤人之言则引而自高。’这话怎么样呢？”

先生说：“并非如此。如此就是虚伪、做作了。圣人就像天一样，无往而不在。日月星辰之上是天，九地之下也是天，天为什么要自降身份显示卑微呢？这就是孟子所说的‘大而化之’。贤人就如山岳，只是保持自己的高度罢了。然而，百仞高的山不能拔高为千仞，千仞高的山不能拔高为万仞。所以贤人未曾抬高自己，抬高自己就显得虚伪了。”

经典解读

程颐认为圣人言道一定谦卑自降，就如孔子温、良、恭、俭、让，常自称无才、不能；而贤人弘道一定引而自高，就如孟子，常流露出浩然之气，认为“舍我其谁”。对此，朱熹解释说：“圣人之道，必降而自卑，不如此则人不亲；贤人之言，则引而自高，不如此则道不尊。观于孔子、孟子，则可见矣。”

但阳明先生却不这样认为，他觉得孔子不是故意降而自卑，孟子也不是故意引而自高，如果他们是故意降低自己或抬高自己，那就是虚伪做作了。孔、孟都是圣人，他们就如天一样可高可卑，他们之所以流露出卑、高不同的气质，完全是时代、环境所决定的。他们从未刻意去做出什么姿态，只是时刻遵从天理而已。

原文

问：“伊川谓‘不当于喜怒哀乐未发之前求中’，延平[①]却教学者看未发之前气象，何如？”

先生曰：“皆是也。伊川恐人于未发前讨个中，把中做一物看，如吾向所谓认气定时做中，故令只于涵养省察上用功。延平恐人未便有下手处，故令人时时刻刻求未发前气象，使人正目而视惟此，倾耳而听惟此，即是‘戒慎不睹，恐惧不闻’的工夫。皆古人不得已诱人之言也。”

注释

①延平：李侗，字愿中，世称延平先生，为程颐三传弟子。

译文

陆澄问："程颐先生说'不当于喜怒哀乐未发之前求中'，延平先生却教育学者要看未发之前的气象，他们谁说得对呢？"

先生说："都正确。程颐先生恐人在未发之前寻求一个中，将中当作一件东西看，就像我曾经说的将气定当作中，因此教育学者只在涵养省察上用功。延平先生担心学生找不到下手处，因此教育学者时时刻刻寻求未发之前的气象，使人正目所见、倾耳所听都是未发之前的景象，这便是《中庸》中所说的'戒慎不睹，恐惧不闻'的功夫。这些都是古人为教导人不得不说的话。"

经典解读

"中"不是一件东西，只是涵养省察到一定程度而展现出来的气象，人只要专注于修心、存天理，自然会得到"未发之中"。而延平先生之说，主要是怕学者修行未至，不知从何处下手。让其"要看未发之前的气象"，就如让初学者在心性不定时先学静坐一样，主动地去克制私心杂念。静坐中得来的静，虽然不是真正的未发之中，但对于拴缚学者的心猿意马，亦有巨大帮助。

原文

澄问："喜、怒、哀、乐之中和，其全体常人固不能有，如一件小事当喜怒者，平时无有喜怒之心，至其临时，亦能中节，亦可谓之中和乎？"

先生曰："在一时一事，固亦可谓之中和。然未可谓之大本、达道①。人性皆善。中、和是人原有的，岂可谓无？但常人之心既有所昏蔽，则其本体虽亦时时发见，终是暂时暂灭，非其全体大用矣。无所不中，然后谓之大本；无所不和，然后谓之达道。惟天下之至诚，然后能立天下之大本。"

注释

①大本、达道：《中庸》："中也者，天下之大本也；和也者，天下之达道也。"

译文

陆澄问："喜怒哀乐的中和，就总体来说，普通人不能都具有。比如，一件小事该有所喜怒的，平时没有喜怒之心，到时也能发而中节，这也能称作中和吗？"

先生说："在一时一事上，固然也可以称为中和。然而不能说是大本、达道。人性本善。中、和都是人原有的，岂能说无？只是普通人的心有所昏暗蒙蔽，所以其本体虽然时刻显现，到底为时明时灭，非心的全体作用。无所不中，然后才能称为大本；无所不和，然后才能称为达道。唯有天下至诚之人，才能确立天下的大本。”

经典解读

在一两件小事上能够做到“喜怒哀乐未发”、“发而中节”，固然也可称为中、和。但这并没有什么可夸耀的，人心本就是善的，中、和自然在其中，即便是心被私欲蒙蔽的人也难免会做出一两件恰当的事来。学者追求中、和，绝不能限于几件事之上，而要下功夫，让自己做的每一件事都合乎中、和之道，也就是要消除心中的所有私欲，达到至诚的境界，让天理、本性时刻显现出来，而不是若隐若现。

其实人生各处都是这个道理，能够做几件好事不难，难的是事事都做得合乎道义；能够一时坚持原则不难，难的是一生都恪守原则而不放弃。普通人和圣贤的区别就在此处。

原　文

曰：“澄于中字之义尚未明。”

曰：“此须自心体认出来，非言语所能喻。中只是天理。”

曰：“何者为天理？”

曰：“去得人欲，便识天理。”

曰：“天理何以谓之中？”

曰：“无所偏倚。”

曰：“无所偏倚是何等气象？”

曰：“如明镜然，全体莹彻，略无纤尘染着。”

曰：“偏倚是有所染着，如着在好色、好利、好名等项上，方见得偏倚。若未发时，美色、名、利皆未相着，何以便知其有所偏倚？”

曰：“虽未相着，然平日好色、好利、好名之心原未尝无，既未尝无，即谓之有，即谓之有，则亦不可谓无偏倚。譬之病疟之人，虽有时不发，而病根原不曾除，则亦不得谓之无病之人矣。须是平日好色、好利、好名等项一应私心扫除荡涤，无复纤毫留滞，而此心全然廓然，纯是天理，方可谓之喜、怒、哀、乐未发之中，方是天下之大本。”

译　文

陆澄说：“我对‘中’字的意思还不甚理解。”

先生说："这须从心体上去认识，不是言语所能说明白的。中只是一个天理。"

陆澄问："何谓天理？"

先生说："将人欲去除干净，便识得天理了。"

陆澄问："天理为何称为中呢？"

先生说："无所偏倚。"

陆澄问："无所偏倚是什么样的气象？"

先生说："宛如明镜，全体莹彻，没有丝毫尘埃染着。"

陆澄问："偏倚是有所染着，如染着在好色、好利、好名等私欲上，才能见得便宜。若喜怒哀乐未发之时，美色、虚名、利禄都未显现，又怎么知道有所偏倚呢？"

先生说："虽然未显现，但平素好色、好利、好名之心并非没有。既然不是没有，就称作有，既然是有，就不能说无所偏倚。就像患了疟疾之人，虽然有时不犯病，但病根没有拔除，便不能称为无病之人。必须将平日的好色、贪利、慕名等私欲统统清理干净，不得有纤毫遗留，使此心彻底纯明澄澈，纯是天理，才能称作喜怒哀乐未发之中，才是天下的大本。"

经典解读

中就是不偏不倚，养得心体纯然天理，自然就能得到未发之中，学者求中只要在心体上下功夫即可。

一个人心中存在私心杂欲，没有遇到事情之时，并不会表现出来，但这不能称为未发之中；这样的人安静时也是谦谦君子，一副恬然和气的样子，但一旦遇到了事情，其心中的私欲就会萌发显露，他的行为也就很难不出现偏倚了。所以说，只有至诚之人，其心彻底纯明澄澈，纯是天理，无一丝私心杂念，才能称未发之中，才可谈大本、达道。

原 文

问："'颜子没而圣学亡'①，此语不能无疑。"

先生曰："见圣道之全者惟颜子。观喟然一叹②可见。其谓'夫子循循然善诱人，博我以文，约我以礼'，是见破后如此说。博文、约礼如何是善诱人？学者须思之。道之全体，圣人亦难以语人，须是学者自修自悟。颜子'虽欲从之，末由也已'，即文王'望道未见'意。望道未见，乃是真见。颜子没而圣学之正派遂不尽传矣。"

注释

①颜子没而圣学亡：王阳明《送甘泉序》："颜子没而圣人之学亡。"

②喟然一叹：《论语·子罕》颜渊喟然叹曰："仰之弥高，钻之弥坚，瞻之在前，忽焉在后。夫子循循然善诱人，博我以文，约我以礼，欲罢不能。既竭吾才，如有所立卓尔，虽欲从之，末由也已。"

译文

陆澄问："对于先生说的'颜子没而圣学亡'这句话，实在不能无疑。"

先生说："孔门弟子中窥见圣人之道全貌的只有颜子。从他喟然一叹中可以看出。他说'夫子循循然善诱人，博我以文，约我以礼'，只有识破圣人之道全貌的人才会如此说。'博文、约礼'为什么是善于教导他人的呢？做学问的人须仔细考虑。道的全体，圣人也难以向人言说，必须学者自修自悟。颜子说'虽欲从之，末由也已'，便是文王说的'望道未见'之意。望道未见，才是真见。颜子死后，圣学之道的正宗就不能完全流传下来了。"

经典解读

前面先生已经讲过，礼就是理，天理凝之于心便是约礼，充溢于身，流显于外，体现在万事万物上便是博文。颜子能悟此说，足以知其明心见性，已得窥见圣道之全体。

颜子说"虽欲从之，末由也已"和文王"望道未见"，都是"有若无，实若虚"，只有懂得道无形无穷、永无止境之人才能得到这种体悟，才能日新其德，以达到至诚。

在孔子的弟子中，只有颜子有这样深刻的体悟，只有他得到了圣人的真传，所以阳明先生才说"颜子没而圣学亡"。

原文

问："身之主为心，心之灵明是知，知之发动是意，意之所着为物，是如此否？"

先生曰："亦是。"

"只存得此心常见在，便是学。过去未来事，思之何益？徒放心耳！"

"言语无序，亦足以见心之不存。"

译文

陆澄问："身的主宰是心，心的灵明是知，知之发动是意，意之所着是物，是这样的吗？”

先生说：“这也说的对。”

先生又说：“只要常将此心存养，便是学。过去和未来的事，想它何益？只是失落本心罢了！”

先生还说：“说话没有条理，也足以看出未能存养本心。”

经典解读

“身之主为心，心之灵明是知，知之发动是意，意之所着为物”，格物、致知、诚意、修身，归根到底都是存养自己的本心，令心中纯然是个天理。只要存得此心常在，那便是最大的学问。人只须时时刻刻把持本心，念念不忘存天理、去人欲，那就没有必要为前事愧疚，没有必要为未来忧心，即把握当下。

存心至极，无论做什么事都会恰到好处，所以即便是很小的事，比如言谈举止，如果还不能收发自如、不偏不倚，那只能说明自己存心还不到火候。

原　文

尚谦①问孟子之不动心与告子异。

先生曰：“告子是硬把捉着此心，要他不动；孟子却是集义到自然不动。”

又曰：“心之本体，原自不动。心之本体即是性，性即是理。性元不动，理元不动。集义是复其心之本体。”

注　释

①尚谦：薛侃，字尚谦，号中离，阳明先生的弟子。

译　文

薛侃询问孟子的不动心和告子的不动心有什么区别。

先生说：“告子是硬捉着此心，强制其不懂；孟子确实集义到自然不懂。”

先生又说：“心之本体，原本不动。心之本体就是性，性就是理。性原本不动，理原本不动。集义就是恢复心之本体。”

经典解读

告子的不动心是勉强于外，孟子的不动心是集义于内。做个形象的比喻，有些人看到别人的东西好，就去夺取、占有，这就是心被利欲所动。告子的不动心，是看到那件东西好，心中想要，却告诉自己夺取他人的东西是不对的，强制自己不去夺取；而孟子的不动心，是去除私欲，使心中充满义，根本没有羡慕别人东西、前去占有的想法，自然也就不用勉强要求自己了。

心之本体原就是不懂得，人只要能存养天理，必然能使义充溢于心中，也就是达到了孟子那样的不动心。告子的做法在人心性未定的时候，可以辅助初学者固定心性，但要真正达到中和，还要像孟子那样才可。

原文

“万象森然时，亦冲漠无朕。冲漠无朕，即万象森然。冲漠无朕者，‘一’之父；万象森然者，‘精’之母。‘一’中有‘精’，‘精’中有‘一’。”

“心外无物。如吾心发一念孝亲，即孝亲便是物。”

译文

先生说：“森然万象，就是冲漠无朕。冲漠无朕，就是森然万象。冲漠无朕就包含着一，万象森然就孕育着精。‘一’中含‘精’，‘精’中含‘一’。”

“心外无物。比如，我心中产生一个孝亲的念头，那么孝亲便是物。”

经典解读

日本儒者佐藤一斋曾解释道：“心之本体，寂然不动，即冲漠无朕也。心之大用，感而遂通，即万象森然也。一中有精，本体工夫也；精中有一，工夫本体也。”心体本静，未着于物，是为冲漠无朕，但此时已然具备万事万物之理，故又可称为万象森然。世间万物森然罗列，都是心所照见，其于心中必有自然之理，故又可称为冲漠无朕。冲漠无朕是就心之本体而言，万象森然是就心之感用而言。冲漠无朕中包含着“一”，万象森然中体现着“精”。故曰：“一”中含“精”，“精”中含“一”。

原文

先生曰：“今为吾所谓格物之学者，尚多流于口耳。况为口耳之学者，能反于此乎？天理人欲，其精微必时时用力省察克治，方日渐有见。如今一说话之间，虽只讲天理，不知心中倏忽之间，已有多少私欲。盖有窃发而不知者，虽用力察之尚不易见，况徒口讲而可得尽知乎？今只管讲天理来顿放着不循，讲人欲来顿放着不去，岂格物致知之学？后世之学，其极至只做得个‘义袭而取’[①]的工夫。”

注 释

①义袭而取：《孟子·公孙丑上》：“（浩然之气）是集义所生者，非义袭而取之也。”义袭而取指依靠偶尔的行动符合道义，从外部得到。

译 文

先生说：“现在从事我说的格物之学的人，大多还停滞在言论之上。更何况从事空谈之学的人，能够不这样吗？天理人欲，其精微之处，必须时时用力省察克治，方能日有所得。如今在谈话的时候，句句不离天理，却不知倏忽之间，心中已经生出了多少人欲。有的私欲悄悄产生，即便是用力省察尚且难见，更何况徒口空谈，能全部知道吗？如今只管空谈天理放着不去遵循，只管空谈人欲放着不去扫除，怎么算是格物致知的学问？后世的学问，做到极致也只算得‘义袭而取’的功夫。”

经典解读

知行合一，多省察克治，观照内心，凡事从天理出发，这才是真正的格物致知。否则，每日只知道空谈，不去反观内心，只能从外求些做事的标准，这都是无源之水，真正遇到了事情，还是不知所守。这样的仁义道德便是“义袭而取”，而非集义所生。

原 文

问格物。

先生曰：“格者，正也，正其不正以归于正也。”

问：“‘知止’者，知至善只在吾心，元不在外也，而后志定。”

曰：“然。”

问：“格物于动处用功否？”

先生曰：“格物无间动静，静亦物也。孟子谓‘必有事焉’，是动静皆有事。”

“功夫难处，全在格物致知上。此即诚意之事。意既诚，大段心亦自正，身亦自修。但正心、修身功夫亦各有用力处。修身是已发边，正心是未发边。正心则中，身修则和。”

“自‘格物’‘致知’至‘平天下’，只是一个‘明明德’，虽‘亲民’亦‘明德’事也。‘明德’是此心之德，即是仁。‘仁者以天地万物为一体’，使有一物失所，便是吾仁有未尽处。”

“只说‘明明德’而不说‘亲民’，便似老、佛。”

“至善者性也，性元无一毫之恶，故曰至善。止之，是复其本然而已。”

译文

陆澄请教格物的内涵。

先生说："格，就是正，端正不正的，使其回归于正。"

陆澄又问："'知止'，就是知道至善只存在我心中，原本不在心外，而后才能安定心志，是这样吗？"

先生说："是这样的。"

陆澄又问："格物是否应该在动时用功？"

先生回答："格物无谓动静，静也是物。孟子说'必有事焉'，就是动静皆有事。"

先生又说："功夫的难处，全落在格物致知上。也就是说是否诚意。意诚，大体上心也自然端正，身也自然修养。但正心、修身的功夫各有不同用力处。修身侧重已发上，正心侧重未发上。心正则中，身修则和。"

先生又说："从'格物''致知'至'平天下'，只是一个'明明德'，即便是'亲民'，也是'明德'之事。'明德'是此心之德，即是仁。'仁者以天地万物为一体'，倘若在一物之上做得不够，便是我的仁有不完善处。"

"如果只说'明明德'而不说'亲民'，就很像老庄和佛教的思想。"

先生又说："至善说的是性，性原本无一毫之恶，所以称之为至善。止于至善，就是恢复性的本来面目而已。"

经典解读

在这里先生对《大学》中最重要的一些概念——明明德、亲民、止于至善、格物、致知、修身、治国、平天下——做了全面的梳理概括。各条深意，前面多有提及，不再赘述。

人们多对"使有一物失所，便是吾仁有未尽处"心存疑惑，想天下有那么多不正之事物，难道就是我的仁做得不够吗？这种理解就错了，阳明先生的物是由自心而出，别的地方事物不正，但你并未知道，这对于你的仁是没有损害的。譬如，孔子生活的时候，有暴虐百姓的君主，有残杀平民的强盗，但这些孔子并未遇到，所以不能将其归罪于孔子不仁？假如孔子遇到了的话，他一定会前去劝阻那些君主，制止那些盗贼，尽自己所能拯救那些受到伤害的人。可如果身边发现了这样的事，自己视在眼中，听在耳中，却没有任何恻隐之心，没有做出任何反应，那就是在仁上有所缺失了。

知行合一，重要的是有行仁之意愿，而非看重结果。孔子看到鲁国君不君、臣不臣的样子，想要堕三都，但他失败了，这亦是行仁了，虽然未能完成"正物”，但于孔子的仁没有什么损害。孟子在齐国时，遇到灾荒，有人希望孟子去向齐王请求放粮，但孟子知道齐王根本不会听从自己的，所以他没有去请求，这对孟子的仁也没有损害，因为孟子心中是同情百姓的，但实在因能力有限。现在我们看到了一些不正的现象，但无力去完全改变它们，这没什么，只要我们有是非之心、恻隐之心，能够尽自己的心，做些力所能及的事就足够了。

原　文

问：“知至善即吾性，吾性具吾心，吾心乃至善所止之地，则不为向时之纷然外求而志定矣。定则不扰扰而静；静而不妄动则安；安则一心一意只在此处。千思万想，务求必得此至善，是能虑而得矣。如此说是否？”

先生曰：“大略亦是。”

译　文

陆澄问：“如果知道至善就是我的本性，我的本性在我心中具备，我心便是至善所止之处。那么，我就不会像从前那样急着向外求取，志也就定了。志定就不会有扰动，便能静；静而不妄动，便是安；安就能一心一意在至善处。千思万想，务必求得这至善，所以，思虑就能达到至善。这样解释，是否正确？”

先生说：“大致如此。”

经典解读

陆澄叙述了自己学习《大学》的一些心得，先生对他的观点表示了认同。

人的本性就是至善的，内心就是性存之处，只要能一心一意修心存性，自然能达到至善的境界，何必去外面求取！

原　文

问：“程子云：‘仁者以天地万物为一体。’何墨氏兼爱，反不得谓之仁？”

先生曰：“此亦甚难言，须是诸君自体认出来始得。仁是造化生生不息之理，虽弥漫周遍，无处不是，然其流行发生，亦只有个渐，所以生生不息。如冬至一阳生，必自一阳生而后渐渐至于六阳。若无一阳生，岂有六阳？阴亦然，惟有渐，所以便有个发端处，惟其有个发端处，所以生。惟其生，所以不息。譬之木，其始抽芽，便是木之生意发端处。抽芽然后发干，发干然后生枝生叶，然后是生生不息。若无芽，何以有干有枝叶？能抽芽，必是下面有个根在，有根方生，无根便死。无根何从抽芽？父子、兄弟之爱，便是人心生意发端处，如木之抽芽。自此而仁民，而爱物，便是发干生枝生叶。墨氏兼爱无差等，将自家父子、兄弟与途人一般看，便自没了发端处。不抽芽，便知得他无根，便不是生生不息，安得谓之仁？孝弟为仁之本，却是仁理从里面发出来。”

译文

陆澄问：“程子说：‘仁者以天地万物为一体。’为何墨家的兼爱，反而不能称为仁呢？”

先生说：“这个问题很难说清，必须要诸位自己用心深刻体会。仁是自然造化生生不息的理，虽弥漫宇内，无处不存，但其流行发生也是逐步渐进的，所以才能生生不息。就如冬至时一阳开始产生，一定是从一阳而渐渐发展到六阳。若无一阳产生，怎么能到六阳？阴也是如此，惟其有一个渐进，所以就必有一个发端处；惟其有个发端处，所以才能生；惟其能生，所以才能不息。这好比一棵树，开始抽芽，便是树的生长发端处。抽芽然后发干，发干然后生枝生叶，然后才能生生不息。如果没有芽，何以有枝叶？能抽芽，必是下面有个根在，有根方生，无根便死。无根何从抽芽？父子、兄弟之爱，便是人心生意发端处，如木之抽芽。自此而仁民，而爱物，便是发干生枝生叶。墨家的兼爱无等差，是将自家的父子、兄弟和路人一般看，便是没有了亲爱的发端之处。不抽芽，便知道他没有根基，便不能生生不息，怎么能称为仁？孝悌是仁的根本，仁理就是从孝悌中产生出来的。”

经典解读

这里，先生主要就儒家的仁爱和墨家的兼爱进行了区别辨析。儒家的仁爱是渐进而发，由对父母兄弟的亲爱而推及到其他人身上，最终无处不是，弥漫周边；而墨家的兼爱上来就讲“爱无等差”，将他人摆在和父母兄弟相同的位置上，这是不现实的。对父母兄弟的爱，出自人之本性，自然而发，这种爱就是儒家仁爱的根，从这个根出发，“老吾老，以及人之老；幼吾幼，以及人之幼”，将爱推及开来，仁心才能如源泉滚滚，不息不尽。墨家的兼爱，没有这个根，只是勉强告诉自己应去爱别人，去为别人服务，这种境界远远超出了人的常性，就如无根之水，虽也滂沱溥博却无法持续。

儒家的仁爱，看到别人受苦，想到的是“如果我的父兄受苦我会如何做”，于是发自内心的恻隐之心，去帮助他人；而墨家的兼爱看到别人受苦，会想到“圣人教育我们，遇到这种情况应该去帮助别人”，帮助别人完全是来自外来的一种认知。一个是集义所生，一个是义袭而取，看似相近，但出发点、动力都完全不同。

原 文

问：“延平云：‘当理而无私心。’当理与无私心，如何分别？”

先生曰：“心即理也。无私心即是当理，未当理便是私心。若析心与理言之，恐亦未善。”

又问：“释氏于世间一切情欲之私，都不染着，似无私心；但外弃人伦，却似未当理。”

曰：“亦只是一统事，都只是成就他一个私己的心。”

译 文

陆澄问：“延平先生说：‘当理而无私心。’当理与无私心，如何分别？”

先生说：“心就是理。无私心就是当理，未当理便是有私心。若将心与理分割而言，恐怕不当。”

陆澄又问：“佛家对于人世间的一切私欲都不沾染，这应该是无私心的吧？但他们抛弃人伦，却似乎不符合天理。”

先生说：“佛家和世人其实是一回事，两者都是成就他个人的私心。”

经典解读

心便是理，当理便是无私心，延平先生的话是将理和心分割而言，所以阳明先生以为未善。

原 文

侃问：“持志如心痛，一心在痛上，安有工夫说闲话，管闲事？”

先生曰：“初学功夫如此用亦好，但要使知‘出入无时，莫知其乡’。心之神明原是如此，功夫方有着落。若只死死守着，恐于功夫上又发病。”

译 文

薛侃问：“操守志向就如心痛一般，一心只在痛上，哪里有工夫说闲话、管闲事?”

先生说:“开始学习,下功夫如此也好,但必须知道‘出入无时,莫知其乡’。心之神明原本如此,功夫方有着落。若只死死守着志向,在功夫之上恐怕又会出现问题。”

经典解读

先生说过“知与充与遏者,志也”,持志也就是要去主动扩充善念、遏止恶念,这对初学者当然是好的。但须知心的本体原就是纯然天理,只要修心到了至诚、从心所欲不逾矩的境界,心中无一毫人欲,又何必再刻意去“与充与遏”呢?所以,时时不忘于心中所存天理即可,不必死死守着志向。

原　文

侃问:“专涵养而不务讲求,将认欲作理,则如之何?”

先生曰:“人须是知学。讲求只是涵养,不讲求只是涵养之志不切。”

曰:“何谓知学?”

曰:“且道为何而学?学个甚?”

曰:“尝闻先生教,学是学存天理。心之本体即是天理,体认天理,只要自心地无私意。”

曰:“如此则只须克去私意便是,又愁甚理欲不明?”

曰:“正恐这些私意认不真。”

曰:“总是志未切。志切,目视、耳听皆在此,安有认不真的道理?‘是非之心,人皆有之’,不假外求。讲求亦只是体当自心所见,不成去心外别有个见。”

译　文

薛侃问:“若只专注于德行上的涵养,而不讲求知识,错将人欲当作了天理,该怎么办呢?”

先生说:“人应当知学。讲求也是涵养,不讲求只是因为涵养的志向不够真切。”

薛侃问:“什么是知学呢?”

先生说:“姑且先说说什么是学?学个什么?”

薛侃回答:“曾闻先生教诲,学是学存天理。心的本体便是天理,体认天理,只要使自己心中没有私欲。”

先生说："如此只要克去私欲就够了，又何愁天理和人欲不能明辨?"

薛侃说："正是担心这些私欲不能认清。"

先生说："那仍是志向不真切的问题。志向真切，耳闻目见的都在此处，哪有认不清的道理？孟子说，'是非之心，人皆有之'，无须向外界寻求，讲求知识也只是体会自己心中所见，不是去心外另找他见。"

经典解读

先生一直教人"去人欲，存天理"、"只求于心，不求于外"，薛侃于是产生了疑惑：如果不从外面学习，讲求知识，人怎么能分得清什么是人欲、什么是天理呢？会不会将人欲当成天理，做着错事而不自知呢？先生告诉他，讲求知识也只是存养德行的一部分，"是非之心，人皆有之"，若不能分辨什么是人欲，什么是天理，那还是涵养的功夫不够。

讲求知识，也只是要向自己的心中求索，心中明了了，才是真的讲求明白了，这便是知学。不求于心，将别人的教导死记硬背地记住，对于自己的德行是不会有增益的。

《明儒学案》中曾记载，有人向薛侃提出同样的问题："理欲不明。"薛侃回答："贼是人做的，人是天生的。"问者表示不明白。薛侃说："自不欺心，有甚欲不明？自不违天，有甚理不明?"人只要不欺心、不违天，怎么会有理欲不明的困惑呢？这正是阳明先生对薛侃的教导。

原文

先生问在坐之友："此来工夫何似?"

一友举虚明[①]意思。先生曰："此是说光景[②]。"

一友叙今昔异同。先生曰："此是说效验。"

二友惘然请是。

先生曰："吾辈今日用功，只是要为善之心真切。此心真切，见善即迁，有过即改，方是真切工夫。如此，则人欲日消，天理日明。若只管求光景，说效验，却是助长外驰病痛，不是工夫。"

注释

①虚明：内心空明，清澈明亮。

②光景：表面情况，现状。

译文

先生问在座的朋友："近来功夫如何？"

一友用虚明来形容。先生说："这是说现状。"

一友言说今昔的异同。先生说："这是说效果。"

两人茫然不解，向先生请教正确答案。

先生说："我们今日用功，只是要使为善之心真切。此心真切，见到善就会向往，见到过就会改正，这才是真切的功夫。如此，人欲就会日渐消亡，天理便会日渐明澈。若只求现状，说效果，却反倒助长了外求的弊端，算不上真功夫了。"

经典解读

前面阳明先生已经讲过做功夫要"必有事焉而勿正"，也就是说一心一意只在存天理、去人欲上，不可好高骛远，不要对修为有所期待，这里说的还是这个问题。

先生问近来功夫下得如何？两人一个人以光景回答，就是说自己修心已经达到了什么样的境界了；另一人以今昔异同回答，就是说自己取得了多少进步。先生于是告诉他们，到了什么境界、取得多少进步，都不是学者下功夫所该看重的，学者只要为善之心用得真切，是不在乎进步多少，达到多高的。虽然进步、现状能给人以鼓励，但若将它们视为功夫，就会助长外求的弊端，失去了修心的根本。

原文

朋友观书，多有摘议晦庵者。先生曰："是有心求异，即不是。吾说与晦庵时有不同者，为入门下手处有毫厘千里之分，不得不辩。然吾之心与晦庵之心未尝异也。若其余文义解得明当处，如何动得一字？"

译文

朋友们读书，多有批评、议论朱子的。先生说："这是刻意求异，是不对的。我的主张和朱子有时不同，主要是因为学问的入门下手处存在毫厘千里之别，不得不明辩。然而，我的心和朱子的心未尝不同。如在他对文义解释得清晰精确之处，我怎么能改动一个字呢？"

经典解读

阳明以正心诚意入门，朱子以格物穷理入门，二者虽然在下功夫的着重点上有所区别，但都是为了明明德，为了追求先圣的仁义之道，其学说本质是没有区别的。“君子和而不同”，学者要看到两者的差异，但也不能吹毛求疵、文人相轻。若专注于摘议别人的过失，来标榜自己的高明，那就沦为下流，不是真心下功夫、求学问了。

原 文

希渊[①]问：“圣人可学而至，然伯夷、伊尹于孔子才力终不同，其同谓之圣者安在?”

先生曰：“圣人之所以为圣，只是其心纯乎天理而无人欲之杂。犹精金之所以为精，但以其成色足而无铜铅之杂也。人到纯乎天理方是圣，金到足色方是精。然圣人之才力，亦有大小不同，犹金之分两有轻重。尧、舜犹万镒，文王、孔子犹九千镒，禹、汤、武王犹七、八千镒，伯夷、伊尹犹四、五千镒。才力不同，而纯乎天理则同，皆可谓之圣人。犹分两虽不同，而足色则同，皆可谓之精金。以五千镒者而入于万镒之中，其足色同也。以夷、尹而厕之尧、孔之间，其纯乎天理同也。盖所以为精金者，在足色，而不在分两。所以为圣者，在纯乎天理，而不在才力也。故虽凡人，而肯为学，使此心纯乎天理，则亦可为圣人。犹一两之金，比之万镒，分两虽悬绝，而其到足色处，可以无愧。故曰‘人皆可以为尧舜’者以此。学者学圣人，不过是去人欲而存天理耳。犹炼金而求其足色，金之成色所争不多，则锻炼之工省，而功易成。成色愈下，则锻炼愈难。人之气质清浊粹驳，有中人以上、中人以下，其于道有生知安行、学知利行，其下者必须人一己百、人十己千，及其成功则一。后世不知作圣之本是纯乎天理，欲专去知识才能上求圣人，以为圣人无所不知，无所不能，我须是将圣人许多知识才能逐一理会始得。故不务去天理上着工夫。徒弊精竭力，从册子上钻研，名物上考索，形迹上比拟。知识愈广而人欲愈滋，才力愈多而天理愈蔽。正如见人有万镒精金，不务锻炼成色，求无愧于彼之精纯，而乃妄希分两，务同彼之万镒，锡、铅、铜、铁杂然而投，分两愈增而成色愈下，既其梢末，无复有金矣。”

时曰仁在旁，曰：“先生此喻，足以破世儒支离之惑，大有功于后学。”

先生又曰：“吾辈用功，只求日减，不求日增。减得一分人欲，便是复得一分天理，何等轻快脱洒，何等简易!”

注释

①希渊：蔡宗兖，字希渊，号我斋，浙江山阴人，阳明先生的弟子。

译文

蔡希渊问："人固然可以通过学习成为圣人，然而，伯夷、伊尹和孔子相比才力终究不同，孟子将他们同称为圣人，原因何在？"

先生说："圣人之所以为圣人，只是因为其心纯然天理而无人欲夹杂。就如精金之所以为精金，只因它成色充足而无铅铜等杂质。人修养到心中纯然天理便是圣人，金冶炼到成色充足无杂便是精金。然而，圣人的才力也有大小不同，就如金子的分量有轻有重一般。尧、舜就如万镒之金，文王、孔子就如九千镒之金，禹、汤、武王如七八千镒，伊尹、伯夷如四五千镒。才力虽然不同，但心中纯然是天理这点相同，便都可以称为圣人。就像金子分量虽然不同，而成色都一样充足，便都可以称为精金。将五千镒放入万镒之中，其成色相同；将伯夷、伊尹列于尧舜、孔子之间，其心纯然天理相同。金之所以为精金，在成色充足，而不在分量；人之所以为圣人，在其心纯然天理，而不在才力。所以，即便是普通人，只要肯为学，使自心纯然天理，也可成为圣人。就像一两金子，比于万镒之金，虽然分量悬殊，但在成色充足上无所愧歉。孟子说'人皆可以为尧舜'的道理就在此处。学者学习圣人，只不过是去人欲、存天理罢了。就像炼金而求其成色充足，金的成色相差不大，则锻炼的功夫就省许多，且容易成功。成色愈加低下，则锻炼起来就愈难。人的气质有清浊驳杂之分，有中人以上者、中人以下者，对于道有生知安行者、有学之利行者，素质低下的人必须加倍努力，人一己百，人十己千，到了成功其境界都是一样的。后世儒者不懂圣人的根本在于心中纯然天理，妄图专去知识才能上追求做圣人，以为圣人无所不知、无所不能，自己只需要将圣人许多知识一一学会就可以了，所以不去存天理上下功夫，弊精竭力，徒劳地从书本上钻研，在名物上考究，在形迹上比拟。这样，知识越广而私欲越多，才力越高而天理越蒙蔽。正如见到别人有万镒精金，不锻炼自己的成色，追求精纯，却妄慕人家的分量，务必要令自己也有万镒，于是将锡、铅、铜、铁等都杂投进去，分量越增加而成色越低下，炼到了最后，连金子都看不到了。"

其时徐爱在一旁，说："先生这个譬喻，足以破解世儒支离的困惑，对后学者大有裨益。"

先生又说："我们做功夫，但求日减，不求日增。减去一分人欲，便又多得一分天理。如此为学，是何等轻快洒脱，何等简捷便易啊！"

经典解读

圣人之所以为圣人，只是内心纯然天理罢了。只要我们能像圣人那样修养自己的内心，念念不忘去人欲、存天理，总有一天我们也能成为道德高尚的圣人。人的才力有限、境遇悬殊，不是谁都能成就孔子、孟子、尧、舜、禹、汤那样的功业，但只要我们能够努力，人一己百，人十己千，一定能够成就一个最好的自己。虽然成就大小悬殊，但在道德境界上我们却能和圣人一样高明。

阳明先生用金子的成色、分量来比较人的道德境界和所成功绩，真是形象生动、恰到好处。既指出了世儒追求圣人之道贪图知识的错误，也鼓励了学者不要妄自菲薄，不要自暴自弃。

原 文

士德[①]问曰："格物之说，如先生所教，明白简易，人人见得。文公[②]聪明绝世，于此反有未审，何也？"

先生曰："文公精神气魄大，是他早年合下便要继往开来，故一向只就考索著述上用功。若先切己自修，自然不暇及此。到了德盛以后，果忧道之不明。如孔子退修六籍，删繁就简，开示来学，亦大段不费甚考索。文公早岁便著许多书，晚年方悔，是倒做了。"

士德曰："晚年之悔，如谓'向来定本之误'，又谓'虽读得书，何益于吾事'，又谓'此与守旧籍，泥言语，全无交涉'[③]，是他到此方悔从前用功之错，方去切己自修矣。"

曰："然。此是文公不可及处。他力量大，一悔便转。可惜不久即去世，平日许多错处，皆不及改正。"

注 释

①士德：杨骥，字士德，广东潮州人，阳明先生的弟子。

②文公：朱熹的谥号。

③上述所引三段话，分别出自朱熹的《答黄直卿书》《与只子约》《答何叔京》。

译 文

杨士德问："格物之说，诚如先生所教，简单明白，人人都懂。朱子聪明绝世，在此处反而没弄明白，这是为何呢？"

先生说："朱子气魄宏伟，早年便下决心要继往开来，因此一向在考索、著述上下功夫。如果先切己自修，自然无暇在考索和著述上下功夫了。等到德行高时，忧虑大道不明于世。便可效仿孔子那样，修著六经，删繁从简，启示后来学者，这大体上也无须多少考证功夫。朱子早年之时就写了不少书，到晚年时才后悔，知道功夫给做颠倒了。”

杨士德说：“晚年之悔，就如他说的‘向来定本之误’、‘虽读得书，何益于吾事’、‘此与守旧籍，泥言语，全无交涉’，是他到了这时才悔悟从前用功错了，才去切己自修了。”

先生说：“是。但这也是朱子的他人所不及之处。他功力深厚，一知悔悟便能回转过来。可惜不久便去世了，平日的许多错处，还未来得及改正。”

经典解读

阳明先生虽然敬佩朱子，但他不赞同朱子格物穷理的做学问方式，认为下功夫要以己心为出发点，从正心开始，然后才能正外物，穷物理。在他看来，朱子之所以会犯这样的错误，是因为早年便立下继往开来的大志，故一味地在考索著述上用功，没能足够地去反观自心。

考究著述经典，固然是一种严谨的做学问方式，亦可教育后学。然须知圣人之道，皆由心出，其言语文字只不过是下学而已，只有体悟其心，才能达到上达的境界。将太多的精力花费在考索书本上，实际是走了弯路。阳明先生认为朱子晚年已经知道自己走了弯路，心有悔意，可世上崇尚朱子之学的儒者，却恍然不悟，只沉浸在朱子早年的见解之中，对他晚年的醒悟视而不见，于是他编纂了一本《朱子晚年定论》的集子，来表明朱熹对早年著述的悔过之意。

但需要注意的是，所谓朱子晚年后悔也只是阳明先生的一家之言，后人多有不认同者，如当时的罗洪先，后世的顾炎武等。罗洪先曾说：“夫子以天纵之圣，不以生知自居，而曰好古敏求，曰多闻多见，曰博文约礼，至老删述不休，犹欲假年学《易》。朱子一生效法孔子，进学必在致知，涵养必在主敬，德性在是，问学在是。如谬以朱子为支离，为晚悔，则是吾夫子所谓好古敏求，多闻多见，博文约礼皆早年之支离，必如无言、无知、无能为晚年自悔之定论也。以此观之，则‘晚年定论’之刻，真为阳明舞文之书矣。”他们认为阳明先生所谓的朱子后悔，只是为了曲解朱子的本意，强使其符合陆、王心学的见解，以证明自己的学说的合理性。圣人之心，固非常人之所易知，至于朱子是否后悔，阳明先生的见解是否正确，自来争论纷纭，仁者见仁，智者见智，此问题的答案还需读者自己去阅读先贤著作思索而得。

原文

侃去花间草，因曰："天地间何善难培，恶难去？"

先生曰："未培未去耳。"少间，曰："此等看善恶，皆从躯壳起念，便会错。"

侃未达。

曰："天地生意，花草一般。何曾有善恶之分？子欲观花，则以花为善，以草为恶。如欲用草时，复以草为善矣。此等善恶，皆由汝心好恶所生，故知是错。"

曰："然则无善无恶乎？"

曰："无善无恶者理之静，有善有恶者气之动。不动于气，即无善无恶，是至善。"

曰："佛氏亦无善无恶，何以异？"

曰："佛氏着在无善无恶上，便一切都不管，不可以治天下。圣人无善无恶，只是'无有作好'①，'无有作恶'，不动于气。然'遵王之道'，会其有极，便自一循天理，便有个裁成辅相②。"

曰："草即非恶，即草不宜去矣。"

曰："如此却是佛、老意见。草若有碍，何妨汝去？"

曰："如此又是作好作恶。"

曰："不作好恶，非是全无好恶，却是无知觉的人。谓之不作者，只是好恶一循于理，不去又着一分意思。如此，即是不曾好恶一般。"

曰："去草如何是一循于理，不着意思？"

曰："草有妨碍，理亦宜去，去之而已。偶未即去，亦不累心。若着了一分意思，即心体便有贻累，便有许多动气处。"

曰："然则善恶全不在物。"

曰："只在汝心，循理便是善，动气便是恶。"

曰："毕竟物无善恶。"

曰："在心如此，在物亦然。世儒惟不如此，舍心逐物，将格物之学错看了，终日驰求于外，只做得个'义袭而取'，终身行不著，习不察。"

曰："如好好色，如恶恶臭，则如何？"

曰："此正是一循于理，是天理合如此，本无私意作好作恶。"

曰："如好好色，如恶恶臭，安得非意？"

曰："却是诚意，不是私意。诚意只是循天理。虽是循天理，亦着不得一分意。故有所忿懥好乐，则不得其正。须是廓然大公，方是心之本体。知此，即知未发之中。"

伯生[③]曰："先生云：'草有妨碍，理亦宜去。'缘何又是躯壳起念？"

曰："此须汝心自体当。汝要去草，是什么心？周茂叔窗前草不除，是什么心？"

注释

①无有作好：《尚书·洪范》："无有作好，遵王之道；无有作恶，遵王之路。无偏无党，王道荡荡；无党无偏，王道平平；无反无侧，王道正直。"

②裁成辅相：《易经·泰卦》："天地交泰，后以裁成天地之道，辅相天地之宜，以左右民。裁成，剪裁成适用的样子；辅相，辅佐帮助。"

③伯生：孟源，字伯生，阳明先生的弟子。

译文

薛侃在清除花间杂草时，顺便问道："为何天地间的善难以培育，恶难以铲除呢？"

先生说："既未培养，也未铲除。"片刻之后，又说："如此看待善恶，只是从形体上起念，便会出错。"

薛侃未能明白。

先生说："天地生长化育之意，对于花草是一样的。哪里有什么善恶之分？你要观花，便以花为善；你要用草，又以草为善。这些善恶都是由你自心的好恶所生，若从形体上看就错了。"

薛侃问："那么世上是无善无恶的了？"

先生说："无善无恶是理之静，有善有恶是气之动。不为气所动，便是无善无恶，便是至善。"

薛侃问："佛教也主张无善无恶，有什么区别呢？"

先生说："佛教执着于无善无恶，其余的便一切都不管，不可以治理天下。圣人无善无恶，只是不要有意为善，不要有意为恶，不为气动。然遵循先王之道，达到极致，便能自然依循天理。便能'裁成天地之道，辅助天地之宜'。"

薛侃说："草既然不恶，那么，也就无须拔除了。"

先生说："如此则又成了佛家、道家的主张。如果草有所妨碍，干嘛不拔除？"

薛侃说："这样不又是有意为善、为恶了吗？"

先生说："不着意去为善、为恶，并非说全无好恶，那样就是一个麻木无知的人了。所谓的不着意，只是说好恶全凭天理，不会夹杂一分私心。如此，就与不曾好恶是一样的了。"

薛侃问："除草时，如何全凭天理而不杂人欲呢？"

先生说："草有所妨碍，应该拔除，就要拔除。有时虽然没有拔除干净，也不放在心上。如果在意的话，便会成为心中累赘，便会为气所动。"

薛侃说："如此说来，善恶全然与物无关了。"

先生说："善恶自在你心中，遵循天理即是善，为气所动即是恶。"

薛侃说："物的本身毕竟没有善恶。"

先生说："在心如此，在物也如此。世上儒者只是不懂这一点，舍心逐物，将格物的学问认错了。成天向外去求索，只能做到'义袭而取'，终身也是行而不明，习而不察。"

薛侃问："对于'好好色，恶恶臭'，又该怎样理解呢？"

先生说："这正是始终遵循天理，天理本当如此，本来就没有私意故作善恶。"

薛侃问："'好好色，恶恶臭'又怎么说没有着意呢？"

先生说："这是诚意，而非私意。诚意只是遵循天理，虽然遵循天理，也不能再添加一分故意。因此，有一丝忿恨与欢乐，心就不能中正。廓然大公，才是心之本体。明白这些就能明白什么是'未发之中'了。"

孟源问："先生说，'草有妨碍，理宜去除'，为何又是从躯壳上起念呢？"

先生说："这需要你在自己心中体悟。你要除草，是出于什么心？周茂叔窗前草不除，他又是出于什么心？"

经典解读

本段文字是阳明先生和弟子们在拔草时引发的对话，其中谈到的问题较多，也比较深刻，值得思考。

首先对如何看待善恶上，薛侃感慨"善难培，恶难去"，先生告诉他之所以觉得难，是因为"未培未去耳"，即天理私欲皆在人心"操则存，舍则亡"，难只是因为自己省察的功夫不够。

看到弟子不能领悟，先生又补充说：看善恶不能只在躯壳上看，要在心中起念。即正心才能明辨善恶，心有所偏僻，则善恶不能明。若认为自己喜欢的就是善，自己厌恶的就是恶，那就是自以为是了。

那世上是无善无恶吗？先生认为在一定程度上可以说是无善无恶的。薛侃更加疑惑，这岂不成了佛家的观点？于是先生告诉他，佛家的无善无恶是什么都不管，让人陷入空寂之中。而圣人的无善无恶是没有主观上的善恶偏见，即《大学》中所说的："好而知其恶，恶而知其美。"

喜欢一件事物，也要明白它不足的地方；厌恶一个人，也要知道他的可取之处。天生万物，有善有恶，但正如道家所言"天地不仁，以万物为刍狗"，无论是人们认为好的，还是恶的，天地都不抛弃它，都公平、平等地对待它们，使它们得到最好的发展。圣人遵循天理也是如此，他们无有作好，无有作恶，不偏不党，不弃不纵。亲爱的人他们不会放纵，有过的人他们不会抛弃。比如，孔子对于互乡童子，认识其短处，但还能肯定其长处，对其加以教导。比如，孟子对于齐宣王，虽然他有很多缺点，但孟子还是不愿放弃他，想要让他归于仁道，造福百姓。

人只要心中存着天理，不夹杂着一分私欲，那什么样的人不能包容，什么样的人不能感化呢？一个人如果时刻不离仁道，还能引导他人向仁，那别人的恶在他眼中又算得了什么呢？"公山弗扰以费畔，召，子欲往""佛肸召，子欲往"正是因为孔子达到了至诚的境界，别人的善恶都不能影响到他，即便是面对世人避之惟恐不及的恶人，孔子也能引导他们向善，借助他们来推行仁道。

仁者内心全无主观的善恶，所以他进亦可，退亦可，从心所欲不逾矩。而普通人一味着眼于世俗的善恶之上，不了解自己，也不了解别人，随波逐流，苛责于人。就像齐国人对待匡章一样，听到人家不孝的名声，就不与人交往，根本不推思别人的心意。他们的洁身自好只是沽名钓誉，是义袭而取，而孟子则能体悟匡章的心意，愿意同其交往，这正是圣人在对待善恶之上与世俗的不同之处。

意诚心正，行事完全出于天理，才能正确判断善恶，对待善恶。一个人心有偏私，对善恶的判断必然会产生误差？好好色，恶恶臭，自然是出乎天理，然而有人堵了鼻子，迷了心志，也就偏偏喜欢闻别人不愿闻的气味，看别人不愿看的东西。这就是夹杂了人欲，失去了澄明的心体。所以孔子告诫世人说："惟仁者，能爱人，能恶人。"

一个人到底是诚意还是私意，别人是很难分得清楚的，只有自己才能反思知道。比如隐居，因为喜欢淡泊的生活而选择归隐，那便是出自诚意；为了标榜自己贤能，妄图沽名钓誉而隐居那便是私意。比如饮酒，出于心中喜悦，为了喝酒的快乐而喝酒便是诚意；为了讨好别人，为了争强好胜而拼酒那便是私意。但一个人的修养，正在人所不知之处，只有在别人不了解的地方，追求自己内心的真诚，这才是真正的君子，就如《中庸》中所说的："君子戒慎乎其所不睹，恐惧乎其所不闻。”

原 文

先生谓学者曰：“为学须得个头脑，工夫方有着落。纵未能无间，如舟之有舵，一提便醒。不然，虽从事于学，只做个‘义袭而取’，只是行不著，习不察，非大本达道也。”

又曰：“见得时，横说竖说皆是。若于此处通，彼处不通，只是未见得。”

译 文

先生对求学者说：“为学必须有个主宰，功夫才有着落。即使不能浑然一体，有了主宰便如舟有舵，一提点便醒悟。不然，虽然从事学习，也只能做到‘义袭而取’，只是行不明，习不察，不是大本达道。”

先生又说：“有了主宰，横说竖说都正确。若此处畅通，而别处不通，只是因为没见得个主宰。”

经典解读

《诗》三百，一言以蔽之，思无邪；夫子之道，忠恕而已；《论语》中讲一个“仁”字；《中庸》中讲一个“诚”字；孟子专攻一个“义”，阳明先生的学说概括起来也就“致良知”三字而已。做学问一定要有个主宰核心，凡事从这个主宰出发就不会偏离正道了，学者也就不会陷入迷茫了。如果没个主宰，只集得只言片语，这里说一套，那里说一套，为学就如行舟无舵一般，学者自己都不知道要到哪里去。即便侥幸学得了一些道理也是表面功夫，不能通达。

学问融会贯通的时候，就不会在意特定的说辞、说法，无论怎样都不离主旨；道德至诚的时候，就不会在意特定的做法、标准，无论怎样做都不离大道。

原 文

或问：“为学以亲故，不免业举之累。”

先生曰：“以亲之故而业举为累于学，则治田以养其亲者，亦有累于学乎？先正云：‘惟患夺志’①，但恐为学之志不真切耳。”

注 释

①惟患夺志：出自《河南程氏外书》：“故科举之事，不患妨功，惟患夺

志。”意为：对于科举之事，不怕妨碍学习，只怕使人丧失了为学的志向。

译文

有人说：“为了满足父母的期待而做学问，不免有科举之累。”

先生说：“因为父母的原因而参加科举考试妨碍学习，那为了侍奉父母而耕田呢，也妨碍学习吗？前辈认为‘惟患夺志’，只是担心为学的志向不够真切罢了。”

经典解读

大概有人向先生提出这样的疑问：我也想踏踏实实地研究学问，但父母总是期望我去参加科举做官，为了满足父母的期待，所以没办法专心啊！于是先生告诉他：为了满足父母的期待，而参加科举就耽误学业吗？那为了赡养父母而种田也会耽误学业吗？古代那么多亲身侍奉父母的先贤哪个耽误学业了？做学问最怕志向不专一，只要志向专一，科举又有什么不可呢？

学者只要志向专一，无论在哪里，从事什么工作都是学习；反之若志向不一，即便是日日陪在先生跟前，整日埋首经书之中，也学不得什么真东西。就像孔蔑和宓子贱，同样是做官，孔蔑觉得“王事若龙，学焉得习，是学不得明也”；而宓子贱觉得“始诵之，今得而行之，是学益明也”，孔子于是不悦于孔蔑，而盛赞宓子贱。

科举本身不是弊端，阳明先生也参加科举，还接连落榜呢？这又何尝耽误其为学了。但若将科举看作是做官、求富贵的途径，一心只要“出人头地”，要“功成名就”，就像《儒林外史》中的那些腐儒一样，则必然耽误学业。学者最根本的就是将心态放正，若立志为弘道崇德而治学，那参不参加科举也就不重要了，能不能中举也不扰我心，又哪儿来的业举之累。

原文

崇一[①]问：“寻常意思多忙，有事固忙，无事亦忙，何也？”

先生曰：“天地气机，元无一息之停。然有个主宰，故不先不后，不急不缓，虽千变万化，而主宰常定，人得此而生。若主宰定时，与天运一般不息，虽酬酢万变，常是从容自在，所谓‘天君泰然，百体从令。’[②]若无主宰，便只是这气奔放，如何不忙？”

注释

①崇一：欧阳德，字崇一，号南野，江西泰和人，阳明先生的弟子。

②天君泰然，百体从令：出自宋·范浚《香溪集》。

译　文

欧阳崇一问："平时心意多忙乱，有事时固然忙，无事时也忙，这是为何呢？"

先生说："天地之间的气机，本来没有一刻中断。就因为有个主宰，所以不先不后，不急不缓，虽然千变万化，而主宰恒定，人因此才能生存。若主宰定时，同天地运行般永不停息，即使日理万机，也常能从容自在，这便是'天君泰然，百体从令。'若没有主宰，便只是气在四处奔流，如何不忙？"

经典解读

《菜根谭》中说："忙处事为，常向闲中先检点，过举自稀；动时念想，预从静里密操持，非心自息。"人之所忙，之所以遇事时无所适从，就是因为平常的省察克治功夫不到家。平时常检点自心，尽力扫除私念，使自己心中有个主宰，再忙的时候也能从容自得，遇到再多的事情也能一下子明白孰轻孰重、孰先孰后。

原　文

先生曰："为学大病在好名。"

侃曰："从前岁，自谓此病已轻。此来精察，乃知全未。岂必务外为人？只闻誉而喜，闻毁而闷，即是此病发来。"

曰："最是。名与实对，务实之心重一分，则务名之心轻一分。全是务实之心，即全无务名之心。若务实之心如饥之求食、渴之求饮，安得更有工夫好名？"

又曰："'疾没世而名不称'①，'称'字去声读，亦'声闻过情，君子耻之'②之意。实不称名，生犹可补，没则无及矣。'四十五十而无闻'③，是不闻道，非无声闻也。孔子云：'是闻也，非达也。'④安肯以此望人？"

注　释

①疾没世而名不称：出自《论语·卫灵公篇》。子曰："君子疾没世而名不称焉。"

②声闻过情，君子耻之：出自《孟子·离娄下》。

③四十五十而无闻：出自《论语·子罕篇》。子曰："后生可畏，焉知来者之不如今也？四十、五十而无闻焉，斯亦不足畏也已。"

④是闻也，非达也：出自《论语·颜渊篇》。子张问："士何如斯可谓之达矣?"子曰："何哉，尔所谓达者?"子张对曰："在邦必闻，在家必闻。"子曰："是闻也，非达也。夫达也者，质直而好义，察言而观色，虑以下人。在邦必达，在家必达。夫闻也者，色取仁而行违，居之不疑。在邦必闻，在家必闻。"

译文

先生说："为学之最大的弊病就是好名。"

薛侃说："从前年起，自以为这毛病已经减轻了。近来仔细省察，才知还未彻底除去。好名仅仅是向外与人争名吗？只要是心中还闻誉而喜，闻毁而闷，便是好名的毛病发作了。"

先生说："说得很对。名与实相对，务实之心重一分，则务名之心就轻一分。完全是务实之心，便完全没有务名之心了。若务实之心如饿了求食物、渴了求水喝一样迫切，哪还有工夫去好名?"

先生又说："孔子所说的'疾没世而名不称'，'称'字应读去声，也就是'声闻过情，君子耻之'之意。实不称名，活着尚可弥补，死了就来不及了。'四十五十而无闻'，是说未闻道，而不是说没有声名。孔子说：'是闻也，非达也。'圣人怎么会用名声来求得别人认可呢?"

经典解读

为学最大的毛病就是好名。好虚名，就会轻实际。一个人如果所有的行动都从好名而出，那在实际的道德修养上就永远也难以取得成就。孟子曾说过："好名之人能让千乘之国，苟非其人，箪食豆羹见于色。"好名的人看起来很无私，很有德行，但他所表现出来的一切都是虚假的，在名声无关之处，他自私的心就会暴露无遗，这样的人只能令君子耻笑。

孔子说过："古之学者为己，今之学者为人。"古代的贤人学习是为了提高自己的德行，充实自己的心灵，而当世的学者却妄图通过学习来获得别人的称赞，博得世间的虚名，以此得到高官厚禄，这岂不是陷入了误区、迷失了方向?

为了证明自己的观点，先生又举了孔子的话，对"疾没世而名不称"进行辨析。世人大多认为孔子的原意是认为没有名声是可耻的，而阳明先生反对这种看法。他认为孔子所不耻的是名声与实际不相符，即"声闻过情，君子耻之"，孔子常常说"不患人之不己知"等，又怎么会在乎自己的虚名呢？先生一连列举了几句孔子的话，有理有据，令人不得不信服。

原 文

侃多悔。先生曰："悔悟是去病之药，然以改之为贵。若留滞于中，则又因药发病。"

译 文

薛侃经常后悔。先生说："悔悟是去弊病的良药，然知悔而改最重要。若留滞于悔恨之中，则又是因药而生病了。"

经典解读

悔恨反省是去除自身毛病的良药，但悔悟之后还要及时改正，否则就如虽得到良药却不煎服，天天对着良药看，病痛岂能好转？

生活之中很多人都是这个毛病，知道自己做的事情不对，夜深人静之时，良心发现，会很愧疚，痛不欲生。可到了白天做事的时候，就将昨夜的悔丢到九霄云外，该干什么还干什么，没有一点儿收敛，那他的过错永远也不会得到纠正，他的悔恨之心也会越来越淡，到最后根本不知道去悔疚，也就是由耻到无耻了，人就彻底堕落了。

原 文

德章[①]曰："闻先生以精金喻圣，以分两喻圣人之分量，以锻炼喻学者之工夫，最为深切。惟谓尧、舜为万镒，孔子为九千镒，疑未安。"

先生曰："此又是躯壳上起念，故替圣人争分两。若不从躯壳上起念，即尧、舜万镒不为多，孔子九千镒不为少。尧、舜万镒，只是孔子的；孔子九千镒，只是尧、舜的，原无彼我。所以谓之圣，只论'精一'，不论多寡。只要此心纯乎天理处同，便同谓之圣。若是力量气魄，如何尽同得？后儒只在分两上较量，所以流入功利。若除去了比较分两的心，各人尽着自己力量精神，只在此心纯天理上用功，即人人自有，个个圆成，便能大以成大，小以成小，不假外慕，无不具足。此便是实实落落、明善诚身的事。后儒不明圣学，不知就自己心地良知良能上体认扩充，却去求知其所不知，求能其所不能，一味只是希高慕大，不知自己是桀、纣心地，动辄要做尧、舜事业，如何做得？终年碌碌，至于老死，竟不知成就了个什么，可哀也已！"

注 释

①德章：姓刘，阳明先生弟子。

译 文

刘德章说："听到先生以精金比喻圣人，以分两比喻圣人能力的大小，以锻炼比喻学者的功夫，真是深刻至极。但唯独觉得尧、舜为万镒，孔子为九千镒，这话还值得商榷。"

先生说："这又是从躯壳上着眼，所以替圣人争分两。若不从躯壳上着眼，则尧、舜万镒不为多，孔子九千镒不为少。尧、舜万镒也就是孔子的，孔子九千镒也就是尧、舜的，原本没甚区别。之所以称为圣人，只论'精一'与否，不论多寡。只要是此心纯乎天理之上相同，便都称为圣人。至于力量、气魄，人人怎能完全相同？后儒只在分量上较量，所以流入功利之中。若能除去比较分量的心，每个人竭尽自己的力量、精神，只在使自心纯乎天理上下功夫，就能人人都有自己的成功，个个圆满，便能大的成就大的，小的成就小的，不向外希慕，无不足具。这便是实实在在、明善诚身的事。后儒不明白前圣之学，不知道就自己心上的良知良能上体认扩充，却要去追求自己所不知道，所不能做的，一味好高骛远，不知自己的心地宛如桀纣，动辄要做尧、舜的事业，如何做得？终年劳劳碌碌，至于老死，也不知道到底成就了什么，真是悲哀啊！"

经典解读

刘德章听了先生用精金譬喻圣人的言论后，觉得很深刻，很有道理，但他不明白为何尧、舜是万镒，而孔子是九千镒呢？这和世人的说法不一致啊，孟子就说过"自生民以来，未有如孔子者"，为什么先生觉得尧、舜要比孔子多上一千镒呢？

在阳明先生看来，这个问题根本就没有必要回答。圣人之所以是圣，看的不是"分量"，而是"精一"与否，一万镒、九千镒对于圣人来说本就没有区别，自己只是随口一说而已，若说孔子万镒，尧舜九千镒也未尝不可。但学生的提问，却暴露了他又误入歧途了——还是看问题从躯壳上起念。圣人都不看重的分量，你却非要为圣人争个孰轻孰重，这还是因为你自己修养不足、爱争长短、爱求虚名啊！

世上存在像刘德章这样看法的人多的是，只知表面功夫，贪图虚名，争强好胜。自己不反照内心，潜心修德，却喜欢比来比去，将精力都浪费在没必要的事情之上。不仅自己比，还要为他人比，非得想方设法给孔子的弟子们排个名次，非得费心费力地和人辩论一番朱熹、王阳明孰高孰低……这种人说白了就是吃饱了撑的，哗众取宠而已。

学者为学不是靠与人争强、博得虚名的，而是扩充自己的良知良能，使自己达到更高的境界。每个人的环境、时代不同，所能建立的功业也必然不同，但无论处于什么环境中，是为帝王将相，还是做个平民百姓，君子都能安之若素。他们不会因为自己得势、有功而自以为是，也不会因为自己身处贫困、没有地位而悲伤怨愤；他们不会因为自己声名卓著而沾沾自喜，也不会因为无名无誉而自暴自弃。他们明白，只要能做最好的自己就足够了。

学者不要太看重成就、名誉，只要在道德上追求精进，守住良心天理就足够了，一旦在分两上计较，就会滑入急功好利、沽名钓誉的深渊。

原　文

侃问："先儒以心之静为体，心之动为用，如何？"

先生曰："心不可以动静为体用。动静，时也。即体而言，用在体；即用而言，体在用。是谓'体用一源'。若说静可以见其体，动可以见其用，却不妨。"

译　文

薛侃问："先儒认为心的静是体，心的动是用，这种说法如何？"

先生说："心不能以动静来区分体用。动和静仅是一时表现。就本体而言，作用取决于本体；就作用而言，本体体现于作用。这便是'体用一源'。若说静时可见心的本体，动时可见心的作用，便没错了。"

经典解读

前面先生讲过："定者，心之本体，天理也。动静，所遇之时也。"心的本体是天理而已，动、静只是天理在不同境遇下的表现。我们可以说在静时、动时能体现人的天理，却不能将它们作为心的本体。

原　文

问："上智、下愚如何不可移。"①

先生曰："不是不可移，只是不肯移。"

注　释

①上智、下愚：出自《论语·阳货篇》，子曰：唯上知与下愚不移。

译　文

薛侃问："上智、下智为何不能够改变？"

先生回答："不是不能改变，而是不肯改变。"

经典解读

真正的愚蠢不是头脑不够用、见识不足，而是自己明知道错了却不肯改变，看到、听到正确的道理却不遵守。孔子就曾感慨："德之不修，学之不讲，闻义不能徙，不善不能改，是吾忧也。"不知道德行、学问、仁义、不善之所在，没什么可担忧的，学就足够了；但知道了这些，却不能主动修德、为学、求义，不能主动改错才是最可悲的，所以圣人为此而感到担忧。也许正是看到了太多闻义不徙、不善不改的人，孔子才感慨："唯上知与下愚不移！"

原　文

问"子夏门人问交"章①。

先生曰："子夏是言小子之交，子张是言成人之交。若善用之，亦俱是。"

注　释

①"子夏门人问交"章：出自《论语·子张篇》，子夏之门人问交于子张，子张曰："子夏云何？"对曰："子夏曰'可者与之，其不可者拒之。'"子张曰："异乎吾所闻，君子尊贤而容众，嘉善而矜不能。我之大贤与，于人何所不容？我之不贤与，人将拒我，如之何其拒人也。"

译　文

薛侃请教先生对《论语》中"子夏门人问交"一章的看法。

先生说："子夏说的是后生晚辈的交往，子张说的是德高望重者的交往。如果善于运用，都是对的。"

经典解读

子夏的门人向子张请教交往之道，子张反问他子夏是怎么说的。门人说，子夏教导弟子，值得交往的人便去交往，不值得交往的人便不与其交往。子张不同意这种意见，他认为：如果我足够贤能，我怎么会拒绝别人与我相交呢？如果我不贤能，那别人岂不就主动拒绝我了，我怎么能与人交往呢？君子要能包容他人，而不是拒人于千里之外。

在阳明先生看来，二者的观点都有可取之处。子夏的拒人，正是孔子所说的“无友不如己者”，朱子曾注解说：“友所以辅仁，不如己，则无益而有损。”也就是说，立志于学的晚辈，要择高取人，尽量同比自己高明的人交往，以期能得到更好的熏陶。而子张的见解，则是要德业有成的君子能够包容不如自己的人，不抛弃有缺陷者，这正是孔子对互乡童子，孟子对匡章的态度。所以说，二子之言无所谓高低、对错，只是所言说的对象不同罢了。

原　文

子仁①问：“‘学而时习之，不亦说乎？’，先儒以学为效先觉之所为②，如何？”

先生曰：“学是学去人欲、存天理。从事于去人欲、存天理，则自正诸先觉，考诸古训，自下许多问辨思索存省克治工夫。然不过欲去此心之人欲、存吾心之天理耳。若曰‘效先觉之所为’，则只说得学中一件事，亦似专求诸外了。‘时习’者，‘坐如尸’，非专习坐也，坐时习此心也。‘立如斋’，非专习立也，立时习此心也。‘说’是‘理义之说我心’之‘说’。人心本自说理义，如目本说色，耳本说声。惟为人欲所蔽所累，始有不说。今人欲日去，则理义日洽浃，安得不说？”

注　释

①子仁：冯思，字子仁，号南江，江苏华亭人，阳明先生的弟子。

②先儒句：出自朱子《论语集注·学而篇》：“学之为言效也，人性皆善，而觉有先后，后觉者必效先觉之所为，乃可以明善而复其初也。”

译　文

冯思问：“对于《论语》中的‘学而时习之，不亦说乎？’，朱子认为学就是效法先儒的所作所为，这正确吗？”

先生说：“学是学去人欲、存天理。一心一意去人欲、存天理，则自然会以先觉为榜样，求索考证与古训，也自然会下很多问辨、思索、存养、省察、克治的功夫。但这都是为了要去除心中的人欲，涵养心中的天理。至于说‘效先觉之所为’，那只是说了学中的一件事，也似乎专门向外求取了。‘时习’怎么理解呢？比如‘坐如尸’，不是让你专门学习坐，而是要在端坐时修习自己的心；比如‘立如斋’，并不是让你专门学习站，而是要在站立时修习自己的心。‘说’是‘理义之说我心’的‘说’。人心本就喜欢义理，就如眼睛本喜欢好色，耳朵本喜欢好声一般。只因为心被人欲蒙蔽的缘故，才对义理有所不悦。若能将人欲逐渐扫除，义理安能不滋润身心，人心又怎么能不悦呢？”

经典解读

对于《论语》中“学而时习之，不亦说乎”这句话，朱子认为学就是效法先儒，以圣贤为规矩，学习圣贤的学问、行事方式。但阳明先生认为，学不是学习具体的做事方式，而是效仿先贤的心，也就是向自心中求天理，去人欲。学者如果能够时时反观自心，一心一意致良知，那自然会向先贤看齐，有了不明白之处自然会主动去了解先贤的学问。所以，修习自心才是根本，若弄反了，将学习具体的知识当作学的目的，就本末倒置了。

朱子的学，是让人效法先贤，然后达到内心的澄明；而阳明先生的学，则是让人直接反观内心，越过了格物穷理的认知。这依然源于二人对格物致知理解上存在的分歧。

原　文

国英[1]问：“曾子三省虽切，恐是未闻一贯时工夫？”

先生曰：“一贯是夫子见曾子未得用功之要，故告之。学者果能忠恕上用功，岂不是一贯？‘一’如树之根本，‘贯’如树之枝叶。未种根，何枝叶之可得？体用一源，体未立，用安从生？谓‘曾子于其用处，盖已随事精察而力行之，但未知其体之一’[2]。此恐未尽。”

注　释

①国英：陈桀，字国英，福建莆田人，阳明先生弟子。

②曾子……其体之一：出自朱熹《论语集注·里仁篇》。

译　文

陈桀问：“曾子‘吾日三省吾身’的功夫虽然真切，恐怕也是未听闻孔子‘一以贯之’之教时所下的功夫吧。”

先生说：“‘一以贯之’的教导是夫子看到曾子未得用功之要领，所以告诉他。学者如果真能在‘忠恕’之上下功夫，岂不是一以贯之？‘一’如树的根本，‘贯’如树的枝叶。没有树根，枝叶又从哪里而来？体用一源，体未立，用又从哪里而生？朱子说‘曾子于其用处，盖已随事精察而力行之，但未知其体之一’，恐怕不太恰当。”

经典解读

对于曾子说的“吾日三省吾身”，以及孔子对曾子的教导“吾道一以贯之”，朱子认为曾子已经在实践上做得很好了，只是在心中还未明了大道，也就是有“用”而未得“体”。阳明先生自来主张“体用一源”，认为有体才有用，有用必然有体，所以对朱子的言论不甚认可。

曾子说：“吾日三省吾身，为人谋而不忠乎？与朋友交而不信乎？传不习乎？”其中已经含有忠恕之道，若真正能以忠恕为本，孔子又何必再去提醒他“一以贯之”呢？所以，在阳明先生看来，曾子未能得“一”，孔子便对其进行教导，听到夫子的教导以后，曾子有所醒悟，才有了“吾日三省吾身”的功夫。

原 文

黄诚甫[1]问：“汝与回也，孰愈”[2]章。

先生曰：“子贡多学而识，在闻见上用功，颜子在心地上用功，故圣人问以启之。而子贡所对又只在知见上，故圣人叹惜之，非许之也。”

“颜子不迁怒，不贰过[3]，亦是有未发之中始能。”

注 释

①黄诚甫：黄宗贤，字诚甫，号致斋，浙江宁波人，阳明先生弟子。

②汝与回也，孰愈：出自《论语·公冶长篇》。子谓子贡曰：“女与回也孰愈？”对曰：“赐也何敢望回？回也闻一以知十，赐也闻一以知二。”子曰：“弗如也，吾与女弗如也！”

③颜子不迁怒，不贰过：出自《论语·雍也》。哀公问：“弟子孰为好学？”孔子对曰：“有颜回者好学，不迁怒，不贰过，不幸短命死矣。今也则亡，未闻好学者也。”

译 文

黄诚甫请教《论语》中“汝与回也，孰愈”这章如何理解。

先生说：“子贡博学多识，在闻见上下功夫，颜子在心地上下功夫，所以圣人由此问来启发他。但子贡所作应答又只限于知识见闻上，是故圣人叹惜，并不是赞许他。”

先生又说：“颜渊不迁怒，不贰过，也是达到了未发之中的境界才能做到。”

经典解读

孔子问子贡：“你与颜回谁更贤能？”子贡回答：“我怎么敢和颜回比呢？颜回闻一而知十，我只能闻一而知二。”孔子听后叹息道：“是不如啊，我也觉得你比不上颜回。”

后人解读《论语》这段记录的时候，大多觉得夫子后来的感慨是对子贡谦逊而有自知之明的认可。但阳明先生却不这样看，他觉得子贡之所以不如颜回，并非在见闻之上，而在于内心的道德修养上——颜回为学做事能反求于心，在心中达到“未发之中”，而子贡仅仅在外面力求博学多闻。孔子将子贡和颜回对比的深意，就是希望子贡能像颜回那样注重内心修养，但子贡还是没能领悟，所以孔子为其感到可惜而叹息。

原文

“种树者必培其根，种德者必养其心。欲树之长，必于始生时删其繁枝。欲德之盛，必于始学时去夫外好。如外好诗文，则精神日渐漏泄在诗文上去。凡百外好皆然。”

又曰：“我此论学是无中生有的工夫。诸公须要信得及，只是立志。学者一念为善之志，如树之种，但勿助勿忘[①]，只管培植将去，自然日夜滋长，生气日完，枝叶日茂。树初生时，便抽繁枝，亦须刊落，然后根干能大，初学时亦然。故立志贵专一。”

注释

①勿助勿忘：出自《孟子．公孙丑》。“必有事焉，而勿正。心勿忘，勿助长。”

译文

“栽树之人必须培育好树的根基，修德之人必须涵养好自己的良心。要想让树木长高，必须在树木初生之时就删剪掉多余的枝叶；要想让德行隆盛，必须在开始为学的时候就去除外在的过多爱好。比如喜欢诗文，精神就会日渐倾注在诗文之上。其他许多外在爱好都是这样的。”

先生又说：“我在此讲学，讲的是无中生有的功夫。诸位必须要坚信的，只有立志。学者一心为善的志向，就如同树的种子一般，只要‘勿助勿忘’，只管栽种下去，自然会日夜滋长，生气日益完备，枝叶日益繁茂。树木初生的时候，长出了繁枝，便应剪落，然后树干才能长大，初学者也是如此。所以，立志贵在专一。”

经典解读

多欲乃散志之媒，《菜根谭》中说：“作人无甚高远的事业，摆脱得俗情便入名流；为学无甚增益的工夫，减除得物累便臻圣境。”一个人的欲望太多，放在修身省察之上的精力就会变少；外在的爱好太多，在学习之上便不能专心致知。《孟子》中就讲述了这样一个故事：弈秋是全国最有名的棋手，他收了两个弟子，其中一个专心致志地听他讲学，而另外一个坐在老师面前，头脑里所想的都是如何去射大雁。两个在一起学习，而后者大不如前者，并非他们的智力有差别，而是用心不用一的缘故。

立志专一，就要心无旁骛，坚持不懈。孔子说："君子无终食之间违仁，造次必于是，颠沛必于是。"只有一心致力于仁道，须臾之间不违背，才能最终成为一个有仁德的君子。在弟子之中孔子为何最看重颜渊？就是因为他能"三月不违仁"，而其他的弟子只能"日月至焉而已矣"。

人立志于仁道，便要一心向善，一心"存天理，去人欲"，要坚定信念，"勿助勿忘"。勿忘，就是立志坚定，不要抛弃志向，改变仁道；勿助，便是尽心而已，无所预期，不要为了追求外在的仁德之虚名，而做些华而不实，揠苗助长的事，那便偏离了正道。

原 文

因论先生之门，某人在涵养上用功，某人在识见上用功。先生曰："专涵养者，日见其不足；专识见者，日见其有余。日不足者，日有余矣。日有余者，日不足矣。"

译 文

谈话时，顺便说到了先生的门人弟子们，称某某在涵养上下功夫，某某在见识上下功夫。先生说："专在涵养上下功夫的人，每日都能见到自己的不足；专在见识上下功夫的人，每日都能见到自己的有余。每日见到不足的人，便会日渐有余；每日见到有余的人，便会日渐不足。"

经典解读

从涵养上下功夫，是修心，是为道；从识见上用功夫，是考究，是为学。专于修心，便如种树栽培根本，根本牢固枝叶必定繁茂；专于考究，便如种树一味追求枝叶繁茂，反而轻视了根本，根本不固，繁茂的枝叶也难以长久。为学定要知先知后，知本知末。所以，先生曾说："吾辈用功，只求日减，不求日增。减得一分人欲，便是复得一分天理，何等轻快脱洒，何等简易！"

原文

梁日孚[1]问："居敬、穷理是两事，先生以为一事，何如？"

先生曰："天地间只此一事，安有两事？若论万殊，礼仪三百，威仪三千，又何止两？公且道居敬是如何？穷理是如何？"

曰："居敬是存养工夫，穷理是穷事物之理。"

曰："存养个甚？"

曰："是存养此心之天理。"

曰："如此，亦只是穷理矣。"

曰："且道如何穷事物之理？"

曰："如事亲便要穷孝之理，事君便要穷忠之理。"

曰："忠与孝之理在君、亲身上，在自己心上？若在自己心上，亦只是穷此心之理矣。且道如何是敬？"

曰："只是主一。"

"如何是主一？"

曰："如读书便一心在读书上，接事便一心在接事上。"

曰："如此，则饮酒便一心在饮酒上，好色便一心在好色上，却是逐物，成甚居敬功夫？"

注释

①梁日孚：梁焯，字日孚，广东南海人，阳明先生弟子。

译文

梁日孚问："居敬、穷理是两码事情，先生却认为是一码事，这是为何呢？"

先生说："天地之间唯有一件事，怎么会有两件事？若论事物的千差万别，礼仪三百，威仪三千，又何止两种？你且说说居敬是如何？穷理又是如何？"

梁日孚说："居敬是为存养而下的功夫，穷理是穷究事物之理。"

先生问："存养什么？"

梁日孚说："是存养自心中的天理。"

先生说："如此说来，存养也不过是穷理罢了。"又说，"你且说说如何穷究事物之理。"

梁日孚说："比如适逢亲人便要穷究孝上的道理，侍奉君主便要穷究忠上的道理。"

先生说："忠与孝的道理在君主、亲人身上，还是在自己心上？若在自己心上，这也只是穷究自心之天理罢了。你且说说如何是敬。”

梁日孚说：“敬便是主一。”

先生问：“如何才是主一？”

梁日孚说：“如读书便一心在读书上，处事便一心在处事上。”

先生说：“如此便叫主一，那饮酒便一心在饮酒上，好色便一心在好色上，岂不成了逐物，怎能作为居敬的功夫呢？”

经典解读

梁日孚认为居敬便是存养本心，而穷理便是穷究万物之理，这是不同的两件事。先生却认为，居敬是存养心中的天理，穷理也是穷尽心中的天理，二者看似不同，实则一致，本就一码事。理在于心，心就是理，存养自心便是存天理，穷究事理便是探究内心。

这里再次谈到了主一的问题。主一便是敬，敬事的事，一定要由良心而发，合乎天理，这才能称为敬，称为主一，否则便是逐物。这在前面先生已经讲过，不再赘述。

原　文

日孚请问。

曰：“一者，天理。主一是一心在天理上。若只知主一，不知一即是理，有事时便是逐物，无事时便是着空。惟其有事无事，一心皆在天理上用功，所以居敬亦即是穷理。就穷理专一处说，便谓之居敬，就居敬精密处说，便谓之穷理。却不是居敬了，别有个心穷理，穷理时别有个心居敬。名虽不同，功夫只是一事。就如《易》言‘敬以直内，义以方外’[①]，敬即是无事时义，义即是有事时敬，两句合说一件。如孔子言‘修己以敬’[②]，即不须言义。孟子言‘集义’，即不须言敬。会得时，横说竖说，工夫总是一般。若泥文逐句，不识本领，即支离决裂，工夫都无下落。”

问：“穷理何以即是尽性？”

曰：“心之体，性也，性即理也。穷仁之理，真要仁极仁；穷义之理，真要义极义。仁、义只是吾性，故穷理即是尽性。如孟子说‘充其恻隐之心，至仁不可胜用’，这便是穷理工夫。”

日孚曰：“先儒谓‘一草一木亦皆有理，不可不察’，何如？”

先生曰：“夫我则不暇。公且先去理会自己性情，须能尽人之性，然后能尽物之性。”

日孚悚然有悟。

注释

①敬以直内，义以方外：出自《周易·系辞》。

②修己以敬：出自《论语·宪问篇》。子路问君子。子曰：“修己以敬。”

译文

梁日孚请求先生进一步讲解。

先生说：“一，便是天理。主一是一心在天理上。若只知道主一，却不懂得一就是天理，遇事之时便是逐物，无事之时便会落入空寂。只有不管有事无事，都一心放在天理上用功才可，所以居敬便是穷理。就穷理的专一上而言，便称之为居敬；就居敬的精密处而言，便称之为穷理。不是居敬而外另有一个穷理，穷理之外另有一个居敬。两者虽然名称不同，功夫却只有一个。就如《易》中说的‘敬以直内，义以方外’，敬即是无事时的义，义即是有事时的敬，两句说得是一件事。如孔子说‘修己以敬’，便不须再多说一个义。孟子说‘集义’，便不须再多说一个敬。体悟了这些，横说竖说，功夫总是一样的。若拘泥于文辞字句，不了解根本，见识只会支离破裂，功夫就没了着落处。”

梁日孚问：“穷理为何便是尽性？”

先生说：“心的本体称为性，性就是理，要穷究‘仁’的理，就要仁到仁处；要穷究‘义’的理，就要义到义处。仁、义只是我的心性，所以说穷理就是尽性。如孟子说的‘充其恻隐之心，至仁不可胜用’，这就是穷理的功夫。”

梁日孚问：“先儒称‘一草一木亦皆有理，不可不察’，这话如何呢？”

先生说：“我可没有这个闲暇。你还是先去理会自己的性情吧！必须先穷尽自身的本性，然后才能穷尽万物之性！”

梁日孚听了先生的教诲，悚然有所领悟。

经典解读

主一的“一”便是天理，只有在天理之上专一才是真正的专一。懂得专一，却不懂得这“一”是天理，就会出大问题。石崇、和珅也很专一，但他们将功夫全部用在了敛财之上；隋炀帝、宋徽宗也很专一，但他们将功夫全部用在了享受玩乐之上；社会上很多人都专一，但专一于吃喝嫖赌，专一于玩游戏，专一于投机钻营……这些专一对人有什么好处呢？所能带来的都是灾祸、罪恶，有这样的专一，还不如没有。

人一定要先端正自己的心，然后才能去追求各种兴趣、爱好，才能去追求外物，心正做什么都是有利的，心不正，做什么都是有害的。世上德行很多，但都离不开一个“心”字，仁需要从自心中去寻求，义也要从自心中去寻求，忠、孝、诚信无不如此，抛却了自心，德行就如无根之木、无源之水。“万物皆备于我”，人只要能扩充自心中的良知良能，任何德行都可具有，本性自然得到涵养，万物之理自然能够明了。所以说，心就是性，性就是理，尽心就是涵养本性，涵养本性就是穷万物之理。

朱子说“一草一木亦皆有理”，是让人格物穷理，穷理之后其实还是要返回自己的内心，看到水流奔腾便想到君子当自强不息，看到源泉滚滚便想到君子本立而道生，看到甘霖普降便想君子当惠及万民……阳明先生格竹子的时候，不知他想到了什么，若是能从竹子身上体会到君子坚韧不拔的气质，感悟其中通外直，端正不倚的品行，岂不也是修心。所以说，穷理也是为了修心，修心同样能够穷理。朱程理学、陆王心学本就是殊途同归。阳明先生之所以不赞成朱子的言论，并非对朱子本人提出质疑，而是对那些后世曲解朱子学说、只知道考究著述、不懂得在格物之中观照内心之人的警示。

原文

惟乾问：“知如何是心之本体？”

先生曰：“知是理之灵处。就其主宰处说便谓之心，就其禀赋处说便谓之性。孩提之童，无不知爱其亲，无不知敬其兄。只是这个灵能不为私欲遮隔，充拓得尽，便完全是他本体，便与天地合德。自圣人以下，不能无蔽，故须格物以致其知。”

译文

冀元亨问：“知为何是心的本体呢？”

先生说：“知是理的灵敏处，就其主宰处而说便称之为心，就其禀赋处而说便称之为性。幼小的孩子，无不知道爱他的亲人，无不知道尊敬他的兄长。这正是因为灵敏的良知尚未被私欲蒙蔽遮掩，可以充分扩展，完全地成为其心的本体，他的德性便与天地齐同。但自圣人以下，良知没有不被蒙蔽的，所以必须通过格物来恢复人的良知。”

经典解读

人之初，性本善。古人往往认为幼小孩提的心灵是最为纯洁的，如璞玉一般没经过任何雕琢，也没有蒙受各种世俗的污染。所以，他们能够表现出人性最真实的一面，充分展现人的良知。老子就曾说：“专气致柔，能如婴儿乎？”“常德不离，复归于婴儿。”阳明先生在这里同样这样认为：婴孩之心是最纯洁的，最能展现人类良知良能的。但在后来的生活中，人的心就会逐渐被各种私心所玷污，本性中便会夹杂了人欲，而格物致知，便是消除这种人欲，使内心恢复纯然天理的功夫。所以说，致知便是修心，便是存天理。

原文

守衡[①]问："《大学》工夫只是诚意，诚意工夫只是格物、修、齐、治、平。只诚意尽矣。又有正心之功，有所忿懥好乐则不得其正[②]，何也？"

先生曰："此要自思得之，知此则知未发之中矣。"

守衡再三请。

曰："为学工夫有浅深，初时若不着实用意去好善恶恶，如何能为善去恶？这着实用意便是诚意。然不知心之本体原无一物，一向着意去好善恶恶，便又多了这分意思，便不是廓然大公。《书》所谓'无有作好作恶'，方是本体。所以说有所忿懥好乐，则不得其正。正心只是诚意工夫。里面体当自家心体，常用鉴空衡平[③]，这便是未发之中。"

注释

①守衡：阳明先生弟子，具体姓氏、事迹不详。

②有所忿懥好乐则不得其正：出自《大学》。"所谓修身在正其心者，身有所忿懥，则不得其正，有所恐惧，则不得其正，有所好乐，则不得其正，有所忧患，则不得其正。"

③鉴空衡平：出自朱熹《大学或问》。"人之一心，湛然虚明，如鉴之空，如衡之平，以为一身之主者，固其真体之本然。"

译文

守衡问："《大学》的功夫只是诚意，诚意的功夫是格物、修身、齐家、治国、平天下。只致力于诚意就足够了。却又有正心的功夫，称'所忿懥好乐则不得其正'，这是为何呢？"

先生说："这要你自己思索出来，知道这个道理，就知道什么是未发之中了。"

守衡再三请教。

先生说："为学的功夫有深有浅，初学时若不刻意去好善恶恶，怎能为善去恶？这刻意便是诚意。然而，若不知心的本体原无一物，始终刻意去好善恶恶，便多了这分意思，便称不上廓然大公。《尚书》中所谓的'无有作好作恶’才是心的本体。所以说有所忿懥好乐，则不得其正。正心也只是诚意的功夫，就是从诚意功夫中体认自己的心体，经常使它鉴空衡平，这就是未发之中。”

经典解读

《大学》中“诚意”“正心”这两个概念十分相近，很多人不知其中区别，认为诚意便是正心。这个问题在前面已经有所涉及，先生回答陆澄的提问时曾指出“意既诚，大段心亦自正，身亦自修”。

初学之人心性不定，必须刻意使自己去好善恶恶，使内心达到真诚，这便是诚意的功夫。但当修为达到一定程度以后，这种“刻意”就成了多余的了。学者必须更进一步，让内心完全真诚，没有一点儿杂念，使自己不需要刻意勉强就完全合乎天理，即“无有作好作恶”这便是正心。细细体悟，便会发现正心和诚意并不相同，它是对诚意的一种补充，是由诚意衍生而来的。所以，先生认为正心，也是诚意的一种功夫。

原 文

正之[①]问曰：“戒惧是己所不知时之工夫，慎独是己所独知时之工夫，此说如何？”

先生曰：“只是一个工夫，无事时固是独知，有事时亦是独知。人若不知于此独知之地用力，只在人所共知处用功，便是作伪，便是‘见君子而后厌然’。此独知处便是诚的萌芽。此处不论善念恶念，更无虚假，一是百是，一错百错。正是王霸、义利、诚伪、善恶界头。于此一立立定，便是端木澄源，便是立诚。古人许多诚身的工夫，精神命脉，全体只在此处，真是莫见莫显，无时无处，无终无始，只是此个工夫。今若又分戒惧为己所不知，即工夫便支离，便有间断。既戒惧，即是知，己若不知，是谁戒惧？如此见解，便要流入断灭禅定。”

曰：“不论善念恶念，更无虚假，则独知之地，更无无念时邪？”

曰：“戒惧亦是念。戒惧之念，无时可息。若戒惧之心稍有不存，不是昏瞶，便已流入恶念。自朝至暮，自少至老，若要无念，即是己不知，此除是昏睡，除是槁木死灰。”

注 释

①正之：黄弘纲，字正之，号洛村，江西雩县人，阳明先生的弟子。

译文

黄正之问："戒惧是自己不知时的功夫，慎独是自己所独知时候的功夫，这种说法怎么样呢？"

先生说："二者只是一个功夫，无事时固然是独知，有事时也是独知。人如果不知道在此独知处用功夫，只在人所共知之处用功夫，便是虚伪，便是'见君子而后厌然'。这独知处便是诚的萌芽。此处不论善念恶念，都没有虚假，一对百对，一错百错。正是王霸、义利、诚伪、善恶的分界之处。于此处立定正念，便是正本清源，便是立诚。古人许多诚身的功夫，精神命脉，全在此处。真可以说不隐不现，无时无处，无终无始，只是这个功夫。现在倘若又把戒惧分出来当成自己不知时的功夫，功夫就会支离，便有了间断。既然戒惧了就是知，自己如果不知道，又是谁在戒惧呢？像这类见解，就会沦入佛教的断灭禅定中去。"

正之问："不论善念还是恶念，都没有虚假，则独知之处，就没有无念的时候了吗？"

先生说："戒惧也是念。戒惧之念，无时可息。若戒惧之心稍有不存，不是昏聩了，便是流入到了恶念中去。从早到晚，从少到老，若要无念，就是自己没有知觉，除非是人在昏睡之时，除非是形同枯木，心如死灰之时。"

经典解读

《中庸》中说："君子戒慎乎其所不睹，恐惧乎其所不闻。莫见乎隐，莫显乎微。故君子慎其独也。"君子修德，应该发自真诚的内心，而不是为了做些样子给他人看，虚伪地骗得他人的认可。古人将慎独看作修身的关键，一个人能否在他人不知之处保持原则，便是其是否真的有道德修为的根本；慎独也是诚意正心最有力的功夫，曾国藩就十分看重慎独，他曾在家书中写道："一曰慎独则心安。自修之道，莫难于养心；养心之难，又在慎独。能慎独，则内省不疚，可以对天地质鬼神。人无一内愧之事，则天君泰然，此心常快足宽平，是人生第一自强之道，第一寻乐之方，守身之先务也。"

黄正之提出的说法，认为在自己独知的时候便有慎独的功夫，而在自己不知的时候便有戒惧的功夫。阳明先生不认同这种观点，他首先向弟子明确了什么叫作独知——也就是说，无论你是自己独处一屋，还是在大庭广众之下，你的所知，都是你自己心知，都称为独知。无论是在独处之时，还是在与人共事之时，诚意的功夫便都可称为慎独，戒惧也只是慎独的一方面。

接着先生又提出了对无知的看法。一个人只要心中有了念头，便是知，虽然对事情目所未睹，耳所未闻，但只要懂得戒慎、恐惧，便是知了——有知便要慎独。比如，当你独自无事之时，不知道将来会发生什么，但心中有对接下来会发生什么的担忧、猜测？这便是知，此时就要戒惧，就要慎独。真正的无知，是根本没有一点儿意识，就如槁木死灰一般，只要人的头脑没有问题，就不会在清醒的时候存在这种状态。所以，人必须时时刻刻致良知，时时刻刻慎独，若不这样，便是放纵恶念，便是堕落。

原　文

志道[①]问："荀子云：'养心莫善于诚'[②]，先儒非之[③]，何也？"

先生曰："此亦未可便以为非。诚字有以工夫说者。诚是心之本体，求复其本体，便是思诚的工夫。明道说'以诚敬存之'，亦是此意。《大学》'欲正其心，先诚其意。'荀子之言固多病，然不可一例吹毛求疵。大凡看人言语，若先有个意见，便有过当处。'为富不仁'之言，孟子有取于阳虎，此便见圣贤大公之心。"

注　释

①志道：管志道，字登之，号东溟，阳明先生弟子耿定向的学生。

②养心莫善于诚：出自《荀子·不苟篇》。

③先儒非之：程颐之言。《河南程氏遗书》卷二中，有"荀子言'养心莫善于诚'，既诚矣，又何养？此已不识'诚'，又不知所以养。"

译　文

管志道问："荀子说'养心莫善于诚'，先儒否定这种看法，为何呢？"

先生说："这种观点未能完全否定。诚字也有功夫方面的意思。诚是心之本体，力求恢复其本体，便是思诚的功夫。程颢先生说'以诚敬存之'，也是这个意思。《大学》中也说'欲正其心，先诚其意。'荀子的观点虽然很多弊病，然而不可一味吹毛求疵。凡是看人言语，不能先入为主，那样便会有不当之处。'为富不仁，为仁不富'这话，孟子取于阳虎，由此便可见圣贤的大公之心。"

经典解读

《中庸》中将诚作为修身的最高境界，于是程颐先生对荀子的话"君子养心莫善于诚"做出了批判，认为既然诚了，又何必再养？心既然需要再养，便不能称为诚。显然程颐先生是咬文嚼字，曲解了荀子的本意。荀子的诚，不是表达至善的境界，而是"诚其意"的诚，是修身的功夫。

在这件事上，阳明先生告诫管志道，对别人的言语进行判别，不能先入为主，否则心就没有放正，那就会犯错误。这就是孔子说的“不以人废言”，一个人的人品可能不好、其观点可能经常犯错，但对于他的每一句话都要具体分析，不能开始就觉得他这人不行、他的思想不正，所以他的话一定就是错的。阳虎是什么人？孔子都厌恶、不愿与之相谋的人，但孟子还是借用了他的话，这正是孟子的“不以人废言”，体现了他的大公之心，后学者亦当如此。

原文

萧惠[①]问：“己私难克，奈何？”

先生曰：“将汝己私来替汝克。”又曰：“人须有为己之心，方能克己，能克己，方能成己。”

萧惠曰：“惠亦颇有为己之心，不知缘何不能克己？”

先生曰：“且说汝有为己之心是如何？”

惠良久曰：“惠亦一心要做好人，便自谓颇有为己之心。今思之，看来亦只是为得个躯壳的己，不曾为个真己。”

先生曰：“真己何曾离着躯壳？恐汝连那躯壳的己也不曾为。且道汝所谓躯壳的己，岂不是耳、目、口、鼻、四肢？”

惠曰：“正是为此。目便要色，耳便要声，口便要味，四肢便要逸乐，所以不能克。”

先生曰：“美色令人目盲，美声令人耳聋，美味令人口爽，驰骋畋猎令人发狂，这都是害汝耳、目、口、鼻、四肢的，岂得是为汝耳、目、口、鼻、四肢？若为着耳、目、口、鼻、四肢时，便须思量耳如何听，目如何视，口如何言，四肢如何动。必须非礼勿视、听、言、动，方才成得个耳、目、口、鼻、四肢，这个才是为着耳、目、口、鼻、四肢。汝今终日向外驰求，为名、为利，这都是为着躯壳外面的物事。汝若为着耳、目、口、鼻、四肢，要非礼勿视、听、言、动时，岂是汝之耳、目、口、鼻、四肢自能勿视、听、言、动，须由汝心。这视、听、言、动皆是汝心。汝心之视，发窍于目；汝心之听，发窍于耳；汝心之言，发窍于口；汝心之动，发窍于四肢。若无汝心，便无耳、目、口、鼻、四肢。所谓汝心，亦不专是那一团血肉。若是那一团血肉，如今已死的人，那一团血肉还在，缘何不能视、听、言、动？所谓汝心，却是那能视、听、言、动的，这个便是性，便是天理。有这个性，才能生这性之生理，便谓之仁。这性之生理发在目便会视，发在耳便会听，发在口便会言，发在四肢便会动，都只是那天理发生。以其主宰一身，故谓之心。这心之本体，原只是个天理，原无非礼。这个便是汝之真己，这个真己是躯壳的主宰。若无真己，便无躯壳。真是有之即生，无之即死。汝若真为那个躯壳的己，必须用着这个真己，便须常常保守着这个真己的本体。戒惧不睹，恐惧不闻，惟恐亏损了他一些。才有一毫非礼萌动，便如刀割，如针刺，忍耐不过，必须去了刀，拔了针。这才是有为己之心，方能克己。汝今正是认贼作子，缘何却说有为己之心不能克己？”

注释

①萧惠：阳明先生弟子，生平不详。

译文

萧惠问：“自己的私心难以克去，该怎么办呢？”

先生说：“将你的私心拿出来，我替你克。”接着又说：“人需要有为己之心，才能克己，能够克己，才能成就自己。”

萧惠说：“我也颇有为己之心，不知为何不能克己？”

先生说：“你不妨先谈谈你的为己之心是什么样的。”

萧惠说：“我也一心想做个好人，便自我感觉很有一些为己之心。如今想来，也只是为躯壳上的自己，而不是为真己。”

先生说：“真正的自己何曾离开躯壳？恐怕你是连那躯壳上的自己也不曾为。且先说说你所言的躯壳的自己，难道不是指耳、鼻、口、目、四肢等吗？”

萧惠说：“正是为了这些。眼睛便要美色，耳朵便要美声，口舌便要美味，四肢便要逸乐，所以不能克己。”

先生说：“美色令人目盲，美声令人耳聋，美味令人口爽，驰骋畋猎令人心发狂，这些都是戕害你的耳、目、口、鼻、四肢的，得到这些怎么能称是为了你的耳、目、口、鼻、四肢呢？若真是为了你的耳、目、口、鼻、四肢，便要思量耳朵该如何听，眼睛该如何看，口舌该如何言，四肢该如何动。必须非礼勿视，非礼勿听，非礼勿言，非礼勿动，如此才能保养自己的耳、目、口、鼻、四肢，如此才能称是为了自己耳、目、口、鼻、四肢。你如今终日向外驰求，为了虚名、利禄，这些都是为着躯壳之外的事物。你若为耳、目、口、鼻、四肢，就要非礼勿视，非礼勿听，非礼勿言，非礼勿动，这并不是你的耳、目、口、鼻、四肢能自动如此，而是要由你的心来主导。这视、听、言、动都是由你心主导的。由你的心视，通过眼来实现；由你的心听，通过耳来实现；由你的心言，通过口来实现；由你的心动，通过四肢来实现。若没有心，便没有耳、目、口、鼻、四肢。所谓的心，不是专指那一团血肉。若是那一团血肉，如今已死的人，那一团血肉也还在，为何不能视、听、言、动呢？所谓的心，就是那主宰着人视、听、言、动的所在，这便是性，便是天理。有这个性，才能生出这性之理，便称之为仁。这性之生理彰显在眼时便能视，彰显在耳时便会听，彰显在口时便会言，彰显在四肢时便会动，这都是那天理在人的身上彰显。因为它主宰人的一身，便称之为心。这心的本体，本来只是一个天理，原本无非礼存在。这个便是你真己，这个真己便是躯壳的主宰。若没有真己，便没有躯壳。确实是有了它即生，没有它即死。你若真是为了那个躯壳上的自己，必须依靠这个真己，便需要常常保守着这个真己的本体。戒惧所不睹，恐惧所不闻，唯恐亏欠了它。才有一丝非礼之念萌动，便如刀割，如针刺一般，忍耐不住，必须除去刀，拔了针。这才算是有为己之心，才能克己。你如今正在认贼作子，为何却说自己有为己之心不能克己呢？”

经典解读

一个人的私欲只在自己心中，岂能让别人帮着克除？私欲只在自己心中，只要用力克除，又何须忧心克除不掉，之所以克除不掉，只是因为克除之志不坚定，功夫不到家而已。萧惠的提问，本身就说明了其见识有限，用功不一。先生让他将私欲拿出来，帮他克，这即是对他的批评，也在让他反省内心，去搜罗出自己的私欲。

克己不是为了压制自己的本性，而是为了发展本性，成就自己，只有真正的智者才会懂得什么才是有利于自身的。普通人只知道口吃美味、眼见美色、耳听美声的愉快，却看不到它们背后的危害；只知道私欲受到压制时的“不痛快”，却感受不到“存天理，去人欲”的大利。《吕氏春秋·本生》一篇对此进行了充分的论证：“是故圣人之于声色滋味也，利于性则取之，害于性则舍之，此全性之道也。”害于性者就是非礼的视、听、言、动，利于性者就是合礼的视、听、言、动。只有懂得去害趋利，以礼动静，也就是追求天理，克除人欲，人的天性才能得到最好的发展。

世上没人不想为自己好，但就是因为心被私欲所蒙蔽，不知道什么是真的对自己好的，什么是对自己有害的。那些追求财富的人，无不期待自己、子孙永远依靠这些财富，过着富足的生活，对财富的私欲，便遮蔽了他们的心，使他们无法看到财富对德行、对生命的戕害；那些追求权力的人，无不期望自己的家族永远昌盛，对权力的私欲，便蒙蔽了他们的心，使他们看不到权力对心灵的腐蚀，对命运的威胁；那些追逐享乐，醉生梦死的人，同样因为物质上的私欲，而忘掉了酒肉对肠胃的腐蚀、忘掉了享受对志向的销毁，于是在享乐中逐渐走向沉沦、堕落。“人莫不饮食也，鲜能知味也”，内心被私欲所蒙蔽的人，就像喝着毒药却自以为饮着甘甜的美酒一样，让旁观者感到悲哀又惊惧。

可我们往往看到别人被私欲所驱使，走向穷途末路，却很少能切实地反省自己身上的私欲。其实，每个人心中都存在不断误导自己的私欲，除非他是圣人。当我们吸烟的时候，感觉很舒服，却不知道这“舒服”将来会给我们带来更多的痛苦；当我们选择懈怠、逸乐的时候，感觉很轻松，却不知道这轻松正消溶着自己的志向；当我们为获得名利而欣喜的时候，却不知这欣喜也许有一天会将你带往罪恶的深渊……“吸烟有害健康”、“安逸使人死亡”这些大道理我们似乎都知道，却在私欲的引诱下不能践行，这便是先生所说的“知而不行”，便不是真的“知”。人要想克己，必须真正知道什么是利己、什么是害己，然后才能在生活中克除私欲，遵循天理，使自己成为静能守正，动则有礼的智者、君子。

原文

有一学者病目，戚戚甚忧。先生曰：“尔乃贵目贱心。”

译文

有位学者眼睛患疾，甚为忧伤，悲戚过头。先生说：“你这是看重眼睛胜过了看重内心啊！”

经典解读

眼睛有疾则害眼，喜怒哀乐发不中节则害心，因为害眼之事而害心，即是看重眼睛胜过看重内心。身体有贵贱之别，有大小之分。四肢为身之小者，贱者；心为身之大者，贵者。人要懂得不以贱害贵，不以小失大，否则就是不智、不明。所以孟子说：“养其小者为小人，养其大者为大人。”又说，“指不若人，则知恶之；心不若人，则不知恶，此之谓不知类也。”

原文

萧惠好仙、释。先生警之曰：“吾亦自幼笃志二氏，自谓既有所得，谓儒者为不足学。其后居夷三载，见得圣人之学若是其简易广大，始自叹悔，错用了三十年气力。大抵二氏之学，其妙与圣人只有毫厘之间。汝今所学，乃其土苴，辄自信自好若此，真鸱鸮窃腐鼠耳[①]。”

惠请问二氏之妙。先生曰："向汝说圣人之学简易广大，汝却不问我悟的，只问我悔的。"

惠惭谢，请问圣人之学。先生曰："汝今只是了人事问，待汝办个真要求为圣人的心，来与汝说。"

惠再三请。先生曰："已与汝一句道尽，汝尚自不会！"

注释

①鸱鸮窃腐鼠耳：出自《庄子·秋水篇》。"夫鹓鶵发于南海而飞于北海，非梧桐不止，非练实不食，非醴泉不饮。于是鸱得腐鼠，鹓鶵过之，仰而视之曰：'吓！'"

译文

萧惠热衷于佛家、道家之说。先生警示他说："我也从小笃信佛老之言，自觉有所收获，认为儒学不足为学。后来在贵州龙场住了三年，发现圣人之学是如此简易、广大，才后悔用错了三十年功夫。总体上说，佛老之学的精妙处与圣人并无多大的区别。如今，你只学到了佛老的一点糟粕，便如此热衷地信奉，真如鸱鸮得到了腐鼠一般。"

萧惠请教佛老之学的奥妙之处。先生说："和你说了圣人之学极为简易、光大，你不问我所感悟的，却只问我所悔疚的。"

萧惠惭愧地道歉，请教圣人的学说。先生说："现在你只是做表面功夫，等你真正有了个为圣人的心之后，我再和你讲也不迟。"

萧惠再三请教。先生说："我已经用一句话给你说尽了，你却还没有明白！"

经典解读

萧惠热衷于佛老之说，先生对其进行警示，以自身经历告诉他，圣人之学才是极为简易、广大的，沉迷于佛老之说，而弃圣人之学于不顾，就像鸱鸮守着腐鼠，不去追求更好的食物一样。但萧惠却未醒悟，继续请教先生佛老之说的妙处，先生于是对其进行了批评："不问我悟的，只问我悔的。"

萧惠感到惭愧，又改口请教圣人之学。这显然是在得到批评以后的敷衍之为，是在做表面功夫。圣人教人，"不愤不启，不悱不发"，先生知道萧惠并未真心求索圣人之学，所以不对他进行深入讲解。但萧惠却不依不饶，再三请教，这也许仅仅是为了给自己找回一点儿面子吧。学圣人之学最贵意诚，内心不诚如何能学得到？先生让萧惠回去培养"真要求为圣人的心"，其实就是告诉他意诚之后，再来请教，萧惠连这都不明白。先生无奈，也只好再次对其进行批评："我都给你说尽了，你不去自己心上领悟，还在这里纠缠什么！"

原 文

刘观时[①]问："未发之中是如何？"

先生曰："汝但戒慎不睹，恐惧不闻，养得此心纯是天理，便自然见。"

观时请略示气象。先生曰："哑子吃苦瓜，与你说不得，你要知此苦，还须你自吃。"

时曰仁在旁，曰："如此才是真知，即是行矣。"一时在座诸友皆有省。

注 释

①刘观时：湖南常德人，阳明先生弟子。

译 文

刘观时问："未发之中是什么情况？"

先生说："你只要戒慎不睹，恐惧不闻，养得此心纯然天理了，自然会体悟出什么是'未发之中'。"

刘观时请求大略描述一下其气象。先生说："哑巴吃苦瓜，与你说不得，你要明白其中的苦味，必须亲自吃。"

当时徐爱在旁边，说："如此才是真知，才算是行了。"一时，在座各位都有所领悟。

经典解读

"未发之中"就是心中纯然天理，喜、怒、哀、乐等情感没有任何表露。这种情境到底如何，言语是难以表达的，只有自己内心修养到了那种地步才能亲自体悟。这种亲自体悟出的"知"才是真知，才能做到知行合一。

原 文

萧惠问死生之道。

先生曰："知昼夜即知死生。"

问昼夜之道。

曰："知昼则知夜。"

曰："昼亦有所不知乎？"

先生曰："汝能知昼？懵懵而兴，蠢蠢而食，行不著，习不察，终日昏昏，只是梦昼。惟息有养，瞬有存，此心惺惺明明，天理无一息间断，才是能知昼。这便是天德，便是通乎昼夜之道而知，便有什么死生？"

译文

萧惠询问死生之道。

先生说："知昼夜即知死生。"

萧惠又询问昼夜之道。

先生说："知昼即知夜。"

萧惠问："难道还有不知道白天的吗？"

先生说："你能知道白天吗？懵懵懂懂地起床，昏昏沉沉地吃食物，行不自觉，习不清醒，终日浑浑噩噩，只是白天梦游罢了。唯有时刻不忘存养本心，保持内心清明，使天理没有片刻间断，才能说知晓了白天。这便是天德，便是明白了昼夜之道，明白了昼夜之道，难道还能不明白生死的问题吗？"

经典解读

什么是昼夜？难道太阳升起便叫昼，太阳落山便叫夜吗？在阳明先生看来，显然不是。昼夜之分，不在于日月星辰，而在于人的心。内心澄明，不忘存养本心，便是昼；浑浑噩噩，昏睡懵懂便是夜。即使太阳高挂头顶，若内心蒙昧，那也是生活在夜里；即便星光微弱，不见五指，只要内心明亮，那也是生活在白天。

死生也是一样的道理，不在于躯壳，而在于良心、良知。不忘天理，不逐人欲，有所操守，懂得是非、羞恶、廉耻，这便是生；天理泯灭，追逐私欲，弃德求利，忘仁义之道，无是非羞恶之心，这样的人，即便是活蹦乱跳，也如行尸走肉，早就死了。诗人说"有的人活着，他已经死了"，正是这个道理。

原文

马子莘问："'修道之教'，旧说[①]谓圣人品节吾性之固有，以为法于天下，若礼、乐、刑、政之属，此意如何？"

先生曰："道即性即命。本是完完全全，增减不得，不假修饰的何须要圣人品节？却是不完全的物件。礼、乐、刑、政是治天下之法，固亦可谓之教，但不是子思本旨。若如先儒之说，下面由教入道的，缘何舍了圣人礼、乐、刑、政之教，别说出一段戒慎恐惧工夫？却是圣人之教为虚设矣。"

子莘请问。

先生曰："子思性、道、教皆从本原上说。天命于人，则命便谓之性；率性而行，则性便谓之道；修道而学，则道便谓之教。率性是'诚者'事，所谓'自诚明，谓之性'也。修道是'诚之者'事，所谓'自明诚，谓之教'也。圣人率性而行即是道，圣人以下未能率性，于道未免有过不及，故须修道。修道则贤知者不得而过，愚不肖者不得而不及，都要循着这个道，则道便是个教。此'教'字与'天道至教'、'风雨霜露，无非教也'之'教'同。'修道'字与'修道以仁'同。人能修道，然后能不违于道，以复其性之本体，则亦是圣人率性之道矣。下面'戒慎恐惧'便是修道的工夫，'中和'便是复其性之本体。如《易》所谓'穷理尽性以至于命'，'中和'、'位育'，便是尽性至命。"

注　释

①旧说：朱熹《中庸章句集注》："性道虽同，而气禀或异，故不能无过不及之差，圣人因人物之所当行者而品节之，以为法于天下，则谓之教，若礼、乐、刑、政之属是也。"

译　文

马子莘问："'修道之教'朱子认为是圣人品节吾性中固有的道，作为天下效法的标准，比如礼、乐、刑、政之类的，这种看法如何呢？"

先生说："道，就是性，就是命。本是完完全全，增减不得，无须修饰的，何须要圣人品节？如此岂不就成了不完全的物件吗？礼、乐、刑、政是治理天下的法则，固然也可称为教，但却不是子思的本意。若依朱子的解释，下文的由教入道，为何不谈圣人的礼、乐、刑、政之教，却别说一番戒慎恐惧的功夫？这样，圣人之教就成虚设的了。"

马子莘请求进一步解说。

先生说："子思的性、道、教都是从根本上说的。就天命于人而言，则'命'便是'性'；率性而行，则'性'便称为'道'；修道而学，则道便称为'教'。率性是'诚者'之事，即所谓的'自诚明，谓之性'。修道是'诚之者'之事，即所谓的'自明诚，谓之教'。人能率性而行即是'道'，但圣人以下的人未能率性而行，在道上难免有过、有不及，所以必须修道。修道后，智者贤者不会做得过分，愚者不肖者不会做得不足，都要合乎中道，这个道便是'教'。这个'教'字的内涵与'天道至教'、'风雨霜露，无非教也'之'教'同。'修道'二字与'修道以仁'内涵相同。人能修道，然后才能不违背道，以恢复性的本体，这也就是圣人率性的道了。《中庸》下问所讲的'戒慎恐惧'就是修道的工夫。'中和'就是恢复性的本体。像《易经》上所说的'穷理尽性以至于命'。'中和'、'位育'就是尽性至命。"

经典解读

本段主要讲述了阳明先生和朱子对《中庸》中一些概念的解读存在的分歧。朱子认为“率性谓之教”中的“教”，主要是圣人为了教育后人而立下的一些标准，如礼、乐、刑、政等，修道就是学习这些；阳明先生不同意这种看法，认为“教”就是“修道”，就是存养自己的本性，也就是致良知，使自己达到至诚的境界。

修道就是修心，就是存养本性，生知安行的圣人本性纯正，所以只要率性而行，便合乎中道，即“自诚明，谓之性”；圣人之下的人，心有人欲，行事必然会有过、有不及，所以必须下功夫克除人欲，使自己的本性恢复纯然天理，使行为合乎中道，这个修心存性的过程便是“教”，即“自明诚，谓之教”。总之，子思的教，是从根本上而谈的，是对个人心性的修养，而绝非是学习一些礼乐刑名知识。显然，阳明先生的解释更加接近子思原旨。

原文

黄诚甫问：“先儒于孔子告颜渊为邦之问，是立万世常行之道①，如何？”

先生曰：“颜子具体圣人，其于为邦的大本大原都已完备。夫子平日知之已深，到此都不必言，只就制度文为上说。此等处亦不可忽略，须要是如此方尽善。又不可因自己本领是当了，便于防范上疏阔，须是‘放郑声，远佞人’。盖颜子是个克己向里、德上用心的人，孔子恐其外面末节或有疏略，故就他不足处帮补说。若在他人，须告以‘为政在人，取人以身，修身以道，修道以仁’、‘达道’、‘九经’及‘诚身’许多工夫，方始做得，这个方是万世常行之道。不然只去行了夏时，乘了殷辂，服了周冕，作了韶舞，天下便治得？后人但见颜子是孔门第一人，又问个为邦，便把做天大事看了。”

注释

①先儒于孔子告颜渊……之道：《论语·卫灵公篇》：颜渊问为邦。子曰：“行夏之时，乘殷之辂，服周之冕，乐则韶舞。放郑声，远佞人。郑声淫，佞人殆。”朱熹《论语集注》中引用程颐的话注解：“问政多矣，惟颜渊告之以此。盖三代之制，皆因时损益，及其久也，不能无弊。周衰，圣人不作，故孔子斟酌先王之礼，立万世常行之道，发此以为之兆尔。由是求之，则余皆可考也。”

译文

黄诚甫问：“先儒认为《论语》中孔子对颜渊为邦之问的回答，是立万世常行之道，这种看法正确吗？”

先生说：“颜子具有圣人的大体，对于治国的根本基本都了解完备了。夫子平日对颜回十分了解，知道那些都不必多言，于是只在典章制度上进行补充。这些地方对于治国也是不可忽略的，如此才能做到尽善尽美。但为政者也不能因为自居了解了治国的本领而疏于防范，还要做到‘放郑声，远佞人’。因为颜子是个克己内敛、懂得在德上用心的人，孔子才恐怕他于外面的末节上有所忽略，所以在他不足的地方进行补说。若是对于他人，孔子就要告诉他们如‘为政在人，取人以身，修身以道，修道以仁’，‘达道’、‘九经’及‘诚身’等诸多工夫，这样才能去治国，方是万世常行之道。不然仅仅采用夏代的礼法、乘坐殷商时的车子、穿着周朝的礼服、操演舜帝的韶舞，便能将天下治好？后人只见颜子是孔门最出色的弟子，又问了个为邦这样的大事，便将这问题当成天大的事情了。”

经典解读

颜渊向孔子请教该如何治国。孔子看着这个最得意的弟子，想“为政在人”、“亲大臣、爱百姓”之类的大道理他都已经明白了，没有什么必要再重复一遍了，但又觉得这弟子是个克己内敛的人，虽然能掌握治国根本，恐怕在具体的礼仪细节上做得不足，于是告诉他：“采用夏代的礼法、乘坐殷商时的车子、穿着周朝的礼服，去除卫郑淫靡的音乐。”这些教导不仅不是治国的万世常行之道，反而和孔子对其他人的教导比起来是微不足道的。但程朱等人却过于看重颜渊在孔门中的地位，将孔子随口而出的话当成了金科玉律，这就显得有些过了。

越是高明的人，越不需要教导。孔子对于颜渊的提问，只是补充了一点细枝末节；再看看孔子对于鲁哀公询问的回答，面面俱到，无微不至。而后人却不推想圣人因材施教的本意，看到了圣人的话就当作至理名言，将其推崇到极点，这其实是有点盲目崇拜权威的意思，过于这样就会丧失独立的自己，使治学误入歧途。

其实，孔子本人对这种做法是十分反对的，他曾说：“吾与回言终日，不违，如愚。”听讲终日，只知道顺从，不知疑问、质疑，那就是愚人。学习前人的学说，如果一味推崇，不懂反思、疑问，那便更是愚蠢了。可惜世上的人常犯这种错误，根本不想别人谈话时是怎么思考的，不考虑别人的生活环境，就喜欢崇拜权威，背别人的语录，引用别人的名言，到头来只会将自己变成一个没有独立头脑的傀儡。

原　文

蔡希渊问：“文公《大学》新本，先格致而后诚意工夫，似与首章次第相合。若如先生从旧本之说，即诚意反在格致之前，于此尚未释然。”

先生曰：“《大学》工夫即是‘明明德’，‘明明德’只是个‘诚意’，‘诚意’的工夫只是‘格物’‘致知’。若以‘诚意’为主，去用‘格物’‘致知’的工夫，即工夫始有下落。即为善去恶无非是‘诚意’的事。如新本先去穷格事物之理，即茫茫荡荡，都无着落处，须用添个‘敬’字，方才牵扯得向身心上来，然终是没根源。若须用添个‘敬’字，缘何孔门倒将一个最要紧的字落了，直等千余年后要人来补出？正谓以‘诚意’为主，即不须添‘敬’字。所以提出个‘诚意’来说，正是学问的大头脑处。于此不察，真所谓毫厘之差，千里之谬。大抵《中庸》工夫只是‘诚身’，‘诚身’之极，便是‘至诚’。《大学》工夫只是‘诚意’，‘诚意’之极，便是‘至善’。工夫总是一般。今说这里补个‘敬’字，那里补个‘诚’字，未免画蛇添足。”

译文

蔡希渊问：“朱子《大学》新本，先格物致知而后才有诚意的功夫，这似乎与第一章的次序相同。如果按照先生的主张，仍依据旧本的话，即诚意在格物致知的前面，二者似乎有矛盾，我对此尚不能明白。”

先生说：“《大学》的功夫便是‘明明德’，而‘明明德’只是个‘诚意’，诚意的功夫只是‘格物’、‘致知’。若以‘诚意’为主，用‘格物’、‘致知’的功夫，功夫才有着落。那么为善去恶都无非是‘诚意’之事。如果像新本那样，先去穷究事物之理，就会茫然没有着落之处。必须添加一个‘敬’字，才能和身心扯上联系，但终究没有根源。若必须添加个‘敬’字，为何孔子的门人倒将这最紧要的字给遗漏了呢，直等千年之后才被后人补上？若是以‘诚意’为主，就不需添加一个‘敬’字。所以提出个诚意来说，这正是学问的核心处。在这里不能不明察，弄反了便是毫厘之差，千里之谬。大抵而言，《中庸》的功夫只是‘诚身’。‘诚身’到了极致便是‘至诚’。《大学》功夫只是‘诚意’，‘诚意’到了极致便是‘至善’。功夫都是一样的。现在说这里需要添一个‘敬’字，那里需要补个‘诚’字，未免画蛇添足了。”

经典解读

《大学》旧本之中，首章之后便直接讲诚意，而朱子在修注时，为了使后文符合“格物、致知、诚意、正心、修身、齐家、治国、平天下”的顺序，将格物致知的部分移到了诚意之前。世人大多认为朱子的修改是正确的，保存的旧本原有错误，但阳明先生却认为旧本无误，朱子改变顺序倒是画蛇添足了。

阳明先生认为《大学》的功夫是‘明明德’，而‘诚意’就是‘明明德’的核心。格物、致知，是‘诚意’的功夫，是为了达到意诚；后面的‘正心’是对诚意的补充，‘修身’、‘治国’、‘平天下’等则是对在意诚基础上的进一步发挥。‘诚意’是为学的主旨，学者需要下功夫的着力点，所以《大学》以‘诚意’开始并没有不合适。若单单因为第一章中出现的顺序，便将‘格物’、‘致知’放在‘诚意’之前，那就是拘泥于文字，无视先贤的本意了。所以在阳明先生看来，朱子的修改是多余的，改后反而突不出‘诚意’这个核心，使后学者抓不住根本，将大量精力浪费到了格物穷理之上，这也正是朱子学说的缺憾之所在。

中卷

原文

德洪[①]曰：昔南元善[②]刻《传习录》于越，凡二册。下册摘录先师手书，凡八篇。其答徐成之[③]二书，吾师自谓“天下是朱非陆，论定既久，一旦反之为难”。二书姑为调停两可之说，使人自思得之。故元善录为下册之首者，意亦以是欤！今朱、陆之辨明于天下久矣。洪刻先师《文录》，置二书于外集者，示未全也，故今不复录。

其余指知行之本体，莫详于答人论学与答周道通[④]、陆清伯、欧阳崇一四书。而谓格物为学者用力日可见之地，莫详于答罗整庵[⑤]一书。平生冒天下之非诋推陷，万死一生，遑遑然不忘讲学。惟恐吾人不闻斯道，流于功利机智以日堕于夷狄禽兽而不觉。其一体同物之心，诜诜终身，至于毙而后已。此孔孟以来贤圣苦心，虽门人子弟未足以慰其情也。是情也，莫见于答聂文蔚[⑥]之第一书。此皆仍元善所录之旧。而揭“必有事焉”即“致良知”功夫，明白简切，使人言下即得入手，此又莫详于答文蔚之第二书，故增录之。

元善当时汹汹，乃能以身明斯道，卒至遭奸被斥，油油然惟以此生得闻斯学为庆，而绝无有纤芥愤郁不平之气。斯录之刻，人见其有功于同志甚大，而不知其处时之甚艰也。今所去取，裁之时义则然，非忍有所加损于其间也。

注释

①德洪：钱德洪，字洪甫，号绪山，时称绪山先生，浙江余姚人，阳明先生弟子。先生去世后，他收集遗稿，编成传世本《传习录》和《阳明文录》等多种书籍，对先生学说的发扬光大起了重要推动作用。

②南元善：名大吉，字元善，号瑞泉，陕西渭南人，阳明先生的学生，曾刊刻《传习录》。

③徐成之：生平不详，《阳明先生文集》中存《答徐成之》。

④周道通：名冲，字道通，号静庵，常州宜兴人。先师从王阳明，后师从湛若水，融合王、湛两家学说。

⑤罗整庵：罗钦顺，字允升，号整庵，江西泰和人，著名哲学家，辞官后隐居乡里专心研究理学。

⑥聂文蔚：名豹，字文蔚，号双江，江西永丰人，阳明先生弟子。其学主张“归寂”之说，著有《困辨录》一书。

译　文

钱德洪称：昔日，南元善在浙江刊刻《传习录》，共分上下两册。下册摘录先师手书，总有八篇。其中《答徐成之》两封书信中，先生曾说：“天下认同朱熹，排斥陆九渊的观点，长久以来已成定论，要想改变，十分困难”。这两封信就是为了调解朱陆之争，使人们自己去思辨朱陆分歧。所以，南元善将这两封信放在下册的开篇，大概就是这个意思吧！如今朱、陆之辨的内涵世人已经明白很久了。我刻印先生的《文录》时，将两封信置于《外集》中，主要是当时有些观点还不完善。因此，现在不作收录。

其余先生在知行本体方面的论述，于《答人论学书》、《答周道通书》、《答陆清伯书》、《答欧阳崇一书》这四封信中最为详尽。而在《答罗整庵书》中，则明确论述了格物即为学者平常所下的功夫。先生平生承受世人的诽谤、诋毁，万死一生，犹然不忘讲学，就是因为担心我们不明大道，而被功利、诈巧所迷惑，以至沦为禽兽夷狄之流而茫然不知。先生追求与天地万物融为一体的境界，其志贯于一生，死而后已。这是孔孟以来贤圣们所独有的良苦用心，并不因门人子弟的劝慰而有丝毫减轻。先生的这种情怀在《答聂文蔚书》一书中展现得淋淋尽致。这几封信，均按南元善原本刊刻而收录。先生还揭示了“必有事焉而勿正”即为“致良知”的功夫，论述明白简洁，使人很容易找到功夫的下手之处，相关内容最详尽的就是《答聂文蔚书》的第二封信，所以现将此信也增录进来。

当初，南元善处境极为艰难，但仍以讲授阳明学说为己任，最终遭到奸佞排斥。但他仍然认为，接受阳明学说是一生最大的幸事，因此没有丝毫愤郁不平之气。南元善刊刻《传习录》人们都知道其对朋友、学者帮助巨大，却很少了解他彼时处境之艰难。如今，我的取舍是依据今天的需要，并不是对南元善所刊刻的旧本有什么不满之处。

经典解读

这是钱德洪在重新刊刻《传习录》时所作的序言，序中对《传习录》的编排、刊刻，以及收录几封书信的缘由等问题做了一些说明。后人通过这篇序言，可在阅读之前便对先生的思想、文章的主旨有个了解。

答顾东桥[①]书

原　文

来书云："近时学者，务外遗内，博而寡要。故先生特倡'诚意'一义，针砭膏肓，诚大惠也！"

吾子洞见时弊如此矣，亦将何以救之乎？然则鄙人之心，吾子固已一句道尽，复何言哉？复何言哉？若诚意之说，自是圣门教人用功第一义，但近世学者乃作第二义看，故稍与提掇紧要出来，非鄙人所能特倡也。

注　释

①顾东桥：名鳞，字华玉，号东桥，江苏江宁人，阳明先生的友人。

译　文

顾东桥来信说："近时的学者，专务外在的知识学问而忽略了内心上的修养，虽然广博却不得要领。因此先生特别倡导'诚意'，以针砭病入膏肓的学风，于世真是大功啊！"

您能如此洞见时弊，又准备如何去补救呢？鄙人的志向，您固然已经一语道尽，在这方面还有什么好说的呢？诚意，本来就是圣学教人用功的首要大事，但近世的学者却将其放在了格物穷理之后，所以我才将其提掇出来，这原就是先圣本意，并非我个人所独自倡导的。

经典解读

先生特倡"诚意"，是鉴于当时学者"务外遗内，博而寡要"的弊端而发的，顾东桥亦对此加以赞赏肯定。从顾东桥的盛赞和先生的感慨可知时弊之严重，扭转世风、学风之迫切。

原文

来书云："但恐立说太高，用功太捷，后生师传，影响谬误，未免坠于佛氏明心见性、定慧顿悟之机，无怪闻者见疑。"

区区格、致、诚、正之说，是就学者本心、日用事为间，体究践履，实地用功，是多少次第、多少积累在！正与空虚顿悟之说相反。闻者本无求为圣人之志，又未尝讲究其详，遂以见疑，亦无足怪。若吾子之高明，自当一语之下便了然矣，乃亦谓立说太高，用功太捷，何邪？

译文

顾东桥来信说："只怕您的学说立论太高，用功过速，后学门生递相传述，因而产生谬误，未免落入佛家明心见性、定慧顿悟的窠臼之中，无怪被世人怀疑。"

本人格物、致知、诚意、正心等观点，是针对学者本心与日常处事而立，体会践行，实地用功，其间前后关联、上下积累！正与空虚顿悟之说相反。听到此说的人，有的根本没有成为圣人的志向，又没能仔细考究其中详情，所以才会产生怀疑，这也不足为怪。但像您这样高明之人，本当一说即明，却也认为我立论太高，用功太速，这时为什么呢？

经典解读

顾东桥担忧阳明先生立说太高，恐影响谬误，坠入佛家明心见性、定慧顿悟的窠臼之中，先生对此进行了解释、反驳。阳明心学虽然也重视内心，但和佛家追求"空"却完全不同，它是建立在格物致知基础之上的，都要求实地用功，要求知行合一。这是不折不扣的圣人之学，绝非避世遁隐的释家之说。二者相同只在一个"心"字，但在如何反照自心、如何安置自心、如何处理内心与实践关系上，都存在着天壤之别，不可混为一谈。

诚意、正心本就是先圣所教，后人沉湎于务外遗内的错误太久，才会看到先生学说就想到佛家的观点，这恰恰显示了他们未能领会先圣之道，未能真心立志追求圣人境界。若真学圣人，自然会关注自己的心，主动追求诚意正心，又怎么会觉得先生立论太高呢？

原文

来书云："所喻知行并进，不宜分别前后，即《中庸》'尊德性而道问学'之功，交养互发，内外本末，一以贯之之道。然工夫次第，不能无先后之差。

如知食乃食，知汤乃饮，知衣乃服，知路乃行，未有不见是物，先有是事。此亦毫厘倏忽之间，非谓有等今日知之，而明日乃行也。”

既云“交养互发，内外本末，一以贯之”，则知行并进之说无复可疑矣。又云“工夫次第，不能无先后之差”。无乃自相矛盾已乎？知食乃食等说，此尤明白易见。但吾子为近闻障蔽，自不察耳。夫人必有欲食之心，然后知食，欲食之心即是意，即是行之始矣。食味之美恶，必待入口而后知，岂有不待入口而已先知食味之美恶者邪？必有欲行之心，然后知路，欲行之心即是意，即是行之始矣。路歧之险夷，必待身亲履历而后知，岂有不待身亲履历而已先知路歧之险夷者邪？知汤乃饮，知衣乃服，以此例之，皆无可疑。若如吾子之喻，是乃所谓不见是物而先有是事者矣。吾子又谓：“此亦毫厘倏忽之间，非谓截然有等今日知之，而明日乃行也。”是亦察之尚有未精。然就如吾子之说，则知行之为合一并进，亦自断无可疑矣。

译文

顾东桥来信说：“您说知行并进，不应分别先后，即《中庸》‘遵性德’与‘道问学’的功夫，相互存养、促发，是内外、本末的关系，一以贯之的。然而，下功夫的顺序，却不能没有先后之分。如，知道食物，才能去吃；知道汤，才能去饮；知道衣服，才能去穿；知道路，才能去走，没有还不知道那个物件，就先有关于它的行为。当然，这也就是毫厘倏忽之间的差别，并不是说今天知道了，而明天才去实行。”

既然说（知行）“相互存养、促发，是内外、本末的关系，一以贯之”，则知行并进的主张便无可怀疑。又说“下功夫的顺序，却不能没有先后之分”，这岂不是自相矛盾？“知道食物，才能去吃”等说法更是浅显易懂。只不过您被当前的观点所蒙蔽，自己未能省察罢了。人必然是先有想吃的心，然后才知道食物，想吃之心便是意，即是行的开始。食物味道的好坏，必须等食物入口以后才知道，难道有食物还没入口就先知道味道的好坏的？必然是有想走的心，才知道路，想走的心便是意，即是行的开始。路的平坦险要，必须等亲自经历以后才能知道，难道有没有尚未亲身经历便知道了路的平坦险要的？知汤才饮，知衣才穿，以此类推，均可无疑。若如您所说，就是不见其物而先有其事了。您又称：“这也就是毫厘倏忽之间的差别，并不是说今天知道了，而明天才去实行。”这种说法也是省察不够精确，但即便是如您所说的那样，知行合一并进的主张，也断然无可怀疑之处了。

经典解读

阳明先生告知了对方自己“知行并进”的观点，但顾东桥对此存在疑惑，认为知与行的功夫虽然相互接近，但还是存在毫厘倏忽的差别，不能断然看作一事。先生对此进行了解释：

知道，还未行，不能算是真知；行不是从做事开始，意念初起便是行的起点。知是一个了解到践行的过程；行也是一个从意念发生到付诸实践的过程，这两者是同时进行，互为内外、本末，一以贯之的，连毫厘、倏忽的先后差别都没有。人之所以将知、行分开，就是没有理解什么是真知，什么是真行。

原文

来书云：“真知即所以为行，不行不足谓之知。此为学者吃紧立教，俾务躬行则可。若真谓行即是知，恐其专求本心，遂遗物理，必有暗而不达之处，抑岂圣门知行并进之成法哉？”

知之真切笃实处即是行，行之明觉精察处即是知。知行功夫，本不可离。只为后世学者分作两截用功，失却知行本体，故有合一并进之说。真知即所以为行，不行不足谓之知。即如来书所云知食乃等说可见，前已略言之矣。此虽吃紧救弊而发，然知行之体本来如是，非以己意抑扬其间，姑为是说，以苟一时之效者也。

专求本心，遂遗物理，此盖失其本心者也。夫物理不外于吾心，外吾心而求物理，无物理矣。遗物理而求吾心，吾心又何物邪？心之体，性也，性即理也。故有孝亲之心，即有孝之理；无孝亲之心，即无孝之理矣。有忠君之心，即有忠君之理；无忠君之心，即无忠君之理矣。理岂外于吾心邪？晦庵谓：“人之所以为学者，心与理而已。心虽主乎一身，而实管乎天下之理。理虽散在万事，而实不外乎一人之心。”是其一分一合之间，而未免已启学者心、理为二之弊。此后世所以有专求本心，遂遗物理之患。正由不知心即理耳。

夫外心以求物理，是以有暗而不达之处。此告子义外之说，孟子所以谓之不知义也。心一而已，以其全体恻怛而言谓之仁，以其得宜而言谓之义，以其条理而言谓之理。不可外心以求仁，不可外心以求义，独可外心以求理乎？外心以求理，此知行之所以二也。求理于吾心，此圣门知行合一之教，吾子又何疑乎？

译文

顾东桥来信说：“真知即为能够去行，不行不足以称为知。这种说法用以纠正时弊、教导学者，使其致力躬行是可以的。但如果真的认为‘行’就是‘知’，只怕会导致学者专求本心，从而遗漏了事物之理，必有晦暗而不通达之处，这难道是圣门为学知行并举的成规吗？”

知的真切笃实之处便是行，行的明觉精察处即为知。知与行的功夫本就不可分裂。只因后世学者将其分割为两截用功，失去了知行的本体，所以才有将知行合一并进的说法。真正的知便是能够去行，不行不足以称为知，这从来书中所说的知食乃等说法可以明白，前面已经大致说过了。“知行合一”虽是为纠正时弊而提出的，但知行之间本就是这种关系，并不是鄙人出于私意而对前人学说进行褒贬，想通过宣扬这种说法，来追求一时的效果。

专求本心，遗漏物理，这就是已经失去了本心。物理不在本心之外，抛却自心而求索物理，那就没有什么物理可言了。遗漏物理而求索自心，那自心又是什么呢？心的本体是性，性就是理。所以，有孝顺亲人之心，则有孝的理；无孝顺亲人之心，则无孝的理。有忠于君王之心，则有忠君的理；无忠于君王之心，则无忠君的理。理难道在自心之外？朱子说：“人之所以为学者，心与理而已。心虽主乎一身，而实管乎天下之理。理虽散在万事，而实不外乎一人之心。”这一分一合之间，便未免已导致了学者产生将心、理分割为二的弊端。所以，后世才会有专求本心，遗漏物理的担忧。这正是因为人们不明白心就是理啊！

抛却自心而求索物理，所以学者才会有晦暗而不通达之处。这实际上就是告子“义外”的观点，孟子之所以称其不知义的原因也正在此。心只有一个，就起全体的恻怛之心而言，就是仁；就其合乎时宜而言，就是义；就起条理清晰而言，就是理。不可以在心外求索仁，不可以在心外求索义，怎么独独可以在心外求索理呢？抛却自心而求索理，这就是将知行当作两回事的缘故。在自心中求理，本就是圣学知行合一的主张，您为何要有疑惑呢？

经典解读

顾东桥尚未领会先生“知行合一”的内涵，认为它仅仅能用来拯救时弊，过于强调则又会走入另一个极端，即导致人专务本心，反而遗漏物理。

先生的主张虽然是针对时弊而发，却不是一时之术用，而是万古不变之真理。“知行合一”本就是同时强调“知”与“行”的，不能偏废任何一方。其实，这还是知、行关系的问题，如果能够真正理解先生的知行观，就会知道知行本就是贯通一体，不可分割的。专求本心，遗漏物理，不算是真知，自然也谈不上因知而废行；同样，追逐物理，遗失本心，也不是真行，同样也谈不上因行而废知。先行将心与理分割为二的人，才会有知行不一的担忧，能将心、理视为一物的人，又怎么会有此弊病呢？

原文

来书云："所释《大学》古本，谓致其本体之知，此固孟子尽心之旨。朱子亦以虚灵知觉为此心之量①。然尽心由于知性，致知在于格物。"

尽心由于知性，致知在于格物，此语然矣。然而推本吾子之意，则其所以为是语者，尚有未明也。朱子以"尽心、知性、知天"为格物、致知，以"存心、养性、事天"为诚意、正心、修身，以"夭寿不贰、修身以俟"为知至、仁尽，圣人之事。若鄙人之见，则与朱子正相反矣。夫"尽心、知性、知天"者，生知安行，圣人之事也；"存心、养性、事天"者，学知利行，贤人之事也；"夭寿不贰、修身以俟"者，困知勉行，学者之事也。岂可专以"尽心知性"为知，"存心养性"为行乎？

吾子骤闻此言，必又以为大骇矣。然其间实无可疑者，一为吾子言之。

夫心之体，性也；性之原，天也。能尽其心，是能尽其性矣。《中庸》云："惟天下至诚为能尽其性。"又云："知天地之化育，质诸鬼神而无疑，知天也。"此惟圣人而后能然。故曰：此生知安行，圣人之事也。

存其心者，未能尽其心者也，故须加存之之功；必存之既久，不待于存而自无不存，然后可以进而言尽。盖"知天"之"知"，如"知州"、"知县"之"知"，知州则一州之事皆己事也，知县则一县之事皆己事也，是与天为一者也。"事天"则如子之事父，臣之事君，犹与天为二也。天之所以命于我者，心也，性也，吾但存之而不敢失，养之而不敢害，如"父母全而生之，子全而归之"②者也。故曰：此学知利行，贤人之事也。

至于"夭寿不贰"，则与存其心者又有间矣。存其心者虽未能尽其心，固已一心于为善，时有不存，则存之而已。今使之"夭寿不贰"，是犹以夭寿贰其心者也。犹以夭寿贰其心，是其为善之心犹未能一也，存之尚有所未可，而何尽之可云乎？今且使之不以夭寿贰其为善之心，若曰死去夭寿皆有定命，吾但一心于为善，修吾之身以俟天命而已，是其平日尚未知有天命也。事天虽与天为二，然已真知天命之所在，但惟恭敬奉承之而已耳。若俟之云者，则尚未能真知天命之所在，犹有所俟者也，故曰"所以立命"。立者"创立"之"立"，如"立德"、"立言"、"立功"、"立名"之类。凡言立者，皆是昔未尝有而今始建立之谓，孔子所谓"不知命，无以为君子"者也。故曰：此困知勉行，学者之事也。

今以“尽心、知性、知天”为格物致知，使初学之士尚未能不二其心者，而遽责之以圣人之生知安行之事，如捕风捉影，茫然莫知所措其心，几何而不至于“率天下而路”[③]也？今世致知格物之弊，亦居然可见矣。吾子所谓务外遗内，博而寡要者，无乃亦是过欤？此学问最紧要处，于此而差，将无往而不差矣。此鄙人之所以冒天下之非笑，忘其身之陷于罪戮，呶呶其言有不容已者也。

注　释

①朱子亦以虚灵知觉为此心之量：朱熹《中庸章句序》有：“心之虚灵知觉，一而已。”

②父母全而生之，子全而归之：出自《礼记·祭仪》：“父母全而生之，子全而归之，可谓孝。”即父母将子女完好地生下来，子女要保全身体发肤，死时完完整整地归还给父母，如此才能称为孝。

③率天下而路：出自《孟子·滕文公上》：“且一人之身，而百功之所为备。如必自为而后用之，是率天下而路也。”意为，要通功易事，若什么事都亲力亲为，那就是率领天下的人疲于奔命。

译　文

顾东桥来信说：“先生所注释的《大学》旧本，称致知是对自心本体的认识，这与孟子‘尽心’的主旨固然相符。但朱子也以虚灵知觉为心的本体。然而尽心是由于认识天性，致知依赖于格物。”

“尽心是由于认识天性，致知依赖于格物”，这话是对的。然而我推究您的本意，之所以说这话，是因为还有不明白的地方。朱子认为“尽心、知性、知天”是格物致知，“存心、养性、事天”是诚意、正心、修身，认为“夭寿不贰，修身以俟”是致知的极限、为仁的顶点，是圣人才能做到的事。而我的观点，则恰与朱子相反。“尽心、知性、知天”是生知安行，是圣人的事；“存心、养性、事天”是学之利行，是贤者的事；“夭寿不贰，修身以俟”是困知勉行，是初学者的事。怎能简单地将“尽心知性”看为知，将“存心养性”看为行呢？

您陡然听到我这番话，一定又会大惊失色。然而，这并没有什么可疑惑的，下面为一一为您解释明白。

心的本体，就是性；性的本原，就是天。能尽其心，就是能尽其性。《中庸》中说：“惟天下至诚为能尽其性。”又说，“知天地之化育，质诸鬼神而无疑，知天也。”只有圣人才能达到这种境界。所以说，“尽心、知性、知天”是生知安行之事，是圣人之事。

存其心的人，还未能尽其心，所以必须加上个存养的功夫；必待存养很久以后，不需要特地存养而时刻都在存养，然后才能进一步称“尽其心”。“知天”中的“知”，就如：“知州”、“知县”中的“知”一样，知州则一州之事都是自己的事；知县则一县之事都是自己的事，知天则天下之事都是自己的事，即与天为一。“事天”则如子事父，臣事君，还与天分裂，未能合为一体。上天赐予我们的是心、是性，我们只管时时保存而不遗失，养护而不戕害，就如“父母全而生之，子全而归之”一样。所以说，“存心、养性、事天”是学知利行之事，是贤者的事。

至于“夭寿不贰”者，则与存其心者还有差距。存其心的人虽然尚未能发挥自己的心性，但已经一心为善，偶尔失去本心，存养它就行了。现在要求“夭寿不贰”，是还以夭、寿的不同而心存杂念。还以夭、寿的不同而心存杂念，是其为善之心还不专一，存养它尚且有些不可能，更遑论尽心尽性呢？现在要让其不以夭、寿之念，而扰乱为善之心，就好比说生死夭寿都是天命，我只要一心向善，修养我的身心以待天命降临就可以了，是其平素还不知道有天命的存在。事天虽然未能与天合一，然而已经知道了天命的存在，只是恭恭敬敬地顺应它罢了。若那些等待天命降临的人，则尚未知晓天命所在，还只是在等待，因此孟子说“所以立命”。立就是“创立”之“立”，如“立德”、“立言”、“立功”、“立名”之类。凡是说立的，都是以前未曾有过，而现在才开始建立，就是孔子所说的“不知命，无以为君子”之类的人。所以说，“夭寿不贰、修身以俟”是困知勉行，是初学者的事。

现在将“尽心、知性、知天”作为格物致知，在初学者尚不能坚定心性的时候，就指责他们不能像圣人那样从事生知安行之事。简直是捕风捉影，让人茫然不知所措，怎能不将天下人带入疲于奔命的境地呢？如今格物致知的弊端，已是显而易见的了，您所说的“务外遗内，博而寡要者”，难道不也是这种过失吗？此乃做学问的关键所在，在这里出了差错，将会一步错、步步错。这正是鄙人冒着天下的非难、嘲笑，不顾身陷囹圄，还要喋喋不休的原因啊！

经典解读

这个问题先生在回答徐爱提问时已经提及过，就是在内心修养境界上和朱子存在的分歧。朱子认为学者、贤人、圣人，对应的三个境界分别是“尽心、知性、知天”、“存心、养性、事天”、“夭寿不贰，修身以俟”；而阳明先生却相反，认为学者的境界是“夭寿不二，修身以俟”，贤者的境界是“存心、养性、事天”，而圣人的境界是“尽心、知性、知天”。

《孟子·尽心上》原文中说：“尽其心者，知其性也。知其性，则知天矣。存其心，养其性，所以事天也。夭寿不贰，修身以俟之，所以立命也。”朱子注解说：“尽心知性而知天，所以造其理也；存心养性以事天，所以履其事也。不知其理，固不能履其事；然徒造其理而不履其事，则亦无以有诸己矣。知天而不以夭寿贰其心，智之尽也；事天而能修身以俟死，仁之至也。”在朱子看来，尽心知性是在“知”上懂得了要充分发挥自己的心性，是建立在物格的基础之上的；而存心、养性，则是将“知”付诸“行”。这显然是将知与行断然分成了两部分，而且认为知在行前，一贯主张知行合一的阳明先生自然要对此进行反驳，于是他引经据典，通过各种先圣言辞来证明自己的主张。

其实，哪个境界是圣人、哪个境界是初学者，对“尽心、知性、知天”、“存心、养性、事天”、“夭寿不贰，修身以俟”等做如何解释，历代儒者仁者见仁，智者见智，阳明先生的说法也只是一家之言，未必就真能驳倒朱子。后学之人也不必在这些问题上咬文嚼字，若是过分去考究、辨析，那就又落入世儒之下流了。朱子那样解释，是为了让人涵养本性，追求至仁至诚；阳明先生那样解释，同样是为了让世人存养本性，追求至诚至仁。我们只要知道在平时多下存心、养性的功夫，知道立志追求至诚至仁的目标就可以了。

原　文

来书云：“闻语学者，乃谓即物穷理之说亦是玩物丧志，又取其厌繁就约涵养本原数说标示学者，指为晚年定论，此亦恐非。”

朱子所谓格物云者，在即物而穷其理也。即物穷理是就事事物物上求其所谓定理者也，是以吾心而求理于事事物物之中，析心与之理为二矣。夫求理于事事物物者，如求孝之理于其亲之谓也。求孝之理于其亲，则孝之理其果在于吾之心邪？抑果在于亲之身邪？假而果在于亲之身，则亲没之后，吾心遂无孝之理欤？见孺子之入井，必有恻隐之理。是恻隐之理果在于孺子之身欤？抑在于吾心之良知欤？其或不可以从之于井欤？其或可以手而援之欤？是皆所谓理也。是果在于孺子身欤？抑果出于吾心之良知欤？以是例之，万事万物之理莫不皆然，是可以知析心与理为二之非矣。夫析心与理而为二，此告子义外之说，孟子之所深辟也。务外遗内，博而寡要，吾子既已知之矣，是果何谓而然哉？谓之玩物丧志，尚犹以为不可欤？

若鄙人所谓致知格物者，致吾心之良知于事事物物也。吾心之良知，即所谓天理也。致吾心良知之天理于事事物物，则事事物物皆得其理矣。致吾心之良知者，致知也。事事物物皆得其理者，格物也。是合心与理而为一者也。合心与理而为一，则凡区区前之所云，与朱子晚年之论，皆可以不言而喻矣。

译文

顾东桥来信说："听您对学生讲'即物穷理就是玩物丧志'，又择取朱子一些关于'厌繁就约'、'涵养本原'等观点的书信展示给学生看，认为是朱子晚年的定论，这恐怕也不对吧。"

朱子所说的格物，就是在事物中穷究其中的道理。即物穷理，便是在世间万物上探求其所谓的定理，是以自心而在世间万物中求索道理，这就将心和理分割为二了。在世间万物上探求道理，就像在亲人身上去寻求孝敬的道理。在亲人身上去寻求孝的道理，那么孝的道理到底是在我心中，还是在亲人身上呢？假如在亲人身上，那亲人去世以后，我心中便没有孝的道理了吗？看到小孩子掉入井中，必然有恻隐的道理。那么恻隐的道理是在小孩子身上，还是在自心的良知中呢？或许不能跟着跳入井中，或许可以伸手进行援助，这些都是所谓的理。到底是在小孩子的身上，还是在自心的良知中呢？以此类推，世间万物的道理都是这样的，可知将心与理分割为二是不恰当的。将心与理分割为二，这是告子义外之说，孟子所深刻批判的。"务外遗内，博而寡要"的错误您已经知道了，这到底是怎么造成的呢？所以，我称"即物穷理"为"玩物丧志"，您还认为不正确吗？

我所说的格物致知，就是将自心的良知推及到世间万物之上。自心的良知，便是所谓的天理。将自心中的良知天理推及到世间万物上，则世间万物就都各得其理了。致自心之良知，便是致知；世间万物各得其理，便是格物。这是将心与天理合二为一。将心与天理合二为一，则凡是我前面所讲的，以及我对朱子晚年定论的说法，就都可以不言而喻了。

经典解读

阳明先生反对朱子的"格物穷理"论，并编撰《朱子晚年定论》来支持自己的主张，一开始就受到各种质疑和反对。在此，面对顾东桥的质疑，先生提出了自己的看法：理在人心中，而不在外物上；就如孝在自己心中，而不在亲人身上；恻隐在自己心中，而不在小孩子身上一样。人必须从自己的心中去存养天理，而不是去外面寻求。一味外求，便是析心与理为二物，是告子义外之说，也正是社会上充斥“务外遗内，博而寡要”之风的原因。人人都格物穷理，人人都“务外遗内，博而寡要”，难道还称不上玩物丧志吗？

原文

来书云：“人之心体，本无不明，而气拘物蔽，鲜有不昏。非学、问、思、辨以明天下之理，则善恶之机，真妄之辨，不能自觉，任情恣意，其害有不可胜言者矣。”

此段大略似是而非，盖承沿旧说之弊，不可以不辨也。夫学、问、思、辨、行皆所以为学，未有学而不行者也。如言学孝，则必服劳奉养，躬身孝道，然后谓之学。岂徒悬空口耳讲说，而遂可以谓之学孝乎？学射则必张弓挟矢，引满中的。学书则必伸纸执笔，操觚染翰。尽天下之学，无有不行而可以言学者。则学之始，固已即是行矣。笃者，敦实笃厚之意。已行矣，而敦笃其行，不息其功之谓尔。盖学之不能以无疑，则有问，问即学也，即行也。又不能无疑，则有思，思即学也，即行也。又不能无疑，则有辨，辨即学也，即行也。辨既明矣，思既慎矣，问既审矣，学既能矣，又从而不息其功焉，斯之谓笃行。非谓学问思辨之后，而始措之于行也。是故以求能其事而言谓之学，以求解其惑而言谓之问，以求通其说而言谓之思，以求精其察而言谓之辨，以求履其实而言谓之行。盖析其功而言则有五，合其事而言则一而已。此区区心理合一之体，知行并进之功，所以异于后世之说者，正在于是。

今吾子特举学、问、思、辨以穷天下之理，而不及笃行，是专以学、问、思、辨为知，而谓穷理为无行也已。天下岂有不行而学者邪？岂有不行而遂可谓之穷理者邪？明道云：“只穷理，便尽性至命。”故必仁极仁而后谓之能穷仁之理，义极义而后谓之能穷义之理。仁极仁则尽仁之性矣，义极义则尽义之性矣。学至于穷理至矣，而尚未措之于行，天下宁有是邪？是故知不行之不可以为学，则知不行之不可以为穷理矣。知不行之不可以为穷理，则知知行之合一并进，而不可以分为两节事矣。

夫万事万物之理，不外于吾心。而必曰穷天下之理，是殆以吾心之良知为未足，而必外求天下之广，以裨补增益之，是犹析心与理而为二也。夫学、问、思、辨、笃行之功，虽其困勉至于人一己百，而扩充之极，至于尽性知天，亦不过致吾心之良知而已。良知之外，岂复有加于毫末乎？今必曰穷天下之理，而不知反求诸其心，则凡所谓善恶之机，真妄之辨者，舍吾心之良知，亦将何所致其体察乎？吾子所谓气拘物蔽者，拘此蔽此而已。今欲去此之蔽，不知致力于此，而欲以外求，是犹目之不明者，不务服药调理以治其目，而徒伥伥然求明于其外。明岂可以自外而得哉？任情恣意之害，亦以不能精察天理于此心之良知而已。此诚毫厘千里之谬者，不容于不辨。吾子毋谓其论之太刻也。

译文

顾东桥来信说："人的心体，本来没有不明的，但被气禀拘束、物欲蒙蔽，所以少有不昏昧的。若非借助学、问、思、辨的功夫来明白天下的道理，则善恶之理、真妄之别就不能自然察觉，就会纵情恣肆，所产生的危害是难以尽言的。"

这段话让人觉得似是而非，大概是沿袭了旧说的弊端，不可以不进行辨明。学、问、思、辨都是所谓的学，没有学习而不实践的。比如，学孝顺，则必须服侍奉养父母，亲身践行孝道，然后才能称为学了孝。岂能仅仅听了道理、空口说说，就可以称为学了孝的？学射箭，则必须张挟箭，射中靶心。学书法，则必须铺纸执笔，写下文章。天下所有的学，没有可以不实践便能说是学了的。则学习开始本身就是在实践。笃，是敦实笃厚的意思。已经行了，又踏踏实实地实践，不停息放弃之意。学习不能没有疑惑，有了疑惑便问，问也是学，也是行。还是存在疑惑，就要思索，思索也是学，也是行。还是存在疑惑，就要辨析，辨析也是学，也是行。辨析明白了，思索谨慎了，询问周密了，学习也有所长进了，还继续不停用功，这就是笃行。不是说学、问、思、辨之后才开始付诸行动。所以，就追求能做某事而言，便称为学；就追求解除疑惑而言便称为问，就追求通达其学说而言便称为思，就追求精细考察而言便称为辨，就具体履行实践而言便称为行。分开讨论它们的功用，便有五个，综合起来说它们的功用则只有一个。我说的心理合一为本体，知行并进为功夫，之所以和朱子观点存在差异，原因就在于此。

现在您特别举出学、问、思、辨来穷尽天下的道理，而不谈笃行，这时专以学、问、思、辨为知，而认为穷理不包括行。天下哪有不行就可以称为穷理的？程颢先生说："只穷理，便尽性至命。"因此，必须为仁达到了仁的极限，然后才能称穷尽了仁的理；行义达到了义的极限，才能称穷尽了义的理。为仁到了极限，就能充分发挥仁的天性；行义到了极限，就能充分发挥义的本性。学到穷理就是极限了，却还未落实于行动，天下哪有这样的道理？所以，知道不行不可以称为学，就会知道不行不可以称穷理；知道不行不可以称为穷理，就知道知行合一并进，而不能将其分割为两件事。

万事万物之理，没有在自心之外的。而非要说穷尽天下之理，大概是觉得自心中的良知不足，而必须向外寻求众多事物的道理，用以弥补心的不足，这仍是将心与理分割为二了。学、问、思、辨、笃行的功夫，虽然天资困顿者需要付出人一己百的努力，但努力扩充到了极点，到了尽性知天的境界，也不过是尽自心的良知罢了。良知之外，难道还要增加丝毫其他的东西吗？现在一定要说穷尽天下的事理，而不知道反过来求诸己心，那么凡是善恶之理，真假之别，舍弃心中的良知，又将如何体察辨明呢？您所说的“气拘物蔽”，正是被这些错误的观点束缚、蒙蔽罢了。如今想要去除这蒙蔽，不致力于自心，而要向外求索，就如眼睛看不清，不去服药来治理眼睛，而盲目地到外面寻求光明，光明怎么能向外而求呢？纵情恣肆之害，也是因为不能从自心的良知上仔细究察天理的原因。这些的确是差之毫厘谬以千里的事情啊，不得不详细辨明。您勿怪我论述得太尖刻了！

经典解读

这段文字最为明白地阐释了先生“知行合一”的主张。知即所谓学、问、思、辨的功夫，即世人所谓的格物穷理，它们与笃行本就是贯通一体，不可分割的。学便是行，行便是学，世人非要将其分割开来讲，其实是犯了认识上的错误，而这种错误认识，正是让世人陷入格物穷理的泥淖，存在务外遗内弊端的根源。

格物穷理这个说法本身有错误吗？没有，是世人对它的认识有错误。格物，本来就是正物，以自己的心去端正外物；穷理本身就包含实践的因素，知而行之才算是穷理。但世人却只知道探求外物的道理，而不去以心正物，不去亲身实践，这就将格物穷理变成了空谈妄想。阳明先生的学说正是为了批评这种空谈妄想的格物穷理观而立。

原　文

来书云：“教人以致知、明德，而戒其即物穷理，诚使昏暗之士，深居端坐，不闻教告，遂能至于知致而德明乎？纵令静而有觉，稍悟本性，则亦定慧无用之见。果能知古今，达事变而致用于天下国家之实否乎？其曰：‘知者意之体，物者意之用’，‘格物如格君心之非之格’。语虽超悟，独得不踵陈见，抑恐于道未相吻合？”

区区论致知格物，正所以穷理，未尝戒人穷理，使之深居端坐而一无所事也。若谓即物穷理，如前所云务外而遗内者，则有所不可耳。昏暗之士，果能随事随物精察此心之天理，以致其本然之良知，则“虽愚必明，虽柔必强”。大本立而达道行，九经之属，可一以贯之而无遗矣。尚何患其无致用之实乎？彼顽空虚静之徒，正惟不能随事随物精察此心之天理，以致其本然之良知，而遗弃伦理，寂灭虚无以为常，是以要之不可以治家国天下。孰谓圣人穷理尽性之学，而亦有是弊哉？

心者，身之主也，而心之虚灵明觉，即所谓本然之良知也。其虚灵明觉之良知应感而动者，谓之意。有知而后有意，无知则无意矣。知非意之体乎？意之所用，必有其物，物即事也。如意用于事亲，即事亲为一物，意用于治民，即治民为一物，意用于读书，即读书为一物，意用于听讼，即听讼为一物。凡意之所用，无有无物者。有是意即有是物，无是意即无是物矣。物非意之用乎？

“格”字之义，有以“至”字训者，如“格于文祖”①、“有苗来格”②，是以“至”训者也。然“格于文祖”，必纯孝诚敬，幽明之间，无一不得其理，而后谓之“格”。有苗之顽，实以文德诞敷而后格，则亦兼有“正”字之义在其间，未可专以“至”字尽之也。如“格其非心”、“大臣格君心之非”之类，是则一皆“正其不正以归于正”之义，而不可以“至”字为训矣。且《大学》“格物”之训，又安知其不以“正”字为训，而必以“至”字为义乎？如以“至”字为义者，必曰“穷至事物之理”，而后其说始通，是其用功之要，全在一“穷”字，用力之地，全在一“理”字也。若上去一“穷”，下去一“理”字，而直曰“致知在至物”，其可通乎？夫“穷理尽性”，圣人之成训，见于《系辞》者也。苟格物之说而果即穷理之义，则圣人何不直曰“致知在穷理”，而必为此转折不完之语，以启后世之弊邪？

盖《大学》“格物”之说，自与《系辞》“穷理”大旨虽同，而微有分辨。穷理者，兼格、致、诚、正而为功也。故言穷理，则格、致、诚、正之功皆在其中。言格物，则必兼举致知、诚意、正心，而后其功始备而密。今偏举格物而遂谓之穷理，止所以专以穷理属知，而谓格物未常有行。非惟不得格物之旨，并穷理之义而失之矣。此后世之学所以析知行为先后两截，日以支离决裂，而圣学益以残晦者，其端实始于此。吾子盖亦未免承沿积习，则见以为于道未相吻合，不为过矣。

注　释

①格于文祖：出自《尚书·舜典》。“月正元日，舜格于文祖，询于四岳，辟四门，明四目，达四聪。”

②有苗来格：出自《尚书·大禹谟》。“七旬，有苗格。”

译　文

顾东桥来信说：“您教育学生致知、明德，却不让他们即物穷理，假如让昏昧糊涂的人深居端坐，不闻教导、劝诫，就能有知识、明德行吗？纵然他们静坐而有所觉悟，稍能领悟本性，那也是佛家定慧无用的学说，难道真能知晓古今，通达事变而对治国、平天下有实际作用吗？您说的‘知者意之体，物者意之用’，‘格物如格君心之非之格’这些话，虽然显出超常悟性，有独到不同于旧说之处，但恐怕与圣道不相吻合吧！”

在下所说的格物致知，正是要穷理，从未禁止人穷理，让人身深居端坐而无所事事。如果说即物穷理就像前面所说的只重外在的求索而忽视内心的修养，那么就不对了。昏昧糊涂的人，若能在事事物物上精心体察本心的天理，发现原本的良知，那么就是《中庸》中所说的“虽愚必明，虽柔必强”。最终，他就能立大本，行达道，九经之类的道理，也就能一以贯之而无所遗漏了。还何必担忧没有实际的用处呢？那些只谈空虚寂静的人，正是因为不能在事事物物上精察自心的天理，从而发现其心中原本的良知，所以才会遗弃伦理，将寂寞虚无当作正常之事，是以不能齐家、治国、平天下。谁说圣人穷理尽性之学，也有这样的弊端呢？

身体的主宰是心，而心的虚灵明觉就是人本心所固有的良知。虚灵明觉的良知感应而发动，便是意。有知而后有意，没有知也就没有意。知难道不是意的本体吗？意的作用，又必须有相应的物，物就是事。若意作用于事亲上，则事亲即为一物，意作用于治民上，则治民即为一物，意作用于读书上，则读书即为一物，意作用在听讼上，则听讼即为一物。大凡意所作用处，没有无物的。有意作用的地方，就有相应物的存在；无意作用的地方，也就没有相应的物了。物难道不是意的作用吗？

“格”字的意思，有以“至”来解释的，就像“格于文祖”、“有苗来格”，其中的“格”都是“至”的意思。然而“格于文祖”，必须是纯孝虔敬，对于死生之事，无一不晓，然后才能称为“格”。苗人愚钝，必须先实施礼乐教化，然后才为格，因此格也有“正”的意思在其中，不能完全用“至”来解释。比如“格其非心”、“大臣格君心之非”之类，都是“纠正错误使它归于正确”的意思，而不能用“至”来解释。《大学》中的“格物”，又怎知不用“正”，而必须以“至”来解释呢？如用“至”来解释，必须说“穷尽事物之理”，这才能讲得通，如此用功的要领全在一个“穷”字上，用力之地全在一个“理”字上。若前面去掉一个“穷”字，后面去掉一个“理”字，直接说“致知在至物”，还能讲得通吗？“穷理尽性”是圣人之成教，载于《易经·系辞》之中。若格物之说真的是穷理的意思，圣人何不直接说“致知在穷理”，而非要说这种转折不完整的话呢，难道是专门来引发后世的弊端？

所以说，《大学》中的“格物”虽然与《易经·系辞》中的“穷理”主旨大略相同，但还是有所区别的。穷理中囊括了格物、致知、诚意、正心等功夫。所以说穷理，则格物、致知、诚意、正心的功夫都含在其中；说格物，则必须还要列举致知、诚意、正心，然后功夫才能严密。如今只讲格物，便称为穷理，这是只将穷理看作知，而认为格物没有包括行，这非但没有抓住格物的主旨，连穷理的意义也一并丢失了。这就是后世学者为什么将知、行割裂为前后谅解，使其日益支离破裂，而圣学也日间残缺晦涩的原因，它们的开端实际就在这里。您大概也未免继承了旧的主张，认为我的见解和圣道不相吻合，如此也就不足为怪了。

经典解读

此段文字与上段所表达的内容相近，阳明先生再次深入地阐释自己的“格物致知”观。先生所以戒“即物穷理”，并不是反对格物、反对穷理，而是告诫学生要理解格物穷理的真正涵义，避免陷入世儒“务外遗内，博而寡要”的错误中去。

在先生看来，格物是正物，不仅要探求事物的知识、道理，还要能明白这道理是存在自心之中的，端正自己的内心，然后再去端正外物，才算是真正的格物。穷理，不单单是知道道理，它还包括去践行道理的功夫，知而不行不是真穷理。能够真正懂得格物，就会知道“心即是理”，便不会将心理分割；能够真正懂得穷理，就会了解“知行合一”的道理，便不会陷入空谈、虚寂之中。

原文

来书云：“谓致知之功，将如何为温凊，如何为奉养，即是诚意，非别有所谓格物，此亦恐非。”

此乃吾子自己意揣度鄙见而为是说，非鄙人之所以告吾子者矣。若果如吾子之言，宁复有可通乎？盖鄙人之见，则谓意欲温凊，意欲奉养者，所谓意也，而未可谓之诚意。必实行其温凊奉养之意，务求自慊而无自欺，然后谓之诚意。知如何而为温凊之节、知如何而为奉养之宜者，所谓知也，而未可谓之致知。必致其知如何为温凊之节者之知，而实以之温凊；致其知如何为奉养之宜者之知，而实以之奉养，然后谓之致知。温凊之事，奉养之事，所谓物也，而未可谓之格物。必其于温凊之事也，一如其良知之所知当如何为温凊之节者而为之，无一毫之不尽；于奉养之事也，一如其良知之所知当如何为奉养之宜者而为之，无一毫之不尽，然后谓之格物。温凊之物格，然后知温凊之良知始致；奉养之物格，然后知奉养之良知始致。故曰"物格而后知至"。致其知温凊之良知，而后温凊之意始诚；致其知奉养之良知，而后奉养之意始诚。故曰"知至而后意诚。"此区区诚意、致知、格物之说盖如此。吾子更熟思之，将亦无可疑者矣。

译文

顾东桥来信说："您称所谓致知的功夫，就是怎样让父母冬暖夏凉，如何奉养父母，就是诚意，不是别有个格物，这恐怕也不甚正确。"

这是您自己揣度鄙人观点而得出的说法，并不是我这样告诉您的。果然如您所说的，又怎么能讲得通呢？在我看来，想让父母冬暖夏凉，想要侍奉父母，这就是所谓的意，然而还不能称之为诚意。一定要践行了令父母冬暖夏凉、得到奉养的意愿，并务求自己对此满意而不是违心，然后才能叫作诚意。知道怎样使父母冬暖夏凉，怎样奉养父母最为恰当，这就是所谓的知，然而还不能称为致知。必须正确运用如何使父母冬暖夏凉的知识，然后切实做到令父母冬暖夏凉；正确运用如何奉养父母最为恰当的知识，然后切实奉养父母，如此才能称为致知。使父母冬暖夏凉，奉养父母，这就是所谓的物，然而还不能称为格物。对于令父母冬暖夏凉之事，完全依照良知所知道的去实行，没有丝毫做不到；对于如何奉养父母之事，完全依照良知所知道的去施行，没有丝毫做不到，然后才能称为格物。冬暖夏凉这个物"格"了，然后知道令父母冬暖夏凉的良知才"致"了；奉养父母这个物"格"了，然后知道如何奉养父母的良知才"致"了。所以说"物格而后知至"。致那个知道令父母冬暖夏凉的良知，然后令父母冬暖夏凉的意才能诚；致那个知道如何奉养父母的良知，然后奉养父母的意才能诚。所以说"知至而后意诚"。这就是鄙人对诚意、致知、格物之说的阐释。您再深思熟虑一番，便不会有所疑问了。

经典解读

先生再次解释了自己的格物、致知、诚意。格物、致知，既要知，又要行，也就是做到知行并进，知行合一。而诚意，追求的是内心的真诚，是需要向内求的，而非来自于心外。

先生将诚意，作为修养的核心，的确，这是人最难做到的。比如，孝顺父母，很多人都知道如何让父母吃饱安眠，父母生病了如何进行照顾，这些事做起来不难，难的是内心的真诚。有些人将父母照顾得很得体，但照顾的时候内心却经常抱着排斥的心理，他们并不是真正想要照顾父母，而是希望获得孝顺的虚名，害怕别人指责自己不孝，或是勉强地告诉自己要回报父母的养育之恩，这些情况都是没有做到诚意。对于孝，孔子说“色难”，内心的真诚，一定会流露于神色之中，只有永远对亲人保持和颜悦色的人，才是诚意的，才能真正称为孝。

不仅仅是尽孝要诚意，做任何事都需要诚意。内心的真诚是最动人的力量，内心的真诚是最宝贵的品质，人若能达到意诚心正、表里如一的境界，无论做什么都会得到他人的认可，无论做什么都能合乎中庸之道；反之，一个人若内心不诚，专务外形，他在做事之时，就会失去规矩，把握不好尺度，也不可能赢得他人的认可，还会让自己变得越来越虚伪，贻害无穷。

原文

来书云：“道之大端，易于明白，所谓良知良能，愚夫愚妇可与及者。至于节目时变之详，毫厘千里之缪，必待学而后知。今语孝于温凊定省，孰不知之。至于舜之不告而娶，武之不葬而兴师，养志、养口[①]，小杖、大杖[②]，割股[③]，庐墓[④]等事，处常处变，过与不及之间，必须讨论是非，以为制事之本。然后心体无蔽，临事无失。”

道之大端易于明白，此语诚然。顾后之学者忽其易于明白者而弗由，而求其难于明白者以为学，此其所以“道在迩而求诸远，事在易而求诸难”[⑤]也。孟子云：“夫道若大路然，岂难知哉？人病不由耳。”[⑥]良知良能，愚夫愚妇与圣人同。但惟圣人能致其良知，而愚夫愚妇不能致，此圣愚之所由分也。

节目时变，圣人夫岂不知，但不专以此为学。而其所谓学者，正惟致其良知，以精审此心之天理，而与后世之学不同耳。吾子未暇良知之致，而汲汲焉顾是之忧，此正求其难于明白者以为学之弊也。夫良知之于节目时变，犹规矩尺度之于方圆长短也。节目时变之不可预定，犹方圆长短之不可胜穷也。故规矩诚立，则不可欺以方圆，而天下之方圆不可胜用矣；尺度诚陈，则不可欺以长短，而天下之长短不可胜用矣；良知诚致，则不可欺以节目时变，而天下之节目时变不可胜应矣。毫厘千里之谬，不于吾心良知一念之微而察之，亦将何所用其学乎？是不以规矩而欲定天下之方圆，不以尺度而欲尽天下之长短，吾见其乖张谬戾，日劳而无成也已。

吾子谓："语孝于温凊定省，孰不知之？"然而能致其知者鲜矣。若谓粗知温凊定省之仪节，而遂谓之能致其知，则凡知君之当仁者，皆可谓之能致其仁之知，知臣之当忠者，皆可谓之能致其忠之知，则天下孰非致知者邪？以是而言可以知致知之必在于行，而不行之不可以为致知也，明矣。知行合一之体，不益较然矣乎？

夫舜之不告而娶，岂舜之前已有不告而娶者为之准则，故舜得以考之何典，问诸何人，而为此邪？抑亦求诸其心一念之良知，权轻重之宜，不得已而为此邪？武之不葬而兴师，岂武之前已有不葬而兴师者为之准则，故武得以考之何典，问诸何人，而为此邪？抑亦求诸其心一念之良知，权轻重之宜，不得已而为此邪？使舜之心而非诚于为无后，武之心而非诚于为救民，则其不告而娶与不葬而兴师，乃不忠不孝之大者。而后之人不务致其良知，以精察义理于此心感应酬酢之间，顾欲悬空讨论此等变常之事，执之以为制事之本，以求临事之无失，其亦远矣。其余数端，皆可类推，则古人致知之学，从可知矣。

注　释

①养志、养口：出自《孟子·离娄上》。养志，孝顺父母要顺从、发展其志向；养口，以衣食赡养父母。

②小杖、大杖：出自《孔子家语·六本》。曾子惹怒了父亲，曾皙用大杖将其打昏在地。曾子醒来后无怨言，不辩解，事亲如故。孔子知道后很生气，告诉曾子，父亲用小杖打时则坦然承受，用大杖打时就逃跑，以免使自己身体受伤，使父亲背上不义的罪名。

③割股：割下大腿肉来侍奉君主、父母。最早见于介子推事晋文公。

④庐墓：古时，父母亡故，孝子在墓旁搭建草棚，守墓三年，以示孝心。孔子去世，子贡曾守墓六年，表达对恩师的怀念以及孔子去世时自己不在身边的愧疚。

⑤道在迩而求诸远，事在易而求诸难：出自《孟子·离娄上》。

⑥夫道若大路然，岂难知哉？人病不由耳：出自《孟子·告子下》。

译文

顾东桥来信说："道的要点，易于明白，所说的良知良能，就连愚夫愚妇也能懂得。但至于细节、条目的随时变化，往往差之毫厘，谬以千里，必须通过学习才能明白。如今在温凊定省上说孝，谁不知道呢。至于舜不告而娶，武王不葬而兴师，养志与养口体，小杖则受、大杖则逃，割股事亲，庐墓守丧等事情，在正常与变化，过分与不及之间，必须讨论出一个是非准则，作为解决事情的原则。然后人的心体才能不被蒙蔽，遇到事情才能没有过失。"

道的要点易于明白，这话很对。后世的学者忽略易于明白的大道不去遵循，反而追求那些难以理解的东西作为学问，这就是"道在迩而求诸远，事在易而求诸难"。所以孟子说："夫道若大路然，岂难知哉？人病不由耳。"良知良能，愚夫愚妇与圣人一样拥有，但只有圣人能致其良知，而愚夫愚妇则不能致良知，这就是圣人和愚人的区别之所在。

细节、条目的随时变化，圣人岂能不知，但不会致力于钻研这些。圣人所谓的学问，正是致其良知，以精察内心的天理，故与后世所谓的学问不同。您不急着去致良知，而在那里担忧这些小问题，这正是将隐晦难以明白的东西看作学问的弊端。良知对于具体细节、条目的随时变化，就如尺度之于方圆长短一样。细节、条目的变化难以预定，就如方圆长短的变化无穷一样。所以，规矩一旦确立，方圆长短就很明白了，但天下方圆长短的变化是无穷的；而尺度一旦制定，那长短标准就很明白了，则天下的长短度量就不可胜用了；良知确实达到了，那么细节、条目的随时变化也就明白了，天下细节、条目的变化就都能应付了。毫厘之差，千里之谬，这不去自心良知的细微处去体察，又在什么地方用功呢？是不用规矩而要确定天下的方圆，不用尺度却要穷尽天下的长短。我只能看到其乖张荒谬，劳而无功的结果啊！

您说："在温凊定省上说孝，谁不知道呢？"，然而能真正致其知的人太少了。若将粗劣知道一些温凊定省的仪节，便称之为能致良知，则凡是知道君主应当仁的人，都可以称能致仁的良知，凡是知道臣子应该忠的人，都可以称能致忠的良知，那么天下谁不是致良知的人呢？由此可知，致知必须显示于行，不行则不可以称为致知，这道理很明白了。知行合一的本体，不是更加清楚了吗？

至于舜不告而娶，难道在舜之前就有不告而娶的事作为其准则？舜是考证了哪种经典、询问了谁，才这样做的呢？还是，反求于心中的一念良知，权衡轻重，不得已而这样做的呢？武王不葬而兴师，难道是武王之前已经有了不葬而兴师的事作为其准则？武王是考证了哪种经典、询问了谁，才这样做的呢？还是反求于心中的一念良知，权衡轻重，不得已而这样做的呢？假若舜不是在心里真的担心没有后代，武王不是在心里真的急于救民，则他们的不告而娶、不葬而兴师，便是极大的不忠不孝。后人不致力于求其良知，以在处理事物时精心体察天理，而想凭空去探讨这些非常的事变，将其作为处理事情的依据，以求做事之时没有过失，这就南辕北辙了。其余几件事，都可依此类推，那么古人致良知的学问从中就会完全明白了。

经典解读

学习细节、条目的随时变化固然可以懂得很多道理，也算以圣人为规矩，但单单想要靠学习这些而达到物格知致的境界是不可能的。圣贤所处的环境和你所处的环境是不同的，一味从外行上效仿圣贤，不知观照内心，就是“义袭而取”，就会犯孟子所说的“执中无权”的错误。

天下事理那么多，想要靠外学而穷尽它们，可能吗？自己的良心就在身上，不去发挥良知良能而致力外求，是舍近而求远，舍易而求难，怎么能算是明智呢？我们效仿圣贤，可圣贤又是效仿谁呢？还不是从他们自身的天理良知出发，而做出了最恰当的举止。我们不去学习他们扩充自己的良知良能，却学习具体的节目时变，岂不是弃金玉而取糟粕？

先生这段话真可谓振聋发聩之音，醍醐灌顶之语，让人读后幡然醒悟，顿时知道了世儒格物穷理之说的大谬，知道了求于自己的良知天理才是最好的格物致知。

原　文

来书云：“谓《大学》格物之说，专求本心，犹可牵合。至于《六经》、《四书》所载多闻多见[①]，前言往行[②]，好古敏求[③]，博学审问，温故知新，博学详说[④]，好问好察[⑤]，是皆明白求于事为之际，资于论说之间者。用功节目固不容紊矣。”

格物之义，前已详悉，牵合之疑，想已不俟复解矣。至于多闻多见，乃孔子因子张之务外好高，徒欲以多闻多见为学，而不能求诸其心，以阙疑殆，此其言行所以不免于尤悔，而所谓见闻者，适以资其务外好高而已。盖所以救子张多闻多见之病，而非以是教之为学也。夫子尝曰：“盖有不知而作之者，我无是也。”[⑥]是犹孟子“是非之心，人皆有之”之义也。此言正所以明德性之良知非由于闻见耳。若曰“多闻择其善者而从之，多见而识之”，则是专求诸见闻之末，而已落在第二义矣，故曰“知之次也”。

夫以见闻之知为次，则所谓知之上者果安所指乎？是可以窥圣门致知用力之地矣。夫子谓子贡曰：“赐也，汝以予为多学而识之者欤？非也，予一以贯之。”使诚在于多学而识，则夫子胡乃谬为是说，以欺子贡者邪？一以贯之，非致其良知而何？《易》曰：“君子多识前言往行，以畜其德。”夫以畜其德为心，则凡多识前言往行者，孰非畜德之事。此正知行合一之功矣。

好古敏求者，好古人之学，而敏求此之心理耳。心即理也。学者，学此心也。求者，求此心也。孟子云：“学问之道无他，求其放心而已矣。”非若后世广记博诵古人之言词，以为好古，而汲汲然惟以求功名利达之具于外者也。博学审问，前言已尽。温故知新，朱子亦以温故属之尊德性矣。德性岂可以外求哉？惟夫知新必由于温故，而温故乃所以知新，则亦可以验知行之非两节矣。“博学而详说之”者，将以反说约也。若无反约之云，则博学详说者，果何事邪？舜之好问好察，惟以用中而致其精一于道心耳。道心者，良知之谓也。君子之学，何尝离去事为而废论说。但其从事于事为论说者，要皆知行合一之功，正所以致其本心之良知，而非若世之徒事口耳谈说以为知者，分知行为两事，而果有节目先后之可言也。

注释

①多闻多见：出自《论语·为政篇》。子张学干禄，子曰：“多闻阙疑，慎言其余，则寡尤；多见阙殆，慎行其余，则寡悔。言寡尤，行寡悔，禄在其中矣。”

②前言往行：出自《周易·大畜》。“君子以多识前言往行，以畜其德。”

③好古敏求：出自《论语·述而》。子曰：“我非生而知之者，好古，敏以求之者也。”

④博学详说：出自《孟子·离娄下》。“博学而详说之，将以反说约也。”

⑤好问好察：出自《中庸》。子曰：“舜其大知也与！舜好问而好察迩言，隐恶而扬善，执其两端，用其中于民，其斯以为舜乎！”

⑥盖有不知而作之者，我无是也：出自《论语·述而篇》。子曰：“盖有不知而作之者，我无是也。多闻，择其善者而从之，多见而识之，知之次也。”大概有一种人，什么都不知道却喜欢凭空瞎说一通，我不是这种人。

译文

顾东桥来信说：“称《大学》中的‘格物’惟求本心，这尚可牵强附会。至于《六经》、《四书》中所载的‘多闻多见’、‘前言往行’、‘好古敏求’、‘博学审问’、‘温故知新’、‘博学详说’、‘好问好察’，这些明显都是求之于处世之际，适用于论辩之间的。下功夫的的节目、次序是不能改变的。”

格物的内涵，前面已经详细阐述，您觉得有牵强的疑惑，想必也不用我再重复解释了。至于“多闻多见”，是孔子因子张专注外求，好高骛远，徒欲以多闻多见做学问，而不能反求于心以存疑惑，所以他的言行难免会出现过失、悔恨，而他所谓的见闻恰恰助长了他好高骛远的缺点而发。孔子说这话是为了纠正子张的毛病，而并非教他将多闻多见作为学问。孔子曾经说过：“盖有不知而作之者，我无是也。”就像孟子所说的“是非之心，人皆有之”意思相近，这些正表明人的德行良知并非由见闻而来。至于孔子所说的“多闻，择其善者而从之，多见而识之”，则是专门探求见闻的细枝末节，这已经是次要的事了，所以说“知之次也”。

以见闻方面的知识为次要学问，那么首要的学问又是指什么呢？从这里便可以看到圣人为学致力用功的所在。孔子对子贡说：“赐也，汝以予为多学而识之者欤？非也，予一以贯之。”如果为学真的在于多学多识，那么孔子为何说出这种谬论，专门欺骗子贡吗？一以贯之，不是致良知又是什么？《易经》说：“君子多识前言往行，以畜其德。”若以蓄养德行为目的，那凡事更多地了解先圣言行之事，又何尝不是蓄养德行的事呢？这正是知行合一的功夫。

“好古敏求”，就是爱好古人的学说，而勤奋地探求自心中的天理。心就是理，学习就是学这个本心，探求就是求这个本心。孟子说：“学问之道无他，求其放心而已矣。”并不是像后世人那样广泛记忆、背诵古人的言辞，认为这就是好古，却又汲汲然以外求功名利达为目标。博学审问，前面已经详细讲过。温故知新，朱子也说是尊德性的范畴。德行岂能向心外求索？知新必须通过温故，温故才能知新，这又可证明知行并不是分成两截的。至于“博学而详说之”，博是为了再返回到约，若没有返回约这一论点，那博学详说到底是为了什么呢？舜好问好察，就是使其道心达到精一的境界。道心，便是良知。君子为学，何尝离开过实践而废弃论说呢？但是从事实践和论说，都要知行合一，这正是致其本心的良知，而不是向后世学者那样将空谈当作认知，将知、行分割为两截，从而产生了用功内容有先后之分的说法。

经典解读

先圣之所以提倡博学、多闻，并不是让人们将博学、多闻作为目的，而是为了补救时人好高骛远的缺陷。博学、多闻是修养自心的功夫，是扩充良知的手段，能如此认识，再去追求博学、多闻，也就没有过失了。后人不懂得这些道理，一味追求博学、多闻，却不反照内心，一味追求知识的广博，却不懂知行并进的道理，博学、多闻成了书呆子、两脚书橱，这正是阳明先生所忧心的。

学习古人，并不是学习古人的言辞、具体做事方法，而是推究先贤为何要那样做事，为何会说出那样的话来，去思考先贤的言行是出于怎样的良知，自已又该如何培养和先贤一样的良知？如此，便能知先贤之心，便能主动去探求自己心里的良心天理，求自己的放心。这才是学习古人、做学问的正确途径。

原文

来书云："杨、墨之为仁义，乡愿之辞忠信，尧舜、子之之禅让，汤武、楚项之放伐，周公、莽操之摄辅，谩无印证，又焉适从？且于古今事变、礼乐名物，未尝考识，使国家欲兴明堂，建辟雍[①]，制历律，草封禅，又将何所致其用乎？故《论语》曰'生而知之者，义理耳。若夫礼乐名物、古今事变，亦必待学而后有以验其行事之实'[②]。此则可谓定论矣。"

所喻杨、墨、乡愿、尧舜、子之、汤武、楚项、周公、莽操之辨，与前舜、武之论，大略可以类推。古今事变之疑，前于良知之说，已有规矩尺度之喻，当亦无俟多赘矣。至于明堂、辟雍诸事，似尚未容于无言者。然其说甚长，姑就吾子之言而取正焉，则吾子之惑将亦可少释矣。夫明堂、辟雍之制，始见于吕氏之《月令》，汉儒之训疏。六经、四书之中，未尝详及也。岂吕氏、汉儒之知，乃贤于三代之贤圣乎？齐宣之时，明堂尚有未毁，则幽、厉之世，周之明堂皆无恙也。尧、舜茅茨土阶，明堂之制未必备，而不害其为治。幽、厉之明堂，固犹文、武、成、康之旧，而无救于其乱。何邪？岂能以不忍人之心，而行不忍人之政，则虽茅茨土阶，固亦明堂也；以幽、厉之心，而行幽、厉之政，则虽明堂，亦暴政所自出之地邪？武帝肇讲于汉，而武后盛用于唐，其治乱何如邪？天子之学曰辟雍，诸侯之学曰泮宫，皆象地形而为之名耳。然三代之学，其要皆所以明人伦，非以辟不辟、泮不泮为重轻也。

孔子云："人而不仁，如礼何？人而不仁，如乐何？"制礼作乐，必具中和之德，声为律而身为度者，然后可以语此。若夫器数之末，乐工之事，祝史之守。故曾子曰："君子所贵乎道者三，笾豆之事则有司存也。"尧"命羲和，钦若昊天，历象日月星辰"，其重在于"敬授人时"也。舜"在璇玑玉衡"，其重在于"以齐七政"也。是皆汲汲然以仁民之心而行其养民之政。治历明时之本，固在于此也。羲、和历数之学，皋、契未必能之也，禹、稷未必能之也，尧、舜之知而不偏物，虽尧、舜亦未必能之也。然至于今循羲和之法而世修之，虽曲知小慧之人，星术浅陋之士，亦能推步占候而无所忒。则是后世曲知小慧之人，反贤于禹、稷、尧、舜者邪？封禅之说尤为不经，是乃后世佞人谀士所以求媚于其上，倡为夸侈，以荡君心而靡国费。盖欺天罔人无耻之大者，君子之所不道，司马相如之所以见讥于天下后世也。吾子乃以是为儒者所宜学，殆亦未之思邪？

夫圣人之所以为圣者，以其生而知之也。而释《论语》者曰：“生而知之，义理耳。若夫礼乐名物，古今事变，亦必待学而后有以验其行事之实。”夫礼乐名物之类，果有关于作圣之功也，而圣人亦必待学而后能知焉，则是圣人亦不可以谓之生知矣。谓圣人为生知者，专指义理而言，而不以礼乐名物之类。则是礼乐名物之类无关于作圣之功矣。圣人之所以谓之生知者，专指义理而不以礼乐名物之类，则是学而知之者，亦惟当学知此义理而已。困而知之者，亦惟当困知此义理而已。今学者之学圣人，于圣人之所能知者，未能学而知之，而顾汲汲焉求知圣人之所不能知者以为学，无乃失其所以希圣之方欤？凡此皆就吾子之所惑者而稍为之分释，未及乎拔本塞源之论也。③

注释

①明堂、辟雍：明堂是古代帝王“宣明政教”的地方，凡朝会、祭祀、庆赏、选士、养老、教学等大典，均在这里举行。辟雍，古时天子所设立的学校。

②生而知之者……行事之实：出自朱熹《论语集注》。

③此信较长，信中论及阳明先生最著名的论著之一“拔本塞源论”，为方便读者阅读，我们将此信分为三部分呈现，这是第一部分。

译文

顾东桥来信说：“杨朱、墨翟的仁义，乡愿之人的忠信，尧舜和子之的禅让，汤武与项羽的流放讨伐，周公和王莽、曹操的摄政辅佐，这些事繁琐而无从考证，又该听从谁的呢？且对于古今事变、礼乐名物，若不加以考察识别，国家如果要兴明堂，建辟雍，制历律，行禅让，又将从何处得到效法呢？所以朱子注《论语》说‘生而知之者，义理耳。若夫礼乐名物、古今事变，亦必待学而后有以验其行事之实’。这可以当成定论了。”

您所讲的杨墨、乡愿、尧舜、子之、汤武、楚项、周公、莽操之间的区别，与前面舜帝、武王的情景大致可以类推。古今事变的疑惑，与前面讲述良知之时，已有了规矩尺度的比喻，也应无须赘述了。至于兴明堂、建辟雍等事，似乎还要说上几句。然而，这些非三言两语可说得明白的，暂且就您所说的加以辨析，这样您的疑惑也可以消除一些。明堂与辟雍的制度，最初见于《吕氏春秋·月令》和汉儒的注疏之中。六经、四书之中，未曾详细记载。难道吕氏、汉儒的知识，要比三代的圣贤还要渊博吗？齐宣王的时候，明堂尚有未毁弃的，可知周幽王、周厉王的时代，周朝的明堂都还完好无缺。尧、舜茅草为屋、垒土为阶，明堂的制度未必完备，而不影响其治理天下。周幽王、周厉王的明堂，依然是文王、武王、成王、康王的旧制，不能拯救他们时的天下大乱。这是为何呢？若能以爱人之心推行爱人的仁政，虽然是茅屋土阶，也能称为明堂；以幽王、厉王的心，施行幽王、厉王时的暴政，虽然称为明堂，也是暴政所出之地。汉朝，汉武帝开始恢复明堂，唐朝，武则天大建明堂，他们治理国家的效果又如何呢？天子的学校称为辟雍，诸侯的学校称为泮宫，都是根据地形来命名的。然而，夏商周三代的学问，关键都是要人明人伦，至于是否类似璧环，是否建在水泮，都无足轻重。

孔子云："人而不仁，如礼何？人而不仁，如乐何？"制作礼乐，必须具有中和之德，发生可为律，持身可为度的人，然后可以制礼乐。诸如乐器礼数等细节，则是乐工和祝史的事情。所以曾子说："君子所贵乎道者三，笾豆之事则有司存也。"尧"命羲和，钦若昊天，历象日月星辰"，主要是为了让人们掌握时令。舜"在璇玑玉衡"，主要是为了"以齐七政"。这些都是致力于用仁爱百姓之心，而施行其养民的政策。制定历法，掌握时令的根本，正是在此。羲、和在历法方面的才能，皋陶、契未必具有，禹、稷未必具有，尧、舜的智慧也不能知晓万物，即便是尧、舜也未必能做羲、和之事。然而，到现在依循羲、和的方法世代修习，虽然是稍有智慧的人，浅陋的占卜之士，也能推算历法，占卜天象。难道是后世智虑浅薄的人反而比禹、稷、尧、舜更加贤能吗？封禅的说法更为不可信。乃是后世谗佞之人用以阿媚其上，夸夸其谈，借以蛊惑君心而浪费国费的。这种人欺天罔人，无耻至极，为君子所不耻，司马相如正因此而被天下后世讥讽。您却认为是儒者所当学习的，只怕是有欠考虑吧！

圣人之所以为圣人，因为他生而知之。而朱子在《论语集注》中说："生而知之，义理耳。若夫礼乐名物，古今事变，亦必待学而后有以验其行事之实。"若礼乐名物之类真与成为圣人的功夫相关，那圣人也必须等学而之后才能知了，则圣人也不可以称为生而知之。称圣人为生而知之，是专就义理而言的，并不是从礼乐名物等方面说的。由此可知，礼乐名物之类与成为圣人的功夫并不相关。圣人之所以称生而知之，专指义理而言，不以礼乐名物之类而说；是则学而知之的人，也应该只是学这义理而已；困而知之的人，也应该只困此义理而已。如今学者学习圣人，对于圣人所能知道的，不通过学习去知晓，而汲汲于追求圣人所不能知的东西以为学，这岂不是和他们希望成为圣人的目的相违背吗？所有这些论述，都是仅就您困惑的地方稍加阐释剖析，还算不上是拔本塞源的论述。

经典解读

文王、武王，幽王、厉王；伊尹、周公，王莽、曹操，之间行事相近，但是非正邪迥异，关键就是内心不同、意志不同。乡愿之人，口称忠信，而心怀诈伪，圣人称之为仁义之贼，这样的人又怎能在外表、为事上分辨，不深察其心就难免被其蒙蔽，不反观自心，执泥外务，就难免使自己也沦为乡愿之人。顾东桥所说的考察识别，恰恰是需要从心上去考察识别，脱离了心，怎么能考察、识别出来呢？而这正是阳明先生所倡导的。

为事在人，择人在心，其人心正，行事无不可，其人心不正，则无可行之事。《荀子·儒效》中称周公："履天子之籍，听天下之断，偃然如固有之，而天下不称贪焉。杀管叔，虚殷国，而天下不称戾焉。兼制天下，立七十一国，姬姓独居五十三人，而天下不称偏焉。……故以枝代主而非越也；以弟诛兄而非暴也；君臣易位而非不顺也。"周公所为之事，近乎篡逆、残暴、贪私，却被视为大公无私、忠君仁民的典范，为何？就是因为他心正、心诚。代成王而居天下，是为了国家；分封亲友，是为了造福百姓；诛杀兄弟是为了维护大义。后人，若效仿周公不学其内心的端正、仁德，却去效仿他取君自代、诛杀兄弟、分封亲友的权宜之举，那必然会沦落为王莽、曹操一类的人。所以说，理要在心内求得，而不是向外索取。

哀公问政，孔子回答："文武之政，布在方策。其人存，则其政举；其人亡，则其政息。人道敏政，地道敏树。夫政也者，蒲卢也。故为政在人，取人以身，修身以道，修道以仁。"孔子为何在谈具体的治国细节之前，先要强调取人、修身、仁呢？就是因为内心的端正要比具体的道理重要得多，有了至诚的内心，无须效仿先贤，进退都是礼仪，左右都合中庸；相反没有端正澄明的内心，即便事事都效法先王，也只是义袭而取，执中无权。

就如哀悼父母一样，孝子心中真正有对父母的怀念、感恩之情，他的哀悼才会有意义，即便他有事情不能严格恪守丧期礼仪，也无损于他的孝道；相反，如果内心不真诚，即便是严格守孝三年，整日披麻戴孝，也毫无意义，当然除了沽名钓誉之徒，一般心不诚的人也不会做出这样的举动。祭祀、敬天等活动无不如此，就如《左传》中所说："苟有明信，涧溪沼沚之毛，苹蘩蕴藻之菜，筐筥錡釜之器，潢污行潦之水，可荐于鬼神，可羞于王公。"假若内心不真诚，即便是祭品再丰盛，礼仪再完备也没有任何意义。

世间之事皆是如此。在人不在事，在心不在行。先生举明堂的例子，引用孔子"人而不仁，如礼何？人而不仁，如乐何？"的言论都是为了说明这点。学者如果能懂得这个道理，就会知道外求于身无所益，诚意正心才是为学为道的关键，才是一个人时时不忘的。

原文

夫拔本塞源之论不明于天下，则天下之学圣人者，将日繁日难，斯人沦于禽兽夷狄，而犹自以为圣人之学。吾之说虽或暂明于一时，终将冻解于西而冰坚于东，雾释于前而云滃于后，呶呶焉危困以死，而卒无救于天下之分毫也已。

夫圣人之心，以天地万物为一体，其视天下之人，无外内远近。凡有血气，皆其昆弟赤子之亲，莫不欲安全而教养之，以遂其万物一体之念。天下之人心，其始亦非有异于圣人也，特其间于有我之私，隔于物欲之蔽，大者以小，通者以塞。人各有心，至有视其父、子、兄、弟如仇雠者。圣人有忧之，是以推其天地万物一体之仁以教天下，使之皆有以克其私，去其蔽，以复其心体之同然。其教之大端，则尧、舜、禹之相授受，所谓“道心惟微，惟精惟一，允执厥中”。而其节目，则舜之命契，所谓“父子有亲，君臣有义，夫妇有别，长幼有序，朋友有信”五者而已。唐、虞、三代之世，教者惟以此为教，而学者惟以此为学。当是之时，人无异见，家无异习，安此者谓之圣，勉此者谓之贤，而背此者，虽其启明如朱，亦谓之不肖。下至闾井田野，农、工、商、贾之贱，莫不皆有是学，而惟以成其德行为务。何者？无有闻见之杂，记诵之烦，辞章之靡滥，功利之驰逐，而但使孝其亲，弟其长，信其朋友，以复其心体之同然。是盖性分之所固有，而非有假于外者，则人亦孰不能之乎？

学校之中，惟以成德为事。而才能之异，或有长于礼乐，长于政教，长于水土播植者，则就其成德，而因使益精其能于学校之中。迨夫举德而任，则使之终身居其职而不易。用之者惟知同心一德，以共安天下之民，视才之称否，而不以崇卑为轻重，劳逸为美恶。效用者亦惟知同心一德，以共安天下之民，苟当其能，则终身处于烦剧而不以为劳，安于卑琐而不以为贱。当是之时，天下之人熙熙皞皞，皆相视如一家之亲。其才质之下者，则安其农、工、商、贾之分，各勤其业，以相生相养，而无有乎希高慕外之心。其才能之异，若皋、夔、稷、契者，则出而各效其能。若一家之务，或营其衣食，或通其有无，或备其器用，集谋并力，以求遂其仰事俯育之愿，惟恐当其事者之或怠而重己之累也。故稷勤其稼，而不耻其不知教，视契之善教，即己之善教也；夔司其乐，而不耻于明礼，视夷之通礼，即己之通礼也。盖其心学纯明，而有以全其万物一体之仁。故其精神流贯，志气通达，而无有乎人己之分，物我之间。譬之一人之身，目视、耳听、手持、足行，以济一身之用。

目不耻其无聪，而耳之所涉，目必营焉。足不耻其无执，而手之所探，足必前焉。盖其元气充周，血脉条畅，是以痒疴呼吸，感触神应，有不言而喻之妙。此圣人之学所以至易至简，易知易从，学易能而才易成者，正以大端惟在复心体之同然，而知识技能非所与论也。①

注释

①这是阳明先生提出“拔本塞源论”原信内容的第二部分。

译文

拔本塞源的论述不大明于天下，则天下向圣人学习者，就会越来越感到繁杂，越来越感到艰难，甚至逐渐沦为禽兽夷狄还自以为从事着圣人的学说。不进行拔本塞源的论述，我的学说虽然能暂明于一时，终将救东不能救西，解前不能解后，即便我喋喋不休冒死宣传，也终将不能拯救天下分毫。

圣人的心，与天地万物融为一体，全天下的人在其看来，并无内外远近的区别。只要是有血气的，都是他的兄弟儿女，圣人对于他们没有不想去保护、教养的，以实现自己万物一体的意念。世人之心在最初和圣人并没有什么区别，只是因为被自我私心迷惑，被物欲之念蒙蔽，固天下的大心变为自私自利的孝心，利天下的通达之心变得幽蔽阻塞。各人有了各人的想法，甚至有人将自己的父子兄弟看作仇敌。圣人为此感到忧心，于是推行其将天地万物视为一体的仁道来教化天下，使世人都能克除私心，扫去蒙蔽，以恢复原有的纯正心体。圣人之教的主要内容就是尧、舜、禹相互传承的，即所谓的“道心惟微，惟精惟一，允执厥中”。其具体的细节，便是舜命令契的五个方面：“父子有亲，君臣有义，夫妇有别，长幼有序，朋友有信”。唐尧、虞舜、夏、商、周之世，教者以此教人，学者也以此为学。那个时候，人们没有不同的见解，户户没有不同的作风，安于这些的便称为圣人，勉励去做的便称为贤人，违背这些的即使聪明如朱丹，也称为不肖。即便是街巷、田野之间，农、工、商、贾这样卑贱的人，也没有不学习它，而努力完善自己德行的。为什么呢？因为他们没有纷繁的见闻、烦复的记忆、词章的奢靡以及对功利的追逐，只知道孝敬父母，敬重兄长，诚实待友，借以恢复纯正的心体。而这些都是人性中所固有的，并非从外面借来的，谁又做不到呢？

学校中的学习，只是为了成就德行。人的才能各异，有的擅长礼乐，有的擅长政教，有的擅长治理水土和种植，这就需要依据他们所成就的德行，在学校中进一步培养其才能。依据德行而任用他们，使他们终身在恰当的职位上不改变。任用者只要确保大家同心同德，共同安定天下百姓，看所任用的人才能是否是圣人，而不以地位的尊卑来衡量人，不以职位的劳逸辨别荣辱。被任用者也只知道使大家同心同德，努力去安定天下百姓，若自己才能适宜，即便终身从事繁重的工作也不嫌劳苦，安于卑下的职位而不嫌低贱。那个时候，全天下的人都快乐和睦，亲如一家。资质较差的人便安守农、工、商、贾等职位，勤奋工作，以提供生活必备品，而没有务外好高的念头。有特别才干的人，如皋陶、夔、后稷、契等，则出仕效力，各显其能。天下之事就如一家之事，有人经营衣食，有人互通有无，有人备置器物，大家同心协力，以实现善于父母、教育子女的愿望，唯恐从事某件事时有所怠慢，而十分看重自己的职责。所以后稷勤勉地研究种植，不因教化不明而感到羞耻，看契善于教化民众，就如自己善于教化民众一样；夔掌管乐音，不以礼仪不明而羞耻，看夷通达礼仪，就如自己通达礼仪一样。他们心性纯正澄明，能够彻底实现万物一体达到仁的境界。因此，他们精神充沛流溢，志气通达彰显，没有了人己之别、物我之分。就如人的身体，目视、耳听，手持，足践，都是满足自身的需要。眼睛不因听不见而羞耻，但在耳朵听时，眼睛一定会自动辅佐。脚不因拿不起东西而羞耻，但在手去拿东西时，脚也一定前探配合。由于人的元气周流充沛，血脉畅通，即便害些小病和呼吸，感官也能觉察并做出应对，其中有难以言说的妙处。这就是圣人的学说至简至易，易知易从，容易学会，容易成才的原因，正是因为它将恢复心体作为要端，而非仅仅注重有关知识好技能方面的事。

经典解读

欲挽救当世弊端，使天下学者走出误区，必须进行拔本塞源的论述，令世人知道所迷在何处，所困在哪里。先生指出，人皆有圣人之心，只不过圣人能充分发挥本心，而众人则令本心被物欲所蒙蔽。尧舜禹相互传承的，三代先王所以用来化民的，都只不过是让人存养天理，恢复本心罢了。若世人都能如此，那么天下必然归于淳朴自然，上下有别，贤愚有序，人各安其位。

学校中的学习，以成就德行为根本目的，无论是学习礼乐、学习稼穑、学习版筑，还是学习其他各种技艺，都要以德为基础，以德为根本目的。人们根据才能的不同，从事不同的职业，但其是荣是辱，是高是卑，并不在职业、地位，而在于其本身的德行。正因为大家都追求德行，以德行为荣辱的标准，所以人们才能安分守己，素位而行，不相互攀比、争夺，不去奢求自己职位以外的东西。

一个人能致自己的良知，那么无论外界如何，别人追逐什么，自己都能一心一意“存天理，去人欲”，坚持自己的道德原则，追求并实现自己的人生价值，他便是一个真正的君子。一个人若能在致自己的良知之余，还能去引导世人致良知，改变整个社会、全天下的价值观，使天下回归于正道，崇德轻利、遵从礼义，那他便是“为天地立心，为生民立命，为往圣继绝学”的大贤。所以说，无论是做一个普通的人，坚守着农、工、商、贾的职位，还是做一个治世治民的领导者，都要致良知，都要存天理，都要坚守自己澄明的本心。

原　文

三代之衰，王道熄而霸术昌。孔孟既没，圣学晦而邪说横，教者不复以此为教，而学者不复以此为学。霸者之徒，窃取先王之近似者，假之于外以内济其私己之欲，天下靡然而宗之，圣人之道遂以芜塞。相仿相效，日求所以富强之说，倾诈之谋，攻伐之计。一切欺天罔人，苟一时之得，以猎取声利之术，若管、商、苏、张之属者，至不可名数。既其久也，斗争劫夺，不胜其祸，斯人沦于禽兽夷狄，而霸术亦有所不能行矣。

世之儒者慨然悲伤，搜猎先圣王之典章法制，而掇拾修补于煨烬之余，盖其为心、良亦欲以挽回以先王之道。圣学既远，霸术之传，积渍已深，虽在贤知，皆不免于习染，其所以讲明修饰，以求宣畅光复于世者，仅足以增霸者之藩篱，而圣学之门墙，遂不复可睹。于是乎有训诂之学，而传之以为名；有记诵之学，而言之以为博；有词章之学，而侈之以为丽。若是者，纷纷籍籍，群起角立于天下，又不知其几家。万径千蹊，莫知所适。世之学者如入百戏之场，戏谑跳踉，骋奇斗巧，献笑争妍者，四面而竞出，前瞻后盼，应接不遑，而耳目眩瞀，精神恍惑，日夜遨游淹息其间，如病狂丧心之人，莫自知其家业之所归。时君世主亦皆昏迷颠倒于其说，而终身从事于无用之虚文，莫自知其所谓。间有觉其空疏谬妄，支离牵滞，而卓然自奋，欲以见诸行事之实者，极其所抵，亦不过为富强功利，五霸之事业而止。

圣人之学日远日晦，而功利之习愈趋愈下。其间虽尝瞽惑于佛老，而佛老之说卒亦未能有以胜其功利之心。虽又尝折中于群儒，而群儒之论终亦未能有以破其功利之见。盖至于今，功利之毒沦浃于人之心髓，而习以成性也，几千年矣。相矜以知，相轧以势，相争以利，相高以技能，相取以声誉。其出而仕也，理钱谷者则欲兼夫兵刑，典礼乐者又欲与于铨轴，处郡县则思藩臬之高，居台谏则望宰执之要。故不能其事则不得以兼其官，不通其说则不可以要其誉。记诵之广，适以长其敖也；知识之多，适以行其恶也；闻见之博，适以肆其辨也；辞章之富，适以饰其伪也。是以皋、夔、稷、契所不能兼之事，而今之初学小生皆欲通其说，究其术。其称名僭号，未尝不曰吾欲以共成天下之务，而其诚心实意之所在，以为不如是则无以济其私而满其欲也。

鸣呼，以若是之积染，以若是之心志，而又讲之以若是之学术，宜其闻吾圣人之教，而视之以为赘疣枘凿；则其以良知为未足，而谓圣人之学为无所用，亦其势有所必至矣！

鸣呼！士生斯世，而尚何以求圣人之学乎？尚何以论圣人之学乎？士生斯世，而欲以为学者，不亦劳苦而繁难乎？不亦拘滞而险艰乎？鸣呼，可悲也已！所幸天理之在人心，终有所不可泯，而良知之明，万古一日，则其闻吾拔本塞源之论，必有恻然而悲，戚然而痛，愤然而起。沛然若决江河，而有所不可御者矣。非夫豪杰之士，无所待而兴起者，吾谁与望乎？①

注释

①这是阳明先生提出“拔本塞源论”原信内容的第三部分。

译文

随着夏商周三代的衰亡，王道式微而霸术昌盛。孔孟之后，圣学不显而邪说横行，教人者不以圣学为教，治学者不以圣学为学。学习霸术者，窃先王之名做些类似的事情，专注外行以满足其内心的私欲，天下之人竞相效仿，圣人之道于是冷落荒芜。世人相互效仿，每日追求富强的学说、倾覆的诈谋、攻伐的战略，一切欺天罔人、可行一时，能带来声名利禄的手段，如管仲、商鞅、苏秦、张仪等人的观点，以致不可胜数。时日长久，世间充满斗争、掠夺，祸患无穷，人与禽兽夷狄几乎无别，就连霸术也行不通了。

世上的儒者感慨悲伤，便搜寻前代圣王的典章法制，在焚书的余烬中收集修补，其意图正是要恢复先王的仁道。然而，圣学汩没已久，霸术留传的积害已深，即便是世上贤人智者，也难免有所习染，他们讲明大道、修饰圣学，以求使之重新光大于世的努力，反倒助长了霸道，而圣学却更加远离、难以复睹了。于是，产生了训诂之学，来宣传圣学的名物；产生了记诵之学，来言说圣学的博大；产生了词章之学，来渲染圣学的华丽。像这样的学术，纷纷籍籍，蜂拥群起而在天下相互争论，不知有多少。面对千蹊万径，世人不知所从。世上的学者，就如同走进了百戏场一般，处处都是戏谑跳跃，斗奇逞巧，争妍献笑者纷涌而出。观者前瞻后盼，应接不暇，以至于耳鸣目眩，精神恍惚，日夜沉浸期间，就如丧心病狂之人，连自己家在哪都忘记了。其时，君主们也被这些学说弄得神魂颠倒，终身从事于无用的虚文，连自己到底在说什么都一无所知。有时，虽然有人觉得这些学说空洞谬误，支离破碎而卓然奋起，欲有所为，然而他们所能达到的，也只不过是富强功利、五伯称霸的事而已。

圣人之学愈来愈遥远、晦暗，而功利之风却愈来愈流行。其间，虽有人推崇过佛老之说，然而佛老只说也始终未能消除功利之心；又有人曾向综合群儒的主张，但群儒的主张最终也未能破解世人的功利之见。至于今日，功利的流毒已深入世人的内心骨髓之中，积习成性，几千年了。世人在知识上相互炫耀，在权势上相互倾轧，在利益上相互争夺，在技能上相互攀比，在声誉上相互竞取。若是出仕为官，主管钱财的人还想兼管军事刑法，主管礼乐的人还想兼管举荐选拔，身为郡县长官，还想提升为藩司和臬司；身为御史，又窥望着宰相的重位。不能做那样的事，就不得兼任其职；不通晓那方面的知识，就不能奢望那方面的名誉。世人为何如此呢？记诵的广泛，恰好滋长了他的傲慢；知识的丰富，恰好助长了他的罪恶；闻见的广博，恰好成就了他的狡辩；文辞的华美，恰好掩饰他的虚伪。所以，皋陶、夔、后稷、契所不能兼做的事情，现在刚为学的小子都想兼通其说，穷极其术。他们树立的招牌名号，无不说要共同致力于天下大务，但其真正的意图，则是认为不如此便不能满足私欲、实现私心。

哎！以这样的习染，以这样的心志，而又受教于这样的学术，其听闻圣人的大道，而将之当成累赘包袱，格格不入也就可知了；他们认为良知并不完美，认为圣人的学说毫无用处，也是势所必然的。

哎！士人生于这样的世上，又怎么能求得圣人的学问呢？又怎么能讲明圣人的学问呢？士人生于这样的世上，而想以学为志，岂不是太难了吗？岂不是太拘泥、太艰险了吗？哎，可悲啊！

所幸的是，天理在于人心，终究有难以泯灭的，而良知的清明，万古如一，那么他听了我拔本塞源的主张，一定会恻然而悲，戚然感痛，拍案而起，如决口的河水，一泻千里而势不可当！若非豪杰之士，自觉兴起，我又对谁寄以厚望呢？

经典解读

虽然致良知、存天理对世人、对社会是如此重要、如此迫切，可世人还是被私欲所蒙蔽，被邪说所误导。自三代以后，天下就充斥着各种权谋诈伪之术、功名势利之徒，这些人凭借自己的智巧来误导天下，换得自己的功名利禄，实是先王的大贼啊！因为这些异端邪说、势利之徒，圣学汩没，大道式微，世人昏眩，不知所从。有志有为之君子，正当及时奋起，拨乱反正，使天下归于正道，使圣学弘大其光。先生正是以此自励，以此期待自己的朋友、学生，希望大家能同心协力，将大道发扬光大。

先生言辞恳切，其对世人误入歧途而不知、泥于邪说而不觉之蒙昧状态的痛惜，对天理自在人心、圣道终将光大的理念的信心，都展现得淋漓尽致。一个忧时忧道、立志振兴圣学的大儒形象跃然纸上，让人不禁心生敬仰、向往之情。

答周道通[1]书

原文

吴、曾两生至，备道道通恳切为道之意，殊慰相念。若道通真可谓笃信好学者矣。忧病中会[2]不能与两生细论，然两生亦自有志向肯用功者，每见辄觉有进，在区区诚不能无负于两生之远来，在两生则亦庶几无负其远来之意矣。临别以此册致道通意，请书数语。荒愦无可言者，辄以道通来书中所问数节，略下转语。奉酬草草，殊不详细。两生当亦自能口悉也。

注释

①周道通：名冲，号静庵，常州府宜兴人。阳明先生的弟子。

②忧病中会：先生当时正在为父亲守丧，故有此说。

译文

吴、曾两位学生到我这里来，详细叙述了你恳切为道的志向，甚感欣慰，十分想念。像道通这样真可谓笃信好学之人了。只是现在我正为父亲守丧，不能与他们两人详谈，然而，他们两人也都是有志向、肯用功之人，每次相见都能感到他们有所进步。在我来说，确实不能辜负他们的远来诚意；在于他们，也可说是无负自己原来的志向。临别之时，我写了这封信以转达对你的问候。慌乱匆忙中也无甚可讲，就以你来信中所问及的几个问题稍作说明。匆匆奉答，极不详尽。吴、曾二人想必也会向你作仔细转述。

经典解读

此段是先生答周道通书信的开端，稍叙寒暄，表达问候，以及叙述回信的大致经过。先生对有志后学的肯定，对周道通等人的诚恳鼓励、殷切期望，都展现在其中。

原文

来书云："日用工夫只是立志，近来于先生诲言，时时体验，愈益明白。然于朋友不能一时相离。若得朋友讲习，则此志才精健阔大，才有生意。若三五日不得朋友相讲，便觉微弱，遇事便会困，亦时会忘。乃今无朋友相讲之日，还只静坐，或看书，或游衍经行①。凡寓目措身，悉取以培养此志，颇觉意思和适。然终不如朋友讲聚，精神流动，生意更多也。离群索居之人，当更有何法以处之？"

此段足验道通日用工夫所得。工夫大略亦只是如此用，只要无间断，到得纯熟后，意思又自不同矣。大抵吾人为学，紧要大头脑，只是立志。所谓困、忘之病，亦只是志欠真切。今好色之人，未尝病于困忘，只是一真切耳。自家痛痒，自家须会知得，自家须会搔摩得。既自知得痛痒，自家须不能不搔摩得。佛家谓之"方便法门"，须是自家调停斟酌，他人总难与力，亦更无别法可设也。

注释

①游衍经行：游衍，随意走走，恣意闲逛；经行，旋回往返于一定之地，通过走来修养身心的方法。

译文

周道通来信说："日常的功夫就是立志，最近，对先生的教诲，时时都在体验，越来越明白了。然而，对于朋友的帮助我不能片刻离开。若能与朋友相互讲习，则这个志才精健宽广，才富有生意。若三五天不能与朋友相互讲习，便会觉得志向衰微薄弱，遇事之时便会困顿，偶尔还会忘掉它。现在，在没有朋友相讲习的日子，我或是静坐，或是看书，或是随意走走。凡是看到之景、所处之处，都用来培养自己这个志，颇感心意和适。然而，终究比不过与朋友相互讲习时的精神交流，生意更多。离群索居的人，有什么方法可帮助立志吗？"

这番话足以证明你在日常功夫中的收获。功夫差不多就该如此，只要持续不断，待修养纯熟后，感觉自然会有所不同。一般来说，我们学者为学，最紧要的关键便是立志。你所说的困顿、忘却的毛病，也只是立志尚欠缺真切。如今，好色的人，从未有过困顿、忘却的毛病，仅是因为一个真切而已。自己身上的痛痒，自己一定明白，自己一定会去搔挠。既然自己知道了痛痒，自己也就不可能不去搔挠，佛家管这个叫"方便法门"。你的问题必须自己去调停斟酌，他人是不能给予帮助的，更不能为你想出什么好办法。

经典解读

困顿是觉得追求志向自己能力不足、忘却是被世俗之事所牵萦违背了初衷，之所以有这两种情况，都只是立志之心不坚定罢了，这只能自己下功夫，别人又如何能帮助你呢？

冉有曾经对孔子说："非不说子之道，力不足也。"孔子批评他："力不足者，中道而废。今女画。"冉有说自己立志于夫子的仁道，但是能力有限。夫子认为，他并非能力不足，而是自己立志的心不真切，固步自封，不愿前行。

圣人之道极为简易、极为明了，只要立志真切就连匹夫匹妇也能去追求，立志于学的君子若是常感到困难、感到无所适从，那一定是自己的志向出了问题，此时就要及时反省自身，是不是心中存在私欲？是不是预期过高、好高骛远？是不是不知不觉中生出了懈怠？能及时发现自己内心的这些杂思杂念，才能还自己一个真切的志向。

原文

来书云："上蔡[①]尝问：'天下何思何虑？'伊川云：'有此理，只是发得太早。'在学者工夫，固是'必有事焉而勿忘'，然亦须识得'何思何虑'的气象，一并看为是。若不识得这气象，便有正与助长之病；若认得'何思何虑'，而忘'必有事焉'工夫，恐又堕于无也。须是不滞有，不堕于无。然乎否也？"

所论亦相去不远矣，只是契悟未尽。上蔡之问，与伊川之答，亦只是上蔡、伊川之意，与孔子《系辞》原旨稍有不同。《系》言"何思何虑"，是言所思所虑只是一个天理，更无别思别虑耳，非谓无思无虑也。故曰："同归而殊途，一致而百虑，天下何思何虑。"云殊途，云百虑，则岂谓无思无虑邪？心之本体即是天理。天理只是一个，更有何可思虑得？天理原自寂然不动，原自感而遂通。学者用功，虽千思万虑，只是要复他本来体用而已，不是以私意去安排思索出来。故明道云："君子之学，莫若廓然而大公，物来而顺应。"若以私意去安排思索便是用智自私矣。"何思何虑"正是工夫。在圣人分上，便是自然的；在学者分上，便是勉然的。伊川却是把作效验看了，所以有"发得太早"之说。既而云"却好用功"，则已自觉其前言之有未尽矣。濂溪[②]主静之论亦是此意。今道通之言，虽已不为无见，然亦未免尚有两事也。

注 释

①上蔡：谢良佐，字显道，河南上蔡人，世称上蔡先生，为程门四大弟子之一。

②濂溪：周敦颐，字茂叔，号濂溪先生。

译 文

周道通来信说："上蔡先生曾问：'天下何思何虑？'伊川先生回答：'有此理，只是发得太早。'依学者的功夫而言，固然是'必有事焉而勿忘'，然而也需要识得'何思何虑'的气象，并在一块看才是。若不识得这气象，便有预期与助长的弊病；若认得'何思何虑'，而忘'必有事焉'的功夫，恐怕又会堕入虚无之中。必须不滞泥于有，不堕落于无。是这样吗？"

你所讲的大体不差，只是体悟得不够彻底。上蔡先生和伊川先生的问答，也只是他们个人的观点，和孔子《系辞》的原意稍有不同。《系辞》的"何思何虑"，是说所思所虑只是一个天理，除此更没有别的思虑了，并不是说完全无思无虑。所以说："同归而殊途，一致而百虑，天下何思何虑。"说殊途、说百虑，怎么能是无思无虑呢？心的本体就是天理，天理只有一个，除此之外还有什么可思虑的？天理原本寂然不动，原本自感而遂通。学者用功，虽然千思万虑，也只是要恢复他本来的体用罢了，不是以私意去安排思索出来。所以程颢先生说："君子之学，莫若廓然而大公，物来而顺应。"若以私意去安排思索，便是自私弄智。"何思何虑"正是消除私欲的功夫。就圣人而言，自然便是这样；就学者而言，便是勉强能这样。伊川先生却将其当成了功夫的效果，所以才有"发得太早"之说。紧接着他又说"却好用功"，是自己已经觉察到前言还未说得完全。濂溪先生主静的主张也是此意。如今道通的言论，虽然有一定的见地，却未免还将功夫当作两回事来看待了。

经典解读

《易经》咸卦中有："憧憧往来，朋从尔思。"对于这句话，孔子说："天下何思何虑？天下同归而殊涂，一致而百虑，天下何思何虑！"程颐先生认为"何思何虑"，是一种无思无虑的状态，即内心专一，彻底宁静，这不是初学者可以达到的。

周道通的观点是，人在遇到事情时既要主动去思量，是否合乎良心，即"必有事焉而勿忘"；但同时也要懂得，需要主动去思量便说明修为还不够，真正至高的境界根本不需要这种思量，即"何思何虑"。学者境界未能达到那种程度时，若一味求"无思无虑"，就会陷入佛、道的虚静空寂之中；但若不知道

“无思无虑”的气象，什么事都要时时去刻意思量才能无差，便会导致有所预期、有所助长的弊病。

先生认为他的观点大致不错，但还是存在瑕疵。人需要时时刻刻念着天理，孔子所说的“何思何虑”，并不是完全无思无虑，而是无邪思、无杂虑，天理良心还是要思要虑的。“何思何虑”也不是指那种“至诚”、“从心所欲不逾矩”的境界，而是时时存天理，时时去人欲的功夫，初学之人也当明白“何思何虑”，也当坚持“何思何虑”。周敦颐的主静，同样是这个道理，不是说让人一开始就达到绝对静的境界，而是让人做保持内心平静，即喜怒哀乐发而中节的功夫。

原文

来书云：“凡学者才晓得做工夫，便要识得圣人气象。盖认得圣人气象，把做准的，乃就实地做工夫去，才不会差，才是作圣工夫。未知是否？”

先认圣人气象，昔人尝有是言矣，然亦欠有头脑，圣人气象自是圣人的，我从何处识认？若不就自己良知上真切体认，如以无星之称而权轻重，未开之镜而照妍媸，真所谓以小人之腹，而度君子之心矣。圣人气象，何由认得？自己良知，原与圣人一般。若体认得自己良知明白，即圣人气象不在圣人而在我矣。程子尝云：“觑著尧，学他行事，无他许多聪明睿智，安能如彼之动容周旋中礼？”又云：“心通于道，然后能辨是非。”今且说通于道在何处？聪明睿智从何处出来？

译文

周道通来信说：“大凡学者才开始懂得做功夫，就要认识圣人的气象。唯有将圣人的气象，当作做功夫的具体目标、标准，才能切实地做功夫，才不会存在差错，才是做圣人的功夫。不知是否如此？”

先认圣人气象，前人曾有过这种观点，然而，这种观点却少个主宰，圣人的气象自是圣人的，我又从什么地方认识到呢？若不从自己的良知上真切体认，就如用没有准星的秤去称轻重，用未曾开光的镜子去照美丑，真可以说是以小人之心，而度君子之腹了。圣人气象，怎么可以体认得到？自己的良知，原本同圣人相同。若能明白体认得自己的良知，那圣人的气象就不在圣人而在于我了。程子曾说：“觑著尧，学他行事，无他许多聪明睿智，安能如彼之动容周旋中礼？”又说：“心通于道，然后能辨是非。”现在你且说说心在何处与道相同？

聪明睿智又从何处而来？

经典解读

人人都应学习圣人，但如果只知道在外效仿，不知返回于自己内心，提高自心修养，那便如用没有准星的秤去称轻重，用未曾开光的镜子去照美丑，连圣人真正的气象认识都认识不得，如何能学得呢？若圣人的气象，是人人都可外学而得来的，那尧的儿子朱丹、舜的儿子商均为何不贤呢？那些听闻圣人学说、跟从圣人学习过的人，为何有不及者、有过者、更有邪僻不肖者呢？

人当以圣贤为规矩，向圣人学习，但关键还是在于自身，自己不愿去存养天理，发挥良知良能，就是成天陪伴在圣人身边也毫无益处；自己为圣的志向坚定，即便看不到圣人，不去刻意追求圣人的气象，只要不断存养天理良心，行事也不会与圣人偏差太多。

人的见识是和自己的修养水平成正比的，修养水平高了才会真正认识圣人的气象。孟子称“自生民以来未有如仲尼者”，子贡说“由百世之后，等百世之王，莫之能违也。自生民以来，未有夫子也”，有若说“出于其类，拔乎其萃，自生民以来，未有盛于孔子也”，他们之所以这样崇尚孔子，就是因为自身的修养到了一定程度，能够了解圣人的至高至诚之气象。而修养一般之人，只能读读孔子的言论、文字，对孔子表示出一般学者般的敬佩。至于那些资质低劣、品德低下的人，则看到孔子的言论便认为迂腐、听到孔子的学说便觉得虚伪。是孔子迂腐、虚伪吗？不是，是这些人自己见识鄙陋、修为浅薄。这样的人怎么能看到圣人的气象呢？初学者修为不够，虽然不至于像这些鄙陋之人一样，但也是很难窥全圣人气象的，此时，与其去追求圣人的气象，不如返回自心，从自己的良知上真切体认圣人之道。

原　文

来书云：“事上磨练。一日之内，不管有事无事，只一意培养本原。若遇事来感，或自己有感，心上既有觉，安可谓无事？但因事凝心一会，大段觉得事理当如此，只如无事处之，尽吾心而已。然仍有处得善与未善，何也？又或事来得多，须要次第与处，每因才力不足，辄为所困，虽极力扶起而精神已觉衰弱。遇此未免要十分退省，宁不了事，不可不加培养。如何？”

所说工夫，就道通分上也只是如此用，然未免有出入在。凡人为学，终身只为这一事。自少至老，自朝至暮，不论有事无事，只是做得这一件，所谓“必有事焉”者也。若说“宁不了事，不可不加培养”，却是尚为两事也。“必有事焉而勿忘勿助”，事物之来，但尽吾心之良知以应之，所谓“忠恕违道不远”矣。凡处得有善有未善，及有困顿失次之患者，皆是牵于毁誉得丧，不能实致其良知耳。若能实致其良知，然后见得平日所谓善者未必是善，所谓未善者，却恐正是牵于毁誉得丧，自贼其真知者也。

译文

周道通来信说：“在事上磨炼。一日之内，无论有事还是无事，只一味专心培养本原。若遇事触发感悟，或自己有所感悟，心中便产生想法，怎么能认为是无事呢？但若依循着这些事凝心思索，大多会觉得事情理应如此。只是将它们当成无事时看待，尽吾心而已。但还是有处理得好与不好的分别，这是为何呢？又或者事情来得太多，需要分别先后去处理，常因才力不足而被其所困，虽然极力振奋精神，但精神已经衰弱疲惫。遇到这种情况，必然要静下来反思自己，宁可不将事情处理完，也不可不去培养本原，这种说法正确吗？”

功夫，就你而言也只能如此用了，然而未免还有些出入。人做学问，终身也只是为了这一件事。自少至老，自朝至暮，无论有事无事，也只是做这一件事，正所谓“必有事焉”。若说“宁可不将事情处理完，也不可不去培养本原”，却又将它当成两件事了。“必有事焉而勿忘勿助”，事情一来，但能尽自心的良知去应付它，那就是“忠恕违道不远”了。凡是处理事情有处理好的，有未处理好的，乃至有困顿失序的忧患的，都是太看重毁誉得失了，未能切实致良知而已。若能切实致良知，然后就会发现，平常所谓的好未必是好，所谓的不好，大概就是因为过于计较毁誉得失而损害摧残自己良知的东西。

经典解读

处理事情就是在培养本原，培养本原就是在处理事情中进行，它们本就是一件事。若将其分割，单说培养本原，不做事，那不就是佛老的静坐冥想了？若单论做事，而不想着本原，那岂不是抛弃良知了？

人无论做什么事，都不要忘了存养本心、扩充良知，只要能够做到这点，凡事尽心而行，那也就无所谓做得好、做得不好了。若是不问自己是否尽心，单想着事情结果的好坏，那还是执着于毁誉得失，未能致其良知啊！

原文

来书云："致知之说，春间再承诲益，已颇知用力，觉得比旧尤为简易。但鄙心则谓与初学言之，还须带格物意思，使之知下手处。本来致知、格物一并下，但在初学未知下手用功，还说与格物，方晓得致知。"云云。

格物是致知功夫，知得致知便已知得格物。若是未知格物，则是致知工夫亦未尝知也。近有一书与友人论此颇悉，今往一通细观之，当自见矣。

译文

周道通来信说："关于致知的说法，春季再次承蒙教诲，已经深知该在何处用力了，觉得比从前简易多了。然而，窃认为若与初学者谈致知，还须带上格物的意思，使其明白该从什么地方下功夫。本来致知、格物是不可分割的，但就初学者而言尚未知道功夫的入手之处，还是要向其讲了格物，才晓得怎样致知。"

格物正是致知的功夫，知道了致知便是已经知道了格物。若是未懂格物，即是致知的功夫也未明白。最近，我在与友人的一封书信中详谈了此事，现将它寄给你，相信认真研读后，当自然明白。

经典解读

格物就是致知的功夫，二者不可分割。想要致知，必须从格物入手；物格便是知至。若将其分割开来，那就是未能真正了解什么是格物、什么是致知。

原文

来书云："今之为朱、陆之辩者尚未已。每对朋友言，正学不明已久，且不须枉费心力为朱、陆争是非。只依先生'立志'二字点化人，若其人果能辨得此志来，决意要知此学，已是大段明白了。朱、陆虽不辩，彼自能觉得。又尝见朋友中见有人议先生之言者，辄为动气。昔在朱、陆二先生所以遗后世纷纷之议者，亦见二先生工夫有未纯熟，分明亦有动气之病。若明道则无此矣。观其与吴涉礼论介甫之学云：'为我尽达诸介甫，不有益于他，必有益于我也。'气象何等从容！尝见先生与人书中亦引此言，愿朋友皆如此，如何？"

此节议论得极是极是。愿道通遍以告于同志，各自且论自己是非，莫论朱、陆是非也。以言语谤人，其谤浅。若自己不能身体实践，而徒入耳出口，呶呶度日，是以身谤也，其谤深矣。凡今天下之论议我者，苟能取以为善，皆是砥砺切磋我也，则在我无非警惕修省进德之地矣。昔人谓“攻吾之短者是吾师”，师又可恶乎？

译文

周道通来信说：“如今，为朱、陆两位先贤继续辩论的现象还存在。我常对朋友们说，圣学正道不明已经很久了，不应该在朱、陆之争上枉费心力。只要依循先生‘立志’两个字去指点教育人，若其人果然能辨明这个志，决意要明白圣学，那他便知道了大概。即便不替朱、陆辩解，他也能自己感觉出对错。又曾见朋友中有人见到别人非议先生的言论，便十分生气。昔者朱、陆两位先生所以招致后世的纷纷议论，可见二位先生的功夫也有未纯熟之处，显然也有动气的弊端。而程颢先生则没有。他与吴涉礼谈论王安石的学说时说：‘请将我的观点全部告诉介甫，若对他没有益处，必定对我有益。’这是何等从容的气象啊！曾经见过先生在与他人书信中引用此言，希望朋友们都能如此，怎么样呢？”

这番议论极为恰当。希望道通将之遍告同仁，让他们各人只管好自己的是非，不要理论朱、陆二位的是非。以言语非议他人，这种非议是极为肤浅的。若自己不能身体力行，只是夸夸其谈，嗷嗷终日，是用自身来非议自己，这种非议才深刻。凡是当世议论我的人，若能从其议论得到收益，都是在砥砺切磋我，就我而言都是警惕、反省、进德之处，即古人所说的“攻讦我短处的人是我的老师”，老师又岂能厌恶呢？

经典解读

为学要有包容之心，要善于听取他人的建议、指责。若是因为见解不同，而与人争论不休，相互攻讦，那就是修养还未到家。自己的学说好，别人即便是非议自己，一些浅薄的言语，岂能蒙蔽大道？自己若真的存在错误，别人非议了，岂不正能弥补自己的缺点，让自己获得进步？

多听不同的意见，对人是有好处的。正如《荀子·修身篇》中所说的：“非我而当者，吾师也；是我而当者，吾友也；谄谀我者，吾贼也。”反对自己意见的人，指出自己不足的人，是在教育自己、帮助自己，是自己的老师，所以舜闻过则喜，圣人对此大为推崇。有些人唯恐听到反对的意见，听到了就要辩解，就对提出的人心怀怨恨，这样心胸狭隘的人，没人愿意教导他，愿意帮他弥补缺点，他也永远不会进步。

阳明先生的学说提出以后，便受到了各种质疑和攻讦，有些人言辞激烈，甚至在学术、政治上对先生进行攻击。在这种情况下，周道通能提出这样的问题，不单单是请教，也是出于对老师的一种安慰、一种劝解，所以，阳明先生盛赞其观点“极是极是”。

原　文

来书云：“有引程子‘人生而静，以上不容说，才说性便已不是性。’①何故不容说？何故不是性？晦庵答云：‘不容说者，未有性之可言。不是性者，已不能无气质之杂矣。’二先生之言皆未能晓，每看书至此，辄为一惑，请问。”

“生之谓性”，“生”字即是“气”字，犹言气即是性也。气即是性。人生而静，以上不容说，才说“气即是性”，即已落在一边，不是性之本原矣。孟子性善，是从本原上说。然性善之端，须在气上始见得，若无气亦无可见矣。恻隐、羞恶、辞让、是非即是气。程子谓：“论性不论气，不备；论气不论性，不明。”亦是为学者各认一边，只得如此说。若见得自性明白时，气即是性，性即是气，原无性气之可分也。

注　释

①人生而静，以上不容说，才说性便已不是性：出自朱子《明道论性说》，本程颢之言。

译　文

周道通来信说：“有人引用明道先生的‘人生而静，以上不容说，才说性便已不是性’，反问朱子，为什么不容说？为什么不是性？朱子回答：‘不容说者，未有性之可言。不是性者，已不能无气质之杂矣。’这两位先生之话的内涵我都未能明白，每次看书到此处，便心存疑惑，请先生指教。”

“生谓之性”，“生”字即是“气”字，犹如说气即是性也。气就是性。人生而静，形而上是不容说的，刚说“气即是性”时，性就已经有所偏离了，不再是性的本原了。孟子讲性善，是就本原而言的。但性善的征兆，只有在气上才能见到，若没有气，也就无法知性善了。恻隐、羞恶、辞让、是非即是气。程子说：“论性不论气，不备；论气不论性，不明。”也是因为学者各看到了一面，所以才只能如此说。若清楚地认识到了自性，气便是性，性便是气，原本就没有性与气的分别啊。

经典解读

物禀受于天，称为性，天性流行表现为气。二者虽然相通，却有所分别。朱子说："性命，形而上者也；气，则形而下者也。形而上者，以理浑然，无有不善；形而下者，则纷纭杂糅，善恶有所分矣。"即性是形而上的，是无法言说的；既然能说它有善、有恶，那就不是性的本原了，人们平常所说的"性善"，其实都是在说气，已经有后天习染的因素在里面了。

阳明先生认为，本原和表现本就是一以贯之的，自然也可以看为一物，根本没有必要像程子、朱子那样非要将其分开来说。只要自性分明，性便是气，气便是性。涵养本性，就是追求恻隐、是非、辞让、羞恶等气；追求这些"正气"，便是在存养自己的本性。

答陆原静①书

原文

来书云："下手工夫，觉此心无时宁静。妄心固动也，照心亦动也。心既恒动，则无刻暂停也。"

是有意于求宁静，是以愈不宁静耳。夫妄心则动也，照心非动也。恒照则恒动恒静，天地之所以恒久而不已也。照心固照也，妄心亦照也。"其为物不二，则其生物不息。"有刻暂停，则息矣，非至诚无息之学矣。

注释

①陆原静：陆澄，字原静，一字清伯，归安（今浙江吴兴）人。阳明先生弟子。

译文

陆原静来信说："下功夫时，觉得心没有一刻是宁静的。妄心固然在动，照心也在动。心无时不动，也就没有片刻停息了。"

这是刻意追求宁静，所以愈发不能宁静。妄心是动的，照心不动。恒照就能恒动恒静，天地之所以能运转无息，正在于此。人的良知，在照心是不断自主显现的，在妄心也是不断自主显现的。"其为物不二，则其生物不息。"只要有片刻的暂停，就是止息了，那就不再是至诚无息的学问了。

经典解读

"照心"就是本心，澄澈无遮蔽的心；"妄心"就是不澄澈、被妄念遮蔽的心。“照”就是致良知，是良心不断地自我显现。

陆澄在下功夫的时候觉得心中没有一刻宁静，有杂念的时候心是动的，没杂念的时候心还是动的，也就是无刻暂停，欲求宁静而不可得。

先生告诉他，之所以得不到宁静，就是因为心中还存有杂念——刻意追求宁静，本身便是一种杂念。真正澄澈无遮蔽的心是不动的，这种不动并不是绝对静止，不是像佛老一样遁入空寂之中，而是恒动恒静，即内心平静，遇事也宁静、无事也宁静，这便无所谓动静。就如天地一样，无时无刻都在运转不息，但千年万载都顺循着“道”，没有一毫一刻的偏离。它们何尝不动，又何尝不静呢？

人的良心，说照心时它是不断自动显现的，说妄心时它也是不断自动显现的，没有一刻停息，如果有所停息，那良心还如何能称为良心，这便不是圣人的学说了。人只要能去除各种私欲杂念，良心就会自动显现、扩充，内心就自动得到宁静，哪里需要去刻意追求，又怎么会存在求而不得的情况呢？

原　文

来书云：“良知亦有起处。”云云。

此或听之未审。良知者，心之本体，即前所谓恒照者也。心之本体，无起无不起。虽妄念之发，而良知未尝不在。但人不知存，则有时而或放耳。虽昏塞之极，而良知未尝不明，但人不知察，则有时而或蔽耳。虽有时而或放，其体实未尝不在也，存之而已耳。虽有时而或蔽，其体实未尝不明也，察之而已耳。若谓良知亦有起处，则是有时而不在也，非其本体之谓矣。

译　文

陆原静来信说：“良知也有起始处。”等等。

这或许是你听得不仔细。良知是心的本体，就是前面所提及的恒照。心的本体，无所谓有无起始。即便是妄念产生了，良知也依然存在。但人若不知去存养，有时就会放弃了。就算是昏聩、蔽塞到了极点，良知也依旧光明。但是，人不知体察，有时就会被蒙蔽了。即使有时放弃了，它的本体并未消失，只要存养它就够了。即使有时被蒙蔽，它的本体依旧光明，只要体察它就够了。若称良知也有起始处，那就是说它有时不在，如此良知就不为心的本体了。

经典解读

良知即为天理，生而存之于心，圣人有，愚者也有；宁静之时有，狂悖之时亦有；通达时有，困惑之时亦有，无所谓起、灭。它之所以表现出不同状态，只是时而被私欲杂念蒙蔽而已，说良知亦有起处，就不恰当了。

原文

来书云："前日精一之论，即作圣之功否？"

"精一"之"精"以理言，"精神"之"精"以气言。理者，气之条理；气者，理之运用。无条理则不能运用；无运用则亦无以见其所谓条理者矣。精则精，精则明，精则一，精则神，精则诚。一则精，一则明，一则神，一则诚，原非有二事也。但后世儒者之说与养生之说各滞于一偏，是以不相为用。前日"精一"之论，虽为原静爱养精神而发，然而作圣之功，实亦不外是矣。

译文

陆原静来信问："从前所作'精一'的论述，是否就是做圣人的功夫？"

"精一"的"精"是从理上说的，"精神"的"精"是从气上说的。理为气的条理，气是理的运用。无条理便不能运用；无运用也无法看到所谓的条理。精，即能精，能明，能一，能神，能诚。一，则能精，能明，能神，能诚。精与一本非两件事。但后世儒者的主张，与养生之说的主张都偏执一词，所以不能相互通用。从前"精一"的论述，虽然是为了你能爱护保养精神才说的，然而做圣人的功夫也不外乎此。

经典解读

修身正心、修身养性，其道一也，都不过一个"精"字。消除一切私心杂念，去除一切对良知的蒙蔽、对本性的戕害，便是做"精"的功夫，如此便能明，能一，能神，能诚。在修心便是至明至诚，便是成仁成圣；在养身便可心广体胖，便可长生久视。养身便要养心、养心便是养身，所以，《中庸》说："大德者必得其寿。"

原文

来书云："元神、元气、元精，必各有寄藏发生之处。又有真阴之精，真阳之气。"云云。

夫良知一也，以其妙用而言谓之神，以其流行而言谓之气，以其凝聚而言谓之精，安可形象方所求哉？真阴之精，即真阳之气之母。真阳之气，即真阴之精之父。阴根阳，阳根阴①，亦非有二也。苟吾良知之说明，即凡若此类，皆可以不言而喻。不然，则如来书所云三关②、七返九还③之属，尚有无穷可疑者也。

注　释

①阴根阳，阳根阴：出自周敦颐《太极图说》："无极而太极。太极动而生阳，动极而静，静而生阴，静极复动。一动一静，互为其根；分阴分阳，两仪立焉。"

②三关：道家术语，口为天关，足为地关，手为人关；另一说法以耳、目、口为三关。

③七返九还：也称七返九转，是道家修炼学的专有名词，用易数来比喻内修之道。

译　文

陆原静来信说："元神、元气、元精，必定各有寄藏发生之处。又有所谓的真阴之精、真阳之气……"

良知唯有一个。就其妙用而言即称为神，就其流行而言即称为气，就其凝聚而言即称为精，怎么能从形象、方位、场所上去探求它呢？真阴之精，便是真阳之气的母体；真阳之气，便是真阴之精的父体。阴为阳生，阳为阴生，二者不可分割。若能理解我的良知之说，那么凡是此类的道理，都可不言而喻。不然，如同来信中所说的三关、七返九还之类的，还会有无穷无尽的可疑之处。

经典解读

修身养性之术、辟谷炼丹之说层出不穷，其中名物繁多，方法迥异，但无论提倡什么，归根到底都是一样的，那就是"致良知"。修神、修气、修精，都不外乎让人充实自己的良知良能，发挥自己的本性。各家的说法也不无道理，但正所谓"小道可观，致远恐泥"，圣人"致良知"之道，极为简易、极为方便，人只须谨循圣人之学即可，又何必为那些玄而又玄、难以理解的东西劳思费神。

又①

原文

来书云："良知，心之本体，即所谓性善也，未发之中也，寂然不动之体也，廓然大公也，何常人皆不能而必待于学邪？中也，寂也，公也，既以属心之体，则良知是矣。今验之于心，知无不良，而中、寂、大公实未有也，岂良知复超然于体用之外乎？"

性无不善，故知无不良。良知即是未发之中，即是廓然大公、寂然不动之本体，人人之所同具者也。但不能不昏蔽于物欲，故须学以去其昏蔽。然于良知之本体，初不能有加损于毫末也。知无不良，而中、寂、大公未能全者，是昏蔽之未尽去，而存之未纯耳。体即良知之体，用即良知之用，宁复有超然于体用之外者乎？

注释

①这是阳明先生回陆原静的又一封书信。

译文

陆原静来信说："良知是心的本体，也就是所谓的性善、未发之中、寂然不动之体，是廓然大公的，可为何常人都不能做到而一定要经过学习呢？中、寂、公，既然是心的本体，那么也就是良知。此时到心中去省察体验，知无不良，可中、寂、大公却做不到，难道良知是超然于体用之外的？"

性无不善，因此知无不良。良知便是未发之中，便是廓然大公，便是寂然不动之本体，是人人都同样具有的。但良知不可能不遭到物欲的蒙蔽，所以需要学习来扫除蒙蔽。然而这么做，对于良知的本体是不会有丝毫的增加损害的。知无不良，而中、寂、大公不能彻底显现，是心上昏蔽扫除未尽，良知存养得还不够精纯。体，便是良知的体；用，便是良知的用，又怎么会有体用之外的良知呢？

经典解读

良知人人都有，有人能充分发挥它，便能做到未发之中、寂然不动、廓然大公，便是贤人、是君子、是圣人。可有的人不知道去存养自己的良知，反而让私欲将其蒙蔽，那他虽然和别人一样具有良知，却依然表现出自私自利、愚昧残暴、多欲无廉耻，那就只能做愚者、做小人了。

这和孟子所说的“人之四端”是一个道理，恻隐之心、羞恶之心、辞让之心、是非之心，人人都有，只要能扩充它们，人人都该是仁、义、礼、智的。但世上大多数人都不能如此，就是因为他们不懂得存养本心，即便具有仁、义、礼、智的发端，却不能完全展现出来。所以说，人人都可以为尧舜、人人都可以为圣人，但到底成不成尧舜还是要看自己是否去致良知、是否能时时存天理。

原 文

来书云：“周子曰‘主静’，程子曰‘动亦定，静亦定’，先生曰‘定者，心之本体’，是静定也，决非不睹不闻、无思无为之谓。必常知、常存、常主于理之谓也。夫常知、常存、常主于理，明是动也，已发也，何以谓之静？何以谓之本体？岂是静定也，又有以贯乎心之动静者邪？”

理无动者也。常知、常存、常主于理，即不睹不闻、无思无为之谓也。不睹不闻、无思无为，非槁木死灰之谓也。睹闻思为一于理，而未深有所睹闻思为，即是动而未尝动也。所谓“动亦定，静亦定”，体用一原者也。

译 文

陆原静来信说：“周子主张‘主静’，程子主张‘动亦定，静亦定’，先生说‘定者，心之本体’。可见静定，绝非不睹不闻、无思无为，必是常知、常存、常主于理。常知、常存、常主于理，分明是动的，是已发，怎么称之为静呢？又怎么能称为本体呢？难道这个静定是贯通于心的动静吗？”

理是静止不动的。常知、常存、常主于理，就是指不睹不闻、无思无为。不睹不闻、无思无为，不是心如槁木死灰之谓。睹、闻、思、为合于天理，而未曾有其他的睹、闻、思、为，便是动而未尝动。所说的“动亦定，静亦定”，也就是指体用一源。

经典解读

本段和上一封信中“照心恒动恒静”所讲的是一个道理。发挥良知，便能内心宁静，但这种宁静，不是指心如死灰一般什么也不想，没有任何想法，而是心中只有良知天理，没有私心杂念。人若能常知、常存、常主于天理，有事也是静，无事也是静，便无所谓动静，便是动而未尝动。

原文

来书云："此心未发之体，其在已发之前乎？其在已发之中而为之主乎？其无前后、内外而浑然之体者乎？今谓心之动静者，其主有事无事而言乎？其主寂然、感通而言乎？其主循理、从欲而言乎？若以循理为静，从欲为动，则于所谓'动中有静，静中有动'，'动极而静，静极而动'者，不可通矣。若以有事而感通为动，无事而寂然为静，则于所谓'动而无动，静而无静'者，不可通矣。若谓未发在已发之先，静而生动，是至诚有息也，圣人有复也，又不可矣。若谓未发在已发之中，则不知未发、已发俱当主静乎？抑未发为静而已发为动乎？抑未发、已发俱无动无静乎？俱有动有静乎？幸教。"

未发之中，即良知也，无前后内外，而浑然一体者也。有事、无事可以言动、静，而良知无分于有事、无事也。寂然、感通可以言动、静，而良知无分于寂然、感通也。动静者，所遇之时。心之本体，固无分于动静也。理无动者也，动即为欲。循理则虽酬酢万变，而未尝动也；从欲则虽槁心一念，而未尝静也。"动中有静，静中有动"，又何疑乎？有事而感通，固可以言动，然而寂然者未尝有增也；无事而寂然，固可以言静，然而感通者未尝有减也。"动而无动，静而无静"，又何疑乎？

无前后内外而浑然一体，则至诚有息之疑，不待解矣。未发在已发之中，而已发之中未尝别有未发者在，已发在未发之中，而未发之中未尝别有已发者存。是未尝无动、静，而不可以动、静分者也。

凡观古人言语，在以意逆志而得其大旨。若必拘滞于文义，则"靡有孑遗"者，是周果无遗民也。周子"静极而动"之说，苟不善观，亦未免有病。盖其意从太极"动而生阳，静而生阴"说来。太极生生之理，妙用无息，而常体不易。太极之生生，即阴阳之生生。就其生生之中，指其妙用无息者而谓之动，谓之阳之生，非谓动而后生阳也；就其生生之中，指其常体不易者而谓之静，谓之阴之生，非谓静而后生阴也。若果静而后生阴，动而后生阳，则是阴阳、动静，截然各自为一物矣。阴阳一气也，一气屈伸而为阴阳。动静一理也，一理隐显而为动静。春夏可以为阳为动，而未尝无阴与静也；秋冬可以为阴为静，而未尝无阳与动也。春夏此不息，秋冬此不息，皆可谓之阳、谓之动也。春夏此常体，秋冬此常体，皆可谓之阴、谓之静也。自元、会、运、世、岁、月、日、时以至刻、杪、忽、微[1]，莫不皆然。所谓动静无端，阴阳无始，在知道者默而识之，非可以言语穷也。若只牵文泥句，比拟仿像，则所谓心从《法华》转，非是转《法华》[2]矣。

注 释

①元、会、运、世，刻、杪、忽、微：都是表示时间的概念。三十年为一世，十二世为一运，三十运为一会，十二会为一元。刻，百分之一昼夜；杪、忽、微都指极短的时间。

②心从《法华》转，非是转《法华》：指拘泥文字，内心不省悟。《六祖坛经》中有："心迷《法华》转，心悟转《法华》。"

译 文

陆原静来信说："此心未发之体，它是存在于已发之前呢？还是存在于已发之中并主宰着已发呢？或者已发、未发不分前后、内外浑然一体？如今所说心的动与静，是就有事、无事而言呢？还是就寂然不动、感而遂通而言呢？或者是就循理、从欲上而言？若将循理视为静，将从欲视为动，则所谓的'动中有静，静中有动'，'动极而静，静极而动'便难以说通了。若以有事而感通为动，无事而寂然为静，则所谓的'动而无动，静而无静'便难以说通了。若说未发在已发之前，静而生动，那至诚便有所止息，圣人也有所反复了，这也不可吧！若说未发在已发之中，则不知未发、已发都当主宰静呢？还是未发主宰静，而已发主宰动？还是未发、已发都无动无静？或是都有动有静？请先生指教。"

未发之中便是良知，它浑然一体，无所谓前后内外之别。有事、无事可以分别称之为动、静，但良知无关有事、无事。寂然不动、感而遂通，也可以分别称为动、静，但良知无关寂然不动，还是感而遂通。动静只不过是良知所处的时态罢了。心的本体，本没有动静之分。理不可言动，动便要称为欲了。循理即便是酬酢万变，也未曾动；从欲虽然心念枯寂，也未曾静。"动中有静，静中有动"，这还有什么可疑的呢？有事感而遂通，固然可以称动，然而其寂然不动的也未曾增加；无事而寂然不动，固然可以称静，然而其感而遂通者也未曾减少。"动而无动，静而无静"，还有什么疑惑的呢？

良知浑然一体，无所谓前后内外之分，则关于"至诚无息"的疑惑也就不解自明了。未发在已发之中，而已发之中并不是另有一个未发存在；已发在未发之中，而未发之中也不是别有一个已发存在。其中不是没有动、静，只是不能用动、静进行区分。

但凡阅读古人的言语，关键在于以意逆志而知道它的大旨。若一味拘泥于咬文嚼字，那"靡有孑遗"，岂不就是说周王朝没有一个遗民了。周子"静极而动"这一说法，若不作正确理解，也是有毛病的。他的意思是就太极"动而生阳，静而生阴"而言的。太极的生生之理，也就是阴阳的生生之理。在这生生之中，将其妙用不息的方面称为动，这是阳的产生，并不是说动了之后才生出阳；在这生生之中，将其常体不变之处称为静，这是阴的产生，并不是说在静之后才产生阴。若真的动了之后产生阳，静了之后产生阴，那阴阳、动静便迥然不同，各为一物了。阴阳只是一个气，一个气或屈或伸而别为阴阳；动静只是一个理，一个理或显或隐而分为动静。春夏可以称阳、称动，但其中并非没有阴和静；秋冬可以称阴，称静，但其中并非没有阳和动。春夏如此生生不息，秋冬也如此生生不息，都可以称之为阳，为动。春夏有不变的常体，秋冬也有不变的常体，都可以称为阴，称为静。从元、会、运、世、岁、月、日、时至刻、杪、忽、微，无不如此。所谓的“动静无端，阴阳无始”，它需要深谙道的人默默体认，并非言语可以完全阐明的。若只拘泥于文词字句，模拟效仿，那就是所谓的“心从《法华》转，非是转《法华》”了。

经典解读

未发、已发是就喜怒哀乐的情感而言，动、静是就良知所处的时态而言，无论未发、已发，无论是动还是静，先贤都是针对特定情况有感而发，目的只有一个，那就是让人致良知。知道在致良知上下功夫，自然能体悟到“动中有静，静中有动”，“动极而静，静极而动”，“动而无动，静而无静”等话语的真谛。若不知道致良知，一味咬文嚼字，想要在文辞上对这些话分辨个是非对错，那就会让自己陷入迷茫，而无所收获。

未发、已发浑然一体，所以致良知的功夫是一贯的，无论是静时还是动时，都要念念“去人欲、存天理”，致自己的良知。若将未发、已发分裂开来，当作两段功夫，已发的时候一套，未发的时候一套，那功夫就支离破碎了，也就不可能得到真正的修行。所以说，致良知是个根本，未发、已发、动、静等概念脱离了它都毫无意义，人不求根本，而去咬文嚼字，脱离内心、良知，专求词章文字，那就“不是转《法华》，而是被《法华》转”。

原　文

来书云：“尝试于心，喜、怒、忧、惧之感发也，虽动气之极，而吾心良知一觉，即罔然消阻，或遏于初，或制于中，或悔于后。然则良知常若居优闲无事之地而为之主，于喜、怒、忧、惧若不与焉者，何欤？”

知此，则知未发之中、寂然不动之体，而有发而中节之和、感而遂通之妙矣。然谓良知常若居于优闲无事之地，语尚有病。盖良知虽不滞于喜、怒、忧、惧，而喜、怒、忧、惧亦不外于良知也。

译 文

陆原静来信说："我曾在心中尝试，喜、怒、忧、惧的情感产生了，即便动气到了极点，只要我心的良知一觉醒，就能涣然消除，或是在开始就遏止，或是在发作中制止，或是在发作后知道悔疚。然而，良知往往似在清闲无事之处主宰着情感，和喜、怒、忧、惧等毫不相干，这是为何呢？"

能理解这一点，就能体悟未发之中、寂然不动之体，而有发而中节之和、感而遂通的奥妙了。然而，你说良知往往似在清闲无事之处主宰着情感，这话尚有弊端。因为，良知虽然不停滞在喜、怒、哀、乐的情感上，但喜、怒、忧、惧却也不在良知之外。

经典解读

能够主动遏止自己心中不当的喜怒哀乐，固然是良知的发挥。但喜、怒、哀、乐也不外乎良知，喜而不当、哀而不当、怒而失节、乐而失节，也都只是良知还未充分发挥；若良知充分发挥、心中毫无障蔽，那喜怒哀乐之情必然发而中节，又何须去遏止、消除。

原 文

来书云："夫子昨以良知为照心。窃谓良知，心之本体也。照心，人所用功，乃戒慎恐惧之心也，犹思也。而遂以戒慎恐惧为良知，何欤？"

能戒慎恐惧者，是良知也。

译 文

陆原静来信说："先生从前认为良知便是照心。窃认为，良知是心的本体，照心，是人下的功夫，即戒慎恐惧之心，类于'思'。而您直接认为戒慎恐惧为良知，这是为何呢？"

能让人戒慎恐惧的，便是良知。

经典解读

戒慎恐惧是为了什么？就是致良知。戒慎恐惧又从何而出？就是出自人的良知良能。则戒慎恐惧之心，便是良知在行上的显现，说其便是良知也未尝不可。

原文

来书云："先生又曰：'照心非动也。'岂以其循理而谓之静欤？'妄心亦照也。'岂以其良知未尝不在于其中、未尝不明于其中，而视听言动之不过则者皆天理欤？且既曰妄心，则在妄心可谓之照，而在照心则谓之妄矣。妄与息何异？今假妄之照以续至诚之无息，窃所未明，幸再启蒙。"

"照心非动"者，以其发于本体明觉之自然，而未尝有所动也。有所动即妄矣。"妄心亦照"者，以其本体明觉之自然者，未尝不在于其中，但有所动耳，无所动即照矣。无妄、无照，非以妄为照，以照为妄也。照心为照，妄心为妄，是犹有妄、有照也。有妄、有照，则犹二也，二则息矣。无妄、无照则不二，不二则不息矣。

译文

陆原静来信说："先生又说：'照心非动也。'难道是因为照心遵循天理才是静吗？'妄心亦照也。'难道是因为良知未曾不在心中、未尝不明于心中，而视听言动符合准则的全是天理呢？既然说是妄心，那么，良知在妄心上可称照，而在照心上则可以称妄了。妄与息有什么区别呢？如今将妄心的照与至诚无息结合起来，我仍未明白，敬请先生再次指教。"

说"照心非动"，是因为它由本体明觉自然而起，未尝有所动。有所动便是妄了。说"妄心亦照"，是因为本体自然的明觉，未曾不在心中，只是有所动罢了，无所动就是照了。无妄、无照，并不是将妄看为照，将照看为妄。照心为照，妄心为妄，这是还存在妄和照。有照、有妄，就依然是两个心，一心为二，便会停息。无妄、无照则内心不二，便不是二心，心不二则运动不息。

经典解读

人只有一个心，内心澄明、无所遮蔽便是照心，内心被私欲所遮蔽便是妄心。说"照心非动"，指良知是自动显现的，无须刻意作为；说"妄心亦照"，指良知被遮蔽时，它依然自动显现，不会消失、停息。从良知自动显现上看，便无所谓照心、妄心，人只是时时刻刻想着致良知即可。若刻意去分照心、妄心，认为照心时便需要致良知，妄心时便无法致良知，那便是一心为二，便是存二心，便不诚。

原文

来书云："养生以清心寡欲为要。夫清心寡欲，作圣之功毕矣。然欲寡则心自清，清心非舍弃人事而独居求静之谓也。盖欲使此心纯乎天理，而无一毫人欲之私耳。今欲为此之功，而随人欲生而克之，则病根常在，未免灭于东而生于西。若欲刊剥洗荡于众欲未萌之先，则又无所用其力，徒使此心之不清。且欲未萌而搜剔以求去之，是犹引犬上堂而逐之也，愈不可矣。"

必欲此心纯乎天理，而无一毫人欲之私，此作圣之功也。必欲此心纯乎天理，而无一毫人欲之私，非防于未萌之先而克于方萌之际不能也。防于未萌之先而克于方萌之际，此正《中庸》"戒慎恐惧"、《大学》"致知格物"之功。舍此之外，无别功矣。夫谓灭于东而生于西、引犬上堂而逐之者，是自私自利、将迎意必之为累，而非克治洗荡之为患也。今曰养生以清心寡欲为要，只"养生"二字，便是自私自利、将迎意必之根。有此病根潜伏于中，宜其有灭于东而生于西、引犬上堂而逐之之患也。

译文

陆原静来信说："养生的关键在清心寡欲。倘能清心寡欲，做圣人的功夫也就齐备了。然而，人的欲望少了，内心自然清净，清心不是舍弃人事而独居求静。而是要让此心纯乎天理，而没有一毫人欲的思念。如今，想要清心寡欲，便就私欲产生处去加以克制，那么，病根还是依旧存在的，未免在这里灭了，又在别处生起。若要在私欲还未萌发的时候就将其消除干净，则又没有什么可用力之处，徒令这心不清明。而且，私欲未萌生就去搜求并剔除它，就如引犬入室再去驱逐一样，更加不可了。"

一定要此心纯乎天理，没有一毫人欲的私心，这便是做圣人的功夫。定要此心纯乎天理，而没有一毫人欲的私心，就只有在私欲未萌生之前加以防范，在私欲萌生时加以扼制。在私欲未萌生之前加以防范，在私欲萌生时加以扼制，正是《中庸》中"戒慎恐惧"、《大学》中"格物致知"的功夫。除此之外，再没其他功夫。你所说的私欲消灭在这里，又复生于那里、引犬入室再驱逐的现象，是自私自利，将、迎、意、必所牵累的结果，而并非由克省扫除造成的。如今说养生最关键是的清心寡欲，这"养生"二字就是自私自利、将、迎、意、必的根源。有这个病根藏在心中，私欲灭在这里又复生于他处、引犬入室又驱逐的弊病便在所难免了。

经典解读

“存天理，去人欲”是做圣人的功夫，在其中不能夹有任何预期、做作。只要时时存养本心，自然而行便可，若有了一丝将迎意必之心，那便不是去人欲，而是生人欲了。有的人不懂这个道理，一心想要做圣人，到最后反而成了言行不一、虚伪做作的伪君子，那便是将迎意必之心在作怪。

原文

来书云：“佛氏于‘不思善不思恶时，认本来面目’①，于吾儒随物而格之功不同。吾若于不思善、不思恶时用致知之功，则已涉于思善矣。欲善恶不思，而心之良知清静自在，惟有寐而方醒之时耳。斯正孟子‘夜气’之说。但于斯光景不能久，倏忽之际，思虑已生。不知用功久者，其常寐初醒而思未起之时否乎？今澄欲求宁静，愈不宁静，欲念无生，则念愈生。如之何而能使此心前念易灭，后念不生，良知独显，而与造物者游乎？”

不思善不思恶时认本来面目。此佛氏为未识本来面目者设此方便。本来面目即吾圣门所谓良知。今既认得良知明白，即已不消如此说矣。随物而格，是致知之功，即佛氏之“常惺惺”，亦是常存他本来面目耳。体段工夫②大略相似。但佛氏有个自私自利之心，所以便有不同耳。今欲善恶不思，而心之良知清静自在，此便有自私自利、将迎意必之心，所以有“不思善、不思恶时，用致知之功，则已涉于思善”之患。孟子说“夜气”，亦只是为失其良心之人，指出个良心萌动处，使他从此培养将去。今已知得良知明白，常用致知之功，即已不消说“夜气”。却是得兔后不知守兔，而仍去守株，兔将复失之矣。欲求宁静，欲念无生，此正是自私自利、将迎意必之病，是以念愈生而愈不宁静。良知只是一个良知，而善恶自辨，更有何善何恶可思？良知之体本自宁静，今却又添一个求宁静，本自生生，今却又添一个欲无生，非独圣门致知之功不如此，虽佛氏之学亦未如此将迎意必也。只是一念良知，彻头彻尾，无始无终，即是前念不灭，后念不生。今却欲前念易灭，而后念不生，是佛氏所谓“断灭种性”，入于槁木死灰之谓矣。

注释

①不思善不思恶时，认本来面目：出自《六祖坛经》。“不思善，不思恶，正与么时，那个是明上座本来面目。”

②体段工夫：体段，即本体《朱子语类》卷六二：“‘道不可须臾离，可离

非道’，是言道之体段如此。”体段功夫，便是修养的功夫。

译 文

陆原静来信说：“佛家在‘不思善不思恶时，认本来面目’，这和我们儒者所说的随物而格的功夫不同。我若在不思善、不思恶时用致知的功夫，那么，就已经想到善了。善恶不思，而心的良知又清静自在，只有在刚刚睡醒之时才可，这正是孟子‘夜气’的说法。但这种情况不能持续很久，转眼之间思虑便会生出。不知道功夫深厚的人，能常常像刚睡醒而思虑还未产生时那样吗？如今我越想宁静，却愈加不宁静，越想无杂念，杂念却愈多。如何才能令此心前念易灭而后念不生，只有良知独自显现，从而与天地相合为一呢？”

在“不思善不思恶时，认本来面目”，这是佛家针对为那些不识本来面目者开的方便之法。本来面目便是圣学之中的良知。现在，既然能够清楚地理解良知，就不必再如此说了。随物而格，是致知的功夫，即佛教中所说的“常惺惺”，也是佛教要求常存他的本来面目。佛家、儒学修养的功夫大致相似。只是佛家有个自私自利的心，因此便有了不同之处。如今你想善恶不思，而心的良知又清静自在，这便有了自私自利、将迎意必的心，所以才有“不思善、不思恶时，用致知之功，则已涉于思善”的弊端。孟子说的“夜气”，也只是为放弃良心之人，指出个良心萌动之出，使他知道从此去培养良心。如今你已经对良知了解明白，常在致知上下功夫，就不需要再谈“夜气”了。那样便如得到兔子后，不知道守着兔子，反而去守株，兔子将再次失去了。欲求宁静，欲杂念不生，这正是自私自利，将迎意必的缺点，所以杂念愈生，而心愈不静。良知唯有一个，有良知自然能辨别善恶，还有什么善恶可想？良知的本体自然宁静，如今又多了一个去求宁静；良知本体原本就是生生不息的，现在却又添加一个要无生欲念。不但儒家致知的功夫不是这样，即便佛教本意也不是这样将、迎、意、必的。只要一心念着良知，彻头彻尾，无始无终，便是前念不灭、后念不生，如今，你却要前念易灭后念不生，这就是佛教所谓的“断灭种性”，这样做就同槁木死灰差不多了。

经典解读

“不思善，不思恶，认本来面目”，是对那些心中还充满私心杂念的世俗者而言的，这些人尚不能明辨善恶，此时就要善恶皆弃，在达到内心的空明洁净之时，体悟本性的纯真。儒者应能够清楚地知道良知是什么——就是是非、恻隐、羞恶、辞让，是仁义，是忠恕，既然如此，为何还要摒除所有想法，去求空呢，岂不多此一举？孟子所说的“夜气”也是如此，人平常不能保全天理，导致内心充满私欲，所以只有在刚刚睡醒时，私欲还未呈现时才能体悟到纯净的内心。若能时时刻刻存天理、去人欲，那内心便无时不是纯净纯洁的，也就是“夜气”时时存在，更何须特意去求夜气？

致良知便是一切修行的根本，不知道从根本上下功夫，却去辨别、追求各种发挥性的说法，那就是舍本逐末、守株待兔了。

原文

来书云：“佛氏又有常提念头之说，其犹孟子所谓‘必有事’，夫子所谓致良知之说乎？其即‘常惺惺’、常记得、常知得、常存得者乎？于此念头提在之时，而事至物来，应之必有其道。但恐此念头提起时少，放下时多，则工夫间断耳。且念头放失，多因私欲、客气之动而始，忽然惊醒而后提，其放而未提之间，心之昏杂多不自觉。今欲日精日明，常提不放，以何道乎？只此常提不放，即全功乎？抑于常提不放之中，更宜加省克之功乎？虽曰常提不放，而不加戒惧克治之功，恐私欲不去；若加戒惧克治之功焉，又为‘思善’之事，而于本来面目又未达一间也。如之何则可？”

戒惧克治即是常提不放之功，即是“必有事焉”，岂有两事邪？此节所问，前一段已自说得分晓，末后却是自生迷惑，说得支离，及有本来面目未达一间之疑，都是自私自利、将迎意必之为病，去此病自无此疑矣。

译文

陆原静来信说：“佛家又有常提念头之说，这与孟子所说的‘必有事’、您所讲的致良知是一回事吗？这是不是‘常惺惺’、常记得、常知得、常存得呢？在这个念头提起的时候，遇到事情的到来，一定有很多应对方法。但只怕这个念头提起来的时候少而放弃的时候多，那么功夫便有了间断了。且念头的放弃，多因私欲和一时冲动而始，猛然惊醒之后又提起，在放和未提之间，心中昏聩杂乱多不能自觉。如今，想要念头日益精进光明、常提不放，又使用什么方法呢？只要这念头常提不放便是全部功夫了吗？还是要在这常提不放之中加些省察克治的功夫呢？虽说常提不放，而不加些戒惧克治的功夫，只怕私欲不能扫除；若加了些戒惧克治的功夫，又成为‘思善’的事情，这和本来面目又不一致，到底如何做才算是正确呢？”

戒惧克治便是常提不放的功夫，就是“必有事焉”，岂有两种事？关于这段你所提出的问题，前一段已经说得明白。这里你却是自我迷惑，说得支离破碎。

至于与本来面目不相符的疑问，都是自私自利、将、迎、意、必的毛病引起的，剔除这个毛病，也就自然没有这些疑惑了。

经典解读

人只要念念不忘致良知，功夫到了自然能达到至诚的境界，自然能实现做圣人的目标。但世人却将此念头提起时少，放下时多，导致功夫间断，修行不进，这就是孟子说的“虽有天下易生之物也，一日暴之，十日寒之，未有能生者也”。

原　文

来书云：“‘质美者明得尽，渣滓便浑化’①，如何谓明得尽？如何而能便浑化？”

良知本来自明。气质不美者，渣滓多，障蔽厚，不易开明。质美者，渣滓原少，无多障蔽，略加致知之功，此良知便自莹彻，些少渣滓，如汤中浮雪，如何能作障蔽。此本不甚难晓，原静所以致疑于此，想是因一“明”字不明白，亦是稍有欲速之心。向曾面论明善之义，“明则诚矣”，非若后儒所谓明善之浅也。

注　释

①质美者明得尽，渣滓便浑化：本为程子语，《朱子语类卷第四十五》中有对该言论的探讨。

译　文

陆原静来信说：“前人说‘质美者明得尽，渣滓便浑化’，如何叫明得尽？如何能便浑化？”

良知本来就是纯净的。气质差的人，渣滓多，遮蔽厚，他的良知就不能光明显现。气质好的人，渣滓本来就少，良知上的障蔽也薄，稍下些致知的功夫，良知便晶莹透彻，有少量的渣滓，也如沸水中漂浮的雪，怎么能称为障蔽呢？这本不难理解，原静之所以在此存疑，想必是因为对“明”字不理解，其中也夹有欲速的心思。从前，我曾与你当面探讨过明善的问题，“明则诚矣”，并不是像后世儒者所讲的那样简单、浅陋。

经典解读

“质”是指人的资质，“渣滓”指私心私欲。人的本性虽然都是善的、都存有良知，但各人资质却迥然不同。有人资质美好，心中的私心私欲便少很多，少之至极，便是生而安行的圣人；有的人资质较差，良心上的遮蔽便较多，私心私欲充斥于中，此时就要下功夫去克除私心，存养天理，方可得明，方能浑化。

原文

来书云："聪明睿知，果质乎？仁义礼智，果性乎？喜怒哀乐，果情乎？私欲客气，果一物乎？二物乎？古之英才，若子房、仲舒、叔度、孔明、文中、韩、范诸公，德业表著，皆良知中所发也，而不得谓之闻道者，果何在乎？苟曰此特生质之美耳，则生知安行者，不愈于学知、困勉者乎？愚者窃云，谓诸公见道偏则可，谓全无闻，则恐后儒崇尚记诵训诂之过也。然乎否乎？"

性一而已。仁、义、礼、知，性之性也。聪、明、睿、知，性之质也。喜、怒、哀、乐，性之情也。私欲、客气，性之蔽也。质有清浊，故情有过不及，而蔽有浅深也。私欲、客气，一病两痛，非二物也。张、黄、诸葛及韩、范诸公，皆天质之美，自多暗合道妙，虽未可尽谓之知学，尽谓之闻道，然亦自有其学违道不远者也。使其闻学知道，即伊、傅、周、召矣。若文中子则又不可谓之不知学者，其书虽多出于其徒，亦多有未是处，然其大略，则亦居然可见。但今相去辽远，无有的然凭证，不可悬断其所至矣。夫良知即是道，良知之在人心，不但圣贤，虽常人亦无不如此。若无有物欲牵蔽，但循著良知发用流行将去，即无不是道。但在常人多为物欲牵蔽，不能循得良知。如数公者，天质既自清明，自少物欲为之牵蔽，则其良知之发用流行处，自然是多，自然违道不远。学者学循此良知而已。谓之知学，只是知得专在学循良知。数公虽未知专在良知上用功，而或泛滥于多歧，疑迷于影响，是以或离或合而未纯。若知得时，便是圣人矣。后儒尝以数子者尚皆是气质用事，未免于行不著，习不察，此亦未为过论。但后儒之所谓著、察者，亦是狃于闻见之狭，蔽于沿习之非，而依拟仿像于影响形迹之间，尚非圣门之所谓著、察者也。则亦安得以己之昏昏，而求人之昭昭也乎？所谓生知安行，"知行"二字亦是就用功上说。若是知行本体，即是良知良能。虽在困勉之人，亦皆可谓之生知安行矣。"知行"二字更宜精察。

译 文

陆原静来信说："聪明睿智，的确是质吗？仁义礼智，的确是性吗？喜怒哀乐，的确是情吗？私欲、客气，究竟是一回事，还是两码事呢？古代的英才，如张良、董仲舒、黄宪、诸葛亮、王通、韩愈、范仲淹等，他们功德卓越，都是由良知的发挥而来，却不能称为闻道者，这是什么原因呢？若说这仅是因为他们天生资质美好，那么生知安行的人，不比学之利行、困知勉行的人更加优秀吗？我窃以为，说这些先贤所见的道不完全还可以，说他们完全未闻道，大概是后世儒生因推崇记诵训诂，对他们产生了错误的看法，我这样看正确否？"

性只有一个。仁义礼智是性的本质；聪明睿智是性的资质；喜怒哀乐是性的情感；私欲、客气是性的障蔽。资质有清浊，故情感有过有不及，而障蔽也有深有浅。私欲、客气是一种病，两处痛，并非两回事。张良、黄宪、诸葛亮以及韩愈、范仲淹等前贤，都是天资美好，与道自然多有暗合，虽然不能说他们完全是知学、闻道，但他们也自有其学，离道不远。倘使他们能闻学知道，那便是伊尹、傅说、周公、召公一样的圣贤了。至于文中子王通，则又不能说其不知学，他的著述虽大多出于门人弟子之手，也存在很多不当之处，然而观其大略，近道之象也隐约可见。只是时代相隔久远，没有确切凭据，不能妄断他的学与道到底到了什么程度。良知即为道，它就在人心之中，不单单圣贤，普通人也无不如此。若没有物欲牵累遮蔽，但循着良知发挥作用，任其流行扩展，便无不是道。但普通人的良知多被物欲牵累遮蔽，不能循着良知发挥扩展。前面的数位先贤，天资既已清明，自然少有物欲牵累遮蔽，则良知发用流行之处自然很多，也就离道不远了。学者为学就是循着良知发挥扩展而已。所谓知学，就是知道专一地去学习遵从良知。几位先贤未知专在良知上下功夫，或是兴趣太多，或是走入歧途，受到影响和迷惑，所以在道上时离时合，未达到纯正的境界。若他们能明白这一点，便能成为圣人了。后世儒者曾认为这些先贤都是凭天生资质行事，不免会"行不著"、"习不察"，这种观点也不为过。但后儒所谓的著和察，也因闻见的狭隘而拘泥，因沿习的不当而幽蔽，只是将似是而非的现象加以模拟，尚且不是圣门之中所谓的著和察。这又怎么能以己之昏昏，而求人之昭昭呢？所谓的生知安行，这"知行"二字也是就用功而说。若是知行本体，便是良知良能。即使是困知勉行的人，也都能称为生知安行的。"知行"这两个字，就更应该细心体察了。

经典解读

仁义礼智是性的本质，在这上面努力，才是做圣人的功夫。聪明睿智是性的资质，资质高的人，心中障蔽少，下起功夫更为简易；资质低的人，心中障蔽多，下起功夫来显得更加困难。但只要是一心下功夫，“人一己百”、“人十己千”，即便是资质低的人也能达到至高的境界；若是固步自封，或走入歧路，那资质高的人也难以所有修为。桀、纣都是有名的聪明敏捷之人，但不去修身修德，最后沦落为禽兽之流，连平庸之人都以之为耻；曾子资质鲁钝，但能日省而不缀，最终却能将圣学发扬光大。历史上从来就不缺乏聪明睿智之人，只是少有人能一心致良知而已，若人人都致良知，人人都可以为圣贤。先生提倡“知行合一”，就是让人去踏踏实实地存天理、去人欲，无论天生资质如何，都要把致良知的功夫落在实处。

原文

来书云：“昔周茂叔每令伯淳①寻仲尼、颜子乐处。敢问是乐也，与七情之乐同乎？否乎？若同，则常人之一遂所欲，皆能乐矣，何必圣贤？若别有真乐，则圣贤之遇大忧、大怒、大惊、大惧之事，此乐亦在否乎？且君子之心常存戒惧，是盖终身之忧也，恶得乐？澄平生多闷，未尝见真乐之趣，今切愿寻之。”

乐是心之本体，虽不同于七情之乐，而亦不外于七情之乐。虽则圣贤别有真乐，而亦常人之所同有，但常人有之而不自知，反自求许多忧苦，自加迷弃。虽在忧苦迷弃之中，而此乐又未尝不存，但一念开明，反身而诚，则即此而在矣。每与原静论，无非此意，而原静尚有何道可得之问，是犹未免于骑驴觅驴之蔽也。

注释

①伯淳：程颢，字伯淳，为周敦颐弟子。

译文

陆原静来信说：“昔日，周敦颐经常要求程颢思寻孔子与颜渊的乐处。敢问先生，这种乐是什么呢，与七情之乐是否相同？如果相同，普通人满足了欲望都能快乐，又何必做圣贤呢？若别有个真正的乐，那圣贤遇到了大忧、大怒、大惊、大惧之事，这种乐还存在吗？且君子之心长存戒惧之念，这是终身的忧患，又何尝能乐？我平素有很多烦恼，还未曾体会到真乐的趣味，现在急切地希望能寻得此乐。”

乐是心的本体，虽与七情的乐不同，但也不在七情之乐以外。圣贤虽然有真正的乐，然而这也是普通人所同有的，只不过普通人虽有却不自知，反而自己求来许多忧苦，自己糊里糊涂地舍弃了这种乐。但即便糊里糊涂地舍弃了，这种乐也未曾消失。只要一念开明，反身而诚，那么就能立刻体会到这种乐。每次和你所谈论的，无非这个意思，而你还要询问有什么方法可以得到这种乐，这就不免有点骑驴觅驴的感觉了。

经典解读

忧与乐，同前面所说的天理、人欲，照心、妄心是一个道理——本来就是一体的，没什么相互冲突可言。并不是说忧时就没有乐，乐时便没有忧。知忧知乐只是人的感受而已，忧时乐便在心中，乐时忧便在心中。平常人见忧则不见乐，见乐则不见忧；贤人忧时亦知乐，乐时亦知忧；至于圣人则忧亦乐，乐亦忧，不被忧乐所困，便无所谓忧乐之别。

君子有终身之忧，是常患身之不修，常患道之不行，常患天下不太平；有终身之忧时，未尝没有终身之乐，每日正身、不违良心便是乐，立志于道行之不倦便是乐，圣道不灭、天下有志同道合者共同奋斗便是乐……喜怒哀乐发而中节，喜不过度，便不忘忧，哀不过度，便不忘乐。不忘忧便能砺志奋起，不忘乐便不会自暴自弃，这便是君子“忧亦进，乐亦进”；至于庸人则乐便骄纵自满，忧便懈怠自弃，即“忧亦退，乐亦退”。

所以说，致良知、养身心，使自己成为一个君子、贤人才是最重要的，不求提高自心的修养，而去刻意追求忧、乐，便是迷乱，便是骑驴觅驴了。

原　文

来书云：“《大学》以心有好乐、忿懥、忧患、恐惧为不得其正，而程子亦谓‘圣人情顺万事而无情。’所谓有者，《传习录》中以病疟譬之，极精切矣。若程子之言，则是圣人之情不生于心而生于物也。何谓耶？且事感而情应，则是是非非可以就格。事或未感时，谓之有则未形也，谓之无则病根在有无之间，何以致吾知乎？学务无情，累虽轻，而出儒入佛矣，可乎？”

圣人致知之功，至诚无息。其良知之体，皦如明镜，略无纤翳，妍媸之来，随物见形，而明镜曾无留染，所谓情顺万事而无情也。“无所住而生其心”，佛氏曾有是言，未为非也。明镜之应物，妍者妍，媸者媸，一照而皆真，即是生其心处。妍者妍，媸者媸，一过而不留，即是无所住处。病疟之喻，既已见其精切，则此节所问可以释然。病疟之人，疟虽未发，而病根自在，则亦安可以其疟之未发，而遂忘其服药调理之功乎？若必待疟发而服药调理，则既晚矣。致知之功，无间于有事无事，而岂论于病之已发未发邪？大抵原静所疑，前后虽若不一，然皆起于自私自利、将迎意必之为祟。此根一去，则前后所疑，自将冰消雾释，有不待于问辨者矣。

译文

陆原静来信说："《大学》中以心有好乐、忿懥、忧患、恐惧为不得其正，而程子也称'圣人情顺万事而无情。'所谓的有情，《传习录》中以病疟譬喻，极其精切。若像程子所说的，则是圣人之情不生于心，而生于物了。为何这样说呢？若是遇到了事情便产生相应的情感，则是非对错就可以去格了。但在事情未来之前，说有情，它并未显露；说无情，可情就像病根一样存在着若有若无，该如何致知呢？为学要致力于求得无情，这样烦恼虽然少了，但又背离儒家，沦入佛家的空寂之中了，可以吗？"

圣人致知的功夫是至诚无息的，其良知的本体，光亮如镜，没有一丝灰尘，美丑到来都随物照见，但过后镜中并没有丝毫留染。这便是所谓的情顺适万事而无情。"无所住而生其心"，佛家有这句话，说得没错。明镜之照物，美的美，丑的丑，一照就是它的真面目，也就是生其心；美的美，丑的丑，照过之后镜子中什么也不留下，便是无所住。有关病疟的比喻，既然你认为精切，则此节所问的问题就可以明白了。病疟的人，疟疾虽然未发作，但病根还在，又怎么能因为疟疾未发作而不去服药调治呢？如果一定要等到疟疾发作之后才服药调治，为时已晚矣。致知的功夫，不分有事无事，怎能和是否发病同日而语呢？你的疑虑，前后虽然看似不相同，但都是起于自私自利、将、迎、意、必之念。这个病根一旦除去，则前后诸多疑问，自然会冰消雾散，也就无须再去问辨了。

经典解读

世人常有私心杂欲，故其好乐、忿懥、忧患、恐惧之情都难得其正，都足以害其心。而圣人心无杂思、没有功利等世俗思想，所以其情感无不生于本心，无不合乎中庸，也就没有了损害自心的感情。所以，前人说的"情顺万物而无情"，是让此心纯然天理，没有一点邪思，而不是让人陷入空虚寂静之中，消除一切情感。

圣人并不是冷冰冰、没有一点感情的，《诗》三百篇，其中有快乐，有悲伤，有对恋人的思慕，有对先祖的缅怀，有对遭受坎坷的哀叹，有对蒙受谮诟的悲戚，圣人对其认可、称赞，是因为其“思无邪”，而不是没有情感。孔子不遇而行也会失落，受到误会也会感慨，爱徒去世也会悲伤，难道圣人没有感情吗？只不过圣人的感情和旁人不同罢了，圣人的感情出自真心、良知，不夹杂一丝邪僻、自私之心，所以能“情顺万物”，能“发而中节”；而常人心怀自私自利、将、迎、意、必，所以常常或过，或不及，不能合乎中道。但情感仅仅是良知的外在显露，人学习圣人，应学习圣人的诚意、正心、思无邪，而不是一味追求没有情感。心正意诚，情感自然能收发得体，又何必专门去做有情、无情的功夫。

原文

答原静书出，读者皆喜澄善问，师善答，皆得闻所未闻。师曰：“原静所问只是知解上转，不得已与逐节分疏。若信得良知，只在良知上用工，虽千经万典无不吻合，异端曲学一勘尽破矣，何必如此节节分解？佛家有扑人逐块[①]之喻，见块扑人，则得人矣，见块逐块，于块奚得哉？”在座诸友闻之，惕然皆有惺悟。此学贵反求，非知解可入也。[②]

注释

①扑人逐块：扑人，指狮子直接扑向人，比喻能抓住根本。逐块，指狗只知道追逐人投掷的土块，比喻被事物表面现象迷惑，不能弄清事物本质，或做事只在细枝末节上下功夫，抓不住根本。典故出自宋·释普济《五灯会元》：“直须狮子咬人，莫学韩卢逐块。”

②此段系钱德洪按语。

译文

先生答原静的书信公开以后，读者都很高兴，认为陆澄善于提问，而先生善于回答，所有人都受到了闻所未闻的教诲。先生说：“原静的提问只是在知识见解上转悠，不得已才与他逐段讲解。若真的相信良知，只在良知上下功夫，即便有千万经典也无不温和，异端邪说将会不攻自破，又何必如此逐段讲解呢？佛家有扑人逐块的比喻，见到土块扑向人，便抓住人了，见到土块而追逐土块，在土块上能有什么收获呢？”在座各位同仁听了，无不惕然醒悟。先生的学问贵在反求自心，不是从知识见解上可以随便获得的。

经典解读

陆澄的问题虽然提得好，但也只是知识见解上的功夫，真正修身还是要靠反求于己心，时时致良知。圣学的真谛，需要自己从心上去领悟，非言辞可以传授、学得，若得了一点儿知识见解上的收获便沾沾自喜，以为得道，那和专门从事考究校勘的腐儒又有什么区别呢？

答欧阳崇一

原文

崇一来书云："师云：'德性之良知，非由于闻见，若曰多闻择其善者而从之，多见而识之，则是专求之见闻之末，而已落在第二义。'窃意良知虽不由见闻而有，然学者之知，未尝不由见闻而发。滞于见闻固非，而见闻亦良知之用也。今曰落在第二义，恐为专以见闻为学者而言，若致其良知而求之见闻，似亦知行合一之功矣。如何？"

良知不由见闻而有，而见闻莫非良知之用。故良知不滞于见闻，而亦不离于见闻。孔子云："吾有知乎哉？无知也。"良知之外，别无知矣。故致良知是学问大头脑，是圣人教人第一义。今云专求之见闻之末，则是失却头脑，而已落在第二义矣。近时同志中，盖已莫不知有致良知之说，然其工夫尚多鹘突者，正是欠此一问。大抵学问功夫只要主意头脑是当。若主意头脑专以致良知为事，则凡多闻多见，莫非致良知之功。盖日用之间，见闻酬酢，虽千头万绪，莫非良知之发用流行。除却见闻酬酢，亦无良知可致矣。故只是一事。若曰致其良知而求之见闻，则语意之间未免为二。此与专求之见闻之末者虽稍不同，其为未得精一之旨，则一而已。"多闻，择其善者而从之，多见而识之。"既云"择"，又云"识"，其良知亦未尝不行于其间。但其用意乃专在多闻多见上去择识，则已失却头脑矣。崇一于此等语见得当已分晓，今日之问，正为发明此学，于同志中极有益。但处意未莹，则毫厘千里，亦不容不精察之也。

译文

崇一来信说："先生教诲：'德行良知，非由见闻而生，若说多闻选择其中好的依从，多见而认识，便是专在见闻的细枝末节上寻求，就已经落在第二义之中了。'窃以为，良知虽然不因见闻而生，但学者的知，未尝不是因见闻而发的。局限于见闻固然不对，但见闻也是良知的作用。如今却说见闻是第二义，大概是专门针对那些执泥于见闻的人而言的，如果真能致其良知，并在见闻中求索，这似乎也是知行合一的功夫。先生认为我这样理解如何呢？”

良知不因见闻而有，但见闻无不是良知的作用。所以，良知不局限于见闻，也不离开见闻。孔子说：“吾有知乎哉？无知也。”良知之外，再无他知。所以，致良知便是做学问的关键，是圣人教人的第一要义。如今说只在见闻的细枝末节上寻求，那就失去了关键，已经落在了第二义中。近来，同学们没有不知道致良知的，但在治学的功夫上还有很多糊涂之处，正是缺少了你这一问。大抵做学问的功夫只要抓住核心便是。若将致良知作为核心、关键，则凡是多闻多见，莫不是致良知的功夫。那日常生活中，见闻应酬虽然千头万绪，也无非都是良知的作用与流行。离开了见闻应酬，也就无法致良知了。所以，致良知和求见闻只是一事。若说致良知，并从见闻上寻求，那么在语义上未免将它们视为两种事了。这与专门求寻于见闻细枝末节的人虽稍有不同，但都未能理解精一的宗旨是相同的。“多闻，择其善者而从之，多见而识之。”既然说了“择”与“识”，可见良知便作用于其中。只是气用意还是在多闻多见上去择、识，则已经失去关键了。你对于这些问题想必已经明白了，今日的问题正是为了阐明良知之学，对同学们极为有益。只是意思表达得还不够清楚，为了防止出现差之毫厘、失之千里的情况，所以不能不作精察、阐释。

经典解读

人若将致良知作为治学的核心，那么无论从事什么事情都是在致良知，都是在修养自身的德行；若不懂得致良知，不知道在日常生活中存天理、去人欲，那么事情做得越多、见闻越广博，心中的私欲杂念就会越多，对自己便是一种扰乱、损害。“君子务本，本立而道生”，良知便是一个君子的根本，是为圣学、行达道的根本。

原文

来书云：“师云：‘《系》言何思何虑，是言所思所虑只是天理，更无别思别虑耳，非谓无思无虑也。心之本体即是天理，有何可思虑得？学者用功，虽千思万虑，只是要复他本体，不是以私意去安排思索出来。若安排思索，便是自私用智矣。’学者之蔽，大率非沈空守寂，则安排思索。德辛壬之岁著前一病，近又著后一病。但思索亦是良知发用，其与私意安排者何所取别？恐认贼作子，惑而不知也。”

"思曰睿，睿作圣。"[①]"心之官则思，思则得之。"[②]思其可少乎？沈空守寂，与安排思索，正是自私用智，其为丧失良知一也。良智是天理之昭明灵觉处，故良知即是天理，思是良知之发用。若是良知发用之思，则所思莫非天理矣。良知发用之思，自然明白简易，良知亦自能知得。若是私意安排之思，自是纷纭劳扰，良知亦自会分别得。盖思之是非邪正，良知无有不自知者。所以认贼作子，正为致知之学不明，不知在良知上体认之耳。

注　释

①思曰睿，睿作圣：出自《尚书·洪范》。

②心之官则思，思则得之：出自《孟子·告子上》。"心之官则思，思则得之，不思则不得也。"

译　文

崇一来信说："先生教诲：'《周易·系辞》中讲的何思何虑，是指所思所虑的只是天理，天理之外再无别虑，并非完全无思无虑。心的本体便是天理，还有什么可思虑的呢？学者用功，虽然千思万虑，也只是要恢复他的本体，不是靠私意去安排思索出个什么来。若安排思索，便是自私弄智了。'学者的弊端，大多不是死守空寂，便是刻意去安排思索。我在辛巳到壬午期间犯有前一种弊病，最近又患了后一种弊病。但是，思索也是良知的作用，它与刻意凭私意安排有什么区别呢？我很担心自己认贼作子，蒙受迷惑而不自知。"

尚书云："思曰睿，睿作圣。"孟子说："心之官则思，思则得之。"思怎么可以缺少呢？死守空寂、刻意安排思索，都是自私弄智，同样都丧失了良知。良知是天理昭明灵觉所在，所以说良知即是天理，思正是良知的作用。如果思是在良知上产生的，那么所思的无非天理。良知产生的思，自然是简易明白的，良知也就自然知道；若思是凭私意安排的，那它自然是纷繁劳扰的，良知同样会知道。所以，思的是非正邪，良知没有自己不知晓的。之所以认贼作子，正因为对致良知的学问不明白，不懂得在良知上去体认、察明。

经典解读

思起于良知，一个人念头的是非、正邪自己自然会知晓，正所谓"如人饮水，冷暖自知"，自己心存什么想法，为了什么目的，想法由何而生，也都只有自己能明白，别人倒是无法去辨别的。人如果真的能明白致良知的学问，又怎么会连自己的想法为何而起都不清楚呢？

原　文

来书又云："师云：'为学终身只是一事，不论有事无事，只是这一件。若说宁不了事，不可不加培养，却是分为两事也。'窃意觉精力衰弱，不足以终事者，良知也。宁不了事，且加体养，致知也。如何却为两事？若事变之来，有事势不容不了，而精力虽衰，稍鼓舞亦能支持。则持志以帅气可矣。然言动终无气力，毕事则困惫已甚，不几于暴其气已乎？此其轻重缓急，良知固未尝不知，然或迫于事势，安能顾精力？或困于精力，安能顾事势？如之何则可？"

宁不了事，不可不加培养之意，且与初学如此说亦不为无益。但作两事看了，便有病痛。在孟子言"必有事焉"，则君子之学终身只是"集义"一事。义者，宜也，心得其宜之谓义。能致良知则心得其宜矣，故集义亦只是致良知，君子之酬酢万变，当行则行，当止则止，当生则生，当死则死，斟酌调停，无非是致其良知，以求自慊而已。故"君子素其位而行"，"思不出其位"。凡谋其力之所不及，而强其知之所不能者，皆不得为致良知。而凡"劳其筋骨，饿其体肤，空乏其身，行拂乱其所为，动心忍性以增益其所不能"者，皆所以致其良知也。若云宁不了事，不可不加培养者，亦是先有功利之心，计较成败利钝而爱憎取舍于其间，是以将了事自作一事，而培养又别作一事，此便有是内非外之意，便是自私用智，便是义外，便有"不得于心，勿求于气"之病，便不是致良知以求自慊之功矣。

所云鼓舞支持，毕事则困惫已甚，又云迫于事势，困于精力，皆是把作两事做了，所以有此。凡学问之功，一则诚，二则伪。凡此皆是致良知之意，欠诚一真切之故。《大学》言："诚其意者，如恶恶臭，如好好色，此之谓自慊。"曾见有恶恶臭，好好色，而须鼓舞支持者乎？曾见毕事则困惫已甚者乎？曾有迫于事势，困于精力者乎？此可以知其受病之所从来矣。

译　文

崇一来信又说："先生教诲：'为学终身只是一件事，无论有事还是无事，都只是这一件。若说宁可不处理事情，也不可不培养本原，却是将做事与培养本原分裂为两件事了。'窃以为，当感到精力疲时，不能将事情处理完，也是出于良知的。宁可不处理事情，也要去培养本原，这便是致知。又怎么成了两件事呢？若碰到突然事变，但有些事情却不能拖延，即便精力疲乏，人也会鼓舞自己勉强支撑完成事情。由此可知，志是统帅着气的。但此时的言动举止，终究是软弱无力的，等处理完事情后会过度衰竭困乏，这不和滥用精力差不多吗？此间的轻重缓急，良知固然不会不知，然而或迫于行事，岂能顾全精力？有时精力疲乏不堪，难能顾及世事？这究竟该怎么办呢？”

宁可不去处理事情，也不可不去培养本原，这句话对初学者来说也不是无益。但将存养本原与处理事情分裂为两事来看，便有弊病。孟子说“必有事焉”，则君子为学终身只是“集义”这一件事。义，就是宜，心得到其所宜便是义，能致良知便是心得其所宜，所以说“集义”便是“致良知”，君子应酬万变，当行则行，当止则止，当生则生，当死则死，斟酌调停，无不是致其良知，藉以自我满足。所以，“君子素其位而行”、“思不出其位”。凡事谋求气力所不及，而勉强其智慧所不能的，都不是致良知。只要是“劳其筋骨，饿其体肤，空乏其身，行拂乱其所为，动心忍性，所以增益其所不能”的，都是为了致良知。如果说，宁可不做事，也不可不培养本原，这也是先有了一个功利之心，计较成败利弊而再做出爱憎的取舍，所以将完成事情看作一事，将培养本原又看作一事，如此便有了看重培养本原而轻视处理事情的弊端，便是自私弄智，便是义外，便有“不得于心，勿求于气”的弊病，便不是致良知以求自我满足的功夫。

你所说的略加鼓励便可继续支持、处理完事情便过度疲乏困竭，以及迫于行事、困于精力，都是将做事与培养割裂为二了，所以才有这种疑惑。凡是做学问的功夫，守一则真诚，分二则虚伪。有这种弊端都是因为致良知的心意缺乏精诚、专一。《大学》中说：“诚其意者，如恶恶臭，如好好色，此之谓自慊。”何时见过恶恶臭，好好色还需要加以鼓舞、勉强支撑的？会有事情过后自己便陷入极度疲乏困竭的情况吗？会有被事情所迫，而精力不够用的人吗？通过这几点，你就可知晓病根到底在哪儿了。

经典解读

培养本原就是致良知，能够时时不忘致良知，处理事情本身便是培养本原，又何须将其分裂而说呢？君子当行则行，当止则止，一切事情遵从良心天理，素位而行即可，又怎么会觉得精力疲惫而需要勉强自己呢？凡事有所勉强，一定是对自己希求过高，对外欲执着追求，所以才会违背自己的本心去做一些令自己身心劳苦、不堪重任的事情，这本就不是出于良知的，有这种行为便是已将存养与做事分裂了，已经进入了误区。

存天理、去人欲，致良知本就是很简易、很自然的事情，世人之所以觉得其高远、难行，不是因为它真的难，而是因为人心不诚，私欲太多，犯了将、迎、意、必的毛病。

原文

来书又有云："人情机诈百出，御之以不疑，往往为所欺。觉则自入于逆、亿。夫逆诈，即诈也。亿不信，即非信也。为人欺，又非觉也。不逆不亿，而常先觉，其惟良知莹彻乎。然而出入毫忽之间，背觉合诈者多矣。"

不逆不亿而先觉，此孔子因当时人专以逆诈、亿不信为心，而自陷于诈与不信。又有不逆、不亿者，然不知致良知之功，而往往又为人所欺诈，故有是言。非教人以是存心，而专欲先觉人之诈与不信也。以是存心，即是后世猜忌险薄者之事。而只此一念，已不可与入尧、舜之道矣。不逆、不亿而为人所欺者，尚亦不失为善。但不如能致其良知，而自然先觉者之尤为贤耳。崇一谓其惟良知莹彻者，盖已得其旨矣。然亦颖悟所及，恐未实际也。

盖良知之在人心，亘万古、塞宇宙而无不同。"不虑而知"，"恒易以知险"，"不学而能"，"恒简以知阻"，"先天而天不违，天且不违，而况于人乎？况于鬼神乎？"夫谓背觉合诈者，是虽不逆人，而或未能无自欺也；虽不亿人，而或未能果自信也。是或常有先觉之心，而未能常自觉也。常有求先觉之心，即已流于逆、亿，而足以自蔽其良知矣。此背觉合诈之所以未免也。

君子学以为己，未尝虞人之欺己也，恒不自欺其良知而已。是故不欺则良知无所伪而诚，诚则明矣。自信则良知无所惑而明，明则诚矣。明、诚相生，是故良知常觉、常照。常觉、常照则如明镜之悬，而物之来者自不能遁其妍媸矣。何者？不欺而诚，则无所容其欺，苟有欺焉而觉矣。自信而明，则无所容其不信，苟不信焉而觉矣。是谓"易以知险"，"简以知阻"，子思所谓"至诚如神，可以前知"者也。然子思谓"如神"，谓"可以前知"，犹二而言之，是盖推言思诚者之功效，是犹为不能先觉者说也。若就至诚而言，则至诚之妙用，即谓之"神"，不必言"如神"。至诚则无知而无不知，不必言"可以前知"矣。

译文

崇一来信又说："人情机诈百出，若以诚恳不疑的态度待人，往往遭到欺骗。想要觉察人情的诡诈，自己就会事先去猜度、臆测。猜度别人诡诈，便是自己诡诈；臆测别人无信，便是自己无信。但若不猜度、臆测而被人欺骗，又不能称为明察。不臆测、不猜度，而常能预先明察，唯有良知光明莹彻才能做到吧。但是，其间的差别十分微妙，常常有背离良知而暗合欺诈的情况出现。"

不猜度、不臆测但能先知先觉，这是孔子就当时世人专以猜度别人诈伪、臆测别人不信为心而使自己陷入欺诈、不信之中；以及有人虽然不猜度、不臆测，然也不知道致良知，所以常常被人所欺诈等情况专门提出的。并不是教人以此存心而专门去事先察觉别人的欺诈与不信。以此存心，便是后世猜忌险恶刻薄之人所做的事情。只要有了这个念头，便已经难以进入尧舜的圣人之道了。不猜忌、不臆测即便被人欺骗了，也不失为善。但比不上能致其良知，而事先觉察的人更为贤能。你认为唯有良知光明莹彻的人才可这样，已经得孔子之大旨了。然而，你所领悟出来的，恐怕还未能完全应用于实际之中。

良知在人心中，这是万古不易、充塞宇宙的常理。这便是古人所说的“不虑而知”，“恒易以知险”，“不学而能”，“恒简以知阻”，“先天而天不违，天且不违，而况于人乎？况于鬼神乎？”所谓的背离良知而暗合欺诈，虽然不猜度人，却未能无自欺；虽然不臆测人，却未能完全自信。这种人或许常有先觉的念头，却未能常常自觉；他常常希望能先觉，却已经沦入猜度、臆测之中，这足以蒙蔽自己的良知了，这正是他不免背离良知而暗合欺诈的原因啊。

君子为学是为了自己，没有闲暇去忧虑别人欺骗自己，只要永远不欺骗自己的良知便可以了。所以，君子不自欺则良知没有虚假而能诚，诚便能明。自信则良知无所迷惑而明，明便能诚。明与诚彼此相生，所以良知常觉、常照。常觉、常照便如明镜高悬，任何事物在明镜面前都不能掩饰其丑美。什么原因呢？良知没有欺诈而诚一，也就无处容纳欺诈，若有欺诈存在就一定会觉察。良知自信而明达，也就无处容纳不信，若有不信存在也一定会觉察。这就是“易以知险”，“简以知阻”，即子思所说的“至诚如神，可以前知”。然而子思说“如神”，说“可以前知”，还是将诚、明当作两件事看了，这是为了说明思诚的功效才如此说的，仍然是专给不能先觉的初学者说的。若从至诚上来说，那么，至诚的功效便是“神”，也就不必说“如神”了；至诚便无所谓求知，而能无所不知，也就不必说“可以前知”了。

经典解读

欧阳崇一的困惑世人大多都有：不想去猜度、臆测别人，猜度、臆测别人自是君子所不愿为的，但若真的一心以诚待人，又担心受到别人的欺骗，那样也难以称为一个明智的君子。那在对待别人的时候，该如何做呢？是存着防人之心，还是彻底地袒露胸襟？

其实先圣早就说过：“君子可欺也，不可罔也。”“君子可欺之以方，难罔以非其道。”也就是说君子一心恪守仁义道德，在合乎道德之处，即便是被欺骗也没有什么大不了的，他们坚守自己的原则，行事遵循德行，只求无愧于天理良心即可，即便被人欺骗，也不是他们的过错。所以，在此先生认为，即便是被人欺骗也比刻意猜度、臆测别人要好得多，只要是心存猜度、臆测，便已经完全背离了圣人之道。

先生还指出，人之所以有害怕被欺骗的担忧，就是因为对良知之学认识得不够深刻。致良知便能达到至诚至明的境界，那时一心都是良知天理也就不会受到蒙蔽、欺骗了。所以，与其时刻担忧被人欺骗，不如追求不自欺、不欺人；与其苦恼是否去臆测别人，不如将精力用在省察克治之上，致自己的良知，使自己的内心更加真诚、道德更加完美。

答罗整庵少宰书①

原　文

某顿首启：

昨承教及《大学》，发舟匆匆，未能奉答。晓来江行稍暇，复取手教而读之。恐至赣后人事复纷沓，先具其略以请。

来教云："见道固难，而体道尤难。道诚未易明，而学诚不可不讲。恐未可安于听见而遂以为极则也。"

幸甚幸甚！何以得闻斯言乎！其敢自以为极则而安之乎？正思就天下之道以讲明之耳。而数年以来，闻其说而非笑之者有矣，诟訾之者有矣，置之不足较量辨议之者有矣，其肯遂以教我乎？其肯遂以教我，而反复晓谕，恻然惟恐不及救正之乎？然则天下之爱我者，固莫有如执事之心深且至矣，感激当何如哉！

夫"德之不修，学之不讲"，孔子以为忧。而世之学者稍能传习训诂，即皆自以为知学，不复有所谓讲学之求，可悲矣！夫道必体而后见，非已见道而后加体道之功也。道必学而后明，非外讲学而复有所谓明道之事也。然世之讲学者有二，有讲之以身心者，有讲之以口耳者。讲之以口耳，揣摸测度，求之影响者也。讲之以身心，行著习察，实有诸己者也。知此，则知孔门之学矣。

注　释

①答罗整庵少宰书：正德十五年（1520 年）夏，王阳明到江西赴任巡抚，罗整庵恰在老家泰和，于是写了《与王阳明书》，此信即是阳明先生对该书的答复。

译文

鄙人顿首谨启：

昨日幸蒙赐教《大学》，因乘船匆匆，未能作答。早上在船上稍得闲暇，又将您的信拿出拜读。恐怕到了江西以后人事繁杂，所以先在此简略进行答复。

来信说："见道固然困难，而要体悟道就更加难了。道的确不易理解，但是学也确实不能不讲。学者恐怕不能拘于见闻便将自己的观点视为学问的最高标准。"

得您赐教，荣幸至极！不然我怎么能听到这番言论呢！我怎么敢自以为达到最高标准而心安理得呢？我正想从事于天下大道，并对其加以讲明。然而，数年以来，听到我的学说后反对、嘲讽我的人有，诋毁、非议我的人有，对我的学说不屑一顾的人也有，这些人愿意教导我吗？愿意教导我，对我反复晓谕，恻然唯恐不能纠正我吗？是以，天下之人没有像您这么深切、周到地钟爱我的人了，我该如何感激您啊！

"德之不修，学之不讲"，孔子以此为忧。而世上稍稍懂得一点训诂之学的人便自以为知学，不再有讲求学问的追求，可悲啊！道，必须仔细体察而后才能有所见，并不是见道之后再去下体道的功夫。道，必须讲学而后才能明白，并非在讲学之外还有明道之事。然而，世上讲学的人有两种，一种用身心来讲学，一种用口耳来讲学。用口耳讲学的人，揣摩测度，追求些捕风捉影的学问。用身心讲学的人，切实践行习察，的确得到了真正的学问。能够了解这些，就能深谙孔门的学说了。

经典解读

惠，莫大于教人为善。阳明学说问世之时，受到了各种质疑、非议、排挤、打击，此时罗整庵能布诚阐述自己的观点，对阳明先生进行谆谆教谕，虽然双方治学观点并不完全相同，但这种诚恳的探讨、教谕还是让阳明先生甚为感激。

罗整庵认为既要能见道，又要能体道，而讲学便是体悟道的重要途径，之所以如此说，是因为他认为阳明先生的学说过于强调反观内心，会导致学者在讲学上下的功夫不够。阳明先生还是用"知行合一"的观点进行解释：见道就包含了体道，只有真正在自心中体悟了道，才算是真正的见道；明道和讲学也是如此，讲学是为了明道，它是明道必不可少的步骤，而非在讲学之外另有一番明道的功夫。阳明先生之所以让人反观自心，正是看到了世人只知道做口耳功夫，不知道在身心上讲学、求道，他的学说是让人更加重视实践、追求"知行合一"，而非进行空想、妄想，废弃讲学的功夫。

原文

来教谓某《大学》古本之复，以人之为学但当求之于内，而程、朱格物之说不免求之于外，遂去朱子之分章，而削其所补之传。

非敢然也。学岂有内外乎？《大学》古本乃孔门相传旧本耳，朱子疑其有所脱误而改正补缉之，在某则谓其本无脱误，悉从其旧而已矣。失在于过信孔子则有之，非故去朱子之分章而削其传也。夫学贵得之心，求之于心而非也，虽其言之出于孔子，不敢以为是也，而况其未及孔子者乎？求之于心而是也，虽其言之出于庸常，不敢以为非也，而况其出于孔子者乎？且旧本之传数千载矣，今读其文词，即明白而可通，论其工夫，又易简而可入。亦何所按据而断其此段之必在于彼，彼段之必在于此，与此之如何而缺，彼之如何而补？而遂改正补缉之，无乃重于背朱而轻于叛孔已乎？

译文

来信中，您认为我之所以恢复《大学》古本，是认为学者为学当求之于内，而程、朱格物穷理的学说不免求之于外，所以否定了朱子的分章，而删除了他所增补的传。

我断不敢如此。学问难道有内外的分别吗？《大学》古本乃是孔门相传的旧本，朱子怀疑它存在脱失、谬误才进行了改正、缉补，我则认为旧本没有脱失、谬误，全部根据旧本就可以了。我若真有过失，那就是过分相信孔子罢了，并非是故意否定朱子的分章，而删除其补传。学问贵在得之于心，求之于心而觉得不对，即便是孔子的话，也不敢盲目认为是对的，更何况不如孔子的人呢？求之于心而觉得正确，即便是平庸之人的话，也不敢盲目认为是错的，更何况是孔子的话呢？且旧本传承已经有数千年了，现在读其文词则明白通顺，论其功夫则简易可行。又凭什么来肯定这段必须在那里，那段必须在这里？这里是否缺少了什么，那里是否应该补上些什么呢？而且，断然改正并缉补它，岂不是过于看重背离朱子而轻视违逆孔子了吗？

经典解读

朱子是一代宗师，学问集大成者，世人多推崇、信服于他，将他所改补的《大学》视为正本，而将古本视为误本。阳明先生与朱子观点不同（主要在诚意、格物等问题之上，前面已有详细论述），他认为古本的顺序并无差错、也无须再进行增补，于是主张恢复古本。

在此，先生并未对自己和朱子的观点有何不同而进行详细辩解，想必具体细节罗整庵已经明白知晓。先生只是就自己改动的初衷略加解释：自己之所以主张恢复大学古本，并不是刻意去反对朱子，只是认可古本的见解更为切合圣人意愿罢了。况且，做学问只求反之于心而无疑，至于哪个学说是哪个人提出来的并不重要，即便是孔子亲自说出来的，只要是有所错误，也该勇敢反对；即便是愚蒙之人所言，只要是有道理，也该加以肯定。对于道理，君子择善而从，不以讲道理的人是谁而作为取舍标准。亚里士多德说："我爱我师，我更爱真理。"阳明先生在此所表达的思想，正是如此。

原文

来教谓："如必以学不资于外求，但当反观内省以为务，则正心诚意四字亦何不尽之有，何必于入门之际，便困以格物一段工夫也？"

诚然诚然！若语其要，则"修身"二字亦足矣，何必又言"正心"？"正心"二字亦足矣，何必又言"诚意"？"诚意"二字亦足矣，何必又言"致知"，又言"格物"？惟其工夫之详密，而要之只是一事，此所以为"精一"之学，此正不可不思者也。夫理无内外，性无内外，故学无内外。讲习讨论，未尝非内也；反观内省，未尝遗外也。夫谓学必资于外求，是以己性为有外也，是"义外"也，"用智"者也。谓反观内省为求之于内，是以己性为有内也，是有我也，自私者也。是皆不知性之无内外也。故曰："精义入神，以致用也；利用安身，以崇德也"①；"性之德也，合内外之道也"②。此可以知格物之学矣。"格物"者，《大学》之实下手处，彻首彻尾，自始学至圣人，只此工夫而已，非但入门之际有此一段也。夫正心、诚意、致知、格物，皆所以修身。而格物者，其所用力，日可见之地。故格物者，格其心之物也，格其意之物也，格其知之物也。正心者，正其物之心也。诚意者，诚其物之意也。致知者，致其物之知也。此岂有内外彼此之分哉？理一而已。以其理之凝聚而言则谓之性，以其凝聚之主宰而言则谓之心，以其主宰之发动而言则谓之意，以其发动之明觉而言则谓之知，以其明觉之感而言则谓之物。故就物而言谓之格，就知而言谓之致，就意而言谓之诚，就心而言谓之正。正者，正此也；诚者，诚此也；致者，致此也；格者，格此也。皆所谓穷理以尽性也。天下无性外之理，无性外之物。学之不明，皆由世之儒者认理为外，认物为外，而不知义外之说，孟子盖尝辟之，乃至袭陷其内而不觉。岂非亦有似是而难明者欤？不可以不察也。

凡执事所以致疑于格物之说者，必谓其是内而非外也；必谓其专事于反观内省之为，而遗弃其讲习讨论之功也；必谓其一意于纲领本原之约，而脱略于支条节目之详也；必谓其沉溺于枯槁虚寂之偏，而不尽于物理人事之变也。审如是，岂但获罪于圣门，获罪于朱子？是邪说诬民，叛道乱正，人得而诛之也。而况于执事之正直哉？审如是，世之稍明训诂，闻先哲之绪论者，皆知其非也。而况执事之高明哉？凡事之所谓格物，其于朱子九条[3]之说，皆包罗统括于其中。但为之有要，作用不同，正所谓毫厘之差耳。无毫厘之差，而千里之缪，实起于此，不可不辨。

注释

①精义入神，以致用也；利用安身，以崇德也：出自《周易·系辞》。意为精研义理达到神妙的境界，即能运用自如；利用所学而安身立命，便可提高自己的品德修养。

②性之德也，合内外之道也：出自《中庸》。

③朱子九条：朱子提出的九条格物致知的方法，详见《大学或问》。

译文

来信中，您说："若认为学问不必向外求取，只须专心反观内省，那么'正心诚意'四个字岂不就完全概括了，圣人何必又要在学问入手处强调格物这一功夫，让后人困惑呢？"

正是，正是！若概括为学的主旨，那"修身"二字就足够了，何必再去说"正心"？"正心"二字也足够了，又何必再去说"诚意"？"诚意"二字也足够了，又何必再说"致知"，又说"格物"？只因为学习的功夫详尽周密，然简而言之也只是一事，如此才是"精一"的学问，这正是不可不深思的。理没有内外之分，性没有内外之分，所以学也没有内外之分。讲习讨论，未尝反对内求，反观内省，也不是要遗漏外事。若说学问一定要去外面求寻，那就是认为自己的性还有外在的部分，这正是"义外"，正是"用智"。若认为反身自省，仅仅是在内心求寻，那就是认为自己的性还有内在的部分，这正是"有我"，正是"自私"。这两种见解都不明白性无内外之分。所以说："精义入神，以致用也；利用安身，以崇德也"，"性之德也，合内外之道也"。从此处，就可以理解格物的主张了。"格物"是《大学》切实的着手处，从头至尾，自初学至圣人，唯有这一个功夫而已，并非只在入门时有这个功夫。正心诚意、致知格物，均是为了修身。而格物，其每天所下的功夫，都是清晰可见的。因此，格物是格其心中的物，格其意中的物，格其知中的物。正心，就是正其物的心。诚意就是诚其无的意。致知，就是致其物的知。这里怎么会有内外彼此的区别？理只有一个。就其凝聚来说，称为性；从凝聚的主宰处来说，称为心；从主宰的发动上来说，称为意；从发动的明觉上来说，称为知；从明觉的感应上来说，称为物。所以，从物上来说称为格，从知上来说称为致，从意上来说称为诚，从心上来说称为正。正，就是正的这个东西；诚，就是诚的这个东西；致，就是致的这个东西；格，就是格的这个东西，这全都是所谓的穷天理而进行。天下没有性外的理，没有性外之物。学而不明，都是因为世上儒者将理看成是外在的，将物看成是外在的，但不知晓“义外”的观点，孟子早就反驳过，以至于陷入其中而不自觉。此处岂不是也有好像是而难以说明的地方吗？这是需要明察的。

您之所以对我的格物观点心存疑惑，因为您认定它是内而非外，认为它只强调内省功夫而摒弃讲学探讨的功夫；认定它只注重简约的纲领本源，而忽略了详细的条目细节；认定它深陷于枯槁虚寂之中，而不能穷尽物理人事的变化。果真如此，哪里只是圣学的罪人、朱子的罪人呢？简直是诱导世人的异端邪说，叛道乱正，人人可以得而诛之。更何况是您这样的正直者！果真如此，世上略懂一点儿训诂、知晓一点儿先哲言论的人，也都能明白它是错误的，更何况您这样的贤明者！我所讲的格物，将朱子所说的九条全部囊括了进去。然而，我的格物有中心，其作用与朱子的不同。这便是人们所说的毫厘之差。但在此处，毫厘之差却可产生失之千里的谬误，所以不得不仔细辨明。

经典解读

理无内外之分，性无内外之别，先贤之所以主张“重内”、“重外”，无不是针对时人有所偏颇的弊病而提出。当世人专营考据求索时，圣贤自然会提出重视正心、诚意的主张；当世人追求虚妄空想之时，圣贤自然也会提出穷理、讲学的主张。阳明先生让人内求反省，也是针对当时的弊病而提出的，这并不是让人一味内求而忽略外学。学者治学当合乎中道，内外并举、知行并进，如此才是不偏不倚的功夫，才是圣门之学；若存在偏颇，那便是异端邪说，其人便是圣人、前贤的罪人了。

原　文

孟子辟杨、墨至于无父、无君。二子亦当时之贤者，使与孟子并世而生，未必不以之为贤。墨子兼爱，行仁而过耳。杨子为我，行义而过耳。此其为说，亦岂灭理乱常之甚而足以眩天下哉？而其流之弊，孟子则比于禽兽、夷狄，所谓以学术杀天下后世也。今世学术之弊，其谓之学仁而过者乎？谓之学义而过者乎？抑谓之学不仁、不义而过者乎？吾不知其于洪水、猛兽何如也。孟子云："予岂好辩哉？予不得已也。"杨、墨之道塞天下。孟子之时，天下尊信杨、墨，当不下于今日之崇尚朱说。而孟子独以一人呶呶于其间。噫。可哀矣！韩氏云："佛、老之害，甚于杨墨。韩愈之贤，不及孟子。孟子不能救之于未坏之先，而韩愈乃欲全之于已坏之后。其亦不量其力，果见其身之危，莫之救以死也。"

呜呼！若某者，其尤不量其力，果见其身之危，莫之救以死也矣！夫众方嘻嘻之中，而犹出涕嗟若；举世恬然以趋，而独疾首蹙额以为忧。此其非病狂丧心，殆必诚有大苦者隐于其中，而非天下之至仁，其孰能察之。某为《朱子晚年定论》，盖亦不得已而然。中间年岁早晚，诚有所未考，虽不必尽出于晚年，固多出于晚年者矣。然大意在委曲调停，以明此学为重。平生于朱子之说，如神明蓍龟，一旦与之背驰，心诚有所未忍，故不得已而为此。"知我者谓我心忧，不知我者谓我何求。"盖不忍牴牾朱子者，其本心也。不得已而与之牴牾者，道固如是，不直则道不见也。执事所谓决与朱子异者，仆敢自欺其心哉？夫道，天下之公道也；学，天下之公学也。非朱子可得而私也，非孔子可得而私也。天下之公也，公言之而已矣。故言之而是，虽异于己，乃益于己也；言之而非，虽同于己，适损于己也。益于己者，己必喜之；损于己者，己必恶之。然则某今日之论，虽或于朱子异，未必非其所喜也。"君子之过，如日月之食。其更也，人皆仰之"，而"小人之过也必文"。某虽不肖，固不敢以小人之心事朱子也。

译　文

孟子指责杨朱、墨翟是"无父、无君"。这二子也是当时的贤人，假若他们与孟子生于同时，也未必不被称为贤者。墨子的"兼爱"，是行仁过了头；杨子的"为我"，是行义过了头。他们创立学说，难道是为了灭天理、乱伦常而眩惑天下吗？但其所产生的弊端，使孟子将其喻为禽兽、夷狄，这就是所说的用学术来杀灭天下后世。如今，世上学术的弊端，是说学仁过了头，说学义过了头？

还是说学不仁、不义而过了头呢？我不知道它的危害与洪水、猛兽相比，孰轻孰重。孟子说："予岂好辩哉？予不得已也。"杨、墨的学说充塞天下。孟子之时天下人尊信杨子、墨子，当不下于今日之人崇尚朱子学说。而孟子一人与他们辩论期间。唉，真可悲！韩愈说："佛、老之害，甚于杨、墨。韩愈之贤，不及孟子。孟子不能救之于未坏之先，而韩愈乃欲全之于已坏之后。其亦不量其力，且见其身之危，莫之救以死也。"

哎！像我这样的人，更是自不量力，的确认识到了自身面临的危险，却至死也不能挽救这种弊端了！众人正在欣喜欢悦之中，我则独自流泪叹息；举世之人都恬然趋附，我则独自疾首蹙额感到忧伤。这并不是我神经错乱、丧失理智，是的的确确有极大的痛苦潜藏在心中，若非达到天下至仁的人，谁能明察于此呢？我编著《朱子晚年定论》，也是不得已而为之。其中，书上年代的早晚，的确有些未经考证，虽然不一定都是出于晚年，但大部分是写于晚年的。我的本意在于婉转调停朱、陆之间的论争，重要的是阐明圣学。我平生对朱子的学说奉若神明，一旦与之背道而驰，心中诚有不认知情，但不得已而为此。"知我者谓我心忧，不知我者谓我何求。"不忍心抵触朱子的学说乃是我的本心。不得已而与之抵触，是因为道原本就如此，不作直说，则道就难以阐明啊！您认为我是执意要和朱子不同，我怎敢自欺其心？道，是天下的公道；学，是天下的公学。朱子不可以之为私，孔子也不可以之为私。天下公有的东西，只能秉公而论。所以，正确的言论，即便与自己不同，也对自己有益；错误的言论，虽然和自己相同，也有害于己。对自己有益的，一定会喜欢它；对自己有害的，一定会厌恶它。那么，即便我今日所讲的与朱子不同，未必不是朱子所喜欢的。"君子之过，如日月之食。其更也，人皆仰之"，然而，"小人之过也必文"。我虽不贤，也不敢以小人之心揣度朱子！

经典解读

世人多认为阳明先生的学说是刻意要反对朱子来标榜自己，讽刺其沽名钓誉，先生在此剖白心迹，对自己立说的用意进行了阐述。自己并非反对朱子，并非求取虚名，之所以有不同朱子的见解，完全是出于扭转世风的目的，出于光大圣学的殷殷之心。即便是《朱子晚年定论》中存在一些考证未详细之处，但初心是没有任何瑕疵的，先生自己是无愧于心的，而那些自认为是朱子学说维护者的人，自己走入弊端而不觉的人，恰恰才是圣人的罪人。

原　文

执事所以教，反复数百言，皆以未悉鄙人格物之说。若鄙说一明，则此数百言皆可以不待辩说而释然无滞，故今不敢缕缕，以滋琐屑之渎。然鄙说非面陈口析，断亦未能了了于纸笔间也。嗟乎！执事所以开导启迪于我者，可谓恳到详切矣。人之爱我，宁有如执事者乎？仆虽甚愚下，宁不知所感刻佩服？然而不敢遽舍其中心之诚，然而姑以听受云者，正不敢有负于深爱，亦思有以报之耳。秋尽东还，必求一面，以卒所请，千万终教。

译　文

您谆谆教诲，反复数百言，都是因为未能了解我的格物主张。若我的主张您能明白了，则所讲的数百言，都可以不用辩说而自然无疑了，所以，我不敢再细细述说，以免有琐屑、累赘之失。然而，我的主张若不当面陈述，仅凭纸笔是很难完全说明白的。哎！您对我的开导启示，可以说诚恳周到而又详细真切了。钟爱我的人，谁有像您这样的呢？我虽愚鲁，怎不知有所感激、敬佩？然而，我不敢毅然舍弃心中真切的想法，来姑息顺从您的教诲，这正是因为不敢辜负您的深爱，也想以此来对您的信任有所回报。秋后返家时，一定去拜见您，亦满足当面请教的心愿，万望不吝赐教。

经典解读

书信结尾，先生表达了自己对罗整庵殷勤教谕的感激，但同时也表明自己虽然感激对方，但也不能因为感激而放弃内心的真实想法，盲目顺从他人的观点。此亦可见先生大道为公，不以私情废公道之意。

答聂文蔚①

原　文

春间远劳迂途枉顾，问证惓惓，此情何可当也？已期二三同志，更处静地，扳留旬日，少效其鄙见，以求切靡之益。而公期俗绊，势有不能，别去极怏怏如有所失。忽承笺惠，反复千余言，读之无甚浣慰。中间推许太过，盖亦奖掖之盛心。而规砺真切，思欲纳之于贤圣之域。又托诸崇一以致其勤勤恳恳之怀，此非深交笃爱何以及是？知感知愧，且惧其无以堪之也。虽然，仆亦何敢不自鞭勉，而徒以感愧辞让为乎哉？其谓“思、孟、周、程无意相遭于千载之下，与其尽信于天下，不若真信于一人。道固自在，学亦自在，天下信之不为多，一人信之不为少”者，斯固君子“不见是而无闷”②之心，岂世之谫谫屑屑者知足以及之乎！乃仆之情，则有大不得已者存乎其间，而非以计人之信与不信也。

注释

①聂文蔚：名豹，号双江，江西承丰人。阳明先生弟子。

②不见是而无闷：出自《周易·文言》。“遁世无闷，不见是而无闷。”意为，不被肯定也不会感到郁闷。

译文

春季，有劳您远道而来绕路光临寒舍，恳诚问证，殷切之情我何敢当？本来，我与几位朋友相约，另寻一安静处所，挽留您十天半月，稍稍探讨一下我的见解，以便在相互切磋之中有所裨益。然而，您被公务俗事羁缠，不能久留，相别之后，我心中郁郁，如有所失。忽然接到您的来信，前后千余言，读后甚感欣慰。信中过奖之处，都出于您对我的鼓励提携之情；而真切的规劝砥砺，也是想促进我进入圣贤之境。此外，还转托欧阳崇一，致以您的殷切关怀，若不是交往密切、亲爱深厚，又怎能如此？对此，我既感激又惭愧，担心辜负您对我的殷切期望。即便如此，我又岂敢不自我鞭策勉励，而仅以感激惭愧之辞进行谦让？您认为“子思、孟子、周敦颐、程子，这些先贤无意于千年之后相遇知音，与其让天下人都相信，倒不如让一个人真信。道客观存在，学问也客观存在，天下人都相信也不为多，只有一个人相信也不为少”，这固然是君子“不见是而无闷”之心，岂是世上那些浅陋鄙薄之人所能明白的！然而，在我有许多不得已而为的情况，并不是斤斤计较于别人是否想相信我的学说。

经典解读

孟子说：“予岂好辩哉？予不得已也。”先生在此所要表达的正是这种心境：我坚持自己的学说并非为了求取虚名，并非为了专门标新立异与世儒作对，我也知道“不见是而无闷”，“不患人之不己之”的道理，之所以还要继续宣扬自己的学说，对其进行孜孜不倦的辩解，是为了挽回当世学风的偏颇、失误，是为了使圣人之道回归正路，使圣人之学光大于天下！

原　文

夫人者，天地之心。天地万物本吾一体者也。生民之困苦荼毒，孰非疾痛之切于吾身者乎？不知吾身之疾痛，无是非之心者也。是非之心，不虑而知，不学而能，所谓良知也。良知之在人心，无间于圣愚，天下古今之所同也。世之君子惟务致其良知，则自能公是非，同好恶，视人犹己，视国犹家，而以天地万物为一体。求天下无治，不可得矣。古之人所以能见善不啻若己出，见恶不啻若己入，视民之饥溺，犹己之饥溺，而一夫不获，若己推而纳诸沟中者。非故为是而以蕲天下之信己也，务致其良知求自慊而已矣。尧、舜、三王之圣，言而民莫不信者，致其良知而言之也。行而民莫不说者，致其良知而行之也。是以其民熙熙皞皞，杀之不怨，利之不庸。施及蛮貊，而凡有血气者莫不尊亲，为其良知之同也。呜呼！圣人之治天下，何其简且易哉！

后世良知之学不明，天下之人用其私智以相比轧，是以人各有心，而偏琐僻陋之见，狡伪阴邪之术，至于不可胜说。外假仁义之名，而内以行其自私自利之实，诡辞以阿俗，矫行以干誉。损人之善而袭以为己长，讦人之私而窃以为己直。忿以相胜而犹谓之徇义；险以相倾而犹谓之疾恶。妒贤忌能而犹自以为公是非，恣情纵欲而犹自以为同好恶。相陵相贼，自其一家骨肉之亲，已不能无尔我胜负之意，彼此藩篱之形，而况于天下之大，民物之众，又何能一体而视之？则无怪于纷纷籍籍而祸乱相寻于无穷矣。

译　文

人便是天地之心。天地万物本就与我是一体的。生民遭受的痛苦荼毒，哪一件不是我自己的切肤之痛？不知道自身的疾痛，则没有是非之心。是非之心，不需要思考便能知道，不需要学习便能具备，这就是所谓的良知。良知蕴于人心，无圣贤、愚笨之分别，古今天下都是一样的。君子一心致其良知，就自然能辨别是非，与民同好同恶，视人若己，视国若家，而待天地万物如一体。若能如此，想要天下治理不好是不可能的。古代圣贤之所以看到善就像自己做出的，看到恶就像自己所为的，看到人民饥饿困苦便如自己在饥饿困苦之中，只要一个人没安顿好就觉得是自己将其推到沟壑之中的，并不是企图以此来获得天下的信任，而是一心致其良知求得自己心安罢了。尧、舜、三王等圣人，所言民无不信，就是因为他们能致其良知而发言；所行民无不悦，就是因为他们能致其良知而行事。所以，他们的百姓和乐敦厚，即使被处死也没有怨恨之心，即是被利用也无需酬劳。圣人将这种泽惠推广到蛮夷地区，凡是有血气的人无不孝敬自己的父母，因为天下人的良知都是相同的。哎！圣人治理天下，是何等的简单易行啊！

后世良知的学问隐没不明，天下之人逞其私心智巧相互倾轧，是以人们各有自己的打算，从而偏僻浅陋的见解、狡诈阴邪的手段多得不可胜言。有人披着仁义的外衣，而做着自私自利的勾当，用狡诈诡辩来迎合世俗，用虚伪的行为来沽名钓誉；掠夺别人的善来作为自己的优点，攻讦他人隐私来彰显自己的正直；因忿恨相互争胜，还以为自己是在追求正义；心怀险恶相互倾轧，还认为自己嫉恶如仇；忌妒贤能，还自以为是非公正；纵情恣肆，还以为与人同好同恶。相互迫害，即便是骨肉之亲，也不能没有争强好胜之心，彼此隔阂丛生，更何况天下之大，生民万物之众，又岂能视之一体？如此也就无怪乎天下纷纷籍籍而祸乱丛生动荡无穷了！

经典解读

先王之所以能治理好天下，惠及蛮貊，就是因为能致其良知而已。此道甚为简单、甚为易行，而历代执政者却以此为难，将天下治理得混乱不堪，使人们陷溺于水火之中，为何？良知泯灭，不知主动去存养罢了。《中庸》中说："文武之政，布在方策。其人存，则其政举；其人亡，则其政息。"治理天下的道理就在那儿，只是没有愿意施行它们的人罢了！天下之所以混乱，不是没有好的政治，而是没有好的统治者；不是天下不好治，而是他们不愿意去好好治；不是良知不可致，而是他们不愿致自己的良知！

世间充斥着阴险自私的小人，是他们天生如此吗？是他们找不到修身养德的方法吗？是圣人的学说不能教导他们吗？不是，圣人的学说简易可行，是这些人自己不知道致良知，而那些立志于以圣教引导世人的儒者也在为学时忽略了致良知。是以，圣人之学不显，邪僻之术昌盛，是非良知泯灭，而奸恶诈伪充斥于天下。

由此可见，小到人心散荡，大到天下混乱，这所有不善的根源都在于世人不知致良知，而先生的学说正是让迷惑的人清醒过来，认识到自己的良知，去主动致自己的良知。先生传道，正是在践行前圣"治国平天下"、"明明德于天下"、"为天地立心，为万世开太平"的理想；先生立说是在为天下而呐喊，并非为自己求取什么。

原文

仆诚赖天之灵，偶有见于良知之学，以为必由此而后天下可得而治。是以每念斯民之陷溺，则为之戚然痛心，忘其身之不肖，而思以此救之，亦不自知其量者。天下之人见其若是，遂相与非笑而诋斥之，以为是病狂丧心之人耳。呜呼，是奚足恤哉？吾方疾痛之切体，而暇计人之非笑呼？人固有见其父子兄弟之坠溺于深渊者，呼号匍匐，裸跣颠顿，扳悬崖壁而下拯之。士之见者，方相与揖让谈笑于其旁，以为是弃其礼貌衣冠而呼号颠顿若此，是病狂丧心者也。故夫揖让谈笑于溺人之旁而不知救，此惟行路之人，无亲戚骨肉之情者能之。然已谓之无恻隐之心，非人矣。若夫在父子兄弟之爱者，则固未有不痛心疾首，狂奔尽气，匍匐而拯之，彼将陷溺于祸而不顾，而况于病狂丧心之讥乎？而又况于蕲人信与不信乎！呜呼！今之人虽谓仆为病狂丧心之人，亦无不可矣。天下之人，皆吾之心也。天下之人犹有病狂者矣，吾安得而非病狂乎？犹有丧心者矣，吾安得而非丧心乎？

昔者孔子之在当时，有议其为谄者，有讥其为佞者，有毁其未贤，诋其为不知礼，而侮之以为东家丘者，有嫉且诅之者，有恶而欲杀之者，晨门、荷蒉之徒，皆当时之贤士，且曰："是知其不可而为之者欤？""鄙哉！硁硁乎！莫己知也，斯已而已矣。"虽子路在升堂之列，尚不能无疑于其所见，不悦于其所欲往，而且以之为迂，则当时之不信夫子者，岂特十之二三而已乎？然而夫子汲汲遑遑，若求亡子于道路，而不暇于暖席者，宁以蕲人之知我、信我而已哉？盖其天地万物一体之仁，疾痛迫切，虽欲已之而自有所不容已，故其曰言："吾非斯人之徒与而谁与？""欲洁其身而乱大伦。""果哉，末之难矣！"呜呼！此非诚以天地万物者为一体者，孰能以知夫子之心乎？若其"遁世无闷"，"乐天知命"者，则固"无入而自得"，"道并行而不相悖"也。

仆之不肖，何敢以夫子之道为己任。顾其心亦已稍知疾痛之在身，是以彷徨四顾，将求其有助于我者，相与讲去其病耳。今诚得豪杰同志之士，扶持匡翼，共明良知之学于天下，使天下之人皆知自致其良知，以相安相养，去共自私自利之蔽，一洗谗妒胜忿之习，以济于大同。则仆之狂病固将脱然以愈，而终免于丧心之患矣。岂不快哉！嗟乎！今诚欲求豪杰同志之士于天下，非如吾文蔚者，而谁望之乎？如吾文蔚之才与志，诚足以援天下之溺者，今又既知其具之在我，而无假于外求矣，循是而充，若决河注海，孰得而御哉？文蔚所谓一人信之不为少，其又能逊以委之何人乎？

会稽素处山水之区。深林长谷，信步皆是，寒暑晦明，无时不宜，安居饱食，尘嚣无扰，良朋四集，道义日新，优哉游哉！天地之间宁复有乐于是者？孔子云："不怨天，不尤人，下学而上达。"仆与二三同志方将请事斯语，奚暇外慕？独其切肤之痛，乃有未能恝然者，辄复云云尔。咳疾暑毒，书札绝懒，盛使远来，迟留经月，临歧执笔，又不觉累纸，盖于相知之深，虽已缕缕至此，殊觉有所未能尽也。

译文

托上天之福，我偶然发现了良知学说，认为只有致良知天下才能得到治理。所以，每当想到百姓的困苦，便为之戚然心痛，忘记自己的平庸，而希望用良知来挽救世人，这也是不自量力吧。天下之人，看到我如此，于是都来反对、讥笑、毁谤、斥责我，认为我是丧心病狂之人。哎！这又有什么值得顾虑的！我正有着切肤的痛苦，还有闲心去对别人的讥讽斤斤计较吗？如果人们看到他的父子兄弟坠入深渊，一定会大呼大叫，不顾丢鞋弃帽，攀着悬崖下去拯救。士人见到这种情况，则在一旁揖让谈笑，认为这人丧失礼仪丢弃衣帽而大呼癫狂，一定是丧心病狂之人。那些揖让谈笑在陷溺之人旁边而不知道去拯救的，只是行路之人而已，是没有骨肉亲情的人。这种人已经可以说是"无恻隐之心，非人也"。如果是有父子兄弟之情的人见了，一定会痛心疾首，奔走呼号，竭尽全力，以至于爬着也要去拯救他人，此时，连自己的生命都会置之度外，哪还会去在乎别人丧心病狂的讥讽呢？哪还会在乎别人的信与不信呢？唉！如今世人虽然将我视为丧心病狂之人，也没有什么。天下之人，都是我的心。天下之人还有病狂的，我又怎么能不病狂呢？天下之人还有丧心的，我又怎么能不丧心呢？

当年孔子在时，有人非议他阿谀奉承，有人讥笑他花言巧语，有人诽谤他不是圣贤，有人诋毁他不知礼仪而辱称他为"东家丘"，有忌妒而诅咒他的人，有厌恶而想杀他的人，晨门、荷蒉等人都是当时的贤士，也说孔子"知其不可而为之者欤？""鄙哉，硁硁乎！莫己知也，斯已而已矣。"即便是弟子子路，学有所成，还不免对孔子心存疑惑，对孔子要去的地方表示不悦，并且认为孔子之道迂腐难行，当时不信任孔子的人，岂止是十分之二三而已！但孔子依然汲汲进取，求道就如寻找丢失的儿子一样恳切，四处奔波，不暇暖席，这样做难道仅仅是为了让别人了解自己、相信自己吗？是因为他有天地万物一体的仁爱之心，对世间的不善深感疾痛迫切，即便不想去管也身不由己。因此他才会说："吾非斯人之徒与而谁与？""欲洁其身而乱大伦"，"果哉！末之难矣！"哎！若非真正与天地万物同为一体的人，岂能理解夫子的心情？像那些“遁世无闷”、“乐天知命”的人，自然可以“无入而不自得”和“道并行而不相悖”了！

我才能平庸，何敢以夫子之道为己任。察看我的心迹就会知道我是疾痛在身，所以彷徨四顾，希望寻求能帮助我的人，共同弘道以消除世之弊端。若真能得到豪杰之士，相互匡扶，共同光大良知学说于天下，让天下的人都懂得致其良知，以相安相养，剔除自私自利的毛病，洗净忌妒愤恨的恶习，实现天下大同。那我狂悖惑乱的毛病自将涣然而愈，再也不会有丧心病狂的忧患了。岂不快哉！哎，如今在天下寻求志同道合的豪杰之士，除了文蔚你，我还能寄希望于谁呢？你的才智和志向，足以能够援救天下陷入苦难中的人。如今，既然已经明白一切良知都在我心，而无须外求，顺势充盈它，就如同决开江河使之注入大海，无人可挡，而文蔚所说的即使一个人真信奉也不少，你又能推让给天下的哪个人呢？

会稽素来有山清水秀的美誉，深林长谷，比比皆是，冬夏早晚，无时不宜。安居饱食，远离尘嚣，良朋汇聚，讲明道义，该是多么的逍遥自在啊！天地之间难道还有比这更让人快活的事情吗？孔子说：“不怨天，不尤人，下学而上达。”我和几位同志，正想按照孔子的话去做，又哪有空暇的时间去向外寻求呢？唯独这切肤之痛，却不能无动于衷，所以写了上面一番话。我患了咳疾，天气又酷热，懒于动笔。你派人远来，逗留月余，临行时才执笔作信，又不觉间写了这么多。毕竟我们相知甚深，虽然写了这么多，仍觉得未能尽意。

经典解读

先生再次向聂文蔚剖白心迹：天下混乱，世风沉沦，圣学不显，邪道横行，就是因为人们不知致良知。我有幸发现了致良知的学问，这是天命在我，当今之世能够治平天下的除了我致良知的学说，还能有什么呢？此时，我岂能不担负起“为往圣继绝学，为万世开太平”的使命？我虽然才能平庸，也要效仿孔子那样知其不可而为之，即便天下人都误会我、非议我、排挤我、诽谤我，我也要矢志不移地光大圣学。这并不是我狂悖惑乱，而是我将天地万物视为一体，心中怀着对天下苍生的殷切怜爱之情啊！您既然了解我致良知的学说，又身负高才远见，又岂能置身于事外，又岂能推脱和我一起挽救世风、弘扬圣道的使命……

与其说是对聂文蔚一人倾诉，倒不如说是对天下人倾诉。阳明先生对世人无私的爱怜，对社会、历史深厚的责任感，对同时学者深情的企望，对自己学说的殷切期待，都在这几段文字中展现得淋漓尽致。那些怀疑先生、非议先生的人，若能读到这些文字，岂能不为自己的狭隘而羞愧，岂能不被先生的胸怀气度而折服?!

二①

原文

得书，见近来所学之骤进，喜慰不可言。谛视数过，其间虽亦有一二未莹彻处，却是致良知之功尚未纯熟，到纯熟时自无此矣。譬之驱车，既已由于康庄大道之中，或时横斜迂曲者，乃马性未调，衔勒不齐之故，然已只在康庄大道中，决不赚入旁蹊曲径矣。近时海内同志，到此地位者曾未多见，喜慰不可言，斯道之幸也！

贱躯旧有咳嗽畏热之病，近入炎方，辄复大作。主上圣明洞察，责付甚重，不敢遽辞。地方军务冗沓，皆舆疾从事。今却幸已平定，已具本乞回养病，得在林下稍就清凉，或可瘳耳。人还，伏枕草草，不尽倾企。外惟浚②一简幸达致之。

注释

①二：阳明先生写给聂文蔚的另一封信。

②惟浚：陈九川，字惟浚，号明水，江西临川人，阳明先生弟子。

译文

收到来信，见你近来在学问上进步飞快，欣喜难言。认真阅读数遍，其中虽然还有一二不太透彻之处，也仅是因为致良知的功夫尚不纯熟，到纯熟之时自然无此。这就如驾车一样，已经走上了康庄大道，有时出现的迂回曲折，是由于马性还未调理好，缰绳还未理整齐，但终究已经在康庄大道中了，绝不会再拐到小路中去了。最近，海内同道之人，能到你这地步的并不多见，我甚为欢喜欣慰，这是圣道的一大幸事啊！

我向来就患有咳嗽怕热的疾病，近来居于炎热之地，旧疾复发。皇上英明洞察，托付的责任重大，又不敢推辞。地方军务繁冗，均是带病处理。好在如今动乱已经平定，我也已上书呈请归家养病，若退隐避暑，或许病可痊愈。即将返乡，伏枕作书不甚仓促，倾慕、企望之情难以尽诉。此外，捎带给惟浚的一封信，请你转交给他。

经典解读

此书为嘉靖七年（1528年），阳明先生在广西平乱后所作，也是先生的绝笔书信。当时，先生旧疾复发，病得已经十分严重了，但还是念念不忘圣道，念念不忘弟子们的学业，可见其殷勤为道之心。

原文

来书所询，草草奉复一二。近岁来山中讲学者，往往多说勿忘勿助工夫甚难。问之，则云才著意便是助，才不著意便是忘，所以甚难。区区因问之云："忘是忘个甚么？助是助个甚么？"其人默然无对，始请问。区区因与说，我此间讲学，却只说个"必有事焉"，不说勿忘勿助。"必有事焉"者只是时时去"集义"。若时时去用"必有事"的工夫。而或有时间断，此便是忘了，即须"勿忘"。时时去用"必有事"的工夫，而或有时欲速求效，此便是助了，即须"勿助"。其工夫全在"必有事焉"上用；"勿忘勿助"，只就其间提撕警觉而已。若是工夫原不间断，即不须更说勿忘；原不欲速求效，即不须更说勿助。此其工夫何等明白简易！何等洒脱自在！今却不去"必有事"上用工，而乃悬空守着一个"勿忘勿助"，此正如烧锅煮饭，锅内不曾渍水下米，而乃专去添柴放火，不知毕竟煮出个什么物来！吾恐火候未及调停，而锅已先破裂矣。近日，一种专在勿忘勿助上用工者，其病正是如此。终日悬空去做个勿忘，又悬空去做个勿助，渀渀荡荡，全无实落下手处，究竟工夫，只做得个沉空守寂，学成一个痴呆汉。才遇些子事来，即便牵滞纷扰，不复能经纶宰制。此皆有志之士，而乃使之劳苦缠缚，耽搁一生，皆由学术误人之故，甚可悯矣。

夫"必有事焉"只是"集义"，集义只是致良知。说集义则一时未见头脑，说致良知即当下便有实地步可用功。故区区专说致其良知。随时就事上致其良知，便是格物。著实去致良知，便是诚意，著实致其良知，而无一毫意必固我，便是正心。著实致良知，则自无忘之病。无一毫意必固我，则自无助之病。故说格、致、诚、正，则不必更说个忘助。孟子说忘助，亦就告子得病处立方。告子强制其心，是助的病痛，故孟子专说助长之害。告子助长，亦是他以义为外，不知就自心上"集义"，在"必有事焉"上用功，是以如此。若时时刻刻就自心上"集义"，则良知之体洞然明白，自然是是非非纤毫莫遁，又焉"不得于言，勿求于心；不得于心，勿求于气"之弊乎？孟子"集义"、"养气"之说，固大有功于后学，然亦是因病立方，说得大段，不若《大学》格、致、诚、正之功，尤极精一简易，为彻上彻下，万世无弊者也。

译文

来信所问的问题，草草答复一二。近年来山中讲学的人，往往常说勿忘勿助的功夫很难。向他们询问缘由，他们以为才加着意便是助、稍不用意便是忘，所以才会觉得很难。我于是问他们："忘是忘个什么？助是助个什么？"他们默然无对，开始向我请教。我于是对他们说，我在这里讲学，只说一个"必有事焉"，不说勿忘勿助。"必有事焉"就是时时去"集义"。若时时在"必有事"上下功夫，有时而出现间断，那便是忘了，即需要"勿忘"的功夫。时时去使用"必有事"的功夫，有时存在急功近利的意念，这便是助了，即需要"勿助"的功夫。所以说，为学的功夫都在"必有事焉"上用，"勿忘勿助"只是在其中起着提醒警觉的作用。如果功夫没有间断，即无须说勿忘；原本没有急功近利，即无须说勿助。这功夫是何等的简易明白！何等的洒脱自在！现在却不去"必有事"上用功夫，而悬空守着一个"勿忘勿助"，这正如烧锅煮饭，锅内还不曾添水下米，而专去添柴点火，不知道究竟能煮出个什么东西来！恐怕还没有调好火候，锅就会先裂开。近日，那些专门在"勿忘勿助"上下功夫的人，其弊病正在此处。终日悬空去做个勿忘，又悬空去做个勿助，无依无托，全无落实下手处，到头来功夫也只能做个死守空寂，学成一个痴呆汉。刚碰到一点事情，便心烦意乱，不能妥善处置。这些人都是有志之士，但却忧劳困苦，耽搁一生，这都是学术误人啊，甚为悲哀、可怜。

"必有事焉"就是集义，"集义"就是致良知。说集义或许还把握不住关键，但说致良知，那么一时间就可实地用功了。所以我只说致良知，随时随地在事上致良知，就是格物；实实在在地去致良知，便是诚意；切实致良知，而没有一丝意、必、固、我之念，便是正心。着实致良知，则自然无"忘"的弊端了；没有一毫意、必、固、我之念，则自然没有"助"的病痛了。所以说格物、致知、诚意、正心时，便不必再去强调勿忘勿助。孟子说勿忘勿助，也是针对告子的弊端而因病立方。告子强制其心，是助的病痛，所以孟子专门说助长的危害。告子助长，也在于他认为义是外在的，不知道就自己心上"集义"，在"必有事焉"上用功，所以才如此。若能时时刻刻就自心上"集义"，则良知本体豁然明朗，是是非非自然没有丝毫隐遁，又怎么会出现"不得于言，勿求于心；不得于心，勿求于气"的弊病呢？孟子"集义"、"养气"的说法，固然有大功于后世，但也都是因病立方，说得大致，不如《大学》中格物、致知、诚意、正心的说法来得精一简易，彻上彻下，相传万世而无所障蔽。

经典解读

"必有事焉而勿忘勿助"是先生学说中很重要的一点，但很多人不能理解，认为勿助就是没有一点儿主动的想法，勿忘就是没有一刻不专心，所以觉得这个功夫实在是太难了。先生再次对这种错误的观点进行了纠正，告诉他们勿助、勿忘，都是对“必有事焉”，也就是“集义”、“致良知”的补充。勿忘是告诉人，在下集义的功夫时不要间断、不要半途而废；勿助是告诉人，在下集义的功夫时，不要急功近利、揠苗助长。只要能够懂得在致良知上下功夫，那勿忘勿助是十分简易的，实施起来是十分洒脱自在的。

做学问一定要弄明白以后再去下功夫，先圣的学说都是最为实际、最为可行的，若自己望文生义、故求险道，在错误的理解上浪费精力，那就太不明智了。

原文

圣贤论学，多是随时就事，虽言若人殊，而要其工夫头脑，若合符节。缘天地之间，原只有此性，只有此理，只有此良知，只有此一件事耳。故凡就古人论学处说工夫，更不必掺和兼搭而说，自然无不吻合贯通者。才须掺和兼搭而说，即是自己工夫未明彻也。近时有谓集义之功，必须兼搭个致良知而后备者，则是集义之功尚未了彻也。集义之功尚未了彻，适足以为致良知之累而已矣。谓致良知之功，必须兼搭一个勿忘勿助而后明者，则是致良知之功尚未了彻也。致良知之功尚未了彻也，适足以为勿忘勿助之累而已矣。若此者，皆是就文义上解释牵附，以求混融凑泊，而不曾就自己实工夫上体验，是以论之愈精，而去之愈远。

文蔚之论，其于大本达道既已沛然无疑，至于致知、穷理及忘助等说，时亦有掺和兼搭处，却是区区所谓康庄大道之中，或时横斜迂曲者，到得工夫熟后，自将释然矣。

译文

圣贤讲学，多是随时就事而发，虽然他们说得似乎各不相同，但其核心根本功夫，都是完全一致的。只因天地之间，原本仅有这个性，仅有这个理，仅有这个良知，仅有这一件事而已。因此，只要是古人在论学上说功夫，就不用掺杂搭配而说，自然无不吻合贯通。若认为只有掺杂搭配才能说通，那必是因为自己的功夫尚不明彻。近来，有人认为集义的功夫必须搭配个致良知后才能完备，便是其人对集义的功夫了解尚不透彻。集义的功夫尚不透彻，正好成了致良知的累赘。称致良知的功夫，必须搭配个勿忘勿助才能明朗，则是致良知的功夫尚不明彻。致良知的功夫尚不明彻，正好成了勿忘勿助的累赘。这些都是在文义之上牵强解释，以求融汇凑合，还未就自己是在的功夫上去体悟，所以说得越是细致，离正道就偏得越远。

文蔚你的观点，在大本达道上已经不存问题了，至于致知、穷理、勿忘勿助等观点，有时也有掺杂搭配之处，但这正是我所说的在康庄大道上出现的迂回曲折的情况，等到功夫纯熟自会消失得无影无踪。

经典解读

圣贤的学说虽然因人各异，但其主旨都是完全一致的，如为仁，便是取义，便是诚意，便是明明德，便是致良知……只要自己的功夫到了，对于这些自然能融汇贯通，自然会发现它们浑然都是一个功夫。而那些功夫不到家的人，便只会咬文嚼字，将圣人的学说要么分裂剖割，要么杂糅凑合，说一个仁还觉得不够，非要再加上一个义，说了义还觉得不够，非要加上良知，觉得读得书本越多，糅合的东西越多，自己的见识便越高明了。其实，这就是脱离了自心，去前人的书本、话语中求道了，也就是走错了路。

前人的说法纷繁不同，但天下的理是一个、性是一个、良知是一个，只要能从自己的良知出发，所有的学问便豁然而通。如此便是“一以贯之”的功夫，是“博而反约”的功夫。

原 文

文蔚谓致知之说，求之事亲、从兄之间，便觉有所持循者，此段最见近来真切笃实之功。但以此自为不妨，自有得力处，以此遂为定说教人，却未免又有因药发病之患，亦不可不一讲也。盖良知只是一个天理，自然明觉发见处，只是一个真诚恻怛，便是他本体。故致此良知之真诚恻怛以事亲便是孝，致此良知之真诚恻怛以从兄便是弟，致此良知之真诚恻怛以事君使是忠，只是一个良知，一个真诚恻怛。若是从兄的良知不能致其真诚恻怛，即是事亲的良知不能致其真诚恻怛矣；事君的良知不能致其真诚恻怛，即是从兄的良知不能致其真诚恻怛矣。故致得事君的良知，便是致却从兄的良知。致得从兄的良知，便是致却事亲的良知。不是事君的良知不能致，却须又从事亲的良知上去扩充将来。如此，又是脱却本原，著在支节上求了。良知只是一个，随他发见流行处，当下具足，更无去来，不须假借。然其发见流行处，却自有轻重厚薄，毫发不容增减者，所谓“天然自有之中”也。虽则轻重厚薄，毫发不容增减，而原又只是一个。虽则只是一个，而其间轻重厚薄，又毫发不容增减。若可得增减，若须假借，即已非其真诚恻怛之本体矣。此良知之妙用所以无方体，无穷尽，“语大天下莫能载，语小天下莫能破”者也。

孟氏“尧舜之道，孝弟而已”者，是就人之良知发见得真切笃厚、不容蔽昧处提省人，使人于事君、处友、仁民、爱物与凡动静语默间，皆只是致他那一念事亲从兄真诚恻怛的良知，即自然无不是道。盖天下之事，虽千变万化，至于不可穷诘，而但惟致此事亲从兄一念真诚恻怛之良知以应之，则更无有遗缺渗漏者，正谓其只有此一个良知故也是。事亲从兄一念良知之外，更无有良知可致得者。故曰：“尧舜之道，孝弟而已矣。”此所以为“惟精惟一”之学，放之四海而皆准，施诸后世而无朝夕者也。

文蔚云：“欲于事亲从兄之间，而求所谓良知之学。”就自己用功得力处如此说，亦无不可。若曰致其良知之真诚恻怛以求尽夫事亲从兄之道焉，亦无不可也。明道云：“行仁自孝弟始。孝弟是仁之一事，谓之行仁之本则可，谓是仁之本则不可。”其说是矣。

译 文

文蔚说致知的主张，从孝亲、敬兄中寻求，便觉得有所依循，这点最能见你近来真切笃实的功夫。但自己从此处下功夫自然无妨，自有得力之处，而贸然以此说教导别人，却又难免生出因药发病的弊端，这里不得不加以说明。良知只是一个天理，其自然明觉发见之处，只是一个真诚恳切，这就是它的本体。所以，推致这良知的真诚去侍奉父母便是孝，推致这良知的真诚去敬爱兄长便是悌，推致这良知的真诚去辅佐君主便是忠，只是这一个良知，只是这一个真诚恳切。若敬爱兄长的良知不能推致得真诚恳切，那侍奉父母的良知也必然不能推致真诚恳切；若辅佐君主的良知不能推致得真诚恳切，那敬爱兄长的良知也必然不能推致得真诚恳切。因此，能辅佐君主的良知，就是能敬爱兄长的良知；能敬爱兄长的良知，便是能侍奉父母的良知。不是辅佐君主的良知不能推致，便需要从侍奉父母的良知上去扩充推致来。若如此认为，那又是脱离了根本，而局限在细枝末节上了。良知只是一个，在它的显现和作用处，它本身就是完善的，不用再去寻求，也不用到别处转接。然而，良知的显现和作用处，自然有轻重薄厚的区别，不容丝毫的增减，这便是程子所说的“天然自有之中”。其中的轻重薄厚虽然不容增减分毫，但良知的本体只是一个。虽然本体只是一个，但其中的轻重薄厚又不容分毫增减。若能增减，能求借，也就不是真诚恳切的本体了。这便是良知的妙用无方体、无穷尽、“语大天下莫能载，语小天下莫能破”的原因之所在。

孟子认为“尧舜之道，孝悌而已”，这便是在人的良知发见得最为真切笃实、没有障蔽处提醒人，令人在事君、交友、仁民、爱物等一切动静语默之间，都只是一心去推致他那事亲敬兄的真诚恳切的良知，如此自然就处处合乎大道了。天下之事，虽然千变万化，不可穷极，但只要能推致这事亲敬兄的一念真诚恳切的良知以应付，便没有任何疏漏之处了，这便是说只有一个良知的原因所在。除了一心事亲敬兄的良知之外，再没有其他的良知可以推致了。所以说：“尧舜之道，孝悌而已。”这也正是“惟精惟一”的学问，放之四海而皆准，施之于后世也没有任何不符的原因。

文蔚说：“想在事亲敬兄之中，而求寻良知的学问。”就自己用功着手之处而言，不是不行。若说真诚恳切地致其良知以求尽到事亲敬兄之道，也未尝不可。程颢先生说：“行仁自孝弟始。孝弟是仁之一事，谓之行仁之本则可，谓是仁之本则不可。”这句话说得很正确。

经典解读

良知只有一个，在此处显现作用，必能在彼处显现作用，虽有轻重薄厚之分，但绝不会出现这件事上有良知，那件事上就没良知的情况。良知在此处、彼处的存在作用就如“老吾老，以及人之老；幼吾幼，以及人之幼”，在面对自己的父母亲人时能致良知，必然在面对其他人的时候也能致良知；就如“其为人也孝弟，而好犯上者鲜矣；不好犯上，而好作乱者，未之有也”，能在孝悌之上致良知，那一定也能在忠信之上致良知，也必然能在端悫谨慎之上致良知。良知所显现出的不同薄厚轻重，便如“亲亲而仁民，仁民而爱物”，对不同的人，不同的事，展现出薄厚轻重不同的感情。但即便是存在薄厚轻重的不同，所有的行为、态度，归根到底都是出于良知的，本原都是一个。所以，致事亲敬兄的良知，便是致忠君爱国的良知，便是致仁民爱物的良知；行孝悌之道，便是行忠信之道，便是行恻隐慈爱之道……

良知只是一个，这里有，那里必然也有，这件事上能体现，别的事上也必然能体现。若有人觉得自己在面对父母、兄弟之时便有良知，在面对邻居、路人的时候便没有良知；在忠君爱国的大事上便能推致良知，在言谈饮食等小事上便忽略了良知，那一定是自己致良知的功夫还不纯熟，对良知的认识还不够。

原 文

“亿”、“逆”、“先觉”之说，文蔚谓“诚则旁行曲防，皆良知之用”，甚善甚善！间有掺搭处，则前已言之矣。惟浚之言，亦未为不是。在文蔚须有取于惟浚之言而后尽，在惟浚又须有取于文蔚之言而后明。不然，则亦未免各有倚着之病也。舜察迩言而询刍荛，非是以迩言当察，刍荛当询，而后如此。乃良知之发见流行，光明圆莹，更无挂碍遮隔处，此所以谓之大知。才有执着意必，其知便小矣。讲学中自有去取分辨，然就心地上着实用工夫，却须如此方是。

译 文

“亿”、“逆”、“先觉”等主张，文蔚认为“诚则旁行曲防，皆良知之用”，甚为恰当！其中虽然有掺杂糅合之处，前面已经说过了。惟浚所说的话，也不能说是错误的。就你而言，需要汲取惟浚的主张，观点才算完备；就惟浚而言，需要汲取你的观点，主张才能明白。不然，你们难免都会有各执一端的弊端。舜思察浅显的话而向樵夫请教，并不是说浅近的话都该思察，樵夫之流都该去询问，舜才这么做的。而是，舜的良知显现作用，光明莹彻，没有丝毫挂碍遮蔽之处，所以他才被称为“大智”。只要稍微有点儿执着和意、必，其智慧便小了。在讲学之中自有取舍分辨，但在心地上切实用功，只有这样才算可以了。

经典解读

孔子说：“不逆诈，不亿不信，抑亦先觉者，是贤乎！”即不预先怀疑别人欺诈，不臆测别人无信，但遇事之时又能够预先知道别人的诡诈和不信，这不是贤人吗？关于“亿”、“逆”、“先觉”等问题，在前面《答欧阳崇一书》的最后一节先生已经进行了详细阐述。做到不逆不亿，最关键的是致自己的良知、使自己内心真诚，所谓“诚则明矣”，内心至诚之时，自然智慧通明，欺诈、不信等行为也就不能施加于自己身上了。

舜察迩言而询刍荛，并不是他毫无思辨地遇到浅近的话就思考、遇到个打柴的就去请教，也不是他事先去臆测别人是不是愚陋、值不值得他请教，而是他内心真诚、智慧通明，自然而然地就知道什么话值得去思索、哪个人值得去询问了，这都是修养自身所能达到的境界。学者做功夫便是要在自己良知上下功夫，致良知的功夫到了自然不需要“亿”、“逆”了，自然能“先觉”了。

原文

“尽心”三节，区区曾有生知、学知、困知之说。颇已明白，无可疑者。盖尽心、知性、知天者，不必说存心、养性，事天，不必说“夭寿不贰、修身以俟”。而存心、养性与“修身以俟”之功已在其中矣。存心、养性、事天者，虽未到得尽心、知天的地位，然已是在那里做个求到尽心、知天的工夫，更不必说“夭寿不贰、修身以俟”之功已在其中矣。

譬之行路，尽心、知天者，如年力壮健之人，既能奔走往来于数千里之间者也。存心、事天者，如童稚之年，使之学习步趋于庭除之间者也。“夭寿不贰、修身以俟”者，如襁褓之孩，方使之扶墙傍壁，而渐学起立移步者也。既已能奔走往来于千里之间者，则不必更使之于庭除之间而学步趋，而步趋于庭除之间，自无弗能矣。既已能步趋于庭除之间，则不必更使之扶墙傍壁而学起立移步，而起立移步自无弗能矣。然学起立移步，便是学步趋庭除之始，学步趋庭除，便是学奔走往来于数千里之基，固非有二事，但其工夫之难易则相去悬绝矣。

心也，性也，天也，一也。故及其知之成功则一。然而三者人品力量，自有阶级，不可躐等而能也。细观文蔚之论，其意以恐尽心、知天者，废却存心、修身之功，而反为尽心、知天之病。是盖为圣人忧工夫之或间断，而不知为自己忧工夫之未真切也。吾侪用工，却须专心致志，在“夭寿不贰、修身以俟”上做，只此便是做尽心、知天工夫始。正如学期起立移步，便是学奔走千里之始。吾方自虑其不能起立移步，而岂遽其不能奔走千里，又况为奔走千里者而虑其或遗忘于起立移步之习哉？

文蔚识见本自超绝迈往，而所论云然者，亦是未能脱去旧时解说文义之习，是为此三段书分疏比合，以求融合贯通，而自添许多意见缠绕，反使用功不专一也。近时悬空去做勿忘勿助者，其意见正有此病，最能耽误人，不可不涤除耳。

译文

关于“尽心”等三个方面，我曾用生知、学知、困知等观点来说明，已经十分清楚了，没有什么可怀疑的。对于尽心、知性、知天的人，不必再去讲求存心、养性、事天，不必再去讲求“夭寿不贰，修身以俟”。因为存心、养性、修身以俟的功夫都已包含在尽心、知性、知天之中了。存心、养性、事天的人，虽然还未到尽心、知天的境界，然而已经是在那里做到达尽心、知天的功夫了，也就不用再去讲求“夭寿不贰，修身以俟”了。因为“夭寿不贰，修身以俟”的功夫已都包含在存心、养性、事天之中了。

拿行路来譬喻，尽心、知天的人，就如年轻力壮者，已经能在数千里之间奔走往来了。存心、事天的人，如同年幼童子，仅能在院子中练习走路。“夭寿不贰、修身以俟”的人，则如襁褓中的幼儿，只可让他扶着墙壁，慢慢学习站立移步。既然已经能在数千里之间奔走往来，便不须再让他在院子中学走路了，因为在院子中走路已不成问题；既然已经能够在院子中走路，就不须再让他扶着墙壁学习站立移步了，因为站立移步已经不成问题。然而，学习站立移步便是学习在院子中走路的开始，学习在院子中走路，便是学习奔走往来数千里间的基础，它们都是一回事，只不过是功夫难易深浅相差甚远罢了。

心、性、天，本质只是一个东西。所以，在它们上面下功夫，成功的效果是相同的。然而，尽心、存心、修身以俟三种人的人品才力自有高低之分，不能超越等级而行动。仔细琢磨文蔚的论述，觉得你的主张是担心尽心、知天的人，会因摒弃了存心、修身的工夫，反而会对尽心、知天有所损害。这是在为圣人担忧功夫会有间断，而不懂得去为自己的功夫还未纯熟真切而担忧啊！我辈用功，必须专心致志，在“夭寿不贰，修身以俟”上下功夫，这便是做尽心、知天功夫的起始。正如开始学习站立、移步，便是学习奔走千里的开始。如今，我正在忧虑能不能站立移步，又怎么会去忧虑不能奔走千里呢？更何况去为那些可以奔走千里的人忧虑他会忘掉站立移步的本领呢？

文蔚的见识本来卓然超群，但就你所说的而言，还是不能摆脱从前解说文义的旧习，是以将知天、事天、夭寿不贰看成三部分，并加以分析、比较、综合，以求融汇贯通，而又增加了许多自己模棱两可的意见，反而使工夫不能专一。近来那些悬空去做勿忘勿助功夫的人，犯的正是这种毛病，这毛病最能耽误人，不可不彻底剔除。

经典解读

在此先生再次详细阐述了尽心、知性、知天，存心、养性、事天，“夭寿不贰，修身以俟”三者之间的关系。它们并不是分裂开来的三种功夫，功夫只有一个，这三者只是深浅不同的境界。学者若将其分裂来看，那就是对致良知的学问认识还不够，内心还不透彻，就会存在分割杂糅的错误，就会有悬空去追求勿忘勿助的弊端。

原文

所谓尊德性而道问学一节，至当归一，更无可疑。此便是文蔚曾着实用功，然后能为此言。此本不是险僻难见的道理，人或意见不同者，还是良知尚有纤翳潜伏。若除去此纤翳，即自无不洞然矣。

已作书后，移卧檐间，偶遇无事，遂复答此。文蔚之学既已得其大者，此等处久当释然自解，本不必屑屑如此分疏。但承相爱之厚，千里差人远及，谆谆下问，而竟虚来意，又自不能已于言也。然直戆烦缕已甚，恃在信爱，当不为罪。惟浚处及谦之[1]、崇一处，各得转录一通寄视之，尤承一体之好也。

石南大吉录。

注释

①谦之：邹守益，字谦之，号东廓，江西安福人，阳明先生弟子。

译文

你所说的“尊德性”与“道问学”，应该统一起来，更是毫无疑问的。这正是你曾切实用功，所以才能说出这样的话来。这本不是什么艰涩难懂的道理，若有人存在不同的意见，那还是因为他的良知上还存在着纤细障蔽。若能除去这障蔽，良知自然就会洞然光明了。

写完信后，移卧檐下，偶然无事，便又答复了几句。文蔚的学问已经得其大体，这些问题等待天长日久自然会理解，原本无须作此琐细讲解。但承蒙你的厚爱，不远千里差人来虚心请教，为了不辜负你的一片心意，我这里也就不能不说了。但是我又说得过于直率、琐碎，想必以你对我的信任厚爱，不会因直率、琐碎而对我加以怪罪。请将这信各转录一封寄给惟浚、谦之、崇一等人阅览，使同学们能一同获得裨益。

石南大吉录。

经典解读

书信结尾先生犹然不忘对学生谆谆教诲，希望他能在良知的功夫上精益求精，扫除一切障蔽；嘱咐其将书信传给其他同学一事，也能见先生对学生们学业的关怀。正所谓，教人以善，惠莫大焉，能有先生这样的一位师长、朋友，对于读书人来说真是一件值得一生庆幸之事。

训蒙大意示教读刘伯颂等[①]

原　文

古之教者，教以人伦。后世记诵章之习起，而先王之教亡。今教童子，惟当以孝、弟、忠、信、礼、义、廉、耻为专务。其栽培涵养之方，则宜诱之歌诗以发其志意，导之习礼以肃其威仪，讽之读书以开其知觉。今人往往以歌诗、习礼为不切时务，此皆末俗庸鄙之见，乌足以知古人立教之意哉？

大抵童子之情，乐嬉游而惮拘检，如草木之始萌芽，舒畅之则条达，摧挠之则衰痿。今教童子必使其趋向鼓舞，中心喜悦，则其进自不能已。譬之时雨春风，沾被卉木，莫不萌动发越，自然日长月化。若冰霜剥落，则生意萧索，日就枯槁矣。故凡诱之歌诗者，非但发其志意而已，亦所以泄其跳号呼啸于泳歌，宣其幽抑结滞于音节也。导之习礼者，非但肃其威仪而已，亦所以周旋揖让而动荡其血脉，拜起屈伸而固束其筋骸也。讽之读书者，非但开其知觉而已，亦所以沉潜反复而存其心，抑扬讽诵以宣其志也。凡此皆所以顺导其志意，调理其性情，潜消其鄙吝，默化其粗顽。日使之渐于礼义而不苦其难，入于中和而不知其故，是盖先王立教之微意也。

若近世之训蒙稚者，日惟督以句读课仿，责其检束而不知导之以礼，求其聪明而不知养之以善，鞭挞绳缚，若待拘囚。彼视学舍如囹狱而不肯入，视师长如寇仇而不欲见，窥避掩覆以遂其嬉游，设诈饰诡以肆其顽鄙，偷薄庸劣，日趋下流。是盖驱之于恶而求其为善也，何可得乎？

凡吾所以教，其意实在于此。恐时俗不察，视以为迂，且吾亦将去，故特叮咛以告。尔诸教读其务体吾意，永以为训，毋辄因时俗之言，改废其绳墨，庶成“蒙以养正”[②]之功矣。念之念之！

注　释

①正德十三年（1518 年），先生任赣南巡抚，在赣南各地订立乡约，兴办社学并颁布此文晓谕百姓。

②蒙以养正：指启蒙以培养儿童纯正无邪的品质。出自《周易·蒙卦》：“以蒙养正，圣功也。”

译　文

上古时的教育，教的是人伦。后世记诵词章之学兴起，先王的教育便衰没了。如今教童子，只当以孝、弟、忠、信、礼、义、廉、耻为主旨。教育学生的方法，应当通过吟咏诗歌来激发其志趣，学习礼仪来严肃其仪容，诵读书卷来开发其智力。今人常常认为吟咏诗歌、学习礼仪不切时务，这都是庸俗浅薄的见解，又岂能明白古人实施教育的本意？

大致而言，童子的性情爱嬉戏玩耍而讨厌拘谨束缚，就如草木刚开始萌芽，让它舒畅生长便能枝条畅达，若对其摧残阻挠便会衰弱枯萎。如今，教育童子一定要使他们欢欣鼓舞，心中喜悦，则其进步便不会停止。譬如时雨春风，泽润花木，花木无不萌动生长，自然日月茁壮。反之，若是遭受了风霜侵袭，花木便会生意萧索，日趋枯槁。所以，诱导他们吟咏诗歌，不仅仅是为了激发他们的志趣，也是让他们在吟咏中发泄蹦跳呼号的心绪，在音节中宣泄忧郁郁结的情感。教导他们学习礼仪，不仅仅是为了严肃他们的仪容，也是让他们在周旋揖让中活动血脉，在起拜屈伸中坚固其筋骨。教育他们阅读书卷，也不仅仅是为了开发他们的智力，也是让他们在反复钻研中修养身心，在抑扬讽诵中宣明志向。这一切教育手段，都是为了顺导他们的志向，调理他们的性情，默化他们的愚顽，使他们渐渐合于礼义而不觉得困难，在不知不觉中符合中和之道，这就是先王推行教育的深刻内涵。

近代世上那些教育儿童的人，每天只是督促学生句读和课业练习，要求他们约束自己，而不用礼仪来诱导他们，希求他们聪明而不知道用善来培养他们；鞭挞学生捆绑学生，就像对待囚犯一样。这导致学生将学舍看成是监狱而不肯上学，将老师看成是仇人而避之不及。于是，学生们便窥察、逃避、掩饰，以便去嬉戏耍闹；撒谎、巧饰、欺诈，以行顽皮鄙薄之事，越来越卑劣不成器。如此，就是驱使他们向恶，而又奢求他们为善，岂能行得通？

我的教学观点，用意正在此处。只恐世人不理解，视我为迂腐，且我也即将离开此地，所以特地叮咛嘱咐。希望你们这些教育者，务必理解我的用意，并永远遵守，不要因为世俗的言论而更改了我制订的规矩，这一切也许能起到“蒙以养正”的功效。谨记谨记！

经典解读

先王推行教育，是为了涵养人民的德行，使人们言行合乎中庸之道，诵诗、读书、学礼、学射都是这个目的。可后人却逐渐将先王的本意遗忘了，一味教学生记诵词章，这种教育便走入了歧途。这和学者不反求本心，致力诚意、正心，而专门在考据察辩上下功夫是一样的。阳明先生的做法就是为了使教育返回正途，使教育重新注重对学生德行的培养。

先生的教育理念，很值得今人思考。教育学生要顺着他们的兴趣、发展他们的性情，而不是违背他们的兴趣、性情；要让学生在学习中得到快乐，而不是感到束缚。那些填鸭式的教育方式，那些专门为应试而存在的教育产业，可以说都是对学生的戕害，都是对整个国家、社会的贼害；它们的实施者可以说都是先王的罪人，是阳明先生的罪人。

教约

原文

每日清晨，诸生参揖毕，教读以次遍询诸生：在家所以爱亲敬长之心，得无懈忽未能真切否？温凊定省之仪，得无亏缺未能实践否？往来街衢步趋礼节，得无放荡未能谨饬否？一应言行心术，得无欺妄非僻未能忠信笃敬否？诸童子务要各以实对，有则改之，无则加勉。教读复随时就事，曲加诲谕开发，然后各退就席肄业。

凡歌诗，须要整容定气，清朗其声音，均审其节调，毋躁而急，毋荡而嚣，毋馁而慑。久则精神宣畅，心气和平矣。每学量童生多寡分为四班。每日轮一班歌诗，其余皆就席敛容肃听。每五日则总四班递歌于本学。每朔望集各学会歌于书院。

凡习礼需要澄心肃虑，审其仪节，度其容止，毋忽而惰，毋沮而怍，毋径而野，从容而不失之迂缓，修谨而不失之拘局。久则礼貌习熟，德性坚定矣。童生班次皆如歌诗。每间一日则轮一班习礼，其余皆就席敛容肃观。习礼之日，免其课仿。每十日则总四班递习于本学，每朔望则集各学会习于书院。

凡授书不在徒多，但贵精熟。量其资禀，能二百字者止可授以一百字，常使精神力量有余，则无厌苦之患，而有自得之美。讽诵之际，务令专心一志，口诵心惟，字字句句，䌷绎反复。抑扬其音节，宽虚其心意。久则义礼浃洽，聪明日开矣。

每日工夫，先考德，次背书诵书，次习礼或作课仿，次复诵书讲书，次歌诗。凡习礼歌诗之数，皆所以常存童子之心，使其乐习不倦，而无暇及于邪僻。教者如此，则知所施矣。虽然，此其大略也。“神而明之，则存乎其人。”①

注释

①神而明之，则存乎其人：真正弄明白某一事物的奥妙，在于各人的领悟。出自《周易·系辞》：“神而明之，存乎其人。”

译文

每日清晨，学生揖拜完毕，老师要依次向每位学生提问：在家里，爱亲敬长之心有没有懈怠，是否情真意切？温清定省的礼节有没有亏欠，是否完全实践了？在路上，往来行走的礼节有没有放荡，是否谨饬恪守了？一切言行心思，有没有欺妄邪僻，是否忠信笃敬？每位学生都要据实回答，有过则改之，无过则加勉。老师要随时就事对学生加以教导和启发，然后再让他们回到座位上学习。

吟诵诗歌时，需要仪容整洁，气定心安，声音清朗，音节和缓，不急不躁，不狂不闹，不畏不馁。久而久之，学生自然变得精神宣畅饱满，心平气和。每所学院根据学生的多少分为四班。每天安排一个班唱歌诵诗，其余学生在座位上肃静倾听。第五天时，让四个班在学校中依次唱诵，每到初一、十五，便将各个学校召集起来，在书院中会歌。

学习礼仪需要静心洁虑，老师要审视学生的礼仪细节，察看学生的举止容貌，不容疏忽，不容懒惰，不容自满，不容羞怯，不容随意，不容粗野，做到从容又不迂腐迟缓，修谨又不拘束局促。久而久之，礼貌自然纯熟，德行自然坚定。学生的班次犹如歌诗一样。每隔一天就轮到一个班练习礼仪，其余学生都在座位上肃静观看。练习礼仪的日子，可以免除课外练习。每过十天，就让四个班在学校中以此演习；每月初一、十五召集各学校在书院中一起练习。

老师授课不在量多，而贵精熟。依据学生的资质禀赋，能学两百字的，只教他学一百字，常使他们精力有余，这样便不会因为辛苦而厌恶学习了，还能因有自我收获而感到高兴。诵读之时，一定要让学生专心致志，口读心想，一字一句，反复思量。音节要抑扬顿挫，思想要宽广虚静。久而久之，学生自然能熟悉礼义，聪慧渐长。

每日的功夫，必须先考察学生的德行，其次去背书、诵书，其次练习礼仪或作课业练习，其次读诗唱歌。大凡练习礼仪、读诗唱歌等，都是为了保养学生的童心，使其乐于学习而不厌倦，使他们没有闲暇触及邪僻。教师们能认识到这点，就知道该如何教育学生了。虽然说了这么多，也是一个大略，“神而明之，存乎其人”，真正弄明白，还在于各人自己的领悟。

经典解读

这是阳明先生在指导教师们具体如何教育好学生，其中有很多值得现在人思索、借鉴的观点。比如，考察学生时以德行为先；每日早上先让学生反省自己昨日所为；教授学生时要留有余地，让他们不会觉得繁多、困难；保持学生的童心，培养他们对学习的热爱……

下卷

原文

正德乙亥，九川初见先生于龙江。先生与甘泉先生[①]论格物之说。甘泉持旧说。先生曰："是求之于外了。"甘泉曰："若以格物理为外，是自小其心也。"九川甚喜旧说之是。先生又论"尽心"一章，九川一闻却遂无疑。后家居，复以格物遗质。先生答云："但能实地用功，久当自释。"山间乃自录《大学》旧本读之，觉朱子格物之说非是。然亦疑先生以意之所在为物，物字未明。

己卯归自京师，再见先生于洪都。先生兵务倥偬，乘隙讲授，首问近年用功何如？九川曰："近年体验得'明明德'功夫只是'诚意'。自'明明德于天下'，步步推入根源，到'诚意'上再去不得，如何以前又有格致工夫？后又体验，觉得意之诚伪必先知觉乃可，以颜子'有不善未尝知之，知之未尝复行'为证，豁然若无疑。却又多了格物工夫。又思来吾心之灵何有不知意之善恶？只是物欲蔽了。须格去物欲，始能如颜子未尝不知耳。又自疑功夫颠倒，与诚意不成片段。后问希颜[②]。希颜曰：'先生谓格物致知是诚意功夫，极好。'九川曰：'如何是诚意功夫？'希颜令再思体看。九川终不悟，请问。"

先生曰："惜哉！此可一言而悟，惟浚所举颜子事便是了。只要知身、心、意、知、物是一件。"

九川疑曰："物在外，如何与身、心、意、知是一件？"

先生曰："耳、目、口、鼻、四肢，身也，非心安能视、听、言、动？心欲视、听、言、动，无耳、目、口、鼻、四肢亦不能。故无心则无身，无身则无心。但指其充塞处言之谓之身，指其主宰处言之谓之心，指心之发动处谓之意，指意之灵明处谓之知，指意之涉着处谓之物，只是一件。意未有悬空的，必着事物。故欲诚意，则随意所在其事而格之，去其人欲而归于天理，则良知之在此事者，无蔽而得致矣。此便是诚意的功夫。"

九川乃释然破数年之疑。

注　释

①甘泉先生：湛若水，字元明，号甘泉，广东增城人，著名理学家，与阳明先生同时讲学，各立门户。

②希颜：蔡宗兖，字希颜，浙江山阴人，与阳明先生同乡。

译　文

正德乙亥年（正德十年，1515 年），九川于龙江首次与先生见面。先生正与甘泉先生就格物之说进行辩论。甘泉先生坚持朱子的旧说。先生说："这样就是在心外寻求了。"甘泉先生说："若认为寻求物理是外，那就将自心看小了。"起初，九川很赞成朱子的旧说。先生又谈论了《孟子·尽心》一章，九川听后对先生的阐释便再也没有疑问了。后来，九川闲居家中，就格物的问题再次请教先生。先生回答说："只要能实实在在地用功，久而久之，自当明白。"九川暂居山中，便自己抄录了《大学》旧本来读，觉得朱子格物的学说不太正确。但同时也怀疑先生"意之所在为物"的观点，认为对"物"的解释还不够明朗。

己卯年（正德十四年，1519 年），从京师归来，在洪都再次遇到先生。先生军务缠身，只得抽空教授九川，首先便询问近年来用功的情况。九川说："近年来领悟到'明明德'的功夫只是'诚意'。从'明明德于天下'，逐步推本溯源，到了'诚意'上便不能再前进了，不知道为何'诚意'之上还有'致知''格物'的功夫？后来经过体悟，我认为意的真诚与否，必须有所知觉才可，以颜子'有不善未尝知之，知之未尝复行'为证，对'致知'的功夫似乎豁然无疑了。但依然弄不明白，为何还有个'格物'。又思索，以我心的灵敏为何会不知'意'的善恶呢？只因为被物欲蒙蔽了。只有格除物欲，才能如颜子一有不善马上就会知道。于是，我怀疑我的功夫是否做反了，导致'致知'、'格物'与'诚意'连不到一起。后来我问希颜，希颜说：'先生主张格物致知是诚意的功夫，十分正确。'我说：'诚意的功夫到底是指什么呢？'希颜让我去作深入思考。但我还是不能领悟，特请教于先生。"

先生说："可惜！这问题一句话就能说明白，你所举的颜子之事便是。只要理解身、心、意、知、物均是一回事就行了。"

九川疑惑地问："物在外，怎么能与身、心、意、知是一回事呢？"

先生说："耳、目、口、鼻及四肢是人的身体，没有心岂能视、听、言、动？心要视、听、言、动，若没有耳、目、口、鼻及四肢也不行。所以说，无心则无身，无身则无心。就其充盈空间的实体而言便叫作身，就其主宰处而言便叫作心，从心的发动上来说便叫作意，从心的灵明上来说便叫作知，从意的涉外处来说便叫作物，这些都是一回事。意不是悬空的，必须牵涉到事物。所以，想要诚意，就跟随意所在的事物去‘格’，消除人欲而归于天理，那么良知在这件事上，就不会被蒙蔽而能‘致’了。这便是诚意的功夫。”

听了先生的话，九川心中数年的疑惑便豁然破除了。

经典解读

陈九川叙述了自己从恪信旧说，怀疑先生的学说，到对先生学说服膺而豁然无疑的过程。理解先生的学说，关键就在于明白“格物”、“致知”与“诚意”之间的关系，而要想正确认识它们的关系，就要明白身、心、意、知、物的同一性。

原文

又问：“甘泉近亦信用《大学》古本，谓格物犹言造道，又谓穷理如穷其巢穴之穷，以身至之也，故格物亦只是随处体认天理。似与先生之说渐同。”

先生曰：“甘泉用功，所以转得来。当时与说‘亲民’字不须改，他亦不信。今论‘格物’亦近，但不须换‘物’字作‘理’字，只还他一‘物’字便是。”

后有人问九川曰：“今何不疑物字？”曰：“《中庸》曰：‘不诚无物。’程子曰：‘物来顺应。’又如‘物各付物’‘胸中无物’之类皆古人常用字也。”

他日先生亦云然。

译文

九川接着问：“甘泉最近也深信《大学》古本，认为格物就是为道，又认为‘穷理’的‘穷’犹如‘穷其巢穴’的‘穷’，要亲自到巢穴中去，所以说格物也只是随处体认天理，似乎和先生的说法逐渐接近了。”

先生说：“甘泉肯用功，所以观念就能转变了。当时和他说‘亲民’无须改为‘新民’，他还不信。如今，他说的‘格物’也基本正确了，但没必要将‘物’字换作‘理’字说，还只是用‘物’字就可以。”

后来有人询问九川，说：“如今怎么不对‘物’字疑虑了？”九川回答：“《中庸》中说：‘不诚无物。’程子说：‘物来顺应。’又如‘物各付物’‘胸中无物’之类都是古人常说的。”后来有一天，先生也是这样说。

经典解读

切切实实地下功夫，自然能明白先生身、心、意、知、物都为一个的观点，也就自然认可格物便是穷理，便是诚意，便是正心，便是修身，便是致良知。这些都只是一套功夫，因为侧重点不同，修为的深浅程度不同，所以才冠以了不同的名号。学者如能想明白这些，那一切关于功夫的疑惑就会如云雾般涣然消散，也就不会再被这些概念所困扰了，就知道该如何在实处下功夫了。

原文

九川问："近年因厌泛滥之学，每要静坐，求屏息念虑，非惟不能，愈觉扰扰，如何？"

先生曰："念如何可息，只是要正。"

曰："当自有无念时否？"

先生曰："实无无念时。"

曰："如此却如何言静？"

曰："静未尝不动，动未尝不静。戒谨恐惧即是念，何分动静？"

曰："周子何以言'定之以中正仁义而主静'？"

曰："无欲故静，是'静亦定，动亦定'的'定'字，'主'其本体也。戒惧之念，是活泼泼地，此是天机不息处，所谓'维天之命，于穆不已。'一息便是死，非本体之念即是私念。"

译文

九川问："近年因厌恶泛滥博览，常要独自静坐，以求摒弃思虑念头，可不仅不能如愿，反而觉得更加扰乱，该怎么办呢？"

先生说："念头如何能消灭，只让它归于中正即可。"

九川问："是否存在完全无念的时候？"

先生说："确实没有无念之时。"

九川问："既然这样，为何要说静呢？"

答："静并非不动，动也并非不静。戒慎恐惧便是念头，哪分什么动静？"

问："那为何周敦颐先生要说'定之以中正仁义而主静'呢？"

答："没有私欲自然宁静，周敦颐说的'定'便是'静亦定，动亦定'的'定'，'主'就是指本体。戒惧的念头是活泼泼的，正体现了天机流动不息，即所谓的'维天之命，于穆不已。'一旦停息便是死亡，不由本体而发的念头便是私心杂念。”

经典解读

静，不是让人没有一点儿念头，没有一点儿念头是不可能的，追求这种结果，就会让人沦入到佛老的枯寂虚空之中。儒家所讲的静，是就本体不动而言，即内心有所定止，不被物欲所扰动，安于仁义道德。

原　文

又问：“用功收心时，有声色在前，如常闻见，恐不是专一。”

曰：“如何欲不闻见？除是槁木死灰，耳聋目盲则可。只是虽闻见而不流去便是。”

曰：“昔有人静坐，其子隔壁读书，不知其勤惰。程子称其甚敬。何如？”

曰：“伊川恐亦是讥他。”

译　文

九川又问：“当用功收敛心性之时，若有美声美色在眼前，还如平常那样去听去看，恐怕就是不专一了吧？”

先生说：“怎么能不想听、不想看？除非是槁木死灰，耳聋目盲之人。虽然听见了，只要心不跟随它也就可以了。”

九川问：“从前有人静坐，他的儿子在隔壁读书，他却不知儿子是否在读书。程子称赞他能持静，这是为什么呢？”

先生说：“程子恐怕也是在讥讽他。”

经典解读

静坐养心并不是对外界声色一概不察，如槁木死灰一般，该听的就听，该察的就察，只要能保持内心宁静，不被其扰乱思绪就可以了。就如管宁、华歆读书一般，窗外的鼓吹之声华歆听到了便心神动荡，管宁虽然也听到了，却能保持平静，继续做自己的功课，管宁便是能收敛心性的人。至于说在屋子里静坐，外面有什么声音也毫不觉察，那除非是睡着了，或耳聋目盲的人才能做到。

原　文

又问：“静坐用功，颇觉此心收敛。遇事又断了，旋起个念头去事上省察。事过又寻旧功，还觉有内外，打不作一片。”

先生曰："此格物之说未透。心何尝有内外？即如惟浚今在此讲论，又岂有一心在内照管？这听讲说时专敬，即是那静坐时心。功夫一贯，何须更起念头？人须在事上磨炼做功夫乃有益。若只好静，遇事便乱，终无长进。那静时功夫亦差似收敛，而实放溺也。"

后在洪都，复与于中①、国裳②论内外之说，渠皆云物自有内外，但要内外并着，功夫不可有间耳。以质先生。

曰："功夫不离本体，本体原无内外；只为后来做功夫的分了内外，失其本体了。如今正要讲明功夫不要有内外，乃是本体功夫。"

是日俱有省。

注释

①于中，应为阳明先生弟子，说法不一，一说"于中"为"子中"之误，即夏良胜。

②舒芬，字国裳，号梓溪，南昌进贤人，正德十二年（1517 年）状元，阳明先生弟子。

译文

九川又问："静坐用功时，很是觉得此心正在收敛。但遇到事情便会间断，马上即起格念头到所遇的事上去省察。待事情过后又去搜寻原来的功夫，依然觉得有内外之分，始终不能打成一片。"

先生说："这是对格物之说了解得还不透彻。心何尝有内外之分？正如你现在在这里讨论，难道另有一个心在里面管照着？这个听讲说话时的敬心，便是那静坐时的心。功夫是一贯的，哪里需要又另起一个念头？人需要在事上磨炼做功夫才会有益。若只好静，遇事便乱，始终难以长进。那静时的功夫看起来像是收敛，实际上哪是放纵沉沦。"

后来在洪都，我又与于中、国裳讨论内外的问题，他们都认为物自有内外之别，但要内外兼顾，功夫无分内外。就这个问题，我们向先生请教。

先生说："功夫不离本体，本体原无内外；只是后来做功夫的人将它分成了内外，丧失了其本体。现正正是要讲明功夫不要分内外，这个才是本体的功夫。"

这天大家都有所心得。

经典解读

静时用功，动时又乱，这个问题前面陆澄曾经向先生请教过，先生回答：

"是徒知静养，而不用克己功夫也。如此，临事便要倾倒。人须在事上磨，方立得住，方能'静亦定，动亦定'。"

做功夫没有内外、静动之分，必须时刻不离本体，不论静时还是动时、遇事还是无事，都要切切实实从心上下功夫，都要致良知。

原文

又问："陆子之学何如？"

先生曰："濂溪、明道之后，还是象山。只是粗些。"

九川曰："看他论学，篇篇说出骨髓，句句似针膏肓，却不见他粗。"

先生曰："然，他心上用过功夫，与揣摹依仿、求之文义自不同，但细看有粗处。用功久，当见之。"

译文

九川又问："陆象山先生的学说怎么样？"

先生说："自周敦颐、程颢之后，也就陆象山了，只是稍显粗犷了些。"

九川说："看他讲学，每篇似乎都说出了精髓，句句如针刺膏肓，却不知粗在何处？"

先生说："是的，他曾在心上下过功夫。这揣摸效仿、专求文词的功夫自不同，但细看就会发现粗疏的地方。你用功久了，自然会发现。"

经典解读

用功久了，自见精粗。学生们觉得陆象山的学说句句说出精髓，而先生却觉得其学说稍有粗疏，这正是因为功夫境界不同而得到的不同感受。只有修为到了一定程度，才能真正领悟到学问的真谛。就像我们上小学时，觉得老师们都是知识渊博的，心中充满了仰慕之情，可等我们再学习几十年，回过头去看看小学老师所讲授的那些知识，都是十分简单、普通的。

其实，这个道理在很多地方都适用。大多数时候，决定我们对一件事物看法的并不是那个东西，而是我们自身。我们对其过于崇拜、对其充满偏见、觉得其一无是处，可能它并非我们想象中的那个样子，只是因为我们见识还不足、境界还不够，不能看出他的粗疏、美好、有用的地方。同样是学习圣人的学说，有的人得到精髓，有的人见到大体，有的人只能稍得毛皮，并不是圣人的学说不同，而是每个人自身的境界不同罢了。所以，无论在什么事物上，只有自己的水平达到了一定的层次，才能得到最为正确的认识，提高自身永远是正确认识外界的关键。

原文

庚辰往虔州再见先生，问："近来功夫虽若稍知头脑，然难寻个稳当快乐处。"

先生曰："尔却去心上寻个天理。此正所谓理障。此间有个诀窍。"

曰："请问如何？"

曰："只是致知。"

曰："如何致知。"

曰："尔那一点良知，是尔自家底准则。尔意念着处，他是便知是，非便知非，更瞒他一些不得。尔只不要欺他，实实落落依着他做去，善便存，恶便去，他这里何等稳当快乐。此便是格物的真诀，致知的实功。若不靠着这些真机，如何去格物？我亦近年体贴出来如此分明，初犹疑只依他恐有不足，精细看，无些小欠阙。"

译文

庚辰年（正德十五年，1520 年），九川到虔州再次见到先生，问："近来功夫虽略微掌握了些要领，然还是难以寻得个稳当快乐处。"

先生说："你却去心上寻格天理。这就是所谓的'理障'。此间有个诀窍。"

九川问："请问该怎样呢？"

先生答："只是致知。"

九川问："如何致知。"

先生答："你的良知，便是你自己的准则。你意念所到之处，是便知是，非便知非，不能有丝毫的隐瞒。你只要不去欺骗良知，切切实实地依循着良知去做，如此就能存善，就能去恶，此处是何等的稳当快乐！这便是格物的真正秘诀，致知的实在功夫。若不倚靠着这点儿真机，如何去格物？我也是近年才体悟得如此清楚，起始我也怀疑只靠着良知恐怕会有不足，但经过细思，没有一点的欠缺。"

经典解读

佛家有二障：事障、理障。因贪、嗔、慢、无明、见、疑等烦恼能令生死相续而障涅槃，故称事障；至于根本无明，乃有碍正知正见，而障本觉真如之理者，则称为理障。先生称陈九川所犯的为"理障"，就是说他在根本的观念上存在错误，不是单单靠下功夫、消除物欲就能克去的。

良知是自己的准则，凡是只要依着良知踏踏实实去做，这便是极其稳当、快乐的。若这样做了，却感受不到稳当、快乐，还非要另寻出一个稳当、快乐，那就是认知存在错误——过于期待稳当、快乐，从而迷乱了自己的感知、心灵，这就是圣人说的“人莫不饮食，鲜能知味也”。对此，也只能是继续做正心、诚意的功夫，也就是格物、致知。心正、意诚了，自然能得到真正的体悟，感受到功夫中的稳当、快乐。

原　文

在虔与于中、谦之同侍。先生曰：“人胸中各有个圣人，只自信不及，都自埋倒了。”

因顾于中曰：“尔胸中原是圣人。”于中起不敢当。

先生曰：“此是尔自家有的，如何要推?”

于中又曰：“不敢”。

先生曰：“众人皆有之，况在于中，却何故谦起来？谦亦不得。”

于中乃笑受。

又论：“良知在人，随你如何不能泯灭，虽盗贼亦自知不当为盗，唤他作贼，他还忸怩。”

于中曰：“只是物欲遮蔽。良心在内，自不会失，如云自蔽日，日何尝失了。”

先生曰：“于中如此聪明，他人见不及此。”

先生曰：“这些子看得透彻，随他千言万语，是非诚伪，到前便明。合得的便是，合不得的便非，如佛家说心印相似，真是个试金石、指南针。”

先生曰：“人若知这良知诀窍，随他多少邪思枉念，这里一觉，都自消融。真个是灵丹一粒，点铁成金。”

崇一曰：“先生致知之旨发尽精蕴，看来这里再去不得。”

先生曰：“何言之易也？再用功半年看如何，又用功一年看如何。功夫愈久，愈觉不同。此难口说。”

译　文

在虔州时，九川与于中、谦之一同陪侍先生。先生说：“各人胸中都有一个圣人，只因不够自信，便将自己胸中圣人埋没了。”

接着先生对于中说："你胸中原是圣人。"于中连忙站起来，说不敢当。

先生说："这是你自己有的，为何要推辞呢？"

于中又说："不敢。"

先生说："每个人都有，更何况于中你呢？为何谦让起来？让也让不掉。"

于中于是笑着接受了。

先生又说："良知在人身上，不管如何你都不能让它泯灭。即便是盗贼，他也明白自己不应该去偷窃，唤他作贼，他也会羞愧忸怩。"

于中说："那只是物欲障蔽了良知，良知还在心内，自不会丢失，就如乌云蔽日一般，太阳何曾丢失。"

先生说："于中这样聪明，别人还未能体悟到这里。"

先生说："把这些都看得透彻了，随他千言万语，是非诚伪，到了良知面前便立刻明朗。与良知相合的便是对的，与良知不和的便是非的，就如佛家所说的'心印'类似，的确是个试金石、指南针。"

先生又说："人若能知道这良知诀窍，随他有多少邪思杂念，只要被良知发觉，都会自动消融。的确犹如灵丹一粒，可以点铁成金啊。"

崇一说："先生致知的学说阐发得如此淋漓尽致，看来此处再也无法深讲了。"

先生说："怎么能说得这样随便？再用功半年看看如何，再用功一年看看如何？功夫越久，体悟越不同，其间奥妙难以言表。"

经典解读

本段主要讲了两个问题：一，良心人人都有，只要切实发充，不使其为物欲所障蔽，每个人都可以为圣人；二，功夫越深，越能得到更精微奥妙的体悟，学无止境，不可骄傲自满、固步自封。

原 文

先生问九川："于致知之说体验如何？"

九川曰："自觉不同。往时操持常不得个恰好，此乃是恰好处。"

先生曰："可知是体来与听讲不同。我初与讲时，知尔只是忽易，未有滋味。只这个要妙再体到深处，日见不同，是无穷尽的。"

又曰："此'致知'二字，真是个千古圣传之秘，见到这里，'百世以俟圣人而不惑'。"

译文

先生问："九川，你对于致知的观点有什么体验？"

九川说："自己觉得与往日不同了。以前在操持时，经常不能恰到好处，如今感觉是恰到好处。"

先生说："由此可见，自己体悟来的和听讲确实不同。我当初和你讲的时候，知道你只是随随便便的，未能体味个中滋味。就这个妙处再作更深的体会，每天都有新的认识，这是没有止境的。"

先生又说："'致知'这两个字，真是千古圣贤相传的秘诀，理解了'致知'，自能'百世以俟圣人而不惑'。"

经典解读

"纸上得来终觉浅，绝知此事要躬行"，最上乘的道不是口说耳听便可相传授的，必须躬行实践，才能悟得。先生的致良知之学，最重要的便是"知行合一"，知而行之才是真知，知而不行终究是空谈妄想，于自身能有什么好处呢？那样，反倒沦为考究搜求的功夫之下了。

原文

九川问曰："伊川说到'体用一原，显微无间'处，门人已说是泄天机。先生致知之说，莫亦泄天机太甚否？"

先生曰："圣人已指以示人，只为后人掩匿，我发现耳，何故说泄？此是人人自有的，觉来甚不打紧一般，然与不用实功人说，亦甚轻忽，可惜彼此无益。与实用功而不得其要者提撕之，甚沛然得力。"

又曰："知来本无知，觉来本无觉。然不知则遂沦埋。"

译文

九川问："尹川先生说到'体用一源，显微无间'时，门人都说他已经泄露了天机。先生致知的学说，是否也过多地泄露了天机？"

先生说："圣人早就将良知告诉了世人，只是后人将其隐匿了，而我使它重新显露而已，怎么能说是泄露天机呢？良知是人人自来就有的，但觉察起来也难以引起重视，对没有切实用功的人说起，他们觉得良知甚为轻微，这对教者、听者都不能产生益处，甚为可惜。但对于切实用功又尚未把握住要领的人揭示，就会让其非常受益。"

先生又说："理解了，才明白本无知；感觉了，才明白本无觉。然而，不知就会沉沦埋没。”

经典解读

世人将“致良知”看作是阳明先生所创立的，但先生却说良知是圣人早就用来教化世人的，只是世人将其掩匿，不曾发扬罢了——这就如在自谦“站在巨人的肩膀之上”。

了解良知的学说不难，真正下功夫切实践行才不容易。先生创立“致良知”之学这么久，世上又有多少人能真正致自己的良知呢？又有多少人能真正做到了“去人欲，存天理”呢？数百年来也屈指可数吧！所以说，致不致良知关键还在自己，只有对自己真正肯下功夫的人，先生的学说才能体现其价值。

良知本自然，真正与天地合一之人，言行无不遵循良知，却近于无知无觉，这就是圣人所说的“何思何虑”，道家所说的“道法自然”、“不思虑，不豫谋”而合乎道。

原　文

先生曰：“大凡朋友须箴规指摘处少，诱掖奖劝意多，方是。”后又戒九川云：“与朋友论学，须委曲谦下，宽以居之。”

译　文

先生说：“大凡朋友之间，彼此应少一点规劝指责，多一点开导鼓励，如此才是正确的。”后来他又告诫九川说：“和朋友一起探讨学问，应该委曲谦让，宽厚待人。”

经典解读

宽以待人是君子的美德，无论在做事还是在研究学问之中都该如此。宽容、鼓励，是顺从人性的，他人得此，必然自觉奋进，心怀感激；指摘苛责是拂逆人性的，他人遭此，必然生出愤怒，心生厌恨。不管于人于己，宽容都远胜指责，所以《荀子·不苟篇》说：“君子宽宏大量，但不懈怠马虎；方正守节，但不尖刻伤人；能言善辩，但不做无谓争论；洞察一切，但不过于激切；卓尔不群，但不盛气凌人；坚定刚强，但不粗鲁凶暴；宽柔和顺，但不随波逐流；恭敬谨慎，但待人宽容。”

原　文

九川卧病虔州。先生云："病物亦难格，觉得如何？"

对曰："功夫甚难。"

先生曰："常快活便是功夫。"

九川问："自省念虑，或涉邪妄，或预料理天下事。思到极处，井井有味，便缱绻难屏。觉得早则易，觉迟则难。用力克治，愈觉扞格。惟稍迁念他事，则随两忘。如此廓清，亦似无害。"

先生曰："何须如此，只要在良知上着功夫。"

九川曰："正谓那一时不知。"

先生曰："我这里自有功夫，何缘得他来。只为尔功夫断了，便蔽其知。既断了，则继续旧功便是，何必如此？"

九川曰："真是难鏖，虽知，丢他不去。"

先生曰："须是勇。用功久，自有勇。故曰'是集义所生者'，胜得容易，便是大贤。"

九川问："此功夫却于心上体验明白，只解书不通。"

先生曰："只要解心。心明白，书自然融会。若心上不通，只要书上文义通，却自生意见。"

译　文

九川在虔州卧病在床。先生说："病这个事物也很难格，你觉得如何？"

九川答说："下功夫的确很难。"

先生说："常保持快乐便是功夫。"

九川问："反省自己的念头，或觉时有邪妄，有时想去治理天下大事。思到终极，也津津有味，缱绻难弃。若是自己醒悟得早，还容易去掉；若是自己醒悟得迟了，就难以排除了。越是用力克治，越觉得难以格除。唯有将念头转移，才能完全忘却。如此清静思虑，似乎也没有妨害。"

先生说："何必如此呢，只要在良知上下功夫即可。"

九川说："我讲得正是良知还未知的情况。"

先生说："我这里自有功夫，为何有不知良知的时候呢？只因你的功夫间断，你的知便被蒙蔽了。既然间断了，还继续下功夫便是，为何非要像你所说的那样做？"

九川说："这真是一场苦战啊，虽然知道妄念作怪，却消除不去它！"

先生说："必须要有勇气，用功久了，自然有勇气。所以说'是集义所生者'，能够很容易战胜妄念，便是大贤了。"

九川问："这功夫只能在心上体悟明白，但要解释书上的文义，便不通了。"

先生说："只要能在心上解释便可。心明白，书自然融会。若心上不通，只去解释书上的文义，反而会自生偏见。"

经典解读

为何说"常快活就是功夫"，一个人只要能时时致自己的良知，问心无愧，没有了"一朝之患"，他便不会因世俗中的那些烦恼，如贫穷、疾病、怀才不遇、被人误解而苦恼，这便是常快活的功夫。人之所以不快活，就是因为心中的物欲太多，良知被私欲所蒙蔽，致良知就是要消除这种私欲，使自己安于道义，这正是圣贤快乐的源泉，所以古之贤人云："民生各有所乐兮，余独好修以为常。"

良知常在，即所谓"照心常照，妄心常照"，若说自己不知良知，只能是妄念太重，蒙蔽了良知。这时，就要发力去克除私心杂欲，使内在的良知显现出来。对于圣人来说致良知简便易行，但对于普通人来说，不得不下功夫去努力"集义"，这就需要勇气，需要"力行"，需要"人一己百，人十己千"的精神。

致良知的功夫，只需在自心上努力。每个人的情况有所不同，即便是效仿圣人，也不如返之于心。如人饮水，冷暖自知，不管为学为道，只要自心明白即可，若非要附会书本，反而会与正道南辕北辙。

原文

有一属官，因久听讲先生之学，曰："此学甚好，只是簿书讼狱繁难，不得为学。"

先生闻之，曰："我何尝教尔离了簿书讼狱悬空去讲学？尔既有官司之事，便从官司的事上为学，才是真格物。如问一词讼，不可因其应对无状，起个怒心；不可因他言语圆转，生个喜心；不可恶其嘱托，加意治之；不可因其请求，屈意从之；不可因自己事务烦冗，随意苟且断之；不可因旁人谮毁罗织，随人意思处之。有许多意思皆私，只尔自知，须精细省察克治，惟恐此心有一毫偏倚，杜人是非，这便是格物致知。簿书讼狱之间，无非实学。若离了事物为学，却是着空。"

译 文

有一下属官僚，长期听先生讲学，说："先生之学甚好，只是文书案件冗繁，没有时间去做学问。"

先生听后，说："我何尝教你放弃文书、案件而悬空讲学？你既然需要断案，便从断案上为学，这才是真正的格物。如审问一件案子，不能因为对方应对不得体而心生恼怒；不能因为对方语言婉转而心生欢喜；不能因为厌恶对方的嘱托，而存心整治他；不能因为对方的请求，而有意偏袒他；不能因为自己事物繁冗，而随便应付了断；不能因为旁人的谮毁罗织而盲从人意。这里有很多情况都是私心私情，只有你自己知道，必须仔细省察克治，唯恐心中有一毫偏倚而枉人是非，这便是格物致知。处理文书、断决案件之间，全都是切实的学问。反之，若抛开事物而讲学问，却是虚妄空谈了。"

经典解读

做学问不是天天抱着书本空谈妄想，而要切实在事物上下功夫，做到知行合一。学问不需要专门抽出时间去做，而要在生活中的点点滴滴中磨炼、积累，在一事一物、一思一虑中致自己的良知，端正自己的内心，克除心中的杂念。格物不是格某个事物，而是格天下万物，格所有眼中所见之物。真正懂得做学问的人，绝不会说自己没机会、没时间做学问。学问做到深处，在哪里都能得到新的体悟，伊尹以烹饪说汤，孔子以流水教弟子，邹忌以乐理说齐威王……古人说的"事事皆学问"、"处处有禅机"正是这个道理。

原 文

虔州将归，有诗别先生云："良知何事系多闻，妙合当时已种根。好恶从之为圣学，将迎无处是乾元。"先生曰："若未来讲此学，不知说'好恶从之'从个什么。"

敷英[①]在座曰："诚然。尝读先生《大学古本序》，不知所说何事。及来听讲许时，乃稍知大意。"

注 释

①敷英：阳明先生弟子，生平不详。

译 文

九川将离开虔州，作诗饯别先生："良知何事系多闻，妙合当时已种根，好恶从之为圣学，将迎无处是乾元。”先生说：“你若没来此处听我讲学，断不知‘好恶从之’，从的是什么。”

当时敷英在座，听后说：“的确如此。我曾读先生的《大学古本序》，不知道先生所说的是什么。等来到这里听讲一段时日，才略晓其中大意。”

经典解读

陈九川所做之诗，是其自己对先生学说的感想，大意如下：良知岂由博学多闻而来？人生之初它已蕴于内心。一切好恶遵循于它即是圣学，稍有“将迎意必”便与天道迥隔。

陈九川的知道良知在心、顺从良知即是“道”是很难得的，但他对博学多闻的轻视却有些矫枉过正了。先生主张返回内心，从致良知上下功夫，是针对一味专注于考据搜求者而言的，但若完全抛弃博学多闻而专注内心，未必不走入另一个极端，即陷于佛家的顿悟之说中。所以，先生提点他说：你若不来我这儿听讲、不学怎么会知道良知之说呢？难道成天空想便能成学得道？

敷英的话也是这个道理：我当初读了先生的《大学古本序》都不知道先生所说是什么，只有来这里跟随先生学习以后才领悟其中大意，多学多闻的功夫又怎么是多余的，又岂可缺少呢？

原文

于中、国裳辈同侍食。先生曰：“凡饮食只是要养我身，食了要消化。若徒蓄积在肚里，便成痞了，如何长得肌肤？后世学者博闻多识，留滞胸中，皆伤食之病也。”

译文

于中、国裳等人陪侍先生就餐。先生说：“凡是饮食都是为了滋养身体，吃了就要消化。若单单积存在肚子里，便成了痞病，如何能促进肌肤发育呢？后世儒者虽然博闻多识，却将知识全部滞留在胸中了，这都是害了只吃不消化的病啊！”

经典解读

吃了食物，消化以后才能获得营养，否则便是病痞；学了知识，消化以后才能获得裨益，否则便是在学上害了痞病。为学要知行合一，将知识用于实践之中，不然岂不变成了两脚书橱，如同孔乙已一般的迂腐废人，那样还不如不读书、不做学问。

原 文

先生曰："圣人亦是学知，众人亦是生知。"

问曰："何如？"

曰："这良知人人皆有。圣人只是保全无些障蔽，兢兢业业，亹亹翼翼，自然不息，便也是学。只是生的分数多，所以谓之生知安行。众人自孩提之童，莫不完具此知，只是障蔽多，然本体之知难泯息，虽问学克治，也只凭他。只是学的分数多，所以谓之学知利行。"

译 文

先生说："圣人也是学而知之的，众人也能生而知之。"

九川问："先生为何如此说呢？"

先生回答说："这良知是人人都有的。圣人也只是保全它，而不令其被障蔽，兢兢业业，勤勤恳恳，良知自然常存，这也只是学。只是生知的成分多些。众人在孩提的时候，莫不良知完备，只是障蔽比圣人多些，然而本体的良知是难以泯灭的，虽然需要求学克治，也都是依循良知，仅仅是学的分量多些，所以才称为学之利行。"

经典解读

良知是人人生来都有的，不同人受到的障蔽不同，所以资质才显得有高有低，但只要能够努力克治私欲，致良知，人人都可以成为尧舜。世上哪有真正的天生圣人？尧舜不是，周公、孔子也不是，他们之所以为圣人，也是后日自身不断学习、不断克治的结果。孔子就曾说过："我非生而知之者，好古，敏以求之者也。"

原 文

黄以方[①]问："先生格致之说，随时格物以致其知，则知是一节之知，非全体之知也，何以到得'溥博如天，渊泉如渊[②]'地位？"

先生曰："人心是天渊。心之本体，无所不该，原是一个天。只为私欲障碍，则天之本体失了。心之理无穷尽，原是一个渊。只为私欲窒塞，则渊之本体失了。如今念念致良知，将此障碍窒塞一齐去尽，则本体已复，便是天渊了。"乃指天以示之曰："比如面前见天，是昭昭之天，四外见天，也只是昭昭之天。只为许多房子墙壁遮蔽，便不见天之全体，若撤去房子墙壁，总是一个天矣。不可道眼前天是昭昭之天，外面又不是昭昭之天也。于此便是一节之知即全体之知，全体之知即一节之知，总是一个本体。"

注释

①黄以方，黄直，字以方江西金溪人，阳明先生弟子。

②溥博如天，渊泉如渊：形容圣人德行极广，智慧极深，如天如渊，没有穷尽。

译文

黄以方问："先生格物致知的主张，是随时格物以致其知，那么，这知便是部分的知，而非全体的知，又如何能达到'溥博如天，渊泉如渊'的境界呢?"

先生说："人心是天渊。新的本体无所不包，原本就是一个天。只因私欲障蔽，而将天之本体失去了。心中的理无有穷尽，原本就是一个渊。只因私欲足色，而将渊的本体失去了。如今念念不忘致良知，将这些障蔽阻塞一齐都清除去，则本体复原，便是天渊了。"于是，先生指着天示意说："比如，眼前所见的天，是昭昭之天，四周所见的天，也只是昭昭之天。只因为被许多房屋墙壁遮蔽了，便看不到天的全体，若撤去房屋墙壁，就总是一个天了。不能说眼前的天是昭昭之天，外面的天便不是昭昭之天了。由此，便可看出，部分的知也就是全体的知，全体的知便是部分的知，从头到尾知只有一个本体。"

经典解读

《中庸》中说："今夫天，斯昭昭之多，及其无穷也，日月星辰系焉，万物覆焉。今夫地，一撮土之多，及其广厚，载华岳而不重，振河海而不泄，万物载焉。"我们所看到的天，只有头顶之上的那么一块，我们所看到的地，只有眼前的那么一方，但真正的天地是广大无垠、没有穷尽的，它们足以覆育万物、承载万物，日月星辰都在其中，河海山岳都在其上。我们觉得它们有限，只是因为我们自己的视野被阻挡了。道也是如此，它是浑然一体，无所不在，如老子所说的"大道汜兮，其可左右，万物恃之以生……"我们觉得它片面、部分，是因为我们的良知被物欲所障蔽，不能完全认识它罢了。人若能致其良知、克除物欲，就会发现道是如此广大，如此全面，自身修为也一定能到"溥博如天，渊泉如渊"的境界。

原文

先生曰："圣贤非无功业气节。但其循着这天理，则便是道。不可以事功气节名矣。"

"'发愤忘食'，是圣人之志如此，真无有已时。'乐以忘忧'，是圣人之道如此，真无有戚时。恐不必云得不得也。"

译　文

先生说："圣贤不是没有功业和气节。但他们只是遵循着这天理，这便是道。学者不可刻意追求功业、气节而求名。"

先生又说："'发愤忘食'，是圣人的志向本来如此，从来就没有停止之时。'乐以忘忧'，是圣人的道本来如此，真没有忧戚之时。到了圣人的境界，恐怕就没必要说得与不得了。"

经典解读

圣人从来不刻意去追求功名、气节，他们行事出自本性，合乎大道，没有一丝"将迎意必"的念头。但功业、名声却又往往伴随于圣人身上，这是他们所应得的，这便是"大德必得其位，必得其禄，必得其名，必得其寿"，这便是"夫子温良恭俭让以得之"。

发愤忘食、乐以忘忧，不是圣人刻意去这样做的，也只是出于他们的本性而已。常人之所以觉得这样做很难，需要勉强而行，也只是因为自己的良知充发得不足，心中的物欲私心还克除得不干净。与其一直勉强自己去效仿圣人，不如好好致自己的良知，境界到了，自然会发现为学、为道是件无比快活的事，也就无须勉强了。

原　文

先生曰："我辈致知，只是各随分限所及。今日良知见在如此，只随今日所知扩充到底。明日良知又有开悟，便从明日所知扩充到底。如此才是精一功夫。与人论学，亦须随人分限所及。如树有这些萌芽，只把这些水去灌溉。萌芽再长，便又加水。自拱把以至合抱，灌溉之功皆是随其分限所及。若些小萌芽，有一桶水在，尽相倾上，便浸坏他了。"

译　文

先生说："我们这些人致知，只是要依据各自能力尽力而为罢了。今天的良知见地到这样的程度，就只依据今天良知所达到的程度扩充到底。明日良知又有所开悟，便从明日良知所达到的程度扩充到底。如此才是精一的功夫。与人讲论学问，也须依据他人的能力所及。就如树刚刚萌芽时，只浇其必需的水就足够了。萌芽生长了一些，便加些水量。从一把粗到合抱粗，灌溉的功夫都要随其需要能力而下。若才有些小萌芽，有一桶水在，便全部倾倒下去，那反会将其浸泡坏了，又有什么益处呢？"

经典解读

为学必须循序渐进，不可急于求成，急于求成反而会伤害了自己的积极性，使自己对追求大道充满畏难、敷衍、功利的心理，所以孟子说："其进锐者，其退速。"

教人也必须循序渐进，因材施教，孔子说："中人以上，可以语上也；中人以下，不可以语上也。"对境界不够的人"语上"，只会让他怀疑、畏惧、泯灭求知之心。

原　文

黄直问知行合一。

先生曰："此须识我立言宗旨。今人学问，只因知行分作两件，故有一念发动，虽是不善，然却未曾行，便不去禁止。我今说个知行合一，正要人晓得一念发动处，便即是行了。发动处有不善，就将这不善的念克倒了，须要彻根彻底不使那一念不善潜伏在胸中。此是我立言宗旨。"

译　文

黄直向先生请教知行合一的问题。

先生说："这就需要明白我立论的宗旨。今人做学问，只因为将知与行分裂成了两件事，所以有一念头发动，明知是不善的，却因为未曾施行，便不去禁止。我现在说的'知行合一'正是要人知道，念头一经发动，即便是行了。发动处有不善，就把这不善的念头克去，并且要彻彻底底地将其剔除。这便是我立言的宗旨。"

经典解读

了解先生的"知行合一"就要知道他对"行"已有了新的阐释：世人大多认为事情完全做出来才是行，而先生却认为念头在脑子里产生时，便已经有了行。这时要做到知行合一，就不只是言行一致那么简单了，还要思行一致，也就是说在"非礼勿视，非礼勿听，非礼勿言，非礼勿动"，之外还有个"非礼勿思"，即无时无刻不去审视自己的内心，时时刻刻都要确保自己意诚、心正。

原 文

“圣人无所不知，只是知个天理；无所不能，只是能个天理。圣人本体明白，故事事知个天理所在，便去尽个天理。不是本体明后，却于天下事物都便知得，便做得来也。天下事物，如名物度数、草木鸟兽之类，不胜其烦。圣人须是本体明了，亦何缘能尽知得。但不必知的，圣人自不消求知，其所当知的，圣人自能问卜。如子入太庙，每事问之类。先儒谓‘虽知亦问，敬谨之至’。此说不可通。圣人于礼乐名物，不必尽知。然他知得一个天理，便自有许多节文度数出来。不知能问，亦即是天理节文所在。”

译 文

先生说：“圣人无所不知，也只是知个天理罢了；圣人无所不能，也只是能个天理罢了。圣人本体清澈莹洁，所以每件事都知道天理之所在，便能竭尽天理。并非等本体清澈莹洁以后，天下的事物便无所不知，便无所不能。天下事物，如名物度数、草木鸟兽之类，不计其数。圣人虽然本体清澈莹洁，又如何能全部尽知？只是无须知道的，圣人自然不去刻意知道，需要知道的，圣人自然能打听明白。如孔子入太庙，每事必问之类。朱子等先儒称‘虽知亦问，敬谨之至’，这种说法是不通的。圣人对于礼乐名物，不必全部知道。但他知得一个天理，便自能推致出许多规章制度出来，不知道的便去问，这也正是天理所要求的。”

经典解读

朱子等先儒多认为圣人是无所不知、无所不能的，所以在解释“子入太庙，每事问”时说孔子本来就知道了，之所以发问仅仅是为了表示恭谨之心。在阳明先生看来，这种说法是不通的，圣人发问，必然有所不知、有所不能，但他心中有个天理，事事能依循天理而为，所以才能将不知变为知了。

也就是说，圣人不是无所不知的，不需要穷尽天下事理，追求圣人之道，同样不能将格物穷理作为手段，而是要依循天理、依循自己的良知。

原 文

问：“先生尝谓善恶只是一物。善恶两端，如冰炭相反，如何谓只一物？”

先生曰：“至善者，心之本体。本体上才过当些子，便是恶了。不是有一个善，却又有一个恶来相对也。故善恶只是一物。”

直因闻先生之说，则知程子所谓“善固性也，恶亦不可不谓之性。”又曰：“善恶皆天理。谓之恶者，本非恶，但于本性上过与不及之间耳。”其说皆无可疑。

译文

黄直问：“先生曾认为善恶只是一个东西。善恶如同冰炭一般不能相容，怎么会是一个东西呢？”

先生说：“至善，是心的本体。本体上才有些过失，便是恶了。不是有一个善，却又有一个恶来相对。所以说善、恶只是一物。”

黄直因为听闻了先生的解说，也就明白了程颢先生的话：“善固性也，恶亦不可不谓之性。”“善恶皆天理。谓之恶者，本非恶，但于本性上过与不及之间耳。”它们都正确无疑。

经典解读

古代圣贤们为性善、性恶，性是一元、还是二元争论不休。其实，这个问题并不是太难理解，譬如形容一张纸，我们可以认为它是白的、也可以说它是黑的，可以说它有白、黑两个属性，也可以说它只有“灰度”一个属性。有黑便是白得不彻底，有白便是黑得不彻底，同样也可以说只是灰度不同罢了。善恶也是如此，可以说人性本来就是善的，存在恶便是善得不彻底；同样可以认为人性中存在善、恶两个方面，善、恶成分的不同，便构成了各人品性的差异……

认为人性是善的，那便要存养善；认为人性是恶的，那便要克除恶；认为人性有善有恶的，那便一边存善、一边去恶。在追求善的最终目的上，大家都是统一的。所以，我们没必要为性是善是恶而绞尽脑汁、辩论不息，只需要明白人应该去恶求善即可。

原文

先生尝谓：“人但得好善如好好色，恶恶如恶恶臭，便是圣人。”

直初闻之，觉甚易，后体验得来，此个功夫着实是难。如一念虽知好善恶恶，然不知不觉，又夹杂去了。才有夹杂，便不是好善如好好色、恶恶如恶恶臭的心。善能实实的好，是无念不善矣。恶能实实的恶，是无念及恶矣。如何不是圣人？故圣人之学，只是一诚而已。

译　文

先生曾说，人只要好善如同喜爱美色，恶恶如同讨厌恶臭，他便是圣人了。

黄直最初听到这话，觉得甚为简单。后来经过体验，才知道这个功夫着实是难。如，念头里虽然知道好善恶恶，却不知不觉又掺杂了别的进去。稍有些掺杂，便不是好善如同喜欢美色，恶恶如同讨厌恶臭了。对善能切切实实地喜欢，就不会再有不善的念头；对恶能切切实实地讨厌，便不会再有邪恶的念头。如此，怎能不是圣人？所以圣人的学问，也只是一个“诚”字罢了。

经典解读

先生认为格物、致知、修身、齐家、治国等等，都是诚意的功夫——诚意就是让人内心真诚，无一丝邪思杂虑。好善如好好色，恶恶如恶恶臭，听起来似乎很容易，但真正能像喜欢美色那样追求善、能像厌恶恶臭那样讨厌恶，是很难做到的。普通人即便能为善、去恶，也难免夹有勉强、意必之心，只有内心澄澈莹洁的圣人才能做到。

原　文

问：“《修道说》言‘率性之谓道’属圣上分上事，‘修道之谓教’属贤人分上事。”

先生曰：“众人亦‘率性’也，但‘率性’在圣人分上较多，故‘率性之谓道’属圣人事。圣人亦‘修道’也，但‘修道’在贤人分上多，故‘修道之谓教’属贤人事。”

又曰：“《中庸》一书，大抵皆是说修道的事。故后面凡说君子，说颜渊、说子路，皆是能修道的。说小人，说贤、知、愚、不肖，说庶民，皆是不能修道的。其他言舜、文、周公、仲尼，至诚至圣之类，则又圣人之自能修道者也。”

译　文

黄直问：“先生的《修道说》中认为‘率性之谓道’为圣人之事，‘修道之谓教’为贤人之事。为何如此讲呢？”

先生说：“众人也‘率性’，只不过‘率性’在圣人身上的分量多些，所以说‘率性之谓道’是圣人之事。圣人也‘修道’，只不过‘修道’在贤人身上分量多些，所以说‘修道谓之教’是贤人之事。”

先生又说：“《中庸》一篇，大多都是在讲修道之事。所以，后面所讲的君子，说颜渊、说子路等，都是能修道的。说小人、贤者、智者、愚者、不肖者、庶民，都是不能修道的。其他言及的舜、文王、周公、孔子，都是至诚至圣之人，则又是自然修道的圣人。”

经典解读

率性，便是生知安行，也就是圣人之事；修道，便是学知利行，即是贤者之事；至于修道都不能的，只能是困知勉行，或困都不知行的愚者、不肖者了。但这种划分并不是绝对的，圣人也需要修道，普通人也有率性的成分在其中，只不过圣人率性的成分更高些，这既是前面所说的“圣人亦是学知，众人亦是生知”。

原　文

问：“儒者到三更时分，扫荡胸中思虑，空空静静，与释氏之静只一般，两下皆不用，此时何所分别？”

先生曰：“动静只是一个。那三更时分，空空静静的，只是存天理，即是如今应事接物的心。如今应事接物的心，亦是循此理，便是那三更时分空空静静的心。故动静只是一个，分别不得。知得动静合一。释氏毫厘差处亦自莫掩矣。”

译　文

黄直问：“儒者到了三更时分，扫清胸中的思虑，空空静静的，和佛教追求的静相同，都没有应事接物，此时两者的区别又在何处呢？”

先生说：“动静只是一个。那三更时分，空空静静的心，只是要存天理，也就是如今应事接物的心。如今应事接物的心，也是依循天理，便是三更时分空空静静的心，因此动静只是一个，不可将其分割。知道了动静合一的道理，佛与儒的纤细区别也就自然明白了。”

经典解读

佛家、儒家不同静的区别，先生已经多次提及。佛家讲求虚空寂静，而儒家强调“何思何虑”，这“何思何虑”绝非无思无虑，而是没有私心杂念，完全依循天理。有事无事都是依循天理，敬时也可应事接物，动时也可内心宁静，这便是圣人之动静和佛老的不同之处。

原文

门人在座，有动止甚矜持者。先生曰：“人若矜持太过，终是有弊。”

曰：“矜得太过，如何有弊？”

曰：“人只有许多精神，若专在容貌上用功，则于中心照管不及者多矣。”

有太直率者。先生曰：“如今讲此学，却外面全不检束，又分心与事为二矣。”

译文

门人都在座位上，有举止过于矜持者。先生说：“人若过于矜持，终是存在弊端。”

有人问：“矜持太过，又会有什么弊端呢？”

先生说：“人的精力是有限的，若专在容貌上用功，就往往不能照管到内心了。”

有人过于直率。先生说：“如今讲良知学说，在外表上却完全没有约束，又是将心与事分开来看了。”

经典解读

古人云：“重于外者轻于内。”一个人精力有限，若太着意自己的言行举止，必然会轻视内心。但完全不注意举止也是不行的，《诗》云：“人而无仪，不死何为？”没有一点礼仪、任性而为，也不是君子所取。礼仪、举止不可矜持太过，亦不可忽略，正如圣人所云：“质胜文则野，文胜质则史，文质彬彬，然后君子。”

原文

门人作文送友行，问先生曰：“作文字不免费思，作了后又一二日常记在怀。”

曰：“文字思索亦无害。但作了常记在怀，则为文所累，心中有一物矣。此则未可也。”

又作诗送人。先生看诗毕，谓曰：“凡作文字要随我分限所及。若说得太过了，亦非‘修辞立诚’矣。”

译文

有门人写文章为朋友送行，请教先生说：“写文章难免费神，写完之后一两天总记在心上。”

先生说：“写文章时思考并没害处。但写完了还常记在心中，这就是被文章所累了，心中存有一个东西。这是修为还不够。”

又有门人作诗送人。先生看完诗说：“凡作诗为文，都要根据自己真情实意来写。若称赞之词太过了，也失去了‘修辞立诚’的宗旨。”

经典解读

写文章给朋友送别，本是为了抒发自己对朋友的真挚感情。但很多人写了之后，感情不知增没增进，不过文章倒是进入脑袋中念念不忘了。这其实就是心中荣辱之念在作怪，就如现在的人写了一篇得意之作，发表到了空间里、论坛里，一天总是惦记着，要去看上几遍，看看是否有人赞扬自己多才，是否有人贬低自己的才华……先生所说的心中有一物，有的便是这个私心、这个看重荣辱的杂念。

作诗为文一定要抒发自己的真情实感，有一分情谊便写一分情谊，有十分情谊便写十分情谊。若内心没有那情感，却非要抒情、赞颂，就不是表里如一的君子所为了，便是“巧言令色足弓”，文章便失去了诚意。

原　文

“文公格物之说，只是少头脑。如所谓‘察之于念虑之微’，此一句不该与‘求之文字之中’，‘验之于事为之著’，‘索之讲论之际’混作一例看，是无轻重也。”

译　文

先生说：“朱子关于格物的观点，只是缺少了主宰。正如他讲的‘察之于念之微’这句话，就不应与‘求之文字之中’、‘验之于事为之著’、‘索之讲论之际’等混为一谈，如此就无轻重之分了。”

经典解读

朱子的格物穷理之说，不是不让人反求于心，但也没有对自心、良知进行着重强调，这就是和阳明先生的格物存在的毫厘千里之差。先生列举朱子在《大学或问》中的一段话也正是为了说明朱子之格物学说的“没主宰”。

原 文

问“有所忿懥”一条。

先生曰：“忿懥几件，人心怎能无得，只是不可有耳。凡人忿懥，着了一分意思，便怒得过当，非廓然大公之体了。故有所忿懥，便不得其正也，如今于凡忿懥等件，只是个物来顺应，不要着一分意思，便心体廓然大公，得其本体之正了。且如出外见人相斗，其不是的，我心亦怒。然虽怒，却此心廓然，不曾动些子气。如今怒人亦得如此，方才是正。”

译 文

有人向先生询问《大学》中“有所忿懥”一条。

先生说：“愤怒、恐惧、好乐、忧患等情绪，人心中怎么能没有呢？只是不该有罢了。一个人在愤怒之时，多了一分私意，便怒得过当了，就失去了廓然大公的本体。所以说有所忿懥，便不得其正。如今对于愤怒等情绪，只要顺其自然，不要着一份私心，便心体廓然大公，能得其本体之正。比如，外出碰见别人争斗，对于错误的一方，我心中也愤怒。虽然愤怒，却内心平坦，不生过多的气。现在对别人有怒气时，也应该这样，如此才是中正。”

经典解读

《大学》在论正心时说：“身有所忿懥，则不得其正；有所恐惧，则不得其正；有所好乐，则不得其正；有所忧患，则不得其正。”很多人认为既然这样，那正心就是要消除忿懥、恐惧、好乐、忧患等情绪，这当然是不可能的；人怎么能没有情感呢，即便圣人也有喜怒哀乐。所谓正心，不是让自己没有任何感情，而是要令喜怒哀乐发而中节。遇到事情、起了念头，不要让其中夹杂有任何私心杂念，不要因为喜欢一个人就刻意去对他好，刻意去忽视他身上的缺点；也不要讨厌一个人就刻意憎恶他，刻意去苛求他身上的缺陷。普通人总是喜欢在情感中加入私心，成语“智子疑邻”就是最好的注解，学者要想达到廓然大公，就要刻意清除这些私心杂念。

原 文

先生尝言：“佛氏不着相，其实着了相。吾儒着相，其实不着相。”请问。

曰："佛怕父子累，却逃了父子；怕君臣累，却逃了君臣；怕夫妇累，却逃了夫妇。都是为了个君臣、父子、夫妇着了相，便须逃避。如吾儒有个父子，还他以仁；有个君臣，还他以义；有个夫妇，还他以别。何曾着父子、君臣、夫妇的相？"

译文

先生曾说："佛家强调不着相，其实是着了相。我们儒者着相，其实倒是真的不着相。"

请问其说。

先生说："佛家怕父子拖累，便逃离了父子；怕君臣拖累，便逃离了君臣；怕夫妇拖累，便逃离了夫妇。这刻意的逃避，便是在君臣、父子、夫妇之上着了相。我们儒者有个父子，便以仁爱相处；有个君臣便以忠义相处；有个夫妻，便以礼节相处。何曾着了君臣、父子、夫妻的相呢？"

经典解读

所谓着相，便是夹杂了私念，有了将迎意必的念头。佛家刻意逃避君臣、父子、夫妻等伦理关系，说是不着相，反倒在心里刻意在意这些，如何不是着相呢？倒是儒者，对待君臣就以义，对待父子便以仁，对待夫妻便以礼节，顺其自然，合乎人的正常情感，便没有了私心杂念，便是不着相。

原文

以下门人黄修易录。

黄勉叔①问："心无恶念时，此心空空荡荡的，不知亦须存个善念否？"

先生曰："既去恶念，便是善念，便复心之本体矣。譬如日光被云来遮蔽，云去光已复矣。若恶念既去，又要存个善念，即是日光之中添燃一灯。"

注释

①黄勉叔：黄修易，字勉叔，阳明先生弟子，生平不详。

译文

以下黄修易收录。

黄修易问："心中无恶念时，这个心空荡荡的，是不是需要再存个善念？"

先生说："既然除掉了恶念，就是善念，也就恢复了心的本体。就像阳光被乌云遮蔽，乌云去了阳光就重现了。若恶念去了，又要刻意存个善念，便是在阳光下再添一盏明灯一样。”

经典解读

人性本善，心中没了私心杂念便是天理，没必要再去刻意找来点什么善念，如此便是多此一举、画蛇添足，便会犯将迎、助长的弊病。所以先生说“心体上着不得一念留滞”，恶念不可留，善念也不可留。

原　文

问：“近来用功，亦颇觉妄念不生，但腔子里黑窣窣的，不知如何打得光明？”

先生曰：“初下手用功，如何腔子里便得光明？譬如奔流浊水，才贮在缸里，初然虽定，也只是昏浊的。须俟澄定既久，自然渣滓尽去，复得清来，汝只要在良知上用功。良知存久，黑窣窣自能光明矣。今便要责效，却是助长，不成功夫。”

译　文

黄修易请教先生：“近来用功，也颇觉妄念不再滋生，但却觉得内心深处一团漆黑，不知如何才能让它光明？”

先生说：“刚开始用功，心里怎么会立刻光明？譬如奔流的浊水，才贮存在缸中，开始即使是静止不动，也是混浊的。必须经过长时间澄清，水中渣滓自然全部沉淀，重新成为清水，你只要在良知上用功。良知存得久了，漆黑的心中自然能光明起来。如今便要它立即见效，只不过是助长，算不得真功夫。”

经典解读

致良知的功夫不可急于求成，急着要功效便会犯下助长的毛病。学者所需要做的就是每天踏踏实实用功，火候到了，境界自然出来，就如陶渊明所说的：“勤学如春起之苗，不见其增，日有所长。”

原　文

先生曰：“吾教人致良知在格物上用功，却是有根本的学问。日长进一日，愈久愈觉精明。世儒教人事事物物上去寻讨，却是无根本的学问。方其壮时，虽暂能外面饰，不见有过，老则精神衰迈，终须放倒。譬如无根之树，移栽水边，虽暂时鲜好，终久要憔悴。”

译文

先生说："我教育人致良知要在格物上用功，它是有根基的学问。一天比一天长进，愈久愈觉得精明。世儒教人到事事物物上去寻求探讨，却是没有根基的学问。在青壮年之时，虽然还能在外面巧饰，看不到过失，衰老了则精神颓迈，最终会倒掉。就如无根之树，移栽到水边，虽能暂时保持生机，终究要憔悴枯萎。"

经典解读

先生认为学问的根本就是良知，是心，脱离了这个根本去外物上穷理，学问就失去了根本，就是无本之木，虽然能鲜艳一时，终会衰朽憔悴。

原文

问"志于道"①一章。

先生曰："只是志道一句，便含下面数句功夫，自住不得。譬如做此屋，'志于道'是念念要去择地鸠材，经营成个区宅。'据德'却是经画已成，有可据矣。'依仁'却是常常住在区宅内，更不离去。'游艺'却是加些画采，美此区宅。艺者，理之所宜者也。如诵诗、读书、弹琴、习射之类，皆所以调习此心，使之熟于道也。苟不'志道'而'游艺'，却如无状小子，不先去置造区宅，只管要去买画挂，做门面，不知将挂在何处。"

注释

①志于道：《论语·述而篇》：子曰："志于道，据于德，依于仁，游于艺。"

译文

就《论语》"志于道"一章请教先生。

先生说："只'志于道'一句，便包含了下面数句的功夫，但不能仅仅停留在'志于道'上。譬如，建造这间房屋，'志于道'就是一定要挑好地方，用好材料，将房子建成。'据于德'就是将房子建成有地方居住。'依于仁'就是长期居住在这房子里，不再离去；'游于艺'就是将房子加以装饰美化。艺，就是理的恰当处，如诵诗、读书、弹琴、习射之类，都是为了调息此心，使它纯熟于道。若不'志于道'便去'游于艺'，如同一个糊涂的小子，不先去建造房屋，只顾去买画张挂，装点门面，不知究竟要把画挂在什么地方。"

经典解读

志于道，据于德，依于仁，游于艺，都只是一套功夫。志于道的人，又岂能不据于德、依于仁、游于艺？同样，据于德、依于仁、游于艺，也都是志于道的补充，是志于道的一部分。

下功夫时，要先抓住根本，然后再去装点枝叶，如此就不会走入误区了。反之，还未切实志于道，便去依于仁，那仁又从何而来呢？岂不成了宋襄公？还未切实志于道，便去游于艺，那艺又是为了什么呢？岂不要步了李后主、宋徽宗的后尘？

原文

问："读书所以调摄此心，不可缺的。但读之时，一种科目意思牵引而来。不知何以免此？"

先生曰："只要良知真切，虽做举业，不为心累。总有累，亦易觉克之而已。且如读书时，良知知得强记之心不是，即克去之；有欲速之心不是，即克去之；有夸多斗靡之心不是，即克去之。如此亦只是终日与圣贤印对，是个纯乎天理之心。任他读书，亦只是调摄此心而已，何累之有？"

曰："虽蒙开示，奈资质庸下，实难免累。窃闻穷通有命，上智之人，恐不屑此。不肖为声利牵缠，甘心为此，徒自苦耳。欲屏弃之，又制于亲，不能舍去，奈何？"

先生曰："此事归辞于亲者多矣。其实只是无志。志立得时，良知千事万事只是一事。读书作文，安能累人？人自累于得失耳！"因叹曰："此学不明，不知此处耽搁了几多英雄汉！"

译文

有人请教先生："读书就是为了修养自心，是不可或缺的。然而读书的时候，又有科举的思虑牵扰着，不知道怎样才能消除？"

先生说："只要良知真切，即便参加科举考试，也不会成为心的负担。就是有了负担，也容易发现并加以克制。例如读书之时，良知清楚强记的心不对，就克去它；清楚急于求成的心不对，就克去它；清楚夸耀争强的心不对，就克去它。如此，便是每天与圣贤相互印证，便是格纯然天理的心。无论如何读书，也只是为了修养此心罢了，怎么会有负担呢？"

那人继续问道："承蒙启发，怎奈资质庸下，确实很难消除这一负担。我曾听说，人的穷困和通达都是由命运安排的，天资聪颖的人，对科举等事大概不屑一顾。但我不成器，被声名利禄所纠缠，心甘情愿为科举而读书，只能自己苦恼啊。想摒除这个念头，又被父母双亲管制，不能抛弃，到底该怎么办呢？”

先生说：“将此事归罪于父母的，并不少见。归根到底还是自己没有志向。志向坚定了，在良知主宰之下，千事万事都是一事。读书作文，怎么会成为人的负担呢？是自己的得失之心牵累自己罢了！”既而先生感叹道，“良知的学问不明，不知在此耽误了多少英雄好汉！”

经典解读

科举对于读书的影响，在前面薛侃所录之中，先生就已经提到过，“不患妨功，惟患夺志”。科举本身有什么负累呢？只是人读书的心不真切罢了。若能在读书中消除各种私心杂念，没有争强好胜之心，没有求功求名之心，没有趋炎附势之心，没有患得患失之心，参不参加科举、科举成不成功自己都能坦然处之，它又怎么会成为负担呢？

原文

问：“‘生之谓性’，告子亦说得是，孟子如何非之？”

先生曰：“固是性，但告子认得一边去了，不晓得头脑。若晓得头脑，如此说亦是。孟子亦曰：‘形色，天性也。’这也是指气说。”

又曰：“凡人信口说，任意行，皆说此是依我心性出来，此是所谓生之谓性。然却要有过差。若晓得头脑，依吾良知上说出来，行将去，便自是停当。然良知亦只是这口说，这身行。岂能外得气，别有个去行去说？故曰：‘论性不论气不备，论气不论性不明。’气亦性也，性亦气也。但须认得头脑是当。”

译文

有人请教先生：“‘生之谓性’，告子说得也没错，孟子为何要反对呢？”

先生说：“那固然是性，但告子却将其看偏了，没有抓住主宰。若知晓主宰，这样说也可以。孟子也说：‘形色，天性也。’这也是针对气说的。”

先生又说：“一个人信口胡说，肆意妄行，都说这是依着我心性而来的，这就是所谓的‘生之谓性’。但这样会犯错误。若知道主宰，依循自己的良知说出来，行将去，便自是恰当。然而，良知也只是我这嘴里说，这身体行，怎能离开气，另外有一个东西去说、去做呢？因此，程颐说：‘论性不论气不备，论气不论性不明。’气便是性，性便是气，但是必须认准主宰处才是正确的。”

经典解读

性是天生的，但并不能简单地将上天所赋予的所有禀性都称为人性。若是像告子那样认为，人性和牛、狗之性又有什么区别呢，人和畜生岂不一样了？那些生性残暴、杀人如麻的桀纣、盗跖们岂不都可以说自己是顺性而为了？谈论性，一定要有个主宰，那就是良知，合乎良知的禀性才是人的本性，不合良知的禀性，不能称为本性，而是本性之中的渣滓，是要用力摒除的。古人常说的性，一般是指本性，即人性本善的性；而用“气”，来表示那种不分善恶的生理属性，孟子所说的“形色，天性也”，正是就气上而言的。所以，谈论性的时候，一定要分清前人是就本性上而说，还是就气上而说，这样就不会混淆概念了。

原文

又曰：“诸君功夫，最不可助长。上智绝少，学者无超入圣人之理。一起一伏，一进一退，自是功夫节次。不可以我前日用得功夫了，今却不济，便要矫强做出一个没破绽的模样。这便是助长，连前些子功夫都坏了。此非小过。譬如行路的人蹶跌，起来便走，不要欺人做那不曾跌倒的样子出来。诸君只要常常怀个‘遁世无闷，不见是而无闷’之心，依此良知忍耐做去，不管人非笑，不管人毁谤，不管人荣辱，任他功夫有进有退，我只是这致良知的主宰不息，久久自然有得力处。一切外事亦自能不动。”

又曰：“人若着实用功，随人毁谤，随人欺慢，处处得益，处处是进德之资。若不用功，只是魔也，终被累倒。”

译文

先生说：“诸位做功夫，最不可助长。上等智慧的人很少，普通学者没有超入圣人的道理。一起一伏，一进一退，便是做功夫的次序。不能因为我从前用了功夫，而到现在这功夫不管用了，便要勉强装出一副没有破绽的样子。这便是助长，连前面所做的功夫都坏了。这不是小的过错。就如行路的人不小心跌了一跤，站起来就走，不要装出一副不曾跌倒的模样来欺骗人。各位只要怀着个‘遁世无闷，不见是而无闷’的心，依循良知，耐心地去做，不管别人非议、嘲笑，不管别人诽谤，不管别人称誉、侮辱，任他功夫有进有退，我只要这致良知没有片刻停息，时间久了，自会感到有力，也自然不会被外面的任何事情所动摇。”

先生又说：“人只要着实用功，随人去毁谤，随人去欺慢，处处都可受益，处处都是增进德行的资本。若不用功，别人的毁谤、欺慢，便都成了魔鬼，自己终将被其累倒。”

经典解读

孔子说：“古之学者为己，今之学者为人。”先生说这番话，正是告诫弟子们为学要为己，而不是去获取别人的称誉、认可。为学就要真正以提高自己的修养为目的，不要将荣辱、得失、对错放在心上，我们都不是圣人，时常犯错误，有时会退步都是很正常的现象，不要为了面子、为了害怕别人质疑，而去不懂装懂，那样就不是真正的功夫了。

原文

先生一日出游禹穴，顾田间禾曰：“能几何时，又如此长了！”

范兆期在旁曰：“此只是有根。学问能自植根，亦不患无长。”

先生曰：“人孰无根，良知即是天植灵根，自生生不息。但着了私累，把此根戕贼蔽塞，不得发生耳。”

译文

先生一日去禹穴游览，看到田间禾苗说：“才几天功夫，禾苗又长高了！”

范兆期在旁说：“这只是因为它有根。做学问若能自己种根，也不用担忧不能进步了。”

先生说：“哪一个人没有根？良知便是天生的灵根，自然会生生不息。只因人被私欲所累，因此将这灵根给残害蔽塞了，使它不能正常地生长发育。”

经典解读

良知就是人的灵根，只要能充发它，不使它被私欲所摧残、遮蔽一切，便能自然生长不息。每个人都有这个根基，每个人都可以有所成就。先生这番话，既是对弟子们的告诫，也是对他们的勉励。

原文

一友常易动气责人，先生警之曰：“学须反己。若徒责人，只见得人不是，不见自己非。若能反己，方见自己有许多未尽处，奚暇责人？舜能化得象的傲，其机括只是不见象的不是。若舜只要正他的奸恶，就见得象的不是矣。象是傲人，必不肯相下，如何感化得他？”是友感悔。

曰："你今后只不要去论人之是非，凡当责辩人时，就把做一件大己私，克去方可。"

先生曰："凡朋友问难，纵有浅近粗疏，或露才扬己，皆是病发。当因其病而药之可也，不可便怀鄙薄之心。非君子与人为善之心矣。"

译 文

有位朋友经常容易生气而责备别人，先生告诫他说："学习应该反身自省。若只知道责备他人，就只能看到别人的错误，看不到自己的错误。若能反身自省，才能发现自己有很多不足之处，哪有空闲去责备人？舜能感化象的傲慢，最关键的就是不去看象的过错。若舜只是要去纠正象的奸恶，就只会看到象的不是。象又是傲慢之人，一定不会认错，这还如何能感化他？"那朋友听后感悟惭悔。

先生说："你今后只要不去论别人的是非，凡是要责备别人的时候，就把它当作自己的一大私欲加以克治才可。"

先生说："凡是朋友在一起辩论，别人纵有浅近粗疏的地方，你若想因此而炫耀己才，都是毛病在发作。只有对症下药才行，不可怀有鄙薄他人之心。不然，就不是君子与人为善的心了。"

经典解读

先生说过"处朋友，务相下则得益，相上则损"，和朋友们在一起探讨学问的时候，应该尽量发现别人的优点，加以学习，而不是苛求别人的缺点，对人产生轻视、厌恶之心。

不仅在做学问上，在各方面我们所遇到的都不是完人，很可能是不如自己的人，这时一定要学会宽容，以谦逊、温和的态度去与人交往，这才是对他人的尊重，才是一个君子所该有的修养，才能使自己得到别人的认可，在彼此的交往之中获益。

原 文

问："《易》，朱子主卜筮，《程传》[①]主理，何如？"

先生曰："占筮是理，理亦是卜筮。天下之理孰有大于卜筮者乎？只为后世将卜筮专主在占卦上看了，所以看得卜筮似小艺。不知今之师友问答，博学、审问、慎思、明辨、笃行之类，皆是卜筮。卜筮者，不过求决狐疑，神明吾心而已。《易》是问诸天。人有疑，自信不及，故以《易》问天。谓人心尚有所涉，惟天不容伪耳。"

注释

①《程传》，即《易程传》又称《伊川易传》、《周易程氏传》，为程颐对六十四卦及彖、象、文言的注解。

译文

有人请教先生："关于《周易》，朱子的解释侧重卜筮，程颐侧重明理。二者哪个正确呢？"

先生说："卜筮就是理，理就是卜筮，天下的理还有大于卜筮的吗？只因后人将卜筮专门看为占卦，所以认为卜筮是雕虫小技。却不知现在的师友问答，博学、审问、慎思、明辨、笃行之类的，都是卜筮。卜筮只不过是为了决断疑惑，使我心清明而已。《易》是向天请教，人有了疑惑，自信不足，所以用《易》来询问上天。是说人心存在偏私，而上天不容虚伪。"

经典解读

卜筮就是问天，问天就是明天理，天理就是道心、良心。所以，世人占卜求的是谁？不是虚无缥缈的鬼神，而是自己的良心。

原文

以下门人黄省曾[1]录。

黄勉之问："'无适也，无莫也，义之与比。'[2]事事要如此否？"

先生曰："固是事事要如此，须是识得个头脑乃可。义即是良知，晓得良知是个头脑，方无执着。且如受人馈送，也有今日当受的，他日不当受的，也有今日不当受的，他日当受的。你若执着了今日当受的，便一切受去，执著了今日不当受的，便一切不受去，便是'适''莫'，便不是良知的本体。如何唤得做义？"

注释

①黄省曾，字勉之，号五岳，江苏苏州人，阳明先生弟子。

②"无适也，无莫也，义之与比。"出自《论语·里仁》。意为：没有什么是必须要亲近的，也没有什么是必须要疏远的，只将道义作为唯一的准则。

译文

以下学生黄省曾收录。

黄省曾问："《论语》中说：'无适也，无莫也，义之与比。'事事都应该这样吗？”

先生说：“自然事事都要如此，只是要有个主宰才可。义便是良知，明白了良知是个主宰，才不会拘泥固执。就如受人馈赠，有今天该接受的，他日不该接受的，也有今天不该接受，他日便应该接受的。你若执着了今日当接受，便一切接受，执着了今日不该受，便一切都不接受，便是‘适’‘莫’，便不是良知的本体，又如何能称为义呢？”

经典解读

君子行事，唯义是从，但这个义不是死规定，而要随时权变。是否合乎义的标准，便是良知。这就是孟子所说的：“执中无权，犹执一也。”

孟子在齐国时，齐王赠送黄金百镒，孟子没接受；在宋国的时候，宋王赠送黄金七十镒，孟子接受了；在薛地，薛君赠送黄金五十镒，孟子也接受了。弟子陈臻很不理解，问孟子：“如果以前不接受正确，那后来的接受便是错误的；如果后来的接受正确，那以前的不接受便是错误的。老师您总有一次做错了吧？”孟子告诉他：“都是正确的。宋国的时候我准备远行，宋王说送我盘缠，我自然要接受。薛地的时候，听说路上有危险，薛君说送我戒备的资金，我自然要接受；而在齐国时，我没有任何接受的理由，自然不去接受。”

孟子的行为便是“无适也，无莫也，义之与比”，好像没有固定的做法，但每次行事却又都是相同的，相同点就是都依循着天理、良知。

原　文

问：“‘思无邪’一言，如何便盖得三百篇之义？”

先生曰：“岂特三百篇，六经只此一言便可该贯，以至穷古今天下圣贤的话，‘思无邪’一言也可该贯。此外更有何说？此是一了百当的功夫。”

译　文

有人请教先生：“‘思无邪’一句话，怎么能概括得了《诗经》中三百多篇呢？”

先生说：“何止三百多篇，全部六经这一句话也都能概括贯通，乃至古今天下圣贤的所有言论，一句‘思无邪’也都能概括贯通。除此之外，还有什么别的吗？这是一了百当的功夫。”

经典解读

思无邪，便是诚意、正心，便是纯然天理，便是致良知。天下功夫都在其中，何况《诗经》三百篇呢？

原　文

问"道心人心。"

先生曰："'率性之谓道'，便是道心。但着些人的意思在，便是人心。道心本是无声无臭，故曰'微'；依着人心行去，便有许多不安稳处，故曰'危'。"

译　文

有人就"道心人心"的问题请教先生。

先生说："'率性之谓道'，就是道心。在其中若添加了一些人的欲望，就是人心。道心原本无声无臭，因此说是'微'；按照人心去做，就有许多不安稳之处，因此说是'惟危'。"

经典解读

关于道心、人心，先生在前面已经深入讲解过。这里只是再次点明为何称"微"、"惟危"，明白易懂，无须多言。

原　文

问："'中人以下，不可以语上'，愚的人与之语上尚且不进，况不与之语可乎？"

先生曰："不是圣人终不与语。圣人的心忧不得人人都做圣人，只是人的资质不同，施教不可躐等。中人以下的人，便与他说性、说命，他也不省得，也须慢慢琢磨他起来。"

译　文

有人请教先生："孔子说：'中人以下，不可以语上'，愚蠢的人，对他们讲高深的学问，都不能使他们进步，什么都不与他们讲，可以吗？"

先生说："不是圣人什么都不给他们讲。圣人巴不得世人都成为圣人呢，只不过人的资质不同，施加教育时不能同等对待。资质中下的人，即便与他说性、命等深刻的概念，他也听不明白，要去慢慢开导、启发他。"

经典解读

孔子说“中人以下，不可以语上”，并不是要抛弃这些人，而是说不能直接同他们说深奥的学问，这些他们听不懂，要循序渐进，从简单的知识教起，慢慢启蒙之后再教他们深奥的东西。

原 文

一友问：“读书不记得如何？”

先生曰：“只要晓得，如何要记得？要晓得已是落第二义了。只要明得自家本体。若徒要记得，便不晓得；若徒要晓得，便明不得自家的本体。”

译 文

一朋友问：“读书记不住该怎么办呢？”

先生说：“只要理解即可，为什么非要记住？理解就已经是第二义了，最重要的是明白自己心体。若仅求记住，便不能理解；仅求理解，就不能明白自己心体。”

经典解读

读书不单单要理解其中的道理，更要能通过书来明白自己的本心、良知，这才是圣贤著述留给后人的最大目的。至于，那些连道理都不求明白，只知道记诵的人，也只能称为“两脚书橱”了。

原 文

问：“‘逝者如斯’是说自家心性活泼泼地否？”

先生曰：“然。须要时时用致良知的功夫，方才活泼泼地，方才与他川水一般。若须臾间断，便与天地不相似。此是学问极至处。圣人也只如此。”

译 文

有人请教先生：“《论语》中的‘逝者如斯’，是指自己心性活泼泼地吗？”

先生说：“是的。必须时时用致良知的功夫，才能活泼泼地，才能与水一般。若须臾间断，便与天地的生机活泼不同了。这是做学问的极致，圣人也只能达到这等地步。”

经典解读

大多数人在解释“逝者如斯夫，不舍昼夜”这句话时，都认为孔子是在感慨时光的流逝，光阴难返。而阳明先生却认为这是圣人在感慨水的源源不断，即“天行健，君子以自强不息”，就如《孔子家语·三恕》中，孔子对子贡所说的：“以其不息，且遍。”

下功夫若不能像源源不断的流水一般，便是孟子所说的“一曝十寒”，功夫便难以长进；时时用致良知的功夫，便是孔子所说的“造次必于是，颠沛必于是”。先生的解释，固然符合圣人之意。

原文

问“志士仁人”章。

先生曰：“只为世上人都把生身命子看得太重，不问当死不当死，定要宛转委曲保全，以此把天理却丢去了，忍心害理，何者不为。若违了天理，便与禽兽无异，便偷生在世上百千年，也不过做了千百年的禽兽。学者要于此等处看得明白。比干、龙逢①，只为他看得分明，所以能成就得他的仁。”

注释

①比干，殷纣王的叔叔，因直言进谏冒犯纣王而被杀；关龙逢，夏桀大臣，因劝谏夏桀而被杀。

译文

有人向先生请教《论语》中“仁人志士”一章。

先生说：“只因世人都将身体生命看得太重，也不问当不当死，定要委曲保全，因而丧失了天理。忍心丢弃天理，还有什么做不出来呢？人若违弃了天理，便于禽兽无别，即便在世上偷生千百年，也不过做了千百年的禽兽。学者必须在这些地方看得明白。比干、关龙逢，就是因为看得明白，才能成就他们的仁。”

经典解读

这个问题孟子早就论述得明明白白“生，我所欲也，义，亦我所欲也，二者不可兼得，舍生而取义者也。”当生命和道义发生冲突的时候，是丢弃道义苟且偷生，还是捐躯赴死，舍生取义，这便是君子、小人，仁人、鄙人的区别之所在。在一个真正的儒者眼中，道义、天理、良心，远远比生命、身体更加重要，所以《论语》中说：“仁人志士，有杀身以成仁，无求生以害人。”

原文

问："叔孙武叔毁仲尼[①]，大圣人如何犹不免于毁谤？"

先生曰："毁谤自外来的。虽圣人如何免得？人只贵于自修，若自己实实落落是个圣贤，纵然人都毁他，也说他不着。却若浮云掩日，如何损得日的光明？若自己是个像恭色庄、不坚不介的，纵然没一个人说他，他的恶慝终须一日发露。所以孟子说：'有求全之毁，有不虞之誉。'毁誉在外的，安能避得？只要自修何如尔。"

注释

①见《论语·子张篇》。

译文

有人请教先生："《论语》中说'叔孙武叔毁仲尼'，孔子这样的大圣人也免不了遭人毁谤吗？"

先生说："毁谤来自外面，即便是圣人又如何能避免呢？人只需注重自身的修养，若自己的的确确是个圣贤，纵然别人都毁谤他，也不能说倒他。就如浮云遮日一般，如何能损害太阳的光明？若自己是个外表庄重，内心不坚定、不正派的人，纵然没有人说他，他隐藏的恶终有一日会暴露出来。所以孟子说：'有求全之毁，有不虞之誉。'毁誉都来自于外面，怎么能避得呢？只要自身修养得当，毁誉又能把我如何呢？"

经典解读

荀子说过这样一段话："君子能为可贵，不能使人必贵己；能为可信，不能使人必信己；能为可用，不能使人必用己。故君子耻不修，不耻见污；耻不信，不耻不见信；耻不能，不耻不见用。是以不诱于誉，不恐于诽，率道而行，端然正己，不为物倾侧，夫是之谓诚君子。"这便是"定乎内外之分，辩乎荣辱之境"，这才是一个真正的君子。

原文

刘君亮[①]要在山中静坐。

先生曰："汝若以厌外物之心去求之静，是反养成一个骄惰之气了；汝若不厌外物，复于静处涵养，却好。"

注释

①刘君亮，字道元，阳明先生弟子。

译文

刘君亮要在山中静坐。

先生说："你若是以厌弃外物的心去求静，反到会养成一个骄矜怠惰的习气；你若不厌外物，再到静处去涵养，如此还好。"

经典解读

道是活泼泼地，若怀着厌物的心去勉强自己求静，反而得不来真正的静；只有消除厌物之心，再去涵养，才能有所收获。

原文

王汝中、省曾侍坐。

先生握扇命曰："你们用扇。"

省曾起对曰："不敢。"

先生曰："圣人之学不是这等捆缚苦楚的。不是装作道学的模样。"

汝中曰："观'仲尼与曾点言志'一章略见。"

先生曰："然。以此章观之，圣人何等宽洪包含气象！且为师者问志于群弟子，三子皆整顿以对。至于曾点，飘飘然不看那三子在眼，自去鼓起瑟来，何等狂态！及至言志，又不对师之问目，都是狂言。设在伊川[①]，或斥骂起来了。圣人乃复称许他，何等气象！圣人教人，不是个束缚他通做一般。只如狂者便从狂处成就他，狷者便从狷处成就他，人之才气如何同得？"

注释

①伊川，指程颐。之所以说伊川先生，亦有典故。朱子的《伊川渊源录》中载：韩维和二程交好，一日同游西湖，命诸子弟陪侍。游玩时，有子弟言貌不庄敬，伊川先生回头厉声呵斥："汝辈从长者行，敢笑语如此，韩氏孝谨之风衰矣！"韩维于是将子弟们尽数逐走了。

译文

王汝中、黄省曾陪先生坐。

先生拿扇子递给他们说："你们用扇子。"

黄省曾忙起身回答："不敢！"

先生说："圣人的学问，不是如此束缚痛苦来做的，不用装成一副道学的样子。"

汝中说："从《论语》中'仲尼与曾点言志章'可略有所见。"

先生说："是的。由此章来看，圣人的气象是何等的宽博宏大啊！夫子询问弟子们的志向，子路、冉有、公西华都严肃地回答，而曾点则飘飘然不将那三子看在眼里，自顾去鼓起瑟来，这是何等狂态！到了言志，又不针对老师问题直接回答，口中尽是狂言。若老师是程颐先生，或许早就是一番斥责。但孔子反而对他称许，这是何等的气象！圣人教人，不是将人都束缚成一个样子。对于狂者，便从狂处去成就他，对于狷者便于狷处去成就他，人的才能、气质怎么能都一样呢？"

经典解读

圣人是宽厚宏博的，是廉而不刿的，他让人尊重自己，却不给人畏惧之感，正如《论语》中所说："子温而厉，威而不猛，恭而安。"这是圣人修养极高的体现，相比而言，那些严格要求弟子，声色严厉的老师则有所不如了。

原 文

先生语陆原静曰："原静少年亦要解《五经》，志亦好博。但圣人教人，只怕人不简易，他说的皆是简易之规。以今人好博之心观之，却似圣人教人差了。"

译 文

先生对陆原静说："原静少年时也要注解《五经》，志向也是在博学。但圣人教育人只担心人不能简易，他所说的都是简易的办法。若以现在人好博学的心来看，倒似圣人教人教错了。"

经典解读

圣人施教只是为了让人明此心之本体，使人懂得去存天理、致良知。所有的功夫都是一以贯之的，圣人自然能简易，就尽量简易；对于那些执迷太深、难以简单说通的人，才需要去博学多闻，但博学多闻最终也是为了"反约"。后人不知思索圣人施教的目的，做老师的想用博学来实现自己的能，做学生的想用博学来成就自己的知，这都是走了错路，失了根本。

原文

先生曰："孔子无'不知而作'[①]；颜子'有不善未尝不知'[②]。此是圣学真血脉路。"

注释

①出自《论语·述而》。子曰："盖有不知而作之者，我无是也。多闻，择其善者而从之。多见而识之，知之次也。"

②出自《周易·系辞》。"颜氏之子，其庶几乎！有不善未尝不知。知之未尝复行也。"

译文

先生说："孔子说自己无'不知而作'；颜子有不善未尝不知。这是圣学的真正血脉。"

经典解读

无"不知而作"，便是事事皆有根有源，事事皆依循天理；"有不善未尝不知"，便是消除任何人欲，一有不合天理之处便自能知晓。先生此言就是说"存天理，去人欲"的致良知学问便是圣人之学的真正血脉。

原文

以下钱德洪录。

何廷仁[①]、黄正之、李侯璧[②]、汝中、德洪侍坐。先生顾而言曰："汝辈学问不得长进，只是未立志。"

侯璧起而对曰："珙亦愿立志。"

先生曰："难说不立，未是必为圣人之志耳。"

对曰："愿立必为圣人之志。"

先生曰："你真有圣人之志，良知上更无不尽。良知上留得些子别念挂带，便非必为圣人之志矣。"

洪初闻时心若未服，听说到，不觉悚汗。

注释

①何廷仁，字性之，号善山，初名秦，江西雩县人，阳明先生弟子。

②李侯璧，名珙，浙江永康人，阳明先生弟子。

译　文

以下钱德洪收录。

何廷仁、黄正之、李侯璧、王汝中、钱德洪侍坐。先生环顾大家说：“你们学问没有长进，只是没有立志。”

李侯璧起身回答说：“我也愿立志。”

先生说：“不好说你不立志，只是你没有立必为圣人的志向罢了。”

侯璧回答：“我愿立必为圣人的志向。”

先生说：“你真有圣人的志向，良知上就必须澄净莹彻。良知上稍微留些别的牵挂，便不是必为圣人的志向。”

我开始听时，内心还不服气，到最后时，不觉自己周身是汗。

经典解读

先生说过，立志就是要念念存天理，“美大圣神，亦只从此一念存养扩充去耳”。学问没有长进，只能说明自己未能立志，或是立志不坚定。立志就要立成圣人的志向，就要将心中渣滓完全除净。很多人觉得自己立志了，也想成为圣人了，但仔细想想，自己真的时时致良知了吗？自己真的将胸间渣滓清除干净了吗？就会幡然醒悟，自己只是空想立志、欺骗自己，其实并未真正立志，并未真的想成为圣人。钱德洪不觉大汗淋漓，正是想到了此处。

原　文

先生曰：“良知是造化的精灵。这些精灵，生天生地，成鬼成帝，皆从此出，真是与物无对。人若复得他完完全全，无少亏欠，自不觉手舞足蹈，不知天地间更有何乐可代？”

译　文

先生说：“良知是造化的精灵。这些精灵，产生了天地，造就了鬼神，世间万物皆由此出，真是任何事物都不能与之相比。人若能彻底恢复良知，没有一丝缺陷，自然就会手舞足蹈，不知天地间还有什么乐趣能取代它。”

经典解读

“天地鬼神万物，离却我的灵明，便没有天地鬼神万物了。”在先生眼中天地万物皆由人心——即良知而生。既然一切都是由良知而生的，那还有什么比致良知更能让人快乐的呢？

原文

一友静坐有见，驰问先生。

答曰："吾昔居滁时，见诸生多务知解，口耳异同，无益于得，姑教之静坐。一时窥见光景，颇收近效。久之，渐有喜静厌动，流入枯槁之病。或务为玄解妙觉，动人听闻。故迩来只说致良知。良知明白，随你去静处体悟也好，随你去事上磨炼也好，良知本体原是无动无静的。此便是学问头脑。我这个话头，自滁州到今，亦较过几番。只是致良知三字无病。医经折肱，方能察人病理。"

译文

一朋友静坐中有所领悟，连忙跑去请教先生。

先生回答："我从前在滁州的时候，发现学生们多专注知识见解，在说法上求异同，这对学问没有什么帮助，所以才教他们静坐。一时在静中有所领悟，并有一些收敛。久而久之，便有了喜静厌动，流入枯寂的弊病。或是专注于玄解妙觉，借以耸人听闻。因此，近来我只说致良知。良知明白了，随你去静处体悟也好，随你去世上磨炼也好，良知的本体原是无所谓动静的。这便是做学问的关键。我这个观点，从滁州到今，已经验证过几次，只是'致良知'三个字，没有一点儿毛病。医生要经历过多次病痛，才能了解病人的病理。"

经典解读

在先生看来，"致良知"这三个字便是学者一切弊病通用的灵丹妙药，只要能抓准这三个字做主宰，无论在哪里做功夫，怎么做功夫，都毫无过错了。

原文

一友问："功夫欲得此知时时接续，一切应感处反觉照管不及，若去事上周旋，又觉不见了。如何则可。"

先生曰："此只认良知未真，尚有内外之间。我这里功夫不由人急心，认得良知头脑是当，去朴实用功，自会透彻。到此便是内外两忘，又何心事不合一？"

又曰："功夫不是透得这个真机，如何得他充实光辉？若能透得时，不由你聪明知解接得来。须胸中渣滓浑化，不使有毫发沾带始得。"

译 文

一朋友问："做工夫时想让这良知没有间断，但一切应该感应到良知处反而觉得照顾不过来，若去事上周旋，又觉得良知不见了。到底该怎么办呢？"

先生说："这只是对良知认识得不够真切，尚有内外之分。我这致良知的功夫不能心急，认得良知主宰得当，去踏实用功，自然会体悟透彻。那时便是内外两忘，心、事怎么会不合一呢？"

先生又说："若不能在做功夫时领悟良知的关键，如何能使心充实而光辉呢？要想领悟这个真机，不是单凭聪明和理解力就能得来的。只有化净胸间所有渣滓，使它没有纤毫沾染才可。"

经典解读

这个问题其实陆澄、黄修易都曾问过，虽然表述不同，但大意是相同的。功夫间断、进步太慢，都是因为对良知认识得不够真切，致良知需要踏踏实实用功，不能有半点急于求成的意思，功夫到了自然能显露出来。学者只想着"致良知"三个字就可以了，太注重成效，反而会导致弊端的出现。

原 文

先生曰："'天命之谓性'，命即是性。'率性之谓道'，性即是道。'修道之谓教'，道即是教。"

问："如何道即是教？"

曰："道即是良知。良知原是完完全全，是的还他是，非的还他非，是非只依着他，更无有不是处，这良知还是你的明师。"

译 文

先生说："'天命之谓性'，命就是性。'率性之谓道'，性就是道。'修道之谓教'，道即是教。"

朋友又问："道为何便是教呢？"

先生说："道就是良知。良知原是完完全全的，是的就还他个是的，非的就还他个非的，是非都只根据良知，就再也没有不对的地方，这个良知还不是你的明师吗？"

经典解读

人人都说遵道、守道，那道到底是什么呢？就是自己的良知，我们只要遵循自己的良知、守好自己的本心，那就不会出任何差错了；反之违背自己的良知，就一定会走错路。既然如此，这良知不是道，还有什么能是呢？

原　文

问："'不睹不闻'是说本体，'戒慎恐惧'是说功夫否？"

先生曰："此处须信得本体原是'不睹不闻'的，亦原是'戒慎恐惧'的。'戒慎恐惧'不曾在'不睹不闻'上加得些子。见得真时，便谓'戒慎恐惧'是本体，'不睹不闻'是功夫亦得。"

译　文

有人请教先生："'不睹不闻'说的是本体，'戒慎恐惧'说的是功夫吗？"

先生说："此处应相信本体原是'不睹不闻'的，原是'戒慎恐惧'的。'戒慎恐惧'未曾在'不睹不闻'上添加些什么。见得真切时，便也可以说'戒慎恐惧'是本体，'不睹不闻'是功夫。"

经典解读

还是体用一源的观点，正如前面先生所说："即体而言，用在体；即用而言，体在用。"先生教导初学者认识"不睹不闻是良知本体，戒慎恐惧是致良知的工夫"，只是为了让其功夫有落脚之处。等功夫纯熟了自然能够了解，体便是用，用便是体，也就没必要应分哪个是本体，哪个是功夫了。

原　文

问："通乎昼夜之道而知。"①

先生曰："良知原是知昼知夜的。"

又问："人睡熟时，良知亦不知了。"

曰："不知何以一叫便应？"

曰："良知常知，如何有睡熟时？"

曰："向晦宴息，此亦造化常理。夜来天地混沌，形色俱泯，人亦耳目无所睹闻，众窍俱翕，此即良知收敛凝一时。天地既开，庶物露生，人亦耳目有所睹闻，众窍俱辟，此即良知妙用发生时。可见人心与天地一体。故'上下与天地同流'。今人不会宴息，夜来不是昏睡，即是妄思魇寐。"

曰："睡时功夫如何用？"

先生曰："知昼即知夜矣。日间良知是顺应无滞的，夜间良知即是收敛凝一的，有梦即先兆。"

又曰："良知在夜气发的方是本体，以其无物欲之杂也。学者要使事物纷扰之时，常如夜气一般，就是'通乎昼夜之道而知。'"

注　释

①通乎昼夜之道而知：出自《周易·系辞上》。意为，通晓了昼夜的"道"，便具有了智慧。

译　文

有学生就《周易》中"通乎昼夜之道而知"这句话请教先生。

先生说："良知本来就是知道昼夜之道的。"

学生又问："人睡熟的时候，良知也就没有知觉了吧？"

先生说："果无知觉，为何一叫便答应？"

学生问："既然良知常知，为何还有睡熟的时候？"

先生说："夜里休息，这时自然常理。夜晚天地混沌一片，万物形色消泯，人也是看不见、听不到什么，感官功能都一时停止，这便是良知收敛凝聚的时刻。拂晓时天地已开，万物显现，人的耳目才能看能听，感官功能恢复正常，这便是良知发挥妙用之时。由此可见，人心与天地本为一体，所以说'上下与天地同流'。如今的人夜里不会休息，不是沉睡不醒，就是连做噩梦。"

学生问："睡觉时该如何下功夫？"

先生说："白天知道如何用功，夜晚也就知道如何用功了。白天，良知是顺应无滞的，夜晚良知是收敛凝一的，有梦便是先兆。"

先生又说："在夜气之下发的良知才是本体，因为它没有夹杂丝毫物欲。学者要想在世事纷扰的情况下仍如夜气发时一般，就是'通乎昼夜之道而知'。"

经典解读

什么是"昼夜之道"呢？己心"上下与天地同流"，良知时时充溢其中，只不过昼时常发挥妙用，夜里常凝聚收敛。日月有升有降，四肢有劳有息，但良知常知，不管你在忙于事务，还是安眠熟睡，良知从不会消失。若能懂得在白天要时时刻刻致良知，在夜晚也要时时刻刻致良知，这便是"通乎昼夜之道而知"了。

原文

先生曰："仙家说到虚，圣人岂能虚上加得一毫实？佛氏说到无，圣人岂能无上加得一毫有？但仙家说虚从养生上来，佛氏说无从出离生死苦海上来，却于本体上加却这些子意思在，便不是他虚无的本色了，便于本体有障碍。圣人只是还他良知的本色，更不着些子意在。良知之虚，便是天之太虚。良知之无，便是太虚之无形。日、月、风、雷、山、川、民、物，凡有貌象形色，皆在太虚无形中发用流行。未尝作得天的障碍。圣人只得顺其良知之发用，天地万物俱在我良知的发用流行中，何尝又有一物超于良知之外能作得障碍？"

译文

先生说："道家讲虚，圣人岂能在虚上添加一毫的实？佛家说无，圣人岂能在无上添加一毫的有？但道家讲虚是从养生上来说的，佛家讲无是从出离生死苦海上来说的。若在本体上又添加这层意思，就不是虚无的本色了，就会对本体有所障碍。圣人只是还他一个良知的本色，更不会添加其他的意思。良知之虚，便是天之太虚。良知之无，便是太虚之无形。日、月、风、雷、山、川、民、物，只要是有颜色形体的，便都在太虚无形中发生、运动，从未成为天的障碍。圣人只是顺应良知的作用，天地万物都在我良知之内发生、运动，又何尝有一物超出良知之外而成为良知的障碍呢？"

经典解读

道家、佛家讲求虚无固然有其开解世人之功，但刻意去强调虚无，反而不是真的虚、无；而儒者不去强调虚无，对于世间万物都顺应良知发挥作用，这才是真正的无私。这就如先生前面所说："佛氏不着相，其实着相；吾儒着相，其实不着相。"

人心与天地同一，世间万物都由我良知而出，顺应良知去对待它们就可，何必非要谈虚、说无，刻意对它们视而不见呢？日月星辰，不碍天道，红尘事务，又何尝有碍良知？圣人也结婚生子，也致仕为官，也奔走游说，也有常人的喜怒哀乐，但这些都依循良知而发，对他们的修为又有什么损害呢？所以说，只要能时时依循良知，自然能物来顺应，自然能所行无碍。

原　文

或问："释氏亦务养心，然要之不可以治天下，何也？"

先生曰："吾儒养心未尝离却事物，只顺其天则自然就是功夫。释氏却要尽绝事物，把心看做幻相，渐入虚寂去了，与世间若无些子交涉，所以不可治天下。"

译　文

有人问："佛家也重视心的修养，但却不能用来治理天下，这是为何呢？"

先生说："我们儒家修养身心，未尝离开事物，只是顺应万物天性，这就是功夫。佛家却要杜绝事物，将心看成幻想，逐渐陷入了徐积之中，与世间万物似乎毫无联系，所以不能用来治理天下。"

经典解读

不弃物，方能正物；不出世，方能治世。儒家是一种切实关注生命、关注万物、关注天下的学问，它所强调的正心、修身、治国、平天下，都是建立在社会现实的基础之上的，同道家、佛家等相比这也正是它最可贵的地方。

原　文

或问异端。

先生曰："与愚夫、愚妇同的，是谓同德；与愚夫、愚妇异的，是谓异端。"

译　文

有人询问什么是异端。

先生说："与愚夫、愚妇相同的，便叫作同德；与愚夫、愚妇不同的，便叫作异端。"

经典解读

愚夫愚妇便是常人、普通人，圣人讲学都是建立在对普通人、正常人性、社会正常现象的认识、分析之上的。圣人的学说立足于社会现实，不谈论"怪力乱神"，不以百里挑一、数世难逢的特例为依据，这便是与天下民众同心同德。若不如此，或谈论鬼怪奇迹，或违背人情常理，或诡辞狡辩，这便不是圣人的学说，便是异端了。

原文

先生曰："孟子不动心与告子不动心，所异只在毫厘间。告子只在不动心上着功，孟子便直从此心原不动处分晓。心之本体，原是不动的。只为所行有不合义，便动了。孟子不论心之动与不动，只是'集义'。所行无不是义，此心自然无可动处。若告子只要此心不动，便是把捉此心，将他生生不息之根反阻挠了，此非徒无益，而又害之。孟子'集义'工夫，自是养得充满，并无馁歉，自是纵横自在，活泼泼地。此便是浩然之气。"

又曰："告子病源，从性无善无不善上见来。性无善无不善，虽如此说，亦无大差。但告子执定看了，便有个无善无不善的性在内。有善有恶，又在物感上看，便有个物在外。却做两边看了，便会差。无善无不善，性原是如此。悟得及时，只此一句便尽了，更无有内外之间。告子见一个性在内，见一个物在外，便见他于性有未透彻处。"

译文

先生说："孟子的不动心和告子的不动心，差异只在毫厘之间。告子只在不动心上用功，孟子则直接从心的本来不动处用功。心的本体原本是不动的。只因为言行有不符合义的，心才会动。孟子无论心动与否，只是去'集义'。若所行都是义，心自然无可动之处。像告子那样只是要心不动，便是将心捉住，如此反而将心生生不动的根阻碍了，这不仅无益，反而是戕害心。孟子'集义'的功夫，自然可以将心修养得充实丰满，没有丝毫缺陷，心自然能纵横自在，活泼泼的。这便是浩然之气。"

先生又说："告子的病根，就是他认为性无善无不善。性无善无不善，这种观点虽然也没有大错，但告子将其看得呆滞了，如此就有了个无善无不善的性在心中，有善有恶，又显示在事物上，这样便又有个物在心外。如此便将心与物视为两个东西了，便会出差错。无善无不善，性原本如此，领悟得透彻，只这一句就够了，再无内外之别。告子见一个性在内，又见一个物在外，便说明他对性有理解未透彻之处。"

经典解读

孟子的不动心集义而成，告子的不动心义袭而取。集义而成，便如种植禾苗给它们灌溉、施肥一般，功夫到了禾苗自然茁壮成长；义袭而取，便如种植禾苗时揠苗助长一般，看似也长高、长大了，却损害了使其生生不息的根本，最终它们是要枯萎的。

原 文

朱本思①问："人有虚灵，方有良知。若草、木、瓦、石之类，亦有良知否?"

先生曰："人的良知，就是草木瓦石的良知。若草木瓦石无人的良知，不可以为草木瓦石矣。岂惟草木瓦石为然！天地无人的良知，亦不可为天地矣。盖天地万物与人原是一体，其发窍之最精处，是人心一点灵明，风雨露雷，日月星辰，禽兽草木，山川土石，与人原是一体。故五谷禽兽之类皆可以养人，药石之类皆可以疗疾。只为同此一气，故能相通耳。"

注 释

①朱得之，字本思，号近斋，江苏靖江人，阳明先生弟子。

译 文

朱本思问："人有虚灵明觉，才有良知。像草、木、瓦、石之类的，也有良知吗?"

先生说："人的良知，就是草木瓦石的良知。若草木瓦石没有人的良知，也就不能为草木瓦石了。何止草木瓦石如此！天地没有人的良知，也就不能为天地了。天地万物与人原是一体，其开窍最精妙之处便是人心的一点灵明，风雨露雷、日月星辰、禽兽草木、山川土石，与人都是原本一体的。所以，五谷禽兽等皆可以养人，药石之类皆可以治疗疾病。只因贯通一气，所以能够相通。"

经典解读

人是有知觉的，所以才有良知，可草木瓦石等东西，没有知觉，它们也有良知吗？连知觉都没有，又怎么会有良知呢？这个问题显然问得多余。但先生的回答却出人意料：草木瓦石也有良知，就是人的良知。先生的理由大概是：天地万物都是因为人的良知而存在，草木瓦石自然都是存在于人的良知之中，所以它们身上的良知，便是人的良知。如此回答明显是转移了概念，是所答非所问，先生之所以这样做，大概就是为了对弟子强调人与天地同为一体、万物皆由良知而生的道理吧。

原文

先生游南镇，一友指岩中花树问曰："天下无心外之物。如此花树，在深山中自开自落，于我心亦何相关？"

先生曰："你未看此花时，此花与汝心同归于寂。你来看此花时，则此花颜色一时明白起来。便知此花不在你的心外。"

译文

先生游览南镇，一朋友指着山岩间开花之树问："天下没有心外的物。像这棵开花之树，在深山中自开自落，和我的心有什么关系呢？"

先生说："你没有看这花时，这花便和你的心同归寂静。你来看这花时，这花的颜色便顿时明白起来。由此可知这花并不在你的心外。"

经典解读

这段话的知名度很高，也淋漓尽致地体现了阳明先生心物同一、物在心内的哲学观点：世间万物都因人心而存在，离开了人的明觉，万物也就失去了存在的意义，也就不能说存在了。

原文

问："大人与物同体，如何《大学》又说个厚薄？"①

先生曰："惟是道理自有厚薄。比如身是一体，把手足捍头目，岂是偏要薄手足？其道理合如此。禽兽与草木同是爱的，把草木去养禽兽，又忍得？人与禽兽同是爱的，宰禽兽以养亲，与供祭祀，燕宾客，心又忍得？至亲与路人同是爱的，如箪食豆羹，得则生，不得则死，不能两全，宁救至亲，不救路人，心又忍得？这是道理合该如此。及至吾身与至亲，更不得分别彼此厚薄。盖以仁民爱物皆从此出，此处可忍，更无所不忍矣。《大学》所谓厚薄，是良知上自然的条理，不可逾越，此便谓之义；顺这个条理，便谓之礼；知此条理，便谓之智；终始是这个条理，便谓之信。"

注释

①《大学》中有："其所厚者薄，而其所薄者厚，未之有也。"所以这里才会说分厚薄。

译文

有人请教先生："大人与物同为一体，为何《大学》中又分个厚、薄呢？"

先生说："只是从道理上说自是有厚薄的区别。比如身是一体，用手足去捍卫脑袋、眼睛，哪里是偏要轻视手足呢？道理就是如此。禽兽和草木同是爱的，用草木去喂养禽兽，难道我心中就忍得草木被摧？人与禽兽同样是爱的，宰割禽兽来侍奉亲人、供给祭祀、宴饮宾客，难道我心中就忍得禽兽被杀？至亲和路人同是爱的，若有箪食豆羹，得到了就生存，不得到就死去，不能两全，人宁愿救至亲而不去救路人，难道我心中就忍得路人死去？这都是道理合应如此。至于我自己和至亲之间，便不能分彼此厚薄。大致上，'仁民爱物'之心都是从这里生发出来的，这里能人心，就没有什么不能忍的了。《大学》中所说的厚薄，是良知上自然的条理，不能逾越，这便是'义'；顺着这个条理，便是'礼'；知道这个条理，便是'智'；始终坚持这个条理，便是'信'。"

经典解读

仁者与天地万物同为一体，但他的仁爱也不是毫无等差的，"亲亲而仁民，仁民而爱物"，爱自己的父母兄弟，再去爱自己的同类，再去爱其他生命，再去爱草木土石，这本就是自然之理，是人之常性。这种有所厚薄恰证明了圣人与匹夫匹妇同心同德，也使仁爱有了立足之处，是圣人之学高于佛老、胜过杨墨之所在。

原文

又曰："目无体，以万物之色为体；耳无体，以万物之声为体；鼻无体，以万物之臭为体；口无体，以万物之味为体；心无体，以天地万物感应之是非为体。"

译文

先生又说："眼睛没有本体，它就以万物的颜色作为它的本体；耳朵没有本体，它就以万物的声音作为它的本体；鼻子没有本体，它就以万物的气味作为它的本体；嘴巴没有本体，它就以万物的味道作为它的本体；心没有本体，它就以天地万物彼此感应中的是非作为它的本体。"

经典解读

眼睛之所以为眼睛，耳朵之所以为耳朵，鼻子之所以为鼻子，嘴巴之所以为嘴巴，心之所以为心，并不单单因为那几块长在身上的血肉，而是因它们能看、能听、能臭、能言、能思的属性，这种属性才是它们的本体。

原　文

问“夭寿不贰”。

先生曰：“学问功夫，于一切声利嗜好，俱能脱落殆尽，尚有一种生死念头毫发挂带，便于全体有未融释处。人于生死念头，本从生身命根上带来，故不易去，若于此处见得破，透得过，此心全体方是流行无碍，方是尽性至命之学。”

译　文

有人向先生请教“夭寿不贰”。

先生说：“做学问的功夫，对于一切声色名利和嗜好，都能摆脱殆尽，若心中尚存有一丝贪生怕死的念头，便是未能与本体完全融会贯通。人对于生死的念头，原本是从生命本源上带来的，所以不易除去，若能在此处识得破、看得透，心的全体才是流行畅通的，这才是尽性至命的学问。”

经典解读

圣人一心一意只在“道”上，活百岁亦是求道，活一朝亦是求道，知道生命该做什么、止于何处，自然能看淡生死，脱离贪生恶死的俗念。所以，孔子说：“朝闻道，夕死可矣。”

原　文

一友问：“欲于静坐时，将好名、好色、好货等根，逐一搜寻，扫除廓清，恐是剜肉做疮否？”

先生正色曰：“这是我医人的方子，真是去得人病根。更有大本事人，过了十数年，亦还用得着。你如不用，且放起，不要作坏我的方子。”是友愧谢。

少间曰：“此量非你事，必吾门稍知意思者为此说以误汝。”在坐者皆悚然。

译　文

一朋友问：“想要在静坐之时，将好名、好色、好货等病根，逐一搜寻出来，扫除干净，恐怕是剜肉做疮吧?”

先生正色答道：“这是我医人的方子，真能去除人的病根。即便是有大本事的人，修行了数十年也还用的着。你若不用，就收起来，不要糟践了我的方子。”那朋友于是惭愧道歉。

过了一会儿，先生说：“我料这也不是你的过错，必是我门下稍微懂得一点儿意思的人对你讲的，这倒是耽误了你。”当时在座诸位都悚然动容。

经典解读

对于静坐，先生论述得很多了，这本就是初学之人扫除好名、好色、好货等弊病的良方，先生也主张，修行不能单单静坐，心性坚定以后还要去具体事上磨炼。但本段之中的提问，是完全否定静坐的功效，认为这是剜肉做疮，初学者心存这种看法就是自以为是、狂傲自大，所以先生才对其进行批评。内心至诚、毫无私心杂念，那是圣人的境界，先生的学生们自然是不可能达到的。心中还存在种种杂念，不急着将其扫除，却思忖去做圣人的事情，在己便是误己，教人便是误人。

原文

一友问功夫不切。

先生曰：“学问功夫，我已曾一句道尽，如何今日转说转远，都不着根?”

对曰：“致良知盖闻教矣，然亦须讲明。”

先生曰：“既知致良知，又何可讲明？良知本是明白，实落用功便是。又不肯用功，只在语言上转说转糊涂。”

曰：“正求讲明致之之功。”

先生曰：“此亦须你自家求，我亦无别法可道。昔有禅师，人来问法，只把尘尾提起。一日，其徒将其尘尾藏过，试他如何设法。禅师寻尘尾不见，又只空手提起。我这个良知就是设法的尘尾，舍了这个，有何可提得?”

少间，又有一友请问功夫切要。

先生旁顾曰：“我尘尾安在?”

一时在坐者皆跃然。

译文

一朋友请教功夫不真切该如何。

先生说：“学问的功夫，我已一句话说尽了，现在你们怎么越说越远，都不着根基呢？”

朋友回答说：“致良知是曾经听说过，但仍需要再说明白。”

先生说：“既然知道致良知，又如何再讲得明白？良知本就是明白，落在实处用功便是。又不肯用功，偏在言谈中说，越说越糊涂。”

朋友说：“正是希望您讲明致良知的功夫。”

先生说：“这也须你自己探求，我也没其他办法可以讲。过去有位禅师，有人前来问法，禅师只将拂尘提起。一日，他的徒弟将拂尘藏了起来，想看禅师如何讲法。禅师寻找拂尘不见，只做个空提拂尘的样子。我这个良知就是讲法的拂尘，舍弃了这个，还有什么可提的？”

一会儿，又有一位朋友请教功夫的关键。

先生旁顾四周说：“我的拂尘在哪里？”

一时在座诸位都哄然发笑。

经典解读

学问的功夫“致良知”三字已经概括得完完全全、清清楚楚，若知道了致良知，还要感慨学问无入手处、功夫不真切，那就是对良知的认识还不准确，下的功夫还不到家。俗话说，师父领进门，修行在个人，致良知、做学问，具体细节每个人都有所不同，只能靠自己在下功夫中慢慢体悟，这不是老师能教得的。

原文

或问“至诚前知”①。

先生曰：“诚是实理，只是一个良知。实理之妙用流行就是神，其萌动处就是几，诚神几曰圣人②。圣人不贵前知。祸福之来，虽圣人有所不免。圣人只是知几，遇变而通耳。良知无前后，只知得见在的几，便是一了百了。若有个前知的心，就是私心，就有趋避利害的意。邵子③必于前知，终是利害心未尽处。”

注释

①至诚前知：出自《中庸》：“至诚之道，可以前知。国家将兴，必有祯祥；国家将亡，必有妖孽。见乎蓍龟，动乎四体。祸福将至：善，必先知之；不善，必先知之。故至诚如神。”

②诚神几曰圣人：出自周敦颐《通书》：“寂然不动者，诚也；感而遂通者，

神也；动而未形，有无之间者，几也。诚精故明，神应故妙，几微故幽。诚神几曰圣人。”

③邵子：即邵雍。

译　文

有人就《中庸》中的“至诚前知”请教先生。

先生说：“诚是实理，只是一个良知。实理的妙用流行便是神，其萌动之处便是几，至诚而神又能知几便是圣人。圣人不贵前知，祸福的到来，即便是圣人也在所难免。圣人只是知几，遇到变故能顺应无碍。良知无前后之分，只要能知晓现在的几，便是一了百了。若有一个预知的心，就是私心，就有了趋利避害的意念。邵雍助长一定要预先知道一切，就是利害之心未能清除干净。”

经典解读

至诚可以前知，生活无不遵循着道，遵循着天理，懂得人生之大道，便是预知了未来。一个人如果内心至诚，事事依循良知而行，便能通过戒慎恐惧避开祸患，便能居仁行义邀致福泽，在生活中遇到了各种变故也能泰然处之，这便是圣人的“前知”。

普通人一说“前知”，就会想到能掐会算，能预测将来有什么事情发生，这种“前知”却是圣人所不屑的。孔子说：“未知生，焉知死？”一个人能将当下的事情做好，致当下的良知就可以了，又何必去揣测以后的事情；以后的事情来了，依循天理良知而行事即可，又何必提前担忧呢？所以古人说：“永言配命，自求多福。”

原　文

先生曰：“无知无不知，本体原是如此。譬如日未尝有心照物，而自无物不照。无照无不照，原是日的本体。良知本无知，今却要有知。本无不知，今却疑有不知。只是信不及耳。”

先生曰：“‘惟天下之圣为能聪明睿知’，旧看何等玄妙，今看来原是人人自有的。耳原是聪，目原是明，心思原是睿知。圣人只是一能之尔。能处正是良知。众人不能，只是个不致知。何等明白简易！”

译　文

先生说：“无知无不知，本体原本就是这样的。譬如太阳未曾有心照物，但又无物不照。无照无不照，原本就是太阳的本体。良知本无知，如今却要有知；

良知本无不知，如今却怀疑它有不知。这些都是因为不能完全相信良知罢了。”

先生说：“《中庸》说：‘惟天下之圣为能聪明睿知’，从前看时觉得玄妙莫测，如今看来，这原是人人都有的。耳原本就聪，目原本就明，心原本就睿智。圣人只有一种才能，那便是‘致良知’。普通人做不到，只是不能致良知。这是何等的简易明白啊！”

经典解读

张载曾说过这样一段话：“洪钟未尝有声，由扣乃有声；圣人未尝有知，由问乃有知。或谓：‘圣人无知，则当不问之时，其犹木石乎？’曰：‘有不知则有知，无不知则无知，故曰圣人未尝有知，由问乃有知也。’”阳明先生在这里对良知进行的表述正是这个道理，良知的本体无所谓知与不知，澄净莹洁，空空如也，但物来便能顺应，便能“叩其两端而竭”。以这种观念处世，便是曾国藩曾经说过的：“灵明无着，物来顺应，未来不迎，当时不杂，即过不恋。”

良知无所不知，学者只许从自心上下功夫即可，若非要到外面去追求聪明睿智，去为自己的无知而担忧，那就是未能真正体认良知，致良知的功夫不够。

原　文

问：“孔子所谓‘远虑’，周公‘夜以继日’，与将迎不同何如？”

先生曰：“远虑不是茫茫荡荡去思虑，只是要存这天理。天理在人心，亘古亘今，无有终始。天理即是良知，千思万虑，只是要致良知。良知愈思愈精明，若不精思，漫然随事应去，良知便粗了。若只着在事上茫茫荡荡去思，教做远虑，便不免有毁誉、得丧、人欲搀入其中，就是将迎了。周公终夜以思，只是‘戒慎不睹，恐惧不闻’的功夫。见得时，其气象与将迎自别。”

译　文

有人请教先生：“孔子所说的‘远虑’，周公的‘夜以继日’，与将迎意必不同的道理何在？”

先生说：“远虑不是不着边际地去思虑，只是要存这天理。天理在人心中，亘古亘今，无始无终。天理便是良知，千思万虑只是要人致良知。良知越思虑越清明，若不仔细思虑，只是随随便便随事运转，良知就变得粗陋了。若只在事情上不着边际地去思虑，以为这就是远虑，便难免有毁誉、得失、人欲掺入良知之中，也就是将迎了。周公终夜以思，只是‘戒慎不睹，恐惧不闻’的功夫。认识了这一点，圣人的气象与将迎意必便自有分别。”

经典解读

事在人心，事在良知。都是日以继夜的思虑，有的人思的是良知天理，便是圣人；有的人思的是功名利禄，便是俗人。正如孟子所说："鸡鸣而起，孳孳为善者，舜之徒也；鸡鸣而起，孳孳为利者，蹠之徒也。"只要时时致良知，时时不离天理，事事便都是功夫，也就自然没有了将迎意必的弊病。

原　文

问："'一日克己复礼，天下归仁'，朱子作效验说①，如何？"

先生曰："圣贤只是为己之学，重功夫不重效验。仁者以万物为体。不能一体，只是己私未忘。全得仁体，则天下皆归于吾仁，就是'八荒皆在我闼②'意。天下皆与，其仁亦在其中。如'在邦无怨，在家无怨③'，亦只是自家不怨。如'不怨天，不尤人'之意。然家邦无怨，于我亦在其中。但所重不在此。"

注　释

①该句出自《论语·颜渊篇》，朱子注解："极言其效之甚远而至大也。"

②八荒皆在我闼：出自北宋吕大临的《克己铭》。

③在邦无怨，在家无怨：出自《论语·颜渊篇》。

译　文

有人请教先生："关于孔子'一日克己复礼，天下归仁'这句话，朱子认为是就效验而说的，不知是否正确？"

先生说："圣贤做学问只是为了切实提高自身，重功夫而不重效验。仁者以天地万物为一体，不能一体，只是自己的私心未忘。仁完全充溢身心，则天下万物都可归于我的仁，这就是'八荒皆在我闼'的意思。天下都归于我的仁，仁也就自然在天地万物之中了。像'在邦无怨，在家无怨'，也只是说自己不要有怨愤。就如'不怨天，不尤人'的意思。若在家、在邦都无怨愤，我也就在其中了。但圣人所强调的并不在这点上。"

经典解读

朱子注解说效验，也只是为了督促世人为仁；阳明先生不谈效验，也只是让人们更切实地为仁——只是为仁而为仁，不带一丝将迎意必之念。这就如说"浪子回头金不换"这句话，朱子强调回头的重要性，连金子都换不来；而阳明先生说，回头便是良知，是自然应该的，何必要用黄金去衡量呢？用黄金衡量就会让人为了利而回头，便有了将迎。在阳明先生看来，圣人的本意就是让人克己复礼，只要认清这一点就足够了，至于有没有什么效验，都不是需要忧心思量的。

原文

问："孟子巧、力、圣、智之说[①]，朱子云：'三子力有余而巧不足。'何如？"

先生曰："三子固有力，亦有巧。巧、力实非两事，巧亦只在用力处，力而不巧，亦是徒力。三子譬如射，一能步箭，一能马箭，一能远箭。他射得到俱谓之力，中处俱可谓之巧。但步不能马，马不能远，各有所长，便是才力分限有不同处。孔子则三者皆长。然孔子之和只到得柳下惠而极，清只到得伯夷而极，任只到得伊尹而极，何曾加得些子。若谓'三子力有余而巧不足'，则其力反过孔子了。巧、力只是发明圣、知之义，若识得圣、知本体是何物，便自了然。"

注释

①出自《孟子·万章篇》。孟子曰："伯夷，圣之清者也；伊尹，圣之任者也；柳下惠，圣之和者也，孔子，圣之时者也。孔子之谓集大成，集大成也者，金声而玉振之也。金声也者，始条理也；玉振之也者，终条理也。始条理者，智之事也；终条理者，圣之事也。智，譬则巧也；圣，譬则力也。"

译文

有人请教先生："孟子巧、力、圣、智的说法，朱子认为'三子力有余而巧不足'，该观点怎么样？"

先生说："那三位先贤固然有力，也有巧。巧和力并非两件事，巧也只在用力处，有力而不巧只是空有其力。三位先贤若用射箭来譬喻，就如一个人能步行射，一个人能骑马射，一个人能远射。他们能射到目标所示之处，就可以称为力；他们能命中目标，就可以称为巧。但能步射不能骑射，能骑射不能远射，各有所长，便是才力各有不同处。孔子则兼有三个人的长处。然孔子的和也只到柳下惠的程度，孔子的清也只到伯夷的程度，孔子的任也只到伊尹的程度，并未再增加一些。若说'三子力有余而巧不足'，那么就是他们的力反而能超过孔子了。巧、力只是对圣、智做个阐释，若真识得圣、智的本体是什么，自然也就能理解它们了。”

经典解读

对于伯夷、柳下惠、伊尹三人，孟子认为他们也是圣者，但不如孔子那样是集大成者。朱子注释说这三人是巧有余而力不足，但阳明先生不赞同这种看法：力和巧本就一件事，若是力不足，便不能称“终条理”，也就不是圣者了。对圣贤先生早就有过一个很形象的譬喻，黄金的分量和精度，在这里的解释便是：伯夷、柳下惠、伊尹精度都很高，所以能称为圣者，只不过是在天生分量上和孔子有所差距罢了。

原　文

先生曰：“‘先天而天弗违’①，天即良知也。‘后天而奉天时’，良知即天也。”

“良知只是个是非之心，是非只是个好恶。只好恶就尽了是非，只是非就尽了万事万变。”

又曰：“是非两字是个大规矩，巧处则存乎其人。”

“圣人之知如春天之日，贤人如浮云天日，愚人如阴霾天日。虽有昏明不同，其能辨黑白则一。虽昏黑夜里，亦影影见得黑白，就是日之余光未尽处。困学功夫，亦是从这点明处精察去耳。”

注　释

①出自《周易·乾·文言》：“先天而天弗违，后天而奉天时，天且弗违，而况于人乎，况于鬼神乎。”

译　文

先生说：“‘先天而天弗违’，天便是良知。‘后天而奉天时’，良知即天也。”

“良知只是个是非之心，是非只是个好恶。明白好恶就穷尽了是非之道，穷尽了是非之道就穷尽了天下万事的变化。”

先生又说：“‘是非’两个字是大规矩，是否能灵活运用，就看个人的造诣了。”

“圣人的良知如同晴空中的太阳；贤人的良知如同有浮云时的太阳，愚人的良知如同阴霾天的太阳。虽然昏明有别，在其能辨别黑白之上则相同。即便在昏黑的夜里，也能影影绰绰地分辨黑白，这就是太阳的余光未尽之处。困中为学的功夫，也是从这点光明处去细致鉴察的。”

经典解读

天即良知，遵循天理，便是遵循自己的良知，奉行天道，便是奉行自己的良知。

遵循良知就是充发是非之心，知道孰是孰非，懂得好善恶恶，便能穷尽天下万事的变化。但能否完全充发是非之心、羞恶之心，却因人修养而不同。不懂羞恶、是非，做着不合道义的事不知悔改、不知羞耻，便是日日饮食，“鲜能知味”，便是自心不正，便是良知被障蔽，所以人要不断提高自己的修养，不断戒慎恐惧，不断存养自己的良心、致自己的良知。

原文

问：“知譬日，欲譬云。云虽能蔽日，亦是天之一气合有的，欲亦莫非人心合有否?”

先生曰：“喜、怒、哀、惧、爱、恶、欲，谓之七情，七者俱是人心合有的。但要认得良知明白。比如日光，亦不可指着方所。一隙通明，皆是日光所在。虽云雾四塞，太虚中色象可辨，亦是日光不灭处。不可以云能蔽日，教天不要生云。七情顺其自然之流行，皆是良知之用，不可分别善恶。但不可有所着。七情有着，俱谓之欲，俱为良知之蔽。然才有着时，良知亦自会觉。觉即蔽去，复其体矣。此处能勘得破，方是简易透彻功夫。”

译文

有人请教先生：“良知如太阳，人欲如乌云。乌云虽然能遮蔽太阳，然而也是天地间所应有的，人欲莫非也是人心中理应具有的?”

先生说：“喜、怒、哀、惧、爱、恶、欲，称之为七情，这七者都是人心中理应具有的。但一定要把良知认得明白才可。比如日光，也不能偏于一向，只要有一丝光明，便是日光所照之处。虽然云雾四塞，只要太虚之中还能有形色可辨析，便是日光不灭之处。不可以因为乌云能遮蔽太阳，便教天不生云气。七情顺其自然地流露，都是良知在起作用，不能将其判断为善或恶。但也不能有所执着。七情有了执着，就都可称之为欲，便都成了良知的障蔽。才有执着，良知便会自动觉察。觉察了障蔽便消失，就恢复其本体之澄明。在此处能识得破，才是简易透彻的功夫。”

经典解读

七情六欲人皆有之，圣人修心不是要硬捉住心，令喜怒哀乐隐而不发，而是要顺从良知，使喜怒哀乐发而中节。比如，发怒是人人都会有的，纣王发怒，一怒便杀九侯、醢鄂侯、剖比干，最终导致天怒人怨，国家灭亡；同样，武王也发怒，一怒便讨伐殷商，诛除暴君，拯救天下万民。所以《诗》中称赞："王赫斯怒，爰整其旅，以遏徂莒，以笃周祜。"这怒难道分善恶好坏吗？其他的情感也是如此，有的人高兴就帮助别人，有的人高兴时就残害别人；有的人好色而夫妇和谐，有的人好色而行奸邪；有的人哀伤便怜悯别人，有的人哀伤便迁怒于人……所以说，情感无所谓善恶，人心有善有恶，良知有明有晦。人只要能懂得时时致良知，使情感依循良知而发，发而中节，那无论喜怒哀乐对自身都只有利，没有害。

原文

问："圣人生知安行是自然的，如何有甚功夫？"

先生曰："知行二字，即是功夫，但有浅深难易之殊耳。良知原是精精明明的。如欲孝亲，生知安行的，只是依此良知实落尽孝而已；学知利行者，只是时时省觉，务要依此良知尽孝而已；至于困知勉行者，蔽锢已深，虽要依此良知去孝，又为私欲所阻，是以不能，必须加人一己百、人十己千之功，方能依此良知以尽其孝。圣人虽是生知安行，然其心不敢自是，肯做困知勉行的功夫。困知勉行的却要思量做生知安行的事，怎生成得？"

译文

有人请教先生："圣人生知安行是自然就能如此的，为何还需要什么功夫呢？"

先生说："'知行'二字便是功夫，只是有深浅难易的区别罢了。良知原本是精精明明的。比如要孝敬亲人，生知安行的，只是依着良知去落实尽孝而已；学知利行的，只时时省察觉悟，努力依循良知去尽孝而已；至于困知勉行的，受的障蔽太深，即便想依循良知去尽孝，也被私欲所阻隔，所以常不能尽孝，必须有人一己百、人十己千的功夫，才能依循良知去尽孝。圣人虽然是生知安行，但心里不敢自以为是，所以宁愿做困知勉行之人所做的事；而困知勉行之人，却思量着做生知安行的事，这能行吗？"

经典解读

孔子有大仁，却不以仁自居；有大智，却说"吾有知乎哉？无知也"；本就博学多闻，却还学而不厌，这便是圣人"不敢自是"，肯做困知勉行之事的心。

至于那些庸俗鄙陋之人，良知被蔽塞却不觉，内心不端正却不知忧，不分是非、不辨善恶，任性而行，肆意妄为，这便是困知勉行者却非要做生知安行之事。学无止境，修行亦无止境，即便是圣人也要战战兢兢，也要戒慎恐惧，致良知的功夫如何能够舍弃呢？

原文

问："乐是心之本体，不知遇大故，于哀哭时，此乐还在否？"

先生曰："须是大哭一番了方乐，不哭便不乐矣。虽哭，此心安处即是乐也。本体未尝有动。"

译文

有人请教先生："和乐为心之本体，不知道遇到大变故，在哀痛哭泣之时，这乐还在否？"

先生说："需要大哭一番之后才能乐，不哭便不会乐了。虽在痛哭之时，此心所安之处仍是和乐。本体并未有所改变。"

经典解读

遇哀则哭，是一朝之忧；心止于乐，是终身之乐。终身之乐，如湖水归于平静，平静便是湖水的本体；一朝之忧，如湖水遇风便起浪，虽然有浪，但水要归于平静的主体是未尝改变的。

原文

问："良知一而已。文王作彖，周公系爻，孔子赞《易》，何以各自看理不同？"

先生曰："圣何能拘得死格？大要出于良知同，便各为说何害？且如一园竹，只要同此枝节，便是大同。若拘定枝枝节节，都要高下大小一样，便非造化妙手矣。汝辈只要去培养良知。良知同，更不妨有异处。汝辈若不肯用功，连笋也不曾抽得，何处去论枝节？"

译文

有人请教先生："良知只有一个。文王作卦辞，周公作爻辞，孔子赞《周易》，为何他们所认识的理各有不同呢？"

先生说："圣人怎么会死板拘泥呢？其大旨都出于良知这点是相同的，说法有不同有何妨碍呢？就如一个园子里的竹子，只要枝节差不多便是大同。若非要每根竹子的枝枝节节都高下大小相同，便不是造化的妙手了。你等只要去培养良知，良知相同，其他的地方不同无关紧要。你们若不肯用功，就好比竹笋还未生长，何必去谈论枝节呢？"

经典解读

文王有文王的事，周公有周公的事，孔子有孔子的事，他们平生各不相同，但所守的仁义、所致的良知都是相同的。人生环境、遭遇悬殊，对事件的处理、选择也必然各异，圣人也没有一定之规，只是物来顺应，随时权变罢了。学习圣人，也只是学他们致良知，存天理，若在具体的细节上效法，拘泥于小节，那就是"执中无权"了，必然学圣人不得，只能是刻鹄类鹜、画虎类犬。

原文

乡人有父子讼狱，请诉于先生。侍者欲阻之，先生听之，言不终辞，其父子相抱恸哭而去。

柴鸣治入问曰："先生何言，致伊感悔之速？"

先生说："我言舜是世间大不孝的子，瞽瞍是世间大慈的爷。"

鸣治愕然请问。

先生曰："舜常自以为大不孝，所以能孝；瞽瞍常自以为大慈，所以不能慈。瞽瞍只记得舜是我提孩长的，今何不曾豫悦我？不知自心已为后妻所移了，尚谓自家能慈，所以愈不能慈。舜只思父提孩我时如何爱我，今日不爱，只是我不能尽孝。日思所以不能尽孝处，所以愈能孝。及至瞽瞍底豫时，又不过复得此心原慈的本体。所以后世称舜是个古今大孝的子，瞽瞍亦做成个慈父。"

译文

乡里有父子二人相诉讼，请先生判决。随从想阻止他们，先生接受了案子并听取讼辞，先生调节的话还未讲完，父子二人便相抱痛哭而去。

柴鸣治入见，问："先生说了什么话，让他们感悟悔疚得如此之快？"

先生说："我说舜是世间最不孝的儿子，瞽瞍是世间最慈爱的父亲。"

柴鸣治愕然请问缘由。

先生说："舜常常自以为最不孝，所以能孝；瞽瞍常常自以为最慈爱，所以不能慈爱。瞽瞍只记得舜是我拉扯大的，如今为何不能让我快乐？不知道自己的心已经被后妻迷惑而改变了，尚认为自己能慈爱，所以就更不能慈爱。舜只记得小时候父亲如何爱我，今日不爱了，只是因为我不能尽孝。每日思索不能尽孝之处，所以越能尽孝。等到瞽瞍高兴的时候，他只不过是恢复了心中原本就慈爱的本体。所以后世称赞舜是个古今最大的孝子，而瞽瞍也成了一个慈爱的父亲。”

经典解读

孟子说：“爱人不亲，反其仁；治人不治，反其智；礼人不答，反其敬。行有不得者皆反求诸己，其身正而天下归之。”与人交往的时候要多反思自己，少去奢求别人，与人之间的纠纷自然就消除了。更何况父子至亲之间，本就应该只有孝顺、慈爱，若有纠纷竟至对簿公堂的地步，那无论是父亲、还是儿子必然做得都有欠缺，心都被私欲所蒙蔽了。先生违背常理的一番话正是要振聋发聩，让这对父子一下子便领悟到了自身的不足，领悟到了自己的良知已被蒙蔽，所以他们才能立刻相互原谅，悔悟痛哭。

原文

先生曰：“孔子有鄙夫来问①，未尝先有知识以应之。其心只空空而已。但叩他自知的是非两端，与之一剖决，鄙夫之心便已了然，鄙夫自知的是非，便是他本来天则。虽圣人聪明，如何可与增减得一毫？他只不能自信。夫子与之一剖决，便已竭尽无余了。若夫子与鄙夫言时，留得些子知识在，便是不能竭他的良知，道体即有二了。”

注释

①出自《论语·子罕篇》。子曰：“吾有知乎哉？无知也。有鄙夫问于我，空空如也。我叩其两端而竭焉。”

译文

先生说：“有农夫向孔子请教问题，孔子并不是起先就有了知识来应对他。孔子的心中也是空空而已。但孔子能点拨农夫自知的是非两段，给他一一剖析，农夫的心便明白了。农夫自知的是非，便是他原本就有的天然准则。圣人虽然聪明，怎能随便增减分毫？只是农夫不能自信，夫子与之稍加分析是非曲直就显露无遗了。若夫子和农夫谈话时，只从自己的知识上入手，便不能竭尽农夫的良知了，道体也就被分割为二了。”

经典解读

圣人也不是先知先觉的，并不是穷尽了天下所有的道理，只是能充发自己的良知而已，遇到了事情便依循良知来寻求答案。所以，他们在教导别人的时候，也不是将外部的知识生硬地灌输给别人，而是善于启发他人已有的是非之心，使他们能竭尽自己的良知来得到问题的答案。

原 文

先生曰："'烝烝乂，不格奸'，本注说象已进于义，不至大为奸恶。舜征庸后，象犹日以杀舜为事，何大奸恶如之？舜只是自进于义，以义薰蒸，不去正他奸恶。凡文过掩慝，此是恶人常态。若要指摘他是非，反去激他恶性。舜初时致得象要杀己，亦是要象好的心太急，此就是舜之过处。经过来，乃知功夫只在自己，不去责人，所以致得克谐。此是舜动心忍性、增益不能处。古人言语，俱是自家经历过来，所以说的亲切，遗之后世，曲当人情。若非自家经过，如何得他许多苦心处。"

译 文

先生说："《尚书》中的'烝烝乂，不格奸'，本注说象已经逐渐接近义，不至于去做大奸大恶的事情了。舜被尧帝征用以后，象还每日盘算着杀死舜，还有比这更奸邪的事情吗？舜只是自己合乎义，用义来熏陶象，不去直接纠正他的奸恶。文过饰非，这时恶人的常态。若直接指责他的是非，反而会激发他的恶行。开始时，舜使得象要杀自己，也是想让象变好的心太迫切了，这就是舜的过失之处。有了这段经历，才知道功夫只在自己，不去求责于人，所以最后才能达到和谐。这是舜动心忍性、增益不能之处。古人的言语，都是自身亲身经历过的，所以说得十分亲切，留传到后世，歪曲变通都能符合人情世故，若非自己亲身经历过，如何能体会到古人的那么多良苦用心呢？"

经典解读

关于《尚书》中"烝烝乂，不格奸"这句话，本注认为是在说象已经逐渐合乎道义，不至于为大奸大恶之事，而阳明先生却认为这句话其实是在说舜，指舜只是让自己合乎道义，不再去刻意纠正象的错误。阳明先生之所以这样理解，还是出于其"求诸己"之心，在回答黄修易的提问时先生就已经解释过："若徒责人，只见得人不是，不见自己非。若能反己，方见自己有许多未尽处，奚暇责人？"舜就是这样的人，不管别人有多么不肖，只是关注自身的修养，不管别人是多么奸恶，只是用自身的德行去熏陶他。这就如《菜根谭》中所说的："我果为洪炉大冶，顽金钝铁，何患不可陶熔；我果为巨海长江，横流污渎，何患不能容纳。"心与天地合而为一的圣人，故当有此种心境，有此种宽容宏厚。

原文

先生曰："古乐不作久矣，今之戏子，尚与古乐意思相近。"

未达，请问。

先生曰："'韶'之九成，便是舜的一本戏子。'武'之九变，便是武王的一本戏子。圣人一生实事，俱播在乐中，所以有德者闻之，便知他尽善尽美与尽美未尽善处。若后世作乐，只是做些词调，于民俗风化绝无关涉，何以化民善俗？今要民俗反朴还淳，取今之戏子，将妖媱词调俱去了，只取忠臣、孝子故事，使愚俗百姓人人易晓，无意中感激他良知起来，却与风化有益。然后古乐渐次可复矣。"

曰："洪要求元声不可得，恐于古乐亦难复。"

先生曰："你说元声在何处求？"

对曰："古人制管候气，恐是求元声之法。"

先生曰："若要去葭灰黍粒中求元声，却如水底捞月，如何可得？元声只在你心上求。"

曰："心如何求？"

先生曰："古人为治，先养得人心和平，然后作乐。比如在此歌诗，你的心气和平，听者自然悦怿兴起，只此便是元声之始。《书》云：'诗言志'，志便是乐的本；'歌永言'，歌便是作乐的本；'声依永，律和声'，律只要和声，和声便是制律的本。何尝求之于外？"

曰："古人制候气法，是意何取？"

先生曰："古人具中和之体以作乐。我的中和原与天地之气相应，候天地之气，协凤凰之音，不过去验我的气果和否。此是成律已后事，非必待此以成律也。今要候灰管，必须定至日。然至日子时，恐又不准，又何处取得准来？"

译文

先生说："古乐被遗忘已经很久了，如今的唱戏和古乐的意思还比较相近。"

德洪未能理解，请教先生。

先生说："韶乐的九章，便是舜的一本戏剧；武乐的九章，便是武王的一本戏剧。圣人一生实际，都蕴含在乐曲之中，所以有德之人听了，便能了解其中尽善尽美与尽美未尽善之处。后世作乐曲，只是谱写些词调，和民风教化毫无关系，何以教化人民、美化风俗呢？如今要使民风返朴还淳，须将当下流行的戏曲都拿来，将里面的妖淫之辞都除去，只取忠臣、孝子的故事，使愚民百姓人人易于理解，在不知不觉中激发起他们的良知，这便对风化有益。然后，古代圣贤的乐曲才能逐渐恢复。"

德洪说："我连元声都找不到，要恢复古乐，只怕也十分困难。"

先生说："你认为元声当到哪里去寻找？"

德洪回答："古人制管候气，便是求取元声之法吧？"

先生说："若要去草灰谷粒中求取元声，却如水底捞月，如何能够得到？元声只在你心上求。"

德洪问："心上如何求得？"

先生说："古人治天下，先将人心养得平和，然后才能作乐。比如在这里吟诗，你的心气平和，听者自然感到心情愉悦，这就是元声的起始处。《尚书》中说'诗言志'，志便是乐的根本；'歌永言'，歌便是作乐的根本；'声依永，律和声'，律只要与声和谐，与声和谐便是制律的根本。又何必到外面去寻求？"

德洪问："古人以律管候气的做法，又依据什么呢？"

先生说："古人心体中和然后作乐。我的中和原本就与天地之气相应，候天地之气，与凤鸣相和谐，不过是去检验我的气是否真的平和了。这是律成以后的事，并不是靠这个来制律的。如今通过律管来候气，必须先确定冬至日。但是到了冬至日，具体时辰只恐找得又不准确，如此又到哪里取得标准呢？"

经典解读

对于律管候气的问题，先生在陆澄问《律吕新书》时就已有所阐述，这只是用来律成之后用于检验的手段，而非制律的方法。制律只需要与声音协调，发音关键在于心气平和，心气平和只须修身、正心，所以制律的标准只在自心之中，心正自然音正。《吕氏春秋·大乐》一篇，对乐之本源有详细阐述："声出于和，和出于适。和适先王定乐，由此而生。天下太平，万物安宁。皆化其上，乐乃可成。成乐有具，必节嗜欲。嗜欲不辟，乐乃可务。务乐有术，必由平出。平出于公，公出于道。故惟得道之人，其可与言乐乎！"这便是先生所说的："古人治天下，先将人心养得平和，然后才能作乐。"

先王之所以制礼乐，是为了教化百姓，移风易俗，他们将自己除暴播善的事迹都融入到乐曲之中，所以人们在听乐之时，能感受到其中的善与美，能在欢愉之中得到教育、警戒。而后世之人，只关注了乐的娱乐功能，却忽略了乐的教化功能，将各种能够满足人欲、低级趣味的东西都放进乐曲之中，使乐曲失去了本来面目，这才是古乐难以恢复的根本原因。要想恢复古乐，必须从正人心上入手，而不是单单求之于音节、声调。戏剧所表现的正是世态人生，若能涤除其中的思想糟粕，使其完全合乎圣贤之教，未免不是移风易俗、端正人心的好工具，所以先生认为它和古乐接近，可以用来恢复古乐。

乐是人心的彰显，是世道的彰显，古乐不作久矣，其实质是说世人良知被蒙蔽已经很久了，圣贤之道被丢弃已经很久了，先生怀念古乐，其实怀念的是先圣的大道，若能明白这点，对先生论乐的文字也就完全理解了。

原文

先生曰："学问也要点化，但不如自家解化者，自一了百当。不然，亦点化许多不得。"

"孔子气魄极大，凡帝王事业，无不一一理会，也只从那心上来。譬如大树，有多少枝叶，也只是根本上用得培养功夫，故自然能如此，非是从枝叶上用功做得根本也。学者学孔子，不在心上用功，汲汲然去学那气魄，却倒做了。"

译文

先生说："学问也要别人点化开导，但不如自己领悟那样能一了百当。不能自己领悟，点化开导也没有多大作用。"

先生说："孔子气魄极大，只要是帝王的事业，他都能一一体悟，也只是从他心中得来。就像那大树，不管有多少枝叶，都是从根本上用的培养功夫，所以自然能如此，而不是从枝叶上下功夫去培育根本。学者学孔子，不在心上用功，却去汲汲然学习他的气魄，便将功夫做倒了。"

经典解读

这两个问题前面已经提及多次，一、学问要自心体会，不能单靠老师去点化；二、修养要从心体，即根本上下功夫，外面的礼节、仪容都是细枝末节，专注于外，忽视内心，便是舍本逐末、缘木求鱼。

原 文

“人有过，多于过上用功，就是补甑，其流必归于文过。”

“今人于吃饭时，虽然一事在前，其心常役役不宁，只缘此心忙惯了，所以收摄不住。”

“琴瑟简编，学者不可无，盖有业以居之，心就不放。”

先生叹曰：“世间知学的人，只有这些病痛打不破，就不是善与人同。”

崇一曰：“这病痛只是个好高不能忘己尔。”

译 文

先生说：“人都有过错，若常在过错上用功，就如修补破旧的瓦罐，终将流于文过饰非之中。”

先生说：“现在的人吃饭，即使眼前只有吃饭一事，他也常常心乱不宁，只是因为心忙乱惯了，所以收摄不住。”

先生说：“琴瑟书籍，学者不可没有，由于常有事可做，心就不会放纵了。”

先生感慨道：“世间知学的人，只要这些毛病不能纠正，就不是‘善与人同’。”

欧阳崇一说：“这些毛病就是好高骛远，不能舍己从人。”

经典解读

这是先生随时感慨的几句话，虽然简短，其中也包涵着值得我们学习的道理。

1. 人常会犯错误，改正错误是好的，但不能只盯着错误本身，所谓“头疼医头，脚痛医脚”，要知道任何错误的根源都是心，要从本体上下功夫，找出错误的根源，这才不会流入文过饰非之中。

2. 心放纵久了，便会养成习惯。遇事之时不知道收心养性，任其放纵，到了没事之时，便也收不回来了，所以用功不能有一时懈怠，忙时要用功，闲时亦要用功，这才是不息不怠的功夫。

3. 心性尚不坚定之人，有事时容易被外物所迷惑，没事时容易陷入空寂之中，所以要常常为自己找点情趣高雅的事，来填补心中的空闲，防止它落入空寂，或被外欲所惑。

4. 为学最大的毛病便是自以为是、好高骛远，这个毛病不能除掉，既不能学习别人的优点，也不能去教育别人，便不能真正做好学问。

原文

问："良知原是中和的，如何却有过、不及？"

先生曰："知得过、不及处，就是中和。"

"'所恶于上'是良知，'毋以使下'即是致知。"

译文

有人请教先生："良知原本就是中和的，为何会有过和不及呢？"

先生说："能知道过和不及之处，便是中和。"

先生说："'所恶于上'就是指良知，'毋以使下'说的就是致知。"

经典解读

良知原本是中和的，并不是说它时时保持中和，还是以水面作譬喻，平静之处便是中和，浪峰、浪谷便是过和不及，正是因为有了中和，人们才能体悟到过和不及，若没有中和又何来过与不及呢？所以，即便是行为过与不及之时，也有一个中和在人的良知之中，只不过没有显示出来罢了，但那中和终究才是良知的本体。

良知是判断是非的标准，《大学》中的"所恶于上"，即是在进行是非判断，所以说它是良知。致良知便是判断之后的实践，"毋以使下"便是这样的过程，所以先生说它便是致良知。

原文

先生曰："苏秦、张仪之智，也是圣人之资。后世事业文章，许多豪杰名家，只是学得仪、秦故智。仪、秦学术善揣摸人情，无一些不中人肯綮，故其说不能穷。仪、秦亦是窥见得良知妙用处，但用之于不善尔。"

译文

先生说："苏秦、张仪的才智，也是圣人的资质。后世诸多事业文章，许多豪杰名家，只是学到了张仪、苏秦的旧智慧。张仪、苏秦的学问善于揣测人情，没有哪一点不是切中要害的，因此他们的学说未断绝。张仪、苏秦也是窥到了良知的妙用之处，但没有将其用在正道上。"

经典解读

能窥到良知妙用处的便是智慧，能将良知妙用处在正道上发挥的便是圣贤。

苏秦、张仪都是才智绝伦之人，若用此资质以行仁道，未尝不能造福世人，成就圣人之功，而他们却逞口舌之利，行纵横之术，重功名利禄，轻仁义道德，被真正的大丈夫所不耻。世上那些有才智，却未能行圣人之道的豪杰志士，都是只窥得良知之端倪，未能将其用在正道之上，对于这种人，先生也只能感慨可惜他们的天资了！

原文

或问未发已发。

先生曰："只缘后儒将未发已发分说了，只得劈头说个无未发已发，使人自思得之。若说有个已发未发，听者依旧落在后儒见解。若真见得无未发已发，说个有未发已发原不妨，原有个未发已发在。"

问曰："未发未尝不和，已发未尝不中。譬如钟声，未扣不可谓无，既扣不可谓有。毕竟有个扣与不扣，何如？"

先生曰："未扣时原是惊天动地，既扣时也只寂天寞地。"

译文

有人就未发、已发的问题请教先生。

先生说："只因为后世儒者将未发、已发分开说了，所以我只能直接说个没有未发、已发，让人自己思考而有所得。若说有个未发、已发，听的人则依然落在后儒的见解之中。若真能认识到没有未发、已发时，那即便说有未发、已发也无妨了，本来就存在个未发、已发。"

那人问："未发未尝不和，已发未尝不中。就如钟声一样，未敲时不可以说无，已敲了不可以说有。毕竟有个敲与不敲，是这样吗？"

先生说："未敲时原是惊天动地，已敲后也只是寂静无声。"

经典解读

还是未发、已发的问题，先生在前面已经讲得很清楚了，未发之中便是良知，已发便是致良知，二者体用一源，浑然一体，正如在《答陆原静书》中说的："未发在已发之中，而已发之中未尝别有未发者在；已发在未发之中，而未发之中未尝别有已发者存。是未尝无动、静，而不可以动、静分者也。"

原文

问："古人论性，各有异同，何者乃为定论？"

先生曰："性无定体，论亦无定体。有自本体上说者，有自发用上说者，有自源头上说者，有自流弊处说者。总而言之，只是一个性。但所见有浅深尔。若执定一边，便不是了。性之本体，原是无善无恶的，发用上也原是可以为善、可以为不善的，其流弊也原是一定善、一定恶的。譬如眼，有喜时的眼，有怒时的眼，直视就是看的眼，微视就是觑的眼。总而言之，只是这个眼。若见得怒时眼，就说未尝有喜的眼；见得看时眼，就说未尝有觑的眼。皆是执定，就知是错。孟子说性，直从源头上说来，亦是说个大概如此。荀子性恶之说，是从流弊上说来，也未可尽说他不是。只是见得未精耳。众人则失了心之本体。"

问："孟子从源头上说性，要人用功在源头上明彻。荀子从流弊说性，功夫只在末流上救正，便费力了。"

先生曰："然。"

译文

有人请教先生："古人谈论性，各有异同，到底哪个才能作为定论？"

先生说："性无定体，论也无定体。有自本体上说的，有自发用上说的，有自源头上说的，有自流弊处说的。总而言之，只是一个性。只是看法有深浅罢了。若偏执一方，便是错误的了。性的本体，原本是无善无恶的，在发用上也是可善可恶的，在流弊上原本就有的一定为善、有的一定为恶。譬如眼睛，有喜悦时的眼，有愤怒时的眼，直视就是看的眼，偷看就是觑的眼。总而言之，就是这个眼睛。若见到愤怒时的眼，就未曾有喜悦时的眼；见到直视时的眼，就未曾有觑视时的眼，这都是偏执，就是错的。孟子说性，是直接从源头上来说的，也是说大约如此。荀子主张性恶，是从流弊上来说的，也未可说他完全错误。只是认识得还不够精密罢了。普通众人则是丧失了心的本体。"

那人问："孟子从源头上说性，要人在源头上用功使性澄明清澈。荀子从流弊上说性，只在末流补救上下功夫，便费力了。"

先生说："正是如此。"

经典解读

性无定体，从本体上说，从发用上说，从源头上说，从流弊处说，都不能说是错的。但对应功夫的层次深浅、境界高低却有着不同。孟子性善只说，是从本体上让人扩充恻隐、是非、羞恶、辞让四端，从而达到仁义礼智；而荀子的性恶是在人性被私欲蒙蔽，出现恶以后再去克制恶，追求善；而众人则是完全丢失本体以后，才知道去寻求，去存善去恶……孟子如救火于未发，荀子如救火于始发，众人则是到了大火燎原时才知觉，孰高孰低一目了然。所以，学者在做学问的时候，一定要从本体上入手，要做正本清源的功夫。

原文

先生曰："用功到精处，愈着不得言语，说理愈难。若着意在精微上，全体功夫反蔽泥了。"

"杨慈湖①不为无见，又著在无声无臭上见了。"

"人一日间，古今世界，都经过一番，只是人不见耳。夜气清明时，无视无听，无思无作，淡然平怀，就是羲皇世界。平旦时，神清气朗，雍雍穆穆，就是尧舜世界。日中以前，礼仪交会，气象秩然，就是三代世界。日中以后，神气渐昏，往来杂扰，就是春秋、战国世界。渐渐昏夜，万物寝息，景象寂寥，就是人消物尽世界。学者信得良知过，不为气所乱，便常做个羲皇已上人。"

注释

①杨简，字敬仲，世称慈湖先生，南宋慈溪人，陆九渊的弟子。

译文

先生说："用功到了精妙之处，愈发不能用言语表达，说理也愈难。若在微妙处执着，整体的功夫反而被障蔽了。"

先生说："杨慈湖不是没有见地，只不过又执着在无声无臭上认识问题了。"

先生说："人一天之内，古今世界都重新经历一番，只是自己没有感觉到罢了。当夜气清明之时，无视无听，无思无作，恬淡宁静，便是伏羲时的世界。清晨之时，神清气朗，庄严肃穆，便是尧舜时的世界。中午之前，人们礼仪交往，秩序井然，这就是夏商周三代时的世界。日中以后，人们神奇渐昏，晚来杂扰，这就是春秋战国时的世界。逐渐天黑，万物安息，景象寂寥，这就是人消物灭之后的世界。学者若能充分相信良知，不被气所扰动，便能经常做一个伏羲时代之前的人了。"

经典解读

用功越是精深，所研究的道理也自然精微，那些形而上的大道，自然难以用普通的语言来描述。但做学问不能过于追求精微，否则就会脱离现实，反倒陷入了空寂的弊端。杨慈湖就是一个例子，他并非没有见解，但专注到无声无息中去认识问题，所以言辞甚高广、微妙，却也显得空洞不实。

我心为万物之源，我心清明，世界自然清明，我心杂扰，世界自然杂扰，我心晦暗，世界自然晦暗。世人有生于乱世而不染者，有生于盛世而悖乱者，也只是因为其心不同而已。只要能够内心清明，人无论处于何时何世，都是羲皇之民，都可享受清平宁和的人生。

原文

薛尚谦、邹谦之、马子莘、王汝止[①]侍坐，因叹先生自征宁藩已来，天下谤议益众，请各言其故。有言先生功业势位日隆，天下忌之者日众；有言先生之学日明，故为宋儒争是非者亦日博；有言先生自南都以后[②]，同志信从者日众，而四方排阻者日益力。

先生曰："诸君之言，信皆有之。但吾一段自知处，诸君俱未道及耳。"

诸友请问。

先生曰："我在南都以前，尚有些子乡愿的意思在。我今信得这良知真是真非，信手行去，更不着些覆藏。我今才做得个狂者的胸次，使天下之人都说我行不掩言也罢。"

尚谦出曰："信得此过，方是圣人的真血脉。"

注释

①王艮，字汝止，号心斋，江苏泰州人，阳明先生弟子。

②自南都以后：正德九年（1514年），先生升南京鸿胪寺卿，掌殿廷礼仪。

译文

薛侃、邹守益、马明衡、王艮陪侍先生，大家感慨自先生征讨宁王叛乱以来，天下非议先生的人与日俱增，先生让大家各自说说其中原因。有的说先生功业地位日益显赫，天下忌妒的人越来越多；有的说先生的学说日益昌明，为宋儒辩解争论的越来越多；有的说先生自就任南京以后，信奉跟随先生的人越来越多，因而四方阻挠的人也就越来越卖力。

先生说："各位所说的现象确实存在。但我有一条自己的看法，诸位并未谈及。"

各位友人都询问先生。

先生说："我在就任南京以前，尚有些乡愿的意思在。我如今笃信良知的真是真非，信手去做，再没有丝毫掩饰。现在我终于做到了狂者的境界，即便天下人都说我言行不符也毫无关系。"

薛侃站出来说："有了这份信心，才是圣人之学的真血脉。"

经典解读

先生所谓的"乡愿意思"，无非是对朱程理学的敬畏之心，即便觉得先儒的说法和良知之学有冲突，也会顾及先儒的权威、世人的看法，而进行委婉的表达，尽量为自己和先儒之间找到一个平衡点。但如今先生已经完全没有了那种顾虑，无论先儒怎么理解，我只依循自己的良知，良知说是对便是对，良知说是非便是非——也就是说"我崇敬朱子等先儒，但我更相信良知"。有了这种信念，才能完全走出先儒的阴影，才能做出真正的学问，才是圣人治学的真血脉，令人为学亦当如此。

原文

先生锻炼人处，一言之下，感人最深。

一日，王汝止出游归。先生问曰："游何见？"对曰："见满街都是圣人。"先生曰："你看满街人是圣人，满街人到看你是圣人在。"

又一日，董萝石[①]出游而归。见先生曰："今日见一异事。"先生曰："何异？"对曰："见满街人都是圣人。"先生曰："此亦常事耳，何足为异。"

盖汝止圭角未融，萝石恍见有悟，故问同答异，皆反其言而进之。

洪与黄正之、张叔谦[②]、汝中丙戌会试归，为先生道途中讲学，有信有不信。先生曰："你们拿一个圣人去与人讲学，人见圣人来，都怕走了，如何讲得行？须做得个愚夫愚妇，方可与人讲学。"

洪又言今日要见人品高下最易。先生曰："何以见之？"对曰："先生譬如泰山在前，有不知仰者，须是无目人。"先生曰："泰山不如平地大，平地有何可见？"先生一言，翦裁剖破终年为外好高之病，在座者莫不悚惧。

注释

①董沄，字复宗，号萝石，晚号从吾道人，浙江海盐人，阳明先生弟子。

②张叔谦，名元冲，字叔谦，号浮峰，今浙江绍兴人。

译文

先生在教育指点人时，一句话便能令人感悟至深。

一日，王艮出游回来。先生问："出游见到了什么？"回答："满街都是圣人。"先生说："你看到满街都是圣人，满街的人看你也是圣人。"

又一日，董沄出游归来。见到先生说："今日看到了一稀奇事。"先生问："有什么稀奇的？"回答说："看到满街都是圣人。"先生说："这也是平常事，有什么值得稀奇的。"

大致上是因为王艮为人处世棱角尚未消融，董沄却是恍恍惚惚中有所体悟，所以先生对他俩相同的问题作出不同的回答，都是因循他们的话对其进行教诲。

钱德洪与黄弘刚、张元冲、王畿参加丙戌会试归来，途中纷纷讲述先生的学说，有的人相信，有的人不信。先生说："你们扛着一个圣人去给人讲学，人们见到圣人来了，都吓跑了，如何能讲得通呢？必须做得一个愚夫愚妇才能给人讲学。"

钱德洪又说，如今极易分辨人品的高下。先生问："怎么见得？"回答："先生如同泰山在面前，若不知道敬仰，就是有眼无珠的人。"先生说："泰山不及平地广阔，在平地上又能见到什么？"先生这一句话提出了德洪多年好高骛远的弊病，在座诸位也无不有所警醒。

经典解读

先生善于因人施教，所以往往一句话就能道出真理，切中学生弊端，使他们幡然醒悟。

人人都可以为圣人，圣人并不是高高在上的，而是平易近人，处下不争的，为学者必须在学习之中扫除自以为是、骄傲自大、好高骛远的恶习，如此才能做得真学问，成为真圣人。

原文

癸未春，邹谦之来越问学，居数日，先生送别于浮峰。是夕与希渊诸友移舟宿延寿寺，秉烛夜坐，先生慨怅不已。曰："江涛烟柳，故人倏在百里外矣！"

一友问曰："先生何念谦之之深也？"

先生曰："曾子所谓'以能问于不能，以多问于寡，有若无，实若虚，犯而不校'，若谦之者良近之矣。"

译文

癸未年春季（嘉靖二年，1523 年），邹谦之来到浙江问学，居留数日，先生送行至浮峰。这天晚上，与蔡希渊等几位朋友，乘船夜宿延寿寺外，大家秉烛夜坐，先生感慨不已，说道：“江涛滚滚，烟柳迷离，故人倏忽已在千里之外！”

一朋友问：“先生为何对谦之思念如此之深？”

先生说：“曾子所说的‘以能问于不能，以多问于寡，有若无，实若虚，犯而不校’，像谦之这样的人已经十分接近了。”

经典解读

孔子深爱颜回，以其好学也；先生深念邹谦之，亦以其好学也。邹谦之虚怀若谷，不耻下问，先生对其深加怀念，即是感情的真切流露，又何尝不是对其他弟子的期望、勉励！

原　文

丁亥年九月，先生起，复征思田，将命行时，德洪与汝中论学。汝中举先生教言：“无善无恶是心之体，有善有恶是意之动，知善知恶是良知，为善去恶是格物。”

德洪曰：“此意如何？”

汝中曰：“此恐未是究竟话头。若说心体是无善无恶，意亦是无善无恶的意，知亦是无善无恶的知，物是无善无恶的物矣。若说意有善恶，毕竟心体还有善恶在。”

德洪曰：“心体是天命之性，原是无善无恶的。但人有习心，意念上见有善恶在。格、致、诚、正、修，此正是复那性体功夫。若原无善恶。功夫亦不消说矣。”

是夕侍坐天泉桥，各举请正。

先生曰：“我今将行，正要你们来讲破此意。二君之见，正好相资为用，不可各执一边。我这里接人，原有此二种。利根之人，直从本原上悟入，人心本体原是明莹无滞的，原是个未发之中。利根之人，一悟本体，即是功夫。人己内外，一齐俱透了。其次不免有习心在，本体受蔽，故且教在意念上实落为善去恶，功夫熟后，渣滓去得尽时，本体亦明尽了。汝中之见，是我这里接利根人的；德洪之见，是我这里为其次立法的。二君相取为用，则中人上下皆可引入于道。若各执一边，眼前便有失人，便于道体各有未尽。”

既而曰："已后与朋友讲学，切不可失了我的宗旨。无善无恶是心之体，有善有恶是意之动，知善知恶是良知，为善去恶是格物。只依我这话头随人指点，自没病痛，此原是彻上彻下功夫。利根之人，世亦难遇。本体功夫一悟尽透，此颜子、明道所不敢承当，岂可轻易望人？人有习心，不教他在良知上实用为善去恶功夫，只去悬空想个本体，一切事为俱不着实，不过养成一个虚寂。此个病痛不是小小，不可不早说破。"

是日德洪、汝中俱有省。

译文

丁亥年（嘉靖六年，1527 年）九月，先生被朝廷起用，再次征讨思恩、田州叛乱，即将启程之时，德洪与王汝中探讨学问。汝中据引先生的话："无善无恶是心之体，有善有恶是意之动，知善知恶是良知，为善去恶是格物。"

德洪问："这话的意思怎么样？"

汝中回答："这几句话恐怕还未说完全。若说心体是无善无恶的，那么，意也是无善无恶的意，知也是无善无恶的知，物也是无善无恶的物。若认为意有善恶，在心体上终究还有善恶存在。"

德洪说："心体是天命之性，原是无善无恶的。但人有受到沾染的心，在意念上便有了善恶。格物、致知、诚意、正心、修身，这些正是要恢复那性体的功夫。若意原本无善无恶，那么，功夫也就无须再说了。"

当晚两人在天泉桥陪侍先生，各自谈了见解，向先生请教。

先生说："我如今要远征，正要你们来说破这一点。二位的见解正好相互补充，不可偏执一方。我这里教导人，原本就有这两种功夫。资质高的人，就让他从本原上体悟，人心原本是莹洁无滞的，原就是个未发之中。资质高的人，只要悟到本体，便是功夫。人与己、内与外，一齐都看透了。另一种人，资质稍差，心中受到沾染，本体被遮蔽，因此就教导他从意念上实实在在地为善去恶，功夫纯熟后，心中渣滓去除干净，本体也就完全明净了。汝中的见解，是我这里用来开导资质高的人的；德洪的见解是我这里用来开导资质稍差的人的。两位相互补充借用，那么无论资质是中人以上，还是中人以下都可以引导其归于大道。若偏执一方，眼前便会将某些人遗弃，就不能穷尽道体。"

接着先生又说："今后你们和朋友讲学，千万不可丢了我的宗旨。无善无恶是心之体，有善有恶是意之动，知善知恶是良知，为善去恶是格物。只要根据我的话去因材施教，指点别人自然没有病痛，这原本就是上下贯通的功夫。资质特高者，世上也少见。对于本体功夫一悟便知晓道的，这连颜渊、程颢都不敢妄自承担，又岂可轻望他人？人心有沾染，不叫他在良知上切实下除善去恶的功夫，只是去悬空想个本体，所有的事便都不能落在实处，只不过会养成一个空虚枯寂的弊病罢了。这个弊病不是小事，所以我不能不提前向你们讲明白。”

这天，钱德洪、王汝中都有所醒悟。

经典解读

“无善无恶是心之体，有善有恶是意之动，知善知恶是良知，为善去恶是格物。”这四句话在先生的学说中占有重要地位，被后人称为“王门四句教”，初学者可能很难理解，但若熟读整部《传习录》前面的文章，对这四句也就一目了然了。“知善知恶”便是是非之心，便是良知，“良知只是一个是非之心”；同样，“为善去恶”便是“致良知”，便是格物，是将辨别的是非落到实处；心的本体无所谓善恶；良知流行之处有善有恶，称之为意。这四句每一条先生都已讲述多次，无须再长篇大论的解释。

佛教禅宗六祖慧能曾告诉志诚和尚：“汝师戒定慧，接小根智人。吾戒定慧，接大根智人。”而在先生看来，只要能灵活体悟自己这四句教导，无论利根还是不利根，不管中人以上还是中人以下，都能教诲引导。面对资质高的人，就用“无善无恶”的功夫，从本体上引导他；面对资质低的人，就用“有善有恶”的功夫，从存善去恶上陶冶他。这继续说明了先生因材施教的教育理念，同时也显示了先生学说的广大、先生胸怀志向的广大。

原　文

先生初归越时，朋友踪迹尚寥落。既后四方来游者日进。癸未年已后，环先生而居者比屋。如天妃、光相诸刹，每当一室，常合食者数十人，夜无卧处，更相就席，歌声彻昏旦。南镇、禹穴、阳明洞诸山远近寺刹，徙足所到，无非同志游寓所在。先生每临讲座，前后左右环坐而听者，常不下数百人。送往迎来，月无虚日。至有在侍更岁，不能遍记其姓名者。每临别，先生常叹曰：“君等虽别，不出天地间，苟同此志，吾亦可以忘形似矣。”诸生每听讲出门，未尝不跳跃称快。尝闻之同门先辈曰：“南都以前，朋友从游者虽众，未有如在越之盛者。此虽讲学日久，信孚渐博。要亦先生之学日进。感召之机，申变无方，亦自有不同也。”

译文

先生初始回到浙江绍兴之时，来拜访的朋友尚不多。后来，四方来游学的人与日俱增。癸未年以后，在先生周围居住的人屋舍相连。比如天妃、光相等寺庙中，每间屋子常几十人在一起吃饭，夜里连卧身的地方都没有，大家轮流着就寝，歌声通宵达旦。南镇、禹穴、阳明洞等山中远近寺庙中，只要能达到的地方，都有游学同志寄宿其中。先生每次讲学，前后左右环坐听讲者，常不下数百人。送往迎来，日日不绝。甚至有人听讲一年多，先生也不能遍记他们的姓名。每当告别之时，先生常慨叹："诸位虽离我远去，但不出天地之间，只要怀着共同志向，我就算忘掉你们的相貌也没什么了。"学生们每次听讲出门时，无不欢呼称快。曾听同门前辈说："在南京之前，朋友从先生游学的虽多，但比不上在浙江绍兴时的盛况。其中固然因为先生讲学时间久，获得的信任也就更多。但关键还是先生的学问日益精进，对学生的感召力和应变技巧都与往日大大不同。"

经典解读

通过先生传学时的盛况，可知先生的学说日渐被世人所接受，先生也日渐被天下学子所理解、推崇。这段描述表现了钱德洪作为弟子对先生由衷的认可，也是对那些非议、诋毁先生之人的最有力反击。

原文

此后黄以方录。

黄以方问："'博学于文'为随事学存此天理，然则谓'行有余力，则以学文'，其说似不相合。"

先生曰："《诗》、《书》六艺皆是天理之发见，文字都包在其中。考之《诗》、《书》六艺，皆所以学存此天理也，不特发见于事为者方为文耳。'余力学文'亦只'博学于文'中事。"

或问"学而不思"二句。

曰："此亦有为而言，其实思即学也。学有所疑，便须思之。'思而不学'者，盖有此等人，只悬空去思，要想出一个道理，却不在身心上实用其力，以学存此天理。思学作两事做，故有'罔'与'殆'之病。其实思只是思其所学，原非两事也。"

译文

此后黄以方所录。

黄直问："'博学于文'先生认为是要依事学存此天理，然而《论语》中所说的'行有余力，则以学文'，似乎和先生的见解有所不同。"

先生说："《诗》、《书》等六经都是天理的显现，文字都包含在其中。对《诗》、《书》六经进行研究，都是为了学存养此天理，不是表现在事上才能称为'文''余力学文'便包含在'博学于文'之中了。"

有人就《论语》中"学而不思则罔，思而不学则殆"两句请教。

先生说："这也是有所针对而说的。其实，思也是学，学有了疑问，必须加以思索。'思而不学'，是专说那种只会悬空幻想，要想出一个道理，却完全不肯在身心上着实用功，以学存此天理的人。将思、学看作两件事，所以才会有'罔'与'殆'的弊病。其实，思也只是思其所学，原本就是一回事。"

经典解读

"博学于文"便是在事事物物上存此天理，而"行有余力，则以学文"的"文"则专指《诗》、《书》等经典，这看起来和先生的学说相矛盾。其实不然，先生所说的事事物物本就包括学《书》、习《诗》，在事事物物上下功夫，是要人存养天理；学习经典亦是要人存养天理，"文"字在不同语境中特指不一，先生的解释并不和孔子的说法相冲突。若非得将先生说的"事事物物"看成是行，将《诗》、《书》等经典看作是文，那就是先入为主，望文生义了。

思和学的关系，先生在前面早就谈论过，慎思、明辨、审问、笃行都是学的一部分，本不可分割。圣人将其分开而谈，也是针对那些悬空妄想之人的因病下药，学者必须懂得其中道理，若不分语境非要将思与学拆开来看，就是因药致病了。

原　文

先生曰："先儒解格物为格天下之物，天下之物如何格得？且谓'一草一木亦有理'，今如何去格？纵格得草木来，如何反来诚得自家意？我解'格'作'正'字义，'物'作'事'字义。《大学》之所谓身，即耳、目、口、鼻、四肢是也。欲修身便是要目非礼勿视，耳非礼勿听，口非礼勿言，四肢非礼勿动。要修这个身，身上如何用得工夫？心者身之主宰，目虽视，而所以视者心也；耳虽听，而所以听者心也；口与四肢虽言、动，而所以言、动者心也。故欲修身在于体当自家心体，常令廓然大公，无有些子不正处。主宰一正，则发窍于目，自无非礼之视；发窍于耳，自无非礼之听；发窍于口与四肢，自无非礼之言、动。此便是修身在正其心。然至善者，心之本体也。心之本体那有不善？如今要正心，本体上何处用得功？必就心之发动处才可着力也。心之发动不能无不善，故须就此处着力，便是在诚意。如一念发在好善上，便实实落落去好善；一念发在恶恶上，便实实落落去恶恶。意之所发，既无不诚，则其本体如何有不正的？故欲正其心在诚意。工夫到诚意，始有着落处。然诚意之本，又在于致知也。所谓'人虽不知而己所独知者'，此正是吾心良知处。然知得善，却不依这个良知便做去；知得不善，却不依这个良知便不去做。则这个良知便遮蔽了，是不能致知也。吾心良知既不得扩充到底，则善虽知好，不能着实好了，恶虽知恶，不能着实恶了，如何得意诚？故致知者，意诚之本也。然亦不是悬空的致知，致知在实事上格。如意在于为善，便就这件事上去为，意在于去恶，便就这件事上去不为。去恶，固是格不正以归于正。为善，则不善正了，亦是格不正以归于正也。如此，则吾心良知无私欲蔽了，得以致其极，而意之所发，好善去恶，无有不诚矣。诚意工夫实下手处在格物也。若如此格物，人人便做得。'人皆可以为尧舜'，正在此也。"

译文

先生说："先儒将格物阐释为格天下之物，天下之物如何能格得完？且说'一草一木亦有理'，如今该怎么去格呢？纵然格得草木来，又怎能使自己达到诚意？我认为'格'字为'正'的意思，'物'就是'事'的意思。《大学》中所谓的身，便是耳、目、口、鼻、四肢。要修身便是要眼睛非礼勿视，耳朵非礼勿听，嘴巴非礼勿言，四肢非礼勿动。要修这个身，身上能用什么功夫？心是身体的主宰，眼睛虽然在看，但看的其实是心；耳朵虽然在听，但听的其实是心；口与四肢虽然言、动，但言、动的其实是心。所以，要修身在于体悟自己的心体，常令心体廓然大公，没有一丝不正之处。心的主宰一正，表现在眼睛上，自然没有非礼之视；表现在耳朵上，自然没有非礼之听；表现在口与四肢上，自然没有非礼之言、非礼之动。这便是修身在正其心。然而，至善是心的本体，心的本体如何会有不善？如今要正心，在本体上怎么用功呢？必须在心的发动之处才可着力。心的发动不可能无不善，所以须在此处用力，便是在诚意。若一念发动在好善上，就切实地去好善；一念发动在恶恶上，便切实地却恶恶。意念发生处，已经没有不诚了，那本体又怎能有所不正呢？所以说，要正心就在于诚意。功夫在诚意上方有落实处。但是诚意的根本表现在致知上。所谓的'人虽不知而己所独知'，这正是我心良知所在。知道善，但不遵从这良知去做；知道不善，却不遵从这个良知不去做，那么这个良知便被遮蔽了，便是不能致知。我心的良知既然不能扩充到底，即便知道善是好的，也不能着实去好；知道恶是坏的，也不能着实去恶，又岂能达到意诚？所以说，意诚是致知的根本。然而，致知却不是悬空妄想，致知必须在实物上格。例如，意在于为善，就要在这件事上去为，意在于去恶，就不许在这件事上不去为。去恶，固然是将不正格为正；为善，同样不善的归于正了，也是格不正而归于正。如此，我心的良知便没有私欲遮蔽了，便能扩充到极限，而意的发生，好善除恶，没有不诚的了。诚意功夫着实下手处便在格物，人人都能做得。孟子说‘人皆可以为尧舜’，正在于此。”

经典解读

先生再次对格物、致知、诚意、正心、修身等概念进行解释。格物、致知，就是正物、在事事物物上致良知，为的就是达到诚意、正心。修身也是一样，其实就是修心，同样为了达到正心、诚意。先生已经多次讲过，在此不再赘述。

原　文

先生曰：“众人只说格物要依晦翁，何曾把他的说去用？我着实曾用来。初年与钱友同论做圣贤要格天下之物，如今安得这等大的力量？因指亭前竹子，令去格看。钱子早夜去穷格竹子的道理，竭其心思至于三日，便致劳神成疾。当初说他这是精力不足，某因自去穷格，早夜不得其理。到七日，亦以劳思致疾。遂相与叹圣贤是做不得的，无他大力量去格物了。及在夷中三年，颇见得此意思，乃知天下之物本无可格者。其格物之功，只在身心上做。决然以圣人为人人可到，便自有担当了。这里意思，却要说与诸公知道。”

译　文

先生说：“众人只说格物要以朱子的观点为标准，他们又何曾切实运用了朱子的主张？我曾着实用来。早年与一位姓钱的朋友一起探讨做圣贤要格天下物，如今哪有这么大的力量呢？便指着庭前的竹子，让他去格。他早晚都去格竹子的道理，竭心费神格了三日，便劳思成疾。当时，我认为他这是精力不足，自己亲自去格，从早到晚仍想不通朱子的道理。到了第七日，也是劳思成疾。于是我们相互感慨说圣贤是做不得的，没有他们那么大的精力去格物。后来，我在贵州龙场居住三年，深有感悟，才知道天下之物本来没有什么可格的，格物的功夫只能在自己身心上下。我坚信人人都可以为圣人，于是便有了担当。这番道理，应该让各位都知道。”

经典解读

先生对格物穷理的害处亲身有过惨痛的感受，所以才知道那是行不通的，人没有那么多的精力去格天下之物。要想格物，只能从自己身上下功夫，在心中寻找天理，然后用这个天理来格正所需要格的事物。

原　文

门人有言邵端峰[1]论童子不能格物，只教以洒扫应对之说。

先生曰：“洒扫应对，就是一件物，童子良知只到此。便教去洒扫应对，就是致他这一点良知了。又如童子知畏先生长者，此亦是他良知处。故虽嬉戏中见了先生长者，便去作揖恭敬，是他能格物以致敬师长之良知了。童子自有童子的格物致知。”

又曰：“我这里言格物，自童子以至圣人，皆是此等工夫。但圣人格物，便更熟得些子，不消费力。如此格物，虽卖柴人亦是做得，虽公卿大夫以至天子，皆是如此做。”

注　释

①邵端峰：名锐，字思仰，号端峰，别号半溪，浙江余杭人。

译　文

学生中有人说邵端峰主张小孩子不能格物，只应教导他们洒扫应对。

先生说：“洒扫应对本身就是一个物，由于小孩子的良知只能到这个程度，便应教他洒扫应对，这就是致他的这点儿良知。又如小孩敬畏老师长者，这也是他良知显现处。所以，孩子在嬉戏之中见到了先生长者，便去作揖恭敬，这就是他能格物以致其尊敬师长的良知了。小孩子自有小孩子的格物致知。”

先生又说：“我这里所说的格物，自小孩子到圣人，都是一样的功夫。但圣人格物就能更为纯熟些，不须费力。如此格物，即便是卖柴人也能做得，即便尊贵的公卿大夫、天子，都是这样做的。”

经典解读

邵锐的看法，显然是将格物理解为穷究事理了，所以才会觉得小孩子没必要去格物，只要懂得洒扫应对就够了。阳明先生所讲的格物致知，是在事事物物上致自己的良知，“物”不仅是人们常说的物体，还包括所从事的各种事，洒扫应对本身就是一物，能将其做好，懂得在其中发现自己的良知，便是格物致知。

无论圣人、小孩，农夫、天子，只要能在事物上发挥自己的良知，便是格物致知，每个人的境界不同，所格之物自然不同，致知的层次也有差别，但格物致知是任何人都能做的，绝非是某种人的专利，也绝没有人可以找自己水平不足、能力有限，不能去格物致知的借口。那些不想格物致知的人，不是能力不足，而是自暴自弃。

原文

或疑知行不合一，以“知之匪艰”[①]二句为问。

先生曰：“良知自知，原是容易的。只是不能致那良知，便是‘知之匪艰，行之惟艰’。”

门人问曰：“知行如何得合一？且如《中庸》言‘博学之’，又说个‘笃行之’，分明知行是两件。”

先生曰：“博学只是事事学存此天理，笃行只是学之不已之意。”

又问：“《易》‘学以聚之’，又言‘仁以行之’，此是如何？”

先生曰：“也是如此。事事去学存此天理，则此心更无放失时，故曰‘学以聚之’；然常常学存此天理，更无私欲间断，此即是此心不息处，故曰‘仁以行之’。”

又问：“孔子言‘知及之，仁不能守之’，知行却是两个了。”

先生曰：“说‘及之’，已是行了。但不能常常行，已为私欲间断，便是‘仁不能守’。”

注释

①知之匪艰：《尚书·说命中》：“知之匪艰，行之惟艰。”

译文

有人对知行合一之说存有怀疑，用《尚书》中的“知之匪艰，行之惟艰”为依据，向先生请教。

先生说：“良知自然能知，本来很容易。只是世人多不能致那个良知，这便是‘知之匪艰，行之惟艰’。”

学生问：“知行如何能够合一呢？例如《中庸》中说‘博学之’，又说个‘笃行之’，知行分明是两件啊。”

先生说："博学只是每件事上都学存此天理，笃行仅是指学而不缀的意思。"

学生又问："《易传》说'学以聚之'，又要说个'仁以行之'，这是为何呢？"

先生说："也是这样的。每件事都学存此天理，则此心便没有放失的时候，所以说'学以聚之'；然而，经常学存此天理，又没有任何私欲使它间断，这就是此心的生生不息，因此说'仁以行之'。"

学生又问："孔子说'知及之，仁不能守之'，知行岂不就是两个？"

先生说："说'及之'，便已是行了。但不能常常行，良知已被私欲隔断，所以说'仁不能守'。"

经典解读

能在事事物物上扩充发挥自己的良知，践行不已，这便是知行合一。先圣虽然会在语句中将知、行分为两段说，但也都是针对世人知行不一的弊病而言的，都是为了让人知行合一。若仅仅以前人的某个语句为证，就断然将知、行分裂为两件事，那就会错了前人的主旨。以上门人所引用的《尚书》、《易经》、《中庸》、《论语》中的四句话，看似将知、行分开，但前前后后所说的都是一件事，即存天理、致良知，前面所说是后面的前提，后面所言是前面的补充，前后一贯，又岂能断然将其割裂？

原文

又问："心即理之说，程子云'在物为理'，如何谓心即理？"

先生曰："'在物为理'，'在'字上当添一'心'字。此心在物则为理。如此心在事父则为孝，在事君则为忠之类。"

先生因谓之曰："诸君要识得我立言宗旨。我如今说个心即理是如何，只为世人分心与理为二，故便有许多病痛。如五伯攘夷狄，尊周室，都是一个私心，便不当理。人却说他做得当理。只心有未纯，往往悦慕其所为，要来外面做得好看，却与心全不相干。分心与理为二，其流至于伯道之伪而不自知。故我说个心即理，要使知心理是一个，便来心上做工夫，不去袭义于外，便是王道之真。此我立言宗旨。"

译文

学生又问："关于先生'心即理'的主张，程子认为'在物为理'，怎么能说心就是理呢？"

先生说："'在物即理'，'在'字前面应该添一个'心'字。此心在物上就是理。如此心在事父上则为孝，在事君上则为忠之类。"

先生因而教导大家说："各位要知道我立论的宗旨。我如今说'心即理'，其用意是什么呢？只因为世人将心和理分裂为两件事，便生出了很多弊病。如五伯攘蛮夷，尊周室，都是一个私心，便不当理。人却说他们做得合理。只因心中未能纯洁明净，往往悦慕五伯这种虚假的行为，只求外面做得好看，与心却毫不相干。分心与理为二，自己已经陷入霸道的虚伪还毫不觉察。所以我才主张'心即理'，要让人们明白心和理是一个，便要在心上做功夫，不去外面求义，这便是真正的王道，也是我立论的宗旨。"

经典解读

先生所有立论的宗旨都是让人致良知，让人诚意正心。世人心不正、意不诚，便不知道心与理是一个，便会义袭而取，便会做很多看似合理，却与内心毫不相关的事情，其实那是不合理的。春秋五霸打着"遵王攘夷"的口号，看似做了很多好事，但他们做事的出发点都是为了争霸的私心，却不是真的要"遵王攘夷"，世俗之人容易被其蒙蔽，仰慕、钦佩他们，但真正的君子却不齿其所为，一眼看透他们的虚伪。所以，孟子感慨说："五霸，假之也。久假而不归，恶知其非有也。"又说"仲尼之徒无道桓、文之事者。"

原　文

又问："圣贤言语许多，如何却要打作一个？"

曰："我不是要打作一个，如曰'夫道，一而已矣。'又曰'其为物不二，则其生物不测。'天地圣人皆是一个，如何二得？"

译　文

学生又问："圣贤的言论不计其数，先生为何硬要打作一个？"

先生说："我不是硬要将它们打作一个，《孟子》上也说'夫道，一而已矣'，《中庸》中也说'其为物不二，则其生物不测'。天地圣人都是一个，如何能分开为二呢？"

经典解读

大多数人初接触先生的学说都会产生这种想法，"心与理是一个"、"理与物是一个"、"知与行合一"、"博学、慎思、明辨、审问、笃行的功夫都是一个"……先生似乎在刻意将古人不同的观念扭成一个。面对弟子的疑问，先生解释道：并不是我硬将其打成一个，它们本来就是一个东西，前圣也是这样认为的，只不过他们没有刻意强调罢了。

那先生为何要刻意强调这些东西都是一个呢？是为了针对时人将心与理、知与行拆分的弊病而因病下药，所以不得不在此问题上着重强调。

原文

“心不是一块血肉，凡知觉处便是心。如耳目之知视听，手足之知痛痒。此知便是心也。”

译文

“心并不是指胸间的那块血肉，只要有知觉处便是心。如耳目知道听与看，手足知道痛痒。这知觉便是心。”

经典解读

这句话很好理解，古人所说的心是知觉、情感的生发之处，并不是指生理上的心脏。

原文

以方问曰：“先生之说格物，凡《中庸》之‘慎独’及‘集义’、‘博约’等说，皆为格物之事。”

先生曰：“非也。格物即慎独，即戒惧。至于‘集义’‘博约’，功夫只一般。不是以那数件都做格物底事。”

以方问“尊德性”一条。

先生曰：“‘道问学’即所以‘尊德性’也。晦翁言‘子静以尊德性诲人，某教人岂不是道问学处多了些子’，是分‘尊德性’‘道问学’作两件。且如今讲习讨论，下许多工夫，无非只是存此心，不失其德性而已。岂有尊德性只空空去尊，更不去问学？问学只是空空去问学，更与德性无关涉？如此，则不知今之所以讲习讨论者，更学何事？”

译文

黄直问：“先生格物的观点，是否将《中庸》中的‘慎独’、《孟子》中的‘集义’、《论语》中的‘博约’等说法都视为格物之事了呢？”

先生说："不是的。格物便是慎独，也就是戒惧。至于'集义'、'博约'仅仅是普通的功夫，不是将它们都视为格物的。"

黄直请教《中庸》里的"尊性德"一条。

先生说："'道问学'便是为了'尊德性'。朱子说'子静以尊德性诲人，某教人岂不是道问学处多了些子'，即是将'尊德性'与'道问学'分割成两件事来看了。现在我们讲习讨论，下许多功夫，无非是要存养此心，使它不丧失德行罢了。尊德性岂能是空洞地尊，而不去研究学问？问学岂能只是空空地去研究学问，更不牵涉德性方面的事？若真是如此，我们今日的讲习讨论，就不知道究竟在学些什么东西了。"

经典解读

格物就是在事事物物上存此天理，致其良知，《中庸》中所讲的"慎独"、"戒惧"正是让人如此，而"集义"、"博约"等只不过是在格物中需要坚持的方法、原则罢了，所以先生说它们是格物的一般功夫。

"道问学"就是为了"尊德性"，"尊德性"也不可不"道问学"，这二者本来就是一体，不可分割的。只因将它们看为两件事，所以才有了孰轻孰重、孰先孰后的争论。《宋元学案》中说："陆主乎尊德性，谓先立乎其大，则反身自得，百川会归矣。朱主乎道问学，谓物理既穷，则吾知自致，雾消融矣。二先生之立教不同，然后诏入室者，虽东西异户，及至室中，则一也。"这种说法虽然好，但还是不如阳明先生将其完全视为一件事，那样就知道"尊德性"便是"道问学"、"道问学"便是"尊德性"，也就不会有朱陆之间的争辩了，世人也就不用为先做哪种功夫而纠结了。

原 文

问"致广大"二句。

曰："'尽精微'即所以'致广大'也，'道中庸'即所以'极高明'也。盖心之本体自是广大底，人不能'尽精微'，则便为私欲所蔽，有不胜其小者矣。故能细微曲折，无所不尽，则私意不足以蔽之，自无许多障碍遮隔处，如何广大不致？"

又问："精微还是念虑之精微，事理之精微？"

曰："念虑之精微，即事理之精微也。"

译文

黄直向先生请教“致广大而尽精微，极高明而道中庸”两句。

先生说：“‘尽精微’就是为了‘致广大’，‘道中庸’就是为了‘极高明’。心的本体原本广大，人若不能‘尽精微’，心就会被私欲所蒙蔽，就会变得狭隘微小。因此能在细微曲折的地方穷尽天理，则私意便不能蒙蔽本心，自然不会有障碍和隔断，心体又如何不能致广大呢？”

黄直又问：“精微是指虑念的精微，还是指事理的精微呢？”

先生说：“虑念的精微便是事理的精微。”

经典解读

这其实和黄直所录的第一个问题，道理是一样的。“尽精微”就是在具体事情上存天理，致“一节之知”。人之所以只能见到一节，便是心体受私欲之障蔽，若能消除这些障蔽，自然会发现“一节之知”便是“广大之知”，一方之天便是昭昭之天。所以说“尽精微”也是“致广大”的功夫，“致广大”必须从“尽精微”开始。“道中庸”、“极高明”也是同样道理。

心便是意念、意念便是事理，念虑的精微本就是事理精微，此无须多言。

原文

先生曰：“今之论性者，纷纷异同。皆是说性，非见性也。见性者无异同之可言矣。”

译文

先生说：“现在谈论人性的人，纷纷争论异同。他们都是空谈性，并非真的见性。能见性的人对于性根本没有异同可说。”

经典解读

性只有一个，其本体都是一样的，世人见识不同，便看到不同的性，但究其根本不是性不同，而是大多数人未能见到性之本体，就如盲人摸象一般，纷纷异同都毫无意义。在后面钱德洪所录文字中，会提到先生对于此问题的具体解释：“性无定体，论亦无定体，有自本体上说者，有自发用上说者，有自源头上说者，有自流弊处说者，总而言之，只是一个性，但所见有浅深尔。若执定一边，便不是了。”

原文

问："声色货利，恐良知亦不能无。"

先生曰："固然。但初学用功，却须扫除荡涤，勿使留积，则适然来遇，始不为累，自然顺而应之。良知只在声色货利上用功。能致得良知精精明明，毫发无蔽，则声色货利之交，无非天则流行矣。"

译文

黄直请教先生："声色财货，恐怕良知也不能没有吧？"

先生说："自然。但就初学用功而言，必须将这些扫除涤荡干净，不使丝毫存留于心。如此，偶尔接触声色财货，方能不为所累，自然能顺从良知应付他们。良知只在声色财货上用功。若能致得良知精精明明，毫无障蔽，则即便与声色财货交往，也无不是天理的流行。"

经典解读

声色财货本来不是坏的，世人之所以常觉得它们损害德行、妨碍修为，只是因为境界不够，不能随时以天理应之罢了。若能时时发充天理、良知，声色货利又有什么妨害呢？孟子中说"公刘好货"、"太王好色"；孔子说"富贵可求，虽执鞭之士，吾亦为之。"圣人又何尝远离声色财货？只不过他们能在面对声色财货的时候，摒除私心、依循天理罢了。

当然，先贤教人远离声色财货也不是没有根据的，初学者意志不坚定、不能达到物来顺应的境界，遇到了声色财货难免诱发出私心，为了获得它们而进行一些违背天理良知的事。这时，与其接触声色财利，还不如不去看它们。对此，《菜根谭》中有句话说得正好："把握未定，宜绝迹尘嚣，使此心不见可欲而不乱，以澄吾静体；操持既坚，又当混迹风尘，使此心见可欲而亦不乱，以养吾圆机。"

原文

先生曰："吾与诸公讲致知格物，日日是此。讲一二十年，俱是如此。诸君听吾言，实去用功。见吾讲一番，自觉长进一番。否则只作一场话说，虽听之亦何用？"

译文

先生说："我向各位讲格物致知，每天如此。讲十年二十年，也都是如此。

诸位听我讲后，要实实在在地去用功。这样听我讲一番，便会自觉长进一番。否则只当作一场谈话，虽然听了又有什么益处呢？”

经典解读

此亦是要弟子们知行合一。每个同学听讲听到的都是一样的，但最终所能达到的境界却差之千里，就是因为有的人切实践行了，有的人悬空听讲，听而不行，和收集话语的垃圾桶子又有什么区别呢？孔子讲“学而时习之”，荀子也说：“君子之学也，入乎耳，着乎心，布乎四体，形乎动静。端而言，蝡而动，一可以为法则。小人之学也，入乎耳，出乎口；口耳之间，则四寸耳，曷足以美七尺之躯哉！”都是告诉人们学习知识不能单单停留在脑子中，还要去切实地去践行，笃行之后才算是真正的学完了，知识才真正变成自己的了。

原文

先生曰：“人之本体，常常是寂然不动的，常常是感而遂通的。未应不是先，已应不是后。”

一友举佛家以手指显出问曰：“众曾见否？”众曰：“见之。”复以手指入袖，问曰：“众还见否？”众曰：“不见。”佛说还不见性。此义未明。

先生曰：“手指有见有不见，尔之见性常在。人之心神只在有睹有闻上驰骋，不在不睹不闻上着实用功。盖不睹不闻是良知本体，戒慎恐惧是致良知的工夫。学者时时刻刻学睹其所不睹，常闻其所不闻，工夫方有个实落处。久久成熟后，则不须着力，不待防检，而真性自不息矣。岂以在外者之闻见为累哉？”

译文

先生说：“人的本体，常常是寂然不动的，常常是感而遂通的。正如程颐先生所言‘未应不是先，已应不是后。’”

一朋友举例：佛家某禅师伸出手指询问众人：“你们看到了没有？”众人回答：“看到了。”禅师将手缩入袖中，又问：“你们还能看见吗？”众人回答：“看不见。”禅师说众人还未见性。其中的意思看不明白。

先生说：“手指有时能看见，有时看不见，但你们用以看的性却是常在的。人的心神只在所见所闻上驰骋，却不在不睹不闻的本性上下功夫。却不知不睹不闻才是良知的本体，戒慎恐惧是致良知的功夫。学者时时刻刻去学睹其所不睹，闻其所不闻，功夫才有个切实之处。久而久之，功夫成熟以后，便不须费力，不待防范检察，而真性自然没有息止了。又岂能被外在的见闻所负累呢？”

经典解读

关于“未应不是先，已应不是后”的问题，前面已经讨论过，此处不再赘述。后面所谈论的见手指、见性的问题其实也是“已应”、“未应”的问题，一般人理解起来会说手指无论伸出来还是缩进去，无论人看得见、看不见，它都是存在的。强调客观事物的存在便是程子说“未应不是先，已应不是后”的目的。但阳明先生却从另一角度来讲，无论那里有没有手指，人心能够照物的功能是常存的，有物时它自然能照见事物，没物时它依然能照见事物。人不应在客观的事物上去追求照得清晰与否，而要在自心、自性中下功夫，这才是真正的格物致知。

原　文

问：“先儒谓①‘鸢飞鱼跃’，与‘必有事焉’，同一活泼泼地。”

先生曰：“亦是。天地间活泼泼地，无非此理，便是吾良知的流行不息。致良知便是‘必有事’的功夫。此理非惟不可离，实亦不得而离也。无往而非道，无往而非功夫。”

注　释

①指程颢。《河南程氏遗书·卷三》：“‘鸢飞戾天，鱼跃于渊，言其上下察也。’此一段子思吃紧为人处，与‘必有事焉而勿正心’之意同，活泼泼地。会得时，活泼泼地；不会得时，只是弄精神。”

译　文

有人请教先生：“程颢先生说‘鸢飞鱼跃’，与‘必有事焉’，都是一样活泼泼地，这是为何？”

先生说：“程颢先生的话是对的。天地间活泼泼地，都是这个理，也就是我良知的流行不止。致良知便是‘必有事’的功夫。这个理不仅不能离，实际上也不可能离开。无往而不是道，无往而不是功夫。”

经典解读

世间万物，无不依道而行，而我们对所有事物的感受，都是出于自己良知的流行不息。时时都能致自己的良知，自然能在美景之中体悟到圣贤的大道，这就是《菜根谭》中说：“鸟语虫声，总是传心之诀；花英草色，无非见道之文。学者要天机清彻，胸次玲珑，触物皆有会心处。”

再者，道是如何，也完全在于自心。以活泼之心观世，世间万物无不活泼可爱；以枯寂之心观世，万物无不枯寂乏味。圣人的世界是活泼泼地，是充满美好和仁爱的，他们绝不会让人以一颗枯寂的心去面对世界，却求索事理。阳明先生的致良知之学，就不是让人压制自己的欲望，到空虚枯寂中去悟道，而是让人随时随处、从生活的方方面面上来体悟良知、天理，这道就是活泼、可爱的。

原文

先生曰："诸公在此，务要立个必为圣人之心。时时刻刻须是一棒一条痕，一掴一掌血，方能听吾说话，句句得力。若茫茫荡荡度日，譬如一块死肉，打也不知得痛痒，恐终不济事，回家只寻得旧时伎俩而已，岂不惜哉？"

译文

先生说："诸位在这里，务必要立个必为圣人的决心。时时刻刻必须是一棒子一条痕迹，一巴掌一手血迹，才能听我说话，句句得力。若浑浑噩噩地度日子，就像行尸走肉一般，打也不知痛痒，恐怕终究于事无补，回家后又重操旧日的习性，岂不可惜？"

经典解读

不想当将军的士兵，不是好士兵；不以圣人为目标的学者，也不是一个好学者。人一定要有大志向，有大决心。颜渊曾说："舜，何人也？予，何人也？有为者亦若是。"张载更是为世人提出"为天地立心，为生民立命，为往圣继绝学，为万世开太平"的崇高人生理想。

先生如此说，无非是出于对弟子们的期望之心，希望他们能踏踏实实地努力，将所学知识记在心中，践行下去，而不是左耳听、右耳冒，"闻义不能徙，不善不能改"，到最后还是老样子。

原文

问："近来妄念也觉少，亦觉不曾着想定要如何用功，不知此是功夫否？"

先生曰："汝且去着实用功，便多这些着想也不妨。久久自会妥帖。若才下得些功，便说效验，何足为恃？"

译文

有人请教先生："最近也觉得妄念减少了，还觉得不曾刻意去想该如何用功，不知这是不是功夫？”

先生说：“你只要去实实在在用功，就是有这些想法也不要紧，时间久了，自会妥当。若才下得些功夫，便要说效果，那算得了什么？”

经典解读

为学只要切切实实下功夫即可，关心验效便有了意必、助长的毛病。正如前面先生所说的：“吾辈今日用功，只是要为善之心真切。此心真切，见善即迁，有过即改，方是真切工夫。如此，则人欲日消，天理日明。若只管求光景，说效验，却是助长外驰病痛，不是工夫。”

原文

一友自叹：“私意萌时，分明自心知得，只是不能使他即去。”

先生曰：“你萌时，这一知便是你的命根，当下即去消磨，便是立命功夫。”

译文

一朋友独自叹息：“私意萌生之时，分明自心知晓，只是不能将其立马剔除。”

先生说：“你萌生私意时，这一知便是你的命根子，当时即将私意剔除，这就是立命的功夫。”

经典解读

真正良知被蒙蔽的人，在私意萌发之时根本不会感知到，认识不到这是私意。既然有了私意的意识，那就说明良心还未被遮蔽，此时去充发良知、还是任由私意萌生？都在自己一念之间。所以说，这一知便如命根子一般重要，学者应立刻去发挥它、保护它，不使其被私欲湮没，这便是真正的功夫。

原文

“夫子说‘性相近’，即孟子说‘性善’，不可专在气质上说。若说气质，如刚与柔对，如何相近得，惟性善则同耳。人生初时，善原是同的。但刚的习于善则为刚善，习于恶则为刚恶。柔的习于善则为柔善，习于恶则为柔恶，便日相远了。”

译文

“孔子说‘性相近’，便是孟子说的‘性善’，不能仅仅在气质上说性。若从气质上说，如刚与柔相对，如何能是相近？唯性善是相同的。人生初时，善原是同的。但刚的习染于善则为刚善，习染于恶则为刚恶；柔的习染于善，便为柔善，习染与恶便为柔恶。这样，性的分离就越来越远了。”

经典解读

这是先生对孔子“性相近”这句话进行的阐释。孔子说“性相近”，不是说每个人的性格都是接近的，有的人刚烈、有的人柔和，有的人宽容、有的人苛刻，有的人狭隘、有的人大度，性格怎么能人人都相近呢？孔子说的“性相近”也是从人性本善上来说的，和孟子说的“性善”是一样的。

原文

先生尝语学者曰：“心体上着不得一念留滞，就如眼着不得些子尘沙。些子能得几多？满眼便昏天黑地了。”

又曰：“这一念不但是私念，便好的念头亦着不得些子。如眼中放些金玉屑，眼亦开不得了。”

译文

先生曾对学生们说：“心体上不能有一丝念头留滞，就如眼里容不得一丁点儿尘沙一样。一丁点儿能有多少呢？但这点儿就足以让人满眼天昏地暗了。”

先生补充道：“这一念不但是私念，便好的念头也不能有一点儿。如眼中放些金玉碎屑，眼睛也不能睁开了。”

经典解读

真正澄澈的心体，应没有任何念头，既不应有声色财货的私心杂念，也不应有刻意求好的“善念”。这便是《中庸》中所说的：“上天之载，无声无臭，至矣！”也就是在前面薛侃所录文字中，先生说的：“圣人无善无恶，只是‘无有作好’，‘无有作恶’，不动于气。”薛侃在他的《研几录》中也说：“眼中见一毫有待于外，即是走作。”这些都是告诉人要心无杂念，消除一切将迎意必等念头。

原文

问："人心与物同体。如吾身原是血气流通的，所以谓之同体。若于人便异体了，禽兽草木益远矣。而何谓之同体？"

先生曰："你只在感应之兆上看，岂但禽兽草木，虽天地也与我同体的，鬼神也与我同体的。"

请问。

先生曰："你看这个天地中间，什么是天地的心？"

对曰："尝闻人是天地的心。"

曰："人又什么叫作心？"

对曰："只是一个灵明。"

"可知充天塞地中间，只有这个灵明。人只为形体自间隔了。我的灵明，便是天地鬼神的主宰。天没有我的灵明，谁去仰他高？地没有我的灵明，谁去俯他深？鬼神没有我的灵明，谁去辨他吉凶灾祥？天地鬼神万物，离却我的灵明，便没有天地鬼神万物了。我的灵明，离却天地鬼神万物，亦没有我的灵明。如此，便是一气流通的，如何与他间隔得？"

又问："天地鬼神万物，千古见在，何没了我的灵明，便俱无了？"

曰："今看死的人，他这些精灵游散了，他的天地鬼神万物尚在何处？"

译文

有学生请教先生："人心与物同体。如我的身体原本血气畅通，便可以称为同体。但我和别人便是异体了，我和禽兽草木就差得更远了。为何说是同体呢？"

先生说："你只在感应征兆上看，岂止是禽兽草木，就连天地也是和我同体的，鬼神也是和我同体的。"

学生请教说法。

先生说："你看这天地之间，什么东西是天地的心。"

学生回答："曾听说人为天地之心的说法。"

先生说："人又将什么叫作心。"

学生回答："只是一个灵明。"

先生说："由此可知，充盈天地之间的，唯有这个灵明。人只是为了形体，从而将自己与其他一切隔离开了。我的灵明就是天地鬼神的主宰。天若我没有的灵明，谁会仰慕它的高？地若没有我的灵明，谁会俯视它的深？鬼神若没有我的灵明，谁会去辨它的凶吉？天地鬼神万物，离开了我的灵明，也就都不存在了。我的灵明，离开了天地万物鬼神，同样也不存在了。如此，这些便是一气流通的，岂能将它们隔离开来？”

学生又问：“天地鬼神万物千古都在，怎么说没了我的灵明，便都不存在了呢？”

先生说：“且看那些已死之人，他们的灵魂都游散了，他们的天地鬼神万物又在何处？”

经典解读

大部分人看到这段话，都直接给阳明先生扣上“主观唯心主义”的帽子，从而对此观点不屑一顾，觉得不值深究。其实，先生这番话绝不是出于“我就是太阳”那种狂妄之心、超人哲学。与其争论阳明心学属于那个流派，不如好好思索先生为何会有这种观点。

德合天地、与万物一体，自古就是中国学者为学、修养的目标。《易经》中就有：“夫大人者，与天地合其德，与日月合其明，与四时合其序，与鬼神合其吉凶。”这既是一种崇高的目标、深厚的使命感，也是一种踏踏实实的人生态度。懂得天地鬼神万物与我一体，便会主动承担起“为天地立心，为生命立命”的责任，便会去追求合于天地、明如日月的大德。懂得我的灵明离不开天地鬼神万物，便能以爱己之心去爱物，以修己之心去教人，便不会脱离实际、抛弃万物。这便是“极高明”而“道中庸”，便是至诚之德。

原文

先生起行征思、田[1]，德洪[2]与汝中[3]追送严滩。汝中举佛家实相幻相之说。

先生曰：“有心俱是实，无心俱是幻。无心俱是实，有心俱是幻。”

汝中曰：“有心俱是实，无心俱是幻，是本体上说功夫；无心俱是实，有心俱是幻，是功夫上说本体。”

先生然其言。洪于是时尚未了达。数年用功，始信本体功夫合一。但先生是时因问偶谈。若吾儒指点人处，不必借此立言耳。

注释

①明代中期广西右江流域思恩、田州土官土目叛乱，阳明先生前往镇压。

②以下数条由钱德洪所记，故其以第一人称叙述。

③汝中：王畿，字汝中，号龙溪，浙江山阴人，阳明先生弟子，“浙中派”

创始人。

译 文

先生启程去征讨思恩、田州，钱德洪与王汝中追送至严滩（今浙江桐庐县西）。汝中就佛家的实相和幻相的问题向先生请教。

先生说："有心俱是实，无心俱是幻。无心俱是实，有心俱是幻。"

汝中说："有心俱是实，无心俱是幻，是从本体上说功夫；无心俱是实，有心俱是幻，是从功夫上说本体。"

先生对其见解表示赞同。当时德洪还不甚明白。经过数年用功，才开始相信本体功夫为一体。但先生的说法是根据汝中的问题偶然谈起的，若我们去开导别人，不一定非要依次立论。

经典解读

这段话历来争论颇多，以钱德洪的造诣还需用功几年才能悟得，我们也只能在这里做些粗劣分析，至于其真正内涵，还需读者深入用功体悟。

"有心俱是实，无心俱是幻"，意之所止即为物，心之在物即为理，天地万物无不由我心出，所以有心处万物于己皆为实相，无心处万物于己皆为虚幻。所以，世间万物，皆因我心而存在，下功夫之时必须踏踏实实，一不着意便会陷入空虚寂静之中，于是便有戒慎恐惧，随物而格的功夫。这便是在本体上说功夫。

"无心俱是实，有心俱是幻"，心体澄澈，着不得一念留滞，有一念便有一事，起一意便成一欲。这等欲、这等事，世人苦苦追求，可对人心体又有什么益处呢？荣华富贵、功名利禄，细细想来，都不过过眼浮云，都是虚妄之物。所以，修养本体，必须追求没有一丝杂念，没有一毫的将迎意必，确保内心至诚、"何思何虑"。这便是在功夫上说本体。

关于实与虚，《菜根谭》中有句话："躯壳之我要看得破，则万有皆空，而其心常虚，虚则义理来居；性命之我要认得真，则万理皆备，而其心常实，实则物欲不入。"或与先生所言有想通之处，读者可自行思索。

原 文

尝见先生送二三耆宿出门，退坐于中轩，若有忧色。德洪趋进请问。

先生曰："顷与诸老论及此学，真圆凿方枘。此道坦如道路，世儒往往自加荒塞，终身陷荆棘之场而不悔，吾不知其何说也？"

德洪退谓朋友曰："先生诲人，不择衰朽，仁人悯物之心也。"

译文

曾经看到先生送两三位老人出门，回来坐在走廊上，似乎面带忧色。德洪趋前请问。

先生说："方才和几位老人谈论我致良知的学说，真如方枘圆凿一般。这条道平坦得如同大陆，世上儒者常常是自己让它荒芜阻塞了，终身陷入荆棘丛中而不知悔改，我真不知道该讲些什么了？"

德洪退出对朋友们说："先生教人，不摒弃衰朽之辈，这便是仁人怜悯万物的心啊！"

经典解读

先生与几位老人讲学，学说不被理解，先生面露忧色。但他并不是因为自己不被了解而郁闷，相反他是担忧那些不了解自己学说的人终身陷入错误之中而不知悔改。可见，先生立说并非为了求得世人了解，为了获得名利，而是真正要拯救走入错误之中的世人、振兴当世的学风，这正是仁者以天下为己任、悲天悯人的至公之心。

原文

先生曰："人生大病，只是一傲字。为子而傲必不孝，为臣而傲必不忠，为父而傲必不慈，为友而傲必不信。故象与丹朱俱不肖，亦只一傲字，便结果了此生。诸君常要体此。人心本是天然之理，精精明明，无纤介染着，只是一无我而已。胸中切不可有，有即傲也。古先圣人许多好处，也只是无我而已。无我自能谦，谦者众善之基，傲者众恶之魁。"

译文

先生说："人生最大的毛病，只是一个'傲'字。身为子女的傲慢，一定不孝；身为臣子的傲慢，一定不忠；身为父亲的傲慢，一定不慈爱；身为朋友的傲慢，一定不诚信。象与丹朱都不肖，也只是因为一个'傲'字，也只因一个'傲'字便定下了一生的命运。诸位一定要经常领会这点。人心原本就是天然的理，精明纯洁，没有纤毫沾染，只是有一个'无我'罢了。胸中千万不可'有我'，'有我'便是傲慢了。古代圣贤有诸多优点，也都是因为'无我'而已。'无我'便能自谦，谦谨是一切善的基础，傲慢是一切罪恶的根源。"

经典解读

傲慢是人最大的毛病。孔子就说："如有周公之才之美，使骄且吝，其余不足观也。”即便一个人有周公那样的才能，若是骄傲、傲慢，那也毫无可取之处。一个人傲慢，便会自以为是，便听不进他人好的意见；一个人傲慢，便以自我为中心，从不会爱护他人，便没了恻隐、仁爱；一个人傲慢，便会轻视别人，便不在乎他人的利益，便会失去诚信、忠义；一个人傲慢，便总觉得自己是最好的，便固步自封、不再进取……所以说，傲慢是万恶之源，学者必须努力扫除胸间的傲慢根基——“有我”之念。

原文

又曰：“此道至简至易的，亦至精至微的。孔子曰：‘其如示诸掌乎。’且人于掌何日不见，及至问他掌中多少文理，却便不知。即如我良知二字，一讲便明，谁不知得？若欲的见良知，却谁能见得？”

问曰：“此知恐是无方体的，最难捉摸。”

先生曰：“良知即是《易》，‘其为道也屡迁，变动不居，周流六虚，上下无常，刚柔相易，不可为典要，惟变所适。’①此知如何捉摸得？见得透时便是圣人。”

注释

①其为道也屡迁……惟变所适：出自《易传·系辞下》，形容易时常变动，难以捉摸。

译文

先生又说：“道是至为简单易行，也是至为精妙微细的。孔子说；‘其如示诸掌乎’。人对于手掌，哪一天看不见呢？但，当问他手掌中有多少条纹理时，他就不知道了。这便如我的良知二字，一讲便明，谁不知道呢？若要他真正认识良知，谁又能认识呢？”

因而有人问：“这良知恐怕是无方位、无形体，所以令人难以捉摸。”

先生说：“良知便是《易》，‘其为道也屡迁，变动不居，周流六虚，上下无常，刚柔相易，不可为典要，惟变所适。’这样的良知岂能捉摸得到？把良知理解透彻了，也就成为圣人了。”

经典解读

良知如易，至简至易，无处不在，人人都必须依循，可以求致；但它又至精至微，变动不定，难以捉摸，非言语可以说清。先生说这段话，告诉人们三个道理：一、良知简易可致，就如孔子说的“仁远乎哉，我欲仁，斯仁至矣。”

二、良知至精至微，只有圣人才能真正将其理解透彻，也就是说在致良知的路上永无止境。三、良知微妙玄通，难以言传，必须亲身实践，去体悟。

原文

问："孔子曰：'回也，非助我者也。'是圣人果以相助望门弟子否？"

先生曰："亦是实话。此道本无穷尽，问难愈多，则精微愈显。圣人之言本自周遍，但有问难的人胸中窒碍，圣人被他一难，发挥得愈加精神。若颜子闻一知十，胸中了然，如何得问难？故圣人亦寂然不动，无所发挥，故曰'非助'。"

译文

有人向先生请教："孔子说：'回也，非助我者也。'圣人果真希望门人弟子能帮助自己吗？"

先生说："这也是实话。道本无穷尽，问得越多，精微处就越能显现。圣人的言论，原本很周全，但有发问的人胸中堆积疑虑，圣人被他一问，也就发挥得更加神妙精微了。然而，像颜子那样闻一知十，胸中什么都知晓了，又如何能发问呢？因此圣人也只能寂然不动，无所发挥了，所以说'无助'。"

经典解读

这段话主要告诉人们：道无穷尽，愈问愈深，愈察愈精，即便是圣人也不应停下对道的不懈追求。

原文

邹谦之尝语德洪曰：舒国裳曾持一张纸，请先生写"拱把之桐梓"一章。先生悬笔为书到"至于身而不知所以养之者"，顾而笑曰："国裳读书，中过状元来，岂诚不知身之所以当养？还须诵此以求警。"一时在侍诸友皆惕然。

译文

邹谦之曾对德洪说过这样一件事：舒国裳曾拿一张纸，请先生书写《孟子》中"拱把之桐梓"一章。先生提笔书写，写到"至于身而不知所以养之者"时，回头笑着说："国裳读书中过状元，难道不知道应该如何修身吗？仍要背诵这一章来警醒自己。"当时，在座诸位朋友无不惕然知醒。

经典解读

很多人认为先生是在夸奖舒芬，说他明知道这个道理，还要继续写下来警醒自己，是戒慎恐惧的功夫。其实不然，先生这样说其实是在委婉地批评他，读书读成了状元，对四书五经一定烂熟于胸了，却还要写到纸上才能得到警醒，那说明以前读书只是记诵，并未真正落实到心里、行动上。这便是大多数人读书读得很多，却在修养上没什么进步的原因之所在。阅读经典与其记诵下来，不如践行出来；与其写到纸上，不如铭记在心中。这才是先生一笑的深意所在，也是各位门人得到的警醒。

原　文

嘉靖戊子冬，德洪与王汝中奔师丧至广信，讣告同门，约三年收录遗言。继后同门各以所记见遗。洪择其切于问正[①]者，合所私录，得若干条。居吴时，将与《文录》并刻矣。适以忧去，未遂。当是时也，四方讲学日众，师门宗旨既明，若无事于赘刻者。故不复萦念。去年，同门曾子才汉[②]得洪手抄，复傍为采辑，名曰《遗言》，以刻行于荆。洪读之，觉当时采录未精，乃为删其重复，削去芜蔓，存其三分之一，名曰《传习续录》，复刻于宁国之水西精舍。今年夏，洪来游蕲，沈君思畏[③]曰："师门之教久行于四力，而独未及于蕲。蕲之士得读《遗言》，若亲炙夫子之教。指见良知，若重睹日月之光。惟恐传习之个博，而未以重复之为繁也。请裒其所逸者增刻之。若何？"洪曰："然。"

师门致知格物之旨，开示来学，学者躬修默悟，不敢以知解承，而惟以实体得。故吾师终日言是而不惮其烦，学者终日听是而不厌其数。盖指示专一，则体悟日精，几迎于言前，神发于言外，感遇之诚也。今吾师之没未及三纪，而格言微旨渐觉沦晦，岂非吾党身践之不力，多言有以病之耶？

学者之趋不一，师门之教不宣也。乃复取逸稿，采其语之不背者，得一卷。其余影响不真，与《文录》既载者，皆削之。并易中卷为问答语，以付黄梅尹张君增刻之。庶几读者不以知解承而惟以实体得，则无疑于是录矣。

嘉靖丙辰夏四月，门人钱德洪拜书于蕲之崇正书院。

注　释

①问正：请教、求证。

②曾才汉，阳明先生弟子，平生不详。

③沈宠，字思畏，号古林，安徽宣城人，师从欧阳德、王畿。

译文

嘉靖戊子年（嘉靖七年，1528年）冬，德洪与王汝中为先生奔丧至广信，向同门师友发出讣告，并约定三年内收录先生遗言。之后，同门各自寄来自己所作的记录。德洪择取其中向先生请教求证较为优秀的，加上我自己的记录，共若干条。在苏州时，我打算就按那个这些条目和《文录》一起刊刻。当时恰逢我丁忧离职，故未能完成。当时，天下讲学者与日俱增，先生的学问宗旨既已明了，好像没有刊刻的必要。故而我对这件事也未再牵挂。去年，同门学友曾才汉，得到了德洪的手抄本，又四处辑录一些，取名《遗言》，在荆州一带刊刻。德洪读了以后，觉得他采录得不够精确，因而删除了其中重复、冗杂的内容，只保留三分之一，取名《传习续录》，在安徽宁国的水西精舍刊刻出版。今年夏天，德洪来到湖北蕲春，沈思畏说："先生的学说早已天下传播，但独未惠及蕲春。蕲春的学者读到《遗言》有如亲自聆听先生教诲。指见良知，又如重见日月光明。唯恐担忧收录得不够齐备，并不因其中的重复而感到累赘。请您将散失的部分收集起来刊刻出版。如何？"德洪说："当然可以。"

先生格物致知的主张，开导学者，学者须亲自修习，默然领悟，不敢单在知识上体会，而唯求通过切身实践体悟。所以先生每天不厌其烦地讲述，学生们终日不厌其烦地听讲。因为指示虽然一样，但体悟日愈专精，弟子们感知于先生发言之前，颖悟于先生言辞之外，这便是师徒之间的诚心。但是，今日先生离世未满三纪，他老人家的格言和宗旨就逐渐黯淡了。这难道不是我们这些弟子身体力行不够，而多于空谈的过错吗？

弟子们的主张不同，先生的学说便得不到光大。于是，我又收集了一些未曾刊刻的记录，采用其中不违背先生主旨的，编为一卷。其余真伪难辨，或是《文录》已经刊载的便一并删除。又将中卷改为问答行事，然后交给黄梅县令张先生刊刻发行。希望读者不要单在知解上来阅读此书，而要注重切身体会。如此，便不会对此书存疑了。

嘉靖丙辰年（嘉靖三十五年，1556年）夏四月，弟子钱德洪拜书于蕲春崇正书院。

经典解读

这是钱德洪在完书之后的题跋，其中叙述了成书经过，编书缘由，以及对读者的一些期望，内容清晰易懂。